Finanzausgleichspolitik in der Volksrepublik China

Europäische Hochschulschriften
Publications Universitaires Européennes
European University Studies

Reihe V
Volks- und Betriebswirtschaft

Série V Series V
Sciences économiques, gestion d'entreprise
Economics and Management

Bd./Vol. 2869

PETER LANG
Frankfurt am Main · Berlin · Bern · Bruxelles · New York · Oxford · Wien

Dagmar Hauff

Finanzausgleichspolitik in der Volksrepublik China

Eine empirische Analyse der Haushaltsreform von 1994 im Spannungsfeld zwischen Zentrale und Peripherie

PETER LANG
Europäischer Verlag der Wissenschaften

Die Deutsche Bibliothek - CIP-Einheitsaufnahme

Hauff, Dagmar:

Finanzausgleichspolitik in der Volksrepublik China : eine empirische Analyse der Haushaltsreform von 1994 im Spannungsfeld zwischen Zentrale und Peripherie / Dagmar Hauff. - Frankfurt am Main ; Berlin ; Bern ; Bruxelles ; New York ; Oxford ; Wien : Lang, 2002
(Europäische Hochschulschriften : Reihe 5, Volks- und Betriebswirtschaft ; Bd. 2869)
Zugl.: Heidelberg, Univ., Diss., 2000
ISBN 3-631-37437-2

D 16
ISSN 0531-7339
ISBN 3-631-37437-2

www.peterlang.de

If you don't look at the frame,
you lose the point!

Vorwort

Das vorliegende Buch ist die publizierte Fassung meiner Dissertation. Zwischen den zwei wissenschaftlichen Disziplinen der Volkswirtschaftslehre und der Sinologie angelegt, war sie in der in Deutschland vorherrschenden akademischen „Säulenkultur“ ein Experiment, das die Interdisziplinarität der beiden Fachbereiche auf den Prüfstand stellte.

Vielfältige Unterstützungen von Fachleuten und Institutionen aus dem In- und Ausland halfen mir bei meinen Recherchen. Außerordentlicher Dank gebührt Professor Du Houwen von der People's University of China in Peking für die menschliche wie fachliche Unterstützung bei der Durchführung der Forschungen vor Ort. Besonderer Dank gilt auch allen sonstigen Institutionen und Personen in China, die zum Gelingen des Projekts beigetragen haben und mir durch ihre herzliche Aufnahme viel Spaß an der Arbeit vermittelt haben.

Besonderer Dank gilt dem Deutschen Akademischen Austauschdienst für die finanzielle Unterstützung meiner beiden Forschungsaufenthalte in China. Gedankt sei ferner Professor Susanne Weigelin-Schwiedrzik (Heidelberg) und Professor Theodor Dams (Freiburg) für die Anregung der Promotion und die Anfertigung der Gutachten.

Allen, die mich auf dem Weg der Themenfindung, der Materialsuche und der Ausarbeitung begleitet und ermutigt haben, danke ich ebenfalls herzlich. Mein Dank gilt insbesondere Andrea Koll, Huang Yanfen, Sascha Klotzbücher und meiner Schwester Helga Hauff, die sich durch das ganze Manuskript hindurch gearbeitet und mir mit ihren Kritiken und Ratschlägen weitergeholfen haben, sowie meinem Mann, der mir insbesondere während der Hochs und Tiefs in der Endphase der Promotion mit Rat und Tat geduldig zur Seite stand.

Ganz besonderer Dank gebührt freilich meiner Mutter. Ihr ist das vorliegende Buch gewidmet.

Heidelberg, im September 2001 Dagmar Hauff

Inhaltsverzeichnis

Verzeichnis der Tabellen und Abbildungen

Abkürzungsverzeichnis

ABF	Außerbudgetäre Fonds
AR	Autonome Region
BIP	Bruttoinlandsprodukt
CZNJ	Zhongguo caizheng nianjian (Finanzstatistisches Jahrbuch der VR China)
D1	Offizielle Definition der VR China
D2	Korrigierte Definition
FM	Zentrales Finanzministerium
GG	Grundgesetz
HhDV	Durchführungsvorschriften zum Haushaltsgesetz vom 3.11.1995
HhG	Haushaltsgesetz vom 22.3.1994
KPCh	Kommunistische Partei Chinas
NVK	Nationaler Volkskongreß
OSB	Oberste Steuerverwaltungsbehörde der zentralen Steuerorgane
O.V.	Ohne Verfasser
qkm	Quadratkilometer
PKE	Pro-Kopf-Einkommen
Resolution 1993	Resolution des ZK der KP Chinas über einige Fragen zur Errichtung eines Sozialistischen Marktwirtschaftssystems vom 14.11.1993
RMB	Renminbi (Chinesische Währung)
SSB	Staatliche Steuerbehörde
t	Tonne
TJNJ	Zhongguo tongji nianjian (Statistisches Jahrbuch der VR China)
Verordnung 1993	Verordnung des Staatsrats betreffend die Einführung der Haushaltsverwaltungsordnung des Trennsteuersystems vom 15.12.1993 (Übersetzung siehe Anhang 3)
ZK	Zentralkomitee

Anmerkungen

Der vorliegenden Arbeit liegen folgende Konventionen zugrunde:

1. Für die Entstehung der vorliegenden Arbeit wurden in der VR China zahlreiche Interviews durchgeführt. Da die chinesischen Gesprächspartner je nach Forschungsergebnis und Präsentation des ausländischen Wissenschaftlers politischer Kritik ausgesetzt sein können, ist der Schutz der Interviewpartner außerordentlich wichtig. Aus diesem Grund werden die Gesprächspartner in dieser Arbeit in der Regel weder namentlich noch durch ihre Institution erkenntlich gemacht. Informationen aus persönlichen Gesprächen werden mit dem Attribut „eigene Interviews" belegt, Spezifizierungen (Ort, Zeitpunkt etc.) werden nur dann angegeben, wenn sie unbedenklich erscheinen.
2. Chinesische Begriffe werden im Text in transkribierter Form *kursiv* wiedergegeben. Dabei wird auf die übliche Hanyu-Pinyin-Umschrift zurückgegriffen. Die zugehörigen Schriftzeichen finden sich im Glossar im Anhang der Arbeit. Übersetzungen werden beim erstmaligen Erscheinen in Klammern angegeben. Im laufenden Text wird bei wenigen zentralen Begriffen, bei denen die chinesische Bezeichnung besonders aussagekräftig erscheint, der chinesische Terminus in Umschrift verwandt (Beispiel: „*zhuanyi zhifu*"-Transferzahlungen).
3. Zitate werden, sofern das Original in chinesischer Sprache abgefaßt war, in deutscher Übersetzung wiedergegeben. Bei einigen Regierungsdokumenten wurde auf die in der Beijing Rundschau veröffentlichte offizielle deutsche Übersetzung zurückgegriffen. Alle anderen Übersetzungen stammen, sofern nicht anders gekennzeichnet, von der Verfasserin. Englischsprachige Passagen werden im Original zitiert. Auslassungen werden durch drei Punkte in eckigen Klammern gekennzeichnet (Beispiel: [...]).
4. Die nicht gängigen, im Text verwendeten Abkürzungen können im Abkürzungsverzeichnis nachgeschlagen werden. Einige zentrale Begriffe werden im Text auch in Abkürzung verwandt (Beispiel: ABF = Außerbudgetäre Fonds).
5. Schaubilder, Diagramme und Tabellen werden, sofern sie in den laufenden Text integriert sind, fortlaufend nummeriert. Befinden sich die Darstellungen im Anhang, so werden sie in fortlaufender Nummerierung mit dem Zusatz „A" gekennzeichnet (Beispiel: Tabelle A.1).
6. Alle Quellen und Belege werden in Kurzzitierweise angegeben: Autor, Jahr, ggf. Band, Seite. Chinesische Autoren werden im Text dann mit vollem Namen zitiert, wenn Mißverständnisse ausgeschlossen werden sollen. Ausführliche Literaturangaben finden sich im Literaturverzeichnis im Anhang. Buch- und Zeitschriftentitel werden im Original (in Umschrift) und in deutscher Übersetzung angegeben.
7. Die Bibliographie führt chinesische Primärquellen (Gesetzestexte, statistische Jahrbücher etc.) und Sekundärliteratur getrennt voneinander auf. Gesetze und Verordnungen werden im Text i.d.R. per Datum, nicht per Titel zitiert (Beispiel: Pers.EKStG, 31.10.1993). Jahrbücher werden durchgängig in Abkürzung zitiert (Beispiel: CZNJ 1995 = finanzstatistisches Jahrbuch 1995).

8. Doppelte Anführungsstriche finden Verwendung zur Abgrenzung von Zitaten, für Ausdrücke, denen gegenüber ein Vorbehalt zum Ausdruck gebracht werden soll (Beispiel: chinesischen „Lokalstaat“) und zur Hervorherhebung von namentlichen Bezeichnungen und Begriffen (Beispiel: das Modell des „Sozialismus chinesischer Prägung“).
9. In wenigen Fällen erscheinen die Fußnoten nicht auf der zugehörigen, sondern der Folgeseite. Dies geht auf Programmiereinstellungen von Microsoft zurück, gegen die der Anwender machtlos ist.

A. Einleitung

Die vorliegende Arbeit behandelt die Hintergründe und Wirkungen der 1994 durchgeführten Reform des Finanzausgleichssystems in der VR China im Spannungsfeld zwischen Zentrale und Peripherie.[1] Es wird untersucht, inwiefern die Haushaltsreform zu einer Rationalisierung des Finanzausgleichs geführt hat.

I. Hinführung zur Thematik

Seit Beginn der Wirtschaftsreformen im Jahr 1978 befindet sich das Wirtschaftssystem der Volksrepublik China im Umbruch. Durch die Einführung marktwirtschaftlicher Elemente in fast allen Bereichen und Sektoren der Volkswirtschaft entfernt sich die Wirtschaftsordnung immer mehr von einem planwirtschaftlichen System. Den Reformablauf kennzeichnet seine *gradualistische* Vorgehensweise: Nicht die plötzliche Abkehr von planwirtschaftlichen Vorstellungen, sondern eine schrittweise Erprobung neuer Regelungs- und Lenkungsmechanismen („trial-and-error approach") führte zu Phasenverschiebungen bei der Transformation der einzelnen Wirtschaftsbereiche.

Die Wirtschaftsordnung steht in einem engen Zusammenhang mit den politischen und gesellschaftlichen Verhältnissen eines Landes. Wechselwirkungen zwischen Politik, Gesellschaft und Ökonomie sind es letztlich, die den Transitionspfad von einer Plan- hin zu einer Marktwirtschaft bestimmen. Da die kommunistische Regierung der Volksrepublik China der ökonomischen Transformation Priorität einräumt, gleichzeitig jedoch politischen und gesellschaftlichen Pluralismus im Sinne einer umfassenden Demokratisierung der Gesellschaft ausschließt, ist unklar, welche Wirtschaftsordnung angestrebt wird und wie marktwirtschaftlich diese sein soll.[2]

---

[1] Nach Wiethoff gehört die Divergenz zwischen Zentrale und Peripherie neben der Spannung zwischen Herrschenden und Beherrschten sowie zwischen China und der Außenwelt zu den drei markanten Erscheinungsformen „des historischen Kontinuums China" (Wiethoff, 1971, S. 89 f). Der Topos Zentrale und Peripherie bezeichnet dabei sowohl die Anordnung in einem Raum als auch ein Machtverhältnis im Sinne von Machtzentrale (oder –spitze) und Machtperipherie in der Provinz. Dieses Bezugssystem prägt die politische Entwicklung Chinas vom Altertum bis zur Gegenwart. Im Chinesischen wird diese Polarität durch *zhongyang* und *difang* zum Ausdruck gebracht. Finanzausgleich und regionale Wirtschaftsentwicklungen werden (auch in anderen Ländern) häufig mit der Terminologie von Zentrale (oder Zentrum) und Peripherie analysiert (vgl. z.B. Wysocki, 1989, S. 125; Vosgerau, 1997).

[2] Die wirtschaftlichen Reformen fanden in China im Gegensatz zu anderen Transformationsländern in einem nach wie vor stark zentralistisch ausgerichteten politischen Umfeld statt. Der chinesische Reformpfad unterscheidet sich vom russischen durch die Reihenfolge der Reformmaßnahmen. Während in Rußland die politischen den wirtschaftlichen Reformen vorangingen (vgl. hierzu Bryson, 1989), stand und steht in China der wirtschaftliche Transformationsprozeß mit dem Ziel wirtschaftlicher Entwicklung und Wachstum an erster Stelle. Trotz einzelner „Demokratisierungsmaßnahmen" (z.B. Wahlen auf Dorfebene) wird ein politischer Wandel in Richtung umfassende Demokratisierung (Mehrparteiensystem, allgemeine Wahlen etc.), wie er in Osteuropa nach dem Zusammenbruch des

Diesen wirtschaftspolitischen Rahmen illustriert der Begriff „Sozialistische Marktwirtschaft", den die Kommunistische Partei (KPCh) 1992 für ihr Modell des „Sozialismus chinesischer Prägung" einführte.[3] Während das Attribut „sozialistisch" die Zentralisierung der politischen Willensbildung im Sinne des Gemeinwohls durch die Führungsstellung der KPCh zum Ausdruck bringt, postuliert der Terminus Marktwirtschaft die Dezentralisierung wirtschaftlicher Aufgabenerfüllung, die Pluralisierung der Eigentumsformen und marktwirtschaftliche Preisbildung. Dieser Widerspruch betrifft in besonderem Maße die Beziehungen zwischen Zentrale und Peripherie[4]: Er kommt in der Schwierigkeit zum Ausdruck, einen gangbaren Mittelweg zwischen extremer Dezentralisierung (Betonung der lokalen Eigenverantwortung) und Zentralisierung (Betonung der zentralstaatlichen Kontrolle) zu finden.[5]

Das Problem der Aufteilung der staatlichen Zuständigkeiten einerseits und der Steuerquellen bzw. des Budgets andererseits zwischen Zentralstaat und regionalen Gebietskörperschaften existiert bereits seit der Staatsgründung der Volksrepublik China im Jahr 1949. Das Ziel der chinesischen Zentralregierung besteht darin, eine Finanzverfassung zu etablieren, die den Interessen von Zentrale und Peripherie so gerecht wird, daß dieses System die Kooperation der Provinzen garantiert und gleichzeitig die zentralistische Staatsstruktur stabilisiert. Dieser Auffassung liegt die Vorstellung von der Unteilbarkeit der chinesischen Nation und eine tiefe Furcht vor einem Auseinanderbrechen des chinesischen Staates zugrunde.[6] Die besondere Schwierigkeit für die Zentralregierung besteht darin, den inhärenten Widerspruch zwischen den Zielen Gleichheit (Sozialismus) und Effizienz (Marktwirtschaft) einerseits sowie zentraler Kontrolle und dezentraler Aufgabenerfüllung andererseits in Einklang zu bringen.

Warschauer Paktes erfolgte, nicht angestrebt. Auch die chinesische Exilopposition ist sich uneins über die mögliche Ausgestaltung einer marktwirtschaftlich-demokratischen Ordnung (Heidelberger Round-Table-Gespräch mit Wei Jingsheng, Liu Binyan und Zheng Yi etc. am 17.6.1999).

3 Das Konzept einer „Sozialistischen Marktwirtschaft" (*Shehuizhuyi shichang jingji)* stand auf dem 14. Parteitag der KPCh im Oktober 1992 im Zentrum der Diskussion. Es wurde von Parteisekretär Jiang Zemin in dessen Bericht „Die Reform, die Öffnung und die Modernisierung beschleunigen, um noch größere Siege für den Sozialismus chinesischer Prägung zu erringen" vorgestellt und von den Delegierten mit wenigen Änderungen angenommen (vgl. China aktuell, 1992, Oktober, S. 701). Es beruht im wesentlichen auf der Überzeugung, daß China vor der Verwirklichung des sozialistischen Ideals zunächst eine längere Aufbauphase mit schneller wirtschaftlicher Entwicklung braucht, in der kapitalistische Produktionsweisen geduldet werden müssen (offizielle Sprachregelung).

4 In dieser Arbeit konkretisiert sich der Begriff Zentrale als Institutionen der Beijinger Zentralregierung (vgl. Lieberthal, 1995, S. 157 ff). Der Terminus Peripherie hingegen umfaßt alle Regierungen auf Provinzebene sowie die subprovinziellen Gebietskörperschaften (vgl. *Abbildung A.1*). Diese Formulierung wird dem chinesischen Verständnis von *difang* gerecht (*difang* umfaßt sowohl die regionale als auch die lokale Ebene) (vgl. auch Schurmann, 1966, S. 211). Es wäre aber unzutreffend, daraus einen einheitlichen Charakter aller Regionen der Peripherie und ihrer Regierungen abzuleiten.

5 Diesen Konflikt kommt auch in einer chinesischen Beamtenweisheit zum Ausdruck: „Sobald man zentralisiert, stirbt alles; dezentralisiert man, entsteht Chaos" (*yi tong jiu si, yi fang jiu luan*).

6 Dies wurde insbesondere in der Reaktion der chinesischen Führung auf den Zerfall der Sowjetunion und das Auseinanderbrechen Yugoslawiens im Jahr 1992 deutlich. Die dortigen politischen Entwicklungen wurden als Schreckgespenst gebrandmarkt (vgl. O.V., Sept. 1991).

Der Finanzausgleich, verstanden als finanzwirtschaftliche Beziehungen zwischen den Gebietskörperschaften eines bestimmten Staatsgebietes, stellt, unabhängig davon, ob es sich um einen Einheitsstaat oder einen Bundesstaat handelt,[7] das Herzstück der wirtschaftspolitischen Beziehungen zwischen Zentrale und Peripherie dar und ist ein wesentliches Indiz für den Grad der Zentralisierung oder Dezentralisierung eines politischen Systems. In China gehört der Finanzausgleich seit jeher zu den relevantesten Wirkkräften der politischen und ökonomischen Entwicklung. Er ist die Klammer, die die einzelnen Glieder des Gesamtstaates finanziell zusammenhält.

Das „richtige" Maß an finanzieller Autonomie für die mittlerweile 22 Provinzen, 5 autonomen Regionen und 4 regierungsunmittelbaren Städte der VR China zu finden, steht seit 1949 im Mittelpunkt einer nicht endenwollenden politischen Debatte. Dabei zeugen Phasen fiskalischer Zentralisierung und Dezentralisierung, in denen unterschiedliche Lösungen ausprobiert wurden, von den Schwierigkeiten der Zentralregierung, ein funktionierendes öffentliches Finanzsystem zu entwickeln.

Mit Beginn der Reformära im Jahr 1978 schien diese Suche zunächst in der verstärkten Zulassung lokaler Initiativen einerseits bzw. in der allmählichen bewußten Förderung dezentraler wirtschaftlicher Tätigkeit andererseits eine Antwort gefunden zu haben.[8] Durch die administrative Dezentralisierung von Einzelkompetenzen sollten neue Impulse für die Motivation der Kader in der Peripherie bei der Ausführung ihrer Amtsgeschäfte gegegeben werden, um dadurch eine höhere Effizienz zugunsten des Zentralstaates zu erreichen. Für dieses neue wirtschaftspolitische Umfeld stellte eine fiskalische Dezentralisierung, durch die die haushaltspolitische Autonomie der Regionalregierungen erweitert wurde, eine notwendige Voraussetzung dar.

Die Linie dezentraler Finanzverwaltung hatte jedenfalls nur mittelfristig Gültigkeit: 1993 beschloß der 14. Parteitag der KPCh, die vertikalen Finanzbeziehungen mit dem Ziel, *die fiskalischen Kompetenzen zu zentralisieren*, neu zu regeln. Das neue System trat am 1. Januar 1994 landesweit in Kraft. Obgleich sich die Finanzverfassung von 1994 harmonisch in die zyklischen Wellen zwischen Dezentralisierung und Zentralisie-

---

[7] Sowohl im Bundes- als auch im Einheitsstaat werden staatliche Aufgaben und Funktionen durch alle Regierungsebenen wahrgenommen. Der entscheidende Unterschied liegt in der Zuordnung der Staatsgewalt: In einem Einheitsstaat ist die originäre Staatsgewalt auf die zentrale Ebene beschränkt, während sie im Bundesstaat auf Gesamtstaat und Gliedstaaten aufgeteilt wird. In einem Einheitsstaat gibt es keine formale vertikale Teilung der Staatsgewalt. Regionale Gebietskörperschaften (z.B. Provinzen) sind somit Untergliederungen rein verwaltungstechnischer Art, die keine eigenen staatlichen Kompetenzen besitzen, sondern lediglich „Außenstellen" des Zentralstaats sind. Charakteristisch für einen Bundesstaat ist hingegen, daß sowohl der Gesamtstaat als auch die Gliedstaaten - z.B. Bund und Länder in der Bundesrepublik Deutschland – Staatsqualität besitzen (Katz, 1996, S. 24, 27 ff).

[8] Die Antwort auf die Frage, wann die Dezentralisierung genau einsetzte und ob sie intentionaler Bestandteil des Reformprozesses oder lediglich eine Begleiterscheinung desselben war, ist letztlich eine Frage des Standpunktes. Während der „top-down-approach" die Initiative der Zentralregierung in den Mittelpunkt stellt (wie in den meisten volkswirtschaftlichen Arbeiten der Fall, z.B. Agarwala, 1992; Lémoine, 1985; Riskin, 1988) liegt der Fokus des „bottom-up-approach" auf der Initiativkraft der lokalen Akteure (vgl. z.B. Xiao Zhou, 1995; Oi, 1999). Aufgrund dessen bezeichnen Shi und Liu den Verlauf des Dezentralisierungstrends als „halb spontan" (vgl. z.B. Shi und Liu, 1989, S. 12).

rung einzureihen scheint, stellt sie in zweierlei Hinsicht eine Neuheit dar: Zum ersten Mal in der volksrepublikanischen Finanzgeschichte wurde mit der Einführung des sog. „Trennsteuersystems" der Versuch unternommen, ein System zu etablieren, das für alle Provinzen gleichermaßen Gültigkeit hat. Während im alten System jede Provinz durch Verhandlungslösungen *(Bargaining)* Einzelvereinbarungen mit der Zentrale schloß, sollten nun objektive Kriterien ausschlaggebend für die Verteilung der konsolidierten Finanzmasse sein und eine gerechtere Verteilung der Ressourcen garantieren. Die neue Haushaltsverfassung war außerdem zum ersten Mal nach 1978 Teil einer Reform, die in einem Zug sowohl die öffentlichen Haushalte als auch das Bank- und Geldwesen auf eine neue Grundlage zu stellen beabsichtigte. Aufgrund dieses breit angelegten Reformansatzes wird das Jahr 1994 in der chinesischen Literatur auch als „Reformjahr" *(gaige nian)*, als „Jahr, in dem eine Festung im Sturm genommen wurde" *(gongjian nian)*, jedoch auch als „kritisches Jahr" *(guanjian nian)* bezeichnet (Tian, 1994, S. 79-80). Mit der Reform schlug die VR China offenbar einen Sonderweg in der internationalen Finanzpolitik der 90er Jahre ein. [9]

II. Konkretisierung der Fragestellung und Vorgehensweise

Die Veränderung der chinesischen Finanzverfassung durch die Haushaltsreform von 1994 wirft drei zentrale Fragen auf:

1. Aus welchen Gründen und mit welcher Zielsetzung beschloß die KPCh 1994 die Zentralisierung der Finanzverfassung, und welche Schlußfolgerungen lassen sich aus dem Ablauf des wirtschaftspolitischen Entscheidungs- und Implementierungprozesses für die Stellung der Zentrale gegenüber den Gebietskörperschaften auf Provinzebene ziehen?
2. Inwiefern wurden bei der Konzeption des neuen Finanzausgleichssystems Erkenntnisse aus der ökonomischen Theorie des Finanzausgleichs berücksichtigt, so daß die Finanzverfassungsordnung, wie angekündigt, tatsächlich rationalisiert wurde?
3. Wurde die fiskalische Position der Zentrale durch die Reformierung des Finanzausgleichssystems verbessert, und welche Auswirkungen hatte die veränderte Konstruktion des Finanzausgleichs auf Distribution und Allokation der Ressourcen?

---

[9] Während die VR China eine Zentralisierungsstrategie einschlug, dezentralisierten die sog. Transformationsländer in Osteuropa und in der ehemaligen UdSSR ihre Finanzausgleichsregime (vgl. z.B. Wallich, 1992). Entwicklungsländer wandten sich verschiedenen Formen fiskalischer Dezentralisierung zu, um das wirtschaftliche Wachstum anzukurbeln (Oates, 1993, S. 237 ff). In Industriestaaten gewann das Thema innerhalb der Föderalismusdebatte (kooperativer oder konzertierter versus kompetitiver Föderalismus) neues Interesse. Selbst in den traditionell zentralistischen Staaten England und Frankreich wurde das Konzept fiskalischer Dezentralisierung studiert (Bird, 1993, S. 207). Auch in Deutschland steht die derzeitige föderale Finanzausgleichspraxis insbesondere vor dem Hintergrund des Länderfinanzausgleichs auf dem Prüfstand (Huber E., 1998 S. 71-73; Puchta, 1997, S. 15).

Beantwortet werden sollen diese Fragen anhand einer vergleichenden Untersuchung der Institutionen der chinesischen Finanzverfassung und der empirischen Daten vor und nach 1994 sowie einer polit-ökonomischen Analyse der Entwicklungsprozesse im Hinblick auf Entscheidungsfindung und Umsetzung der Reform. Der empirischen Analyse der Reformimplementierung liegen haushaltsstatistische Daten bis einschließlich 1997 zugrunde.

Da die Reform von 1994 die fiskalischen Beziehungen zwischen Zentralregierung und Regierungen auf Provinzebene neu ordnete, die Regelung der subprovinziellen Finanzbeziehungen jedoch weitgehend der Entscheidung der Provinzen überließ,[10] steht im Mittelpunkt dieser Arbeit der Finanzausgleich zwischen Zentrale und Provinzebene.[11] Die subprovinziellen Finanzbeziehungen werden so weit in die Analyse integriert, wie dies zur Beantwortung der aufgeworfenen Fragen notwendig erscheint. *Abbildung A.1* (in Anhang 1) veranschaulicht die fünfstufige Regierungsstruktur der VR China.[12] Jede Regierungsebene hat ihren eigenen Haushalt; zwischen jeder Regierungsebene und der ihr nachgeordneten Ebene gibt es eine Finanzausgleichsbeziehung. Die Regierungen auf Provinzebene (Provinzen, autonome Regionen, regierungsunmittelbare Städte) werden in dieser Arbeit als „Lokalitäten", „regionale Gebietskörperschaften", der Einfachheit halber auch als „Provinzen" bezeichnet. Der Begriff „Lokalregierungen" hingegen beschreibt alle Regierungen der Peripherie unterhalb der Provinzebene (vgl. Fußnote 4).

Entsprechend der ursprünglichen Zielsetzung preist die Zentralregierung der Volksrepublik China die Reform als den gelungenen Versuch einer Zentralisierung fiskalischer Kompetenzen (z.B. CZNJ 1995, S. 52; Li Fangwang, 1997a, S. 7). Diese *Zentralisierungshypothese* wird in dieser Arbeit in Frage gestellt. Es wird vielmehr die Vermutung geäußert, daß die Zentrale bei ihrem Versuch, den Provinzen Kompetenzen zu entziehen, auf Schwierigkeiten gestoßen ist und sich die Provinzen durch strategische Reaktionen ihren eigenen Spielraum zu erhalten suchten.[13]

---

[10] Dadurch entstand unterhalb der Provinzebene ein buntes Bild an finanzpolitischen Lösungen.

[11] Gemäß Beschluß vom 15.12.1993 (Vorwort) betrifft die Haushaltsreform unmittelbar die Regierungen der Provinzebene sowie die sog. Linienstädte. Einzelne leistungsstarke Städte wie Wuhan, Chongqing, Dalian, Ningbo (sog. Linienstädte- *jihua danlie shi*) unterstehen direkt der Zentrale (Provinzhauptstädte nur bis 1993, danach fiskalisch wieder eingegliedert in Provinzen).

[12] In den regierungsunmittelbaren Städten ist die Verwaltungsstruktur vierstufig.

[13] In der Literatur finden sich zahlreiche Hinweise auf Schwierigkeiten bei der Implementierung von Reformen in der VR China (z.B. Shirk, 1993; Lieberthal und Lampton, 1992; Lampton, 1987b) (vgl. hierzu *Kapitel F* in dieser Arbeit). Der Implementierungsvorgang steht in Abhängigkeit von den Beziehungen zwischen Zentrale und Peripherie.

III. Skizzierung der wichtigsten Forschungsansätze

Das in dieser Arbeit behandelte Thema berührt im engeren Sinne die Thematik des Finanzausgleichs, im weiteren Sinne die Frage nach der Art der Beziehungen zwischen Zentrale und Peripherie.

In der finanzwissenschaftlichen Auseinandersetzung mit den fiskalischen Beziehungen zwischen Zentrale und regionalen Gebietskörperschaften lassen sich unterschiedliche Betrachtungsweisen unterscheiden.

Die *traditionelle Betrachtungsweise*: Ein deskriptiver Ansatz, der unterschiedliche Möglichkeiten der Ordnung systematisiert. Das Abstraktionsniveau dieser Sichtweise ist sehr gering; der Bewertung der einzelnen Formen von Finanzausgleich kommt hier keine besondere Bedeutung zu, da ein übergeordnetes Kriterium für die Bewertung und den Vergleich fehlt (hierzu gehören die frühen Publikationen zum Finanzausgleich, z.B. Jacoby, 1930).

Die *moderne Betrachtungsweise:* Ein entscheidungsorientierter Ansatz, dessen Kernfrage lautet „welche Form von Finanzausgleich ist im Hinblick auf die Verfolgung finanzpolitischer Ziele vorteilhaft? Innerhalb dieser Sichtweise existieren wiederum zwei Ansätze: *„Top-down" Ansatz* und *„Bottom-up"-Ansatz*. Der *Top-down-Ansatz* stellt die Zentralität eines Staates und die Interessen der Zentralregierung in den Mittelpunkt. Im Gegensatz dazu betrachtet der *„bottom-up"-Ansatz* den Finanzausgleich aus der Sicht der regionalen und lokalen Regierungen (Bird, 1993, S. 208).

Die Theorie des *fiskalischen Föderalismus* versucht, diese zwei auf den ersten Blick widersprüchlich erscheinenden Betrachtungsweisen zu integrieren. Sie abstrahiert von den Partikularinteressen der einzelnen Regierungsebenen, indem der Finanzausgleich im Hinblick auf die drei finanzpolitischen Ziele nach Musgrave (1959) betrachtet wird (*Kapitel D.II*).

Neben der finanzanalytischen Sicht läßt sich der Finanzausgleich im Kontext der politischen Beziehungen zwischen Zentrale und Peripherie betrachten. *Donnithorne* prägte hierzu die These von der Zellularität[14] der chinesischen Wirtschaft und stellte die Beziehungen zwischen Zentrale und Peripherie als im wesentlichen gegensätzlich und dadurch mit einer potentiell destabilisierenden Wirkung auf das gesamte Staatssystem dar (Donnithorne, 1972a, 1982, 1983). *Lardy* beschrieb in seiner Dissertation das fiskalische System der VR China als ein tendenziell zwischen Zentralisierung und Dezentralisierung hin und her schwankendes Gebilde, in dem die Etablierung eines auf Dauerhaftigkeit angelegten Systems schwierig ist (Lardy, 1975a und b). *David Good-*

---

[14] Donnithorne schrieb 1972: „The Cultural Revolution severly shook the organizational structure of China. In its aftermath came a general weakening of the administration and a loosening of control. The forces, already strong, which encouraged individual localitities and enterprises to develop on self-sufficient autonomous lines, have received a new accession of strenght. At present the country seems composed of a myriad of small discrete units, although there are at work technical forces which, it would seem, ought to be breaking down this cellular arrangement." (Donnithorne, 1972a, S. 605)

man vertritt indessen die Meinung, daß die Beziehungen zwischen Zentrale und Provinzen grundsätzlich keinen gegensätzlichen, sondern vielmehr einen komplementären Charakter hätten (Goodman, 1994, S. 11 f). *Weigelin-Schwiedrziks* These von der Distanz zwischen Zentrale und Peripherie resultiert aus der Beobachtung, daß für die Bevölkerung in den ländlichen Kreisen die „Anerkennung der Existenz des Zentralstaats nichts mit der Bewältigung ihrer alltäglichen Probleme zu tun hat." Die Zentrale sei für die meisten Menschen weit weg, ein wirklicher Bezug bestehe lediglich zur Lokalregierung (Weigelin-Schwiedrzik, 1999a, S. 75). *Herrmann-Pillath* interpretiert die Beziehungen zwischen Zentrale und Peripherie als Konkurrenzbeziehung um Steuergelder. Aufgrund der „lokalen externen Effekte" zentraler Politik (Beschäftigung, Wohlfahrt), sei der „Lokalstaat" einem massiven Druck durch die lokale öffentliche Meinung ausgesetzt. Bemühungen des „Lokalstaats", diese Ausgaben zu finanzieren, hätten gleichzeitig eine Beschneidung der zentralen Einnahmeposition zur Folge. Dieses Phänomen bezeichnet Herrman-Pillath als das „Dilemma des chinesischen Steuerstaats" (Shi und Herrmann-Pillath, 1992, Titel der Abhandlung; Herrmann-Pillath, 1991a, S. 556 ff, Herrmann-Pillath, 1988, S. 141 ff).

In der chinesischen Literatur dominiert seit Mao Zedongs Rede „Über die zehn großen Beziehungen" (Mao Zedong, 1956, S. 275 ff) die Sichtweise der Widersprüchlichkeit in den Beziehungen zwischen Zentrale und Peripherie. Der Widerspruch besteht vor allem in den offenbar unvermeidlichen Interessenskonflikten zwischen den Regierungsebenen (Zhang Yu, 1996, S. 93 ff; Sun, 1994, S. 120, Kou, 1995). Diese Sichtweise prägt auch viele westliche Arbeiten. *Wiethoff* stellte schon bei seiner Analyse des alten China fest, daß, was für die partikularen regionalen und lokalen Interessen förderlich sei, häufig den Interessen des Zentralstaats widerspreche (Wiethoff, 1971, S. 101). Nach *Oi* wird dieser Widerspruch äußerlich meist abgemildert durch „strategische Verhaltensweisen" der lokalen Akteure, die in Phasen politischer Kampagnen und zentraler Inspektionen eine „Fassade des Gehorsams" zutage legten, ansonsten aber ungeachtet zentraler Weisungen ihre eigenen Ziele verfolgten (Oi, 1999, S. 198).

Zahlreiche Arbeiten interpretieren die Beziehungen zwischen Zentrale und Peripherie als „Nullsummenspiel". Dahinter steht eine fiskalisch geprägte Sichtweise, nach der sich die Machtverhältnisse zwischen Zentral- und Provinzregierungen aus der prozentualen Aufteilung der Haushaltsanteile ableiten lassen (z.B. Jae Ho Chung, 1995; Wong, 1990)[15] Diese Sichtweise ist nicht zuletzt deshalb eine vorherrschende, als die chinesische Führung sie selbst vertritt. Sie liegt auch den Arbeiten von *Hu Angang* und *Wang Shaoguang* über die staatliche Leistungsfähigkeit Chinas zugrunde. Stark sinkende Staatsquoten und Haushaltsanteile der Zentralregierung führten demnach zu einer abnehmenden Leistungsfähigkeit der Zentrale (Hu und Wang, 1993, 1994). Die vereinfachende Sichtweise des Nullsummenspiels wird sowohl in der westlichen (z.B. Li, Linda Chelan, 1997, S. 49 ff) als auch zunehmend in der chinesischen Literatur

---

[15] Ausführliche Darstellung dieser Sichtweise und ihrer Vertreter bei Li, 1997a, S. 61.

(z.B. Li Qiang, 1993; Cui, 1994, S. 19 ff; Rao und Xiao, 1994, S. 22 ff etc.) kritisiert. Den Autoren gemeinsam ist die Kritik an der rein *fiskalischen Definition* staatlicher Leistungskapazität.

Die Haushaltsreform von 1994 war Gegenstand verschiedener wissenschaftlicher Arbeiten und Beiträge, die im Laufe dieser Arbeit noch erörtert, daher hier nur kurz vorgestellt werden. In China entstand eine Vielzahl grundsätzlicher Beschreibungen des neuen Systems, die vor allem Praktikern als Referenzliteratur dient (z.B. Caizhengbu, 1996; Shi und Song, 1994; Liu und Han, 1994 etc.). Auch die meisten frühen Arbeiten der westlichen Forschung sind weitgehend deskriptive Darstellungen der Reform (vgl. Wong, 1995; Tsang und Cheng, 1994; Ma, 1995a, etc.). [16]

Nur wenige chinesischsprachige Untersuchungen lieferten bislang Informationen über die Umsetzung der Reform. Dazu gehören z.B. die Studie von Jiang und Mei (1997), die die administrative Umsetzung der Haushaltsreform von 1994 auf lokaler Ebene untersucht, Arbeiten von Hu Angang (1996a,b, 1997) sowie disparate Artikel in relevanten Fachzeitschriften und Zeitungen. In der westlichen Forschung werden die Auswirkungen der Reform z.B. in Untersuchungen von Herrmann-Pillath (1996), Herrmann-Pillath und Zhu (1998), Ma (1997b); Naughton (1997); Wang (1997c), Herschler (1995) behandelt.

IV. Zahlenmaterial und empirische Forschung

Die vorliegende Untersuchung greift auf veröffentlichtes Zahlen- und Informationsmaterial sowie auf eigene empirische Forschungen der Verfasserin zurück. Die Einschätzung des Entscheidungs- und Implementierungsprozesses der Haushaltsreform von 1994 wurde durch eigene Interviews und Expertenbefragungen unterstützt, die zwischen 1997 und 1998 in der VR China durchgeführt wurden. Außerdem flossen Erkenntnisse aus zwei Exkursionen der Universität Heidelberg zur ländlichen Industrialisierung (1996) und zum Bankwesen in der VR China (1999), an denen die Autorin mitwirkte, in die Analyse ein (vgl. *Anhang 2.III*).

In den Interviews wurden chinesische Finanzwissenschaftler aus namhaften Universitäten und außeruniversitären Forschungsinstituten sowie Beamte aus der chinesischen Finanzverwaltung zur Finanzausgleichspolitik in der VR China befragt. Gespräche wurden auf allen Haushaltsebenen von der Zentralregierung bis hin zur Gemeinderegierung geführt (*Abbildung A.1*). Die Auswahl der besuchten Regionen *Hebei, Shang-*

---

[16] Kennzeichnend für die chinesischsprachige Literatur ist eine auffällige Asymmetrie zwischen starker Theoriebezogenheit sowie idealisierendem Fokus auf Sollzustände und geringem Anteil realitätsbezogener Darstellungen und Analysen der chinesischen Finanzpolitik *in praxi*. Praxisorientierter als die Monographien sind in jedem Fall Zeitschriftenartikel und Informationen aus dem mündlichen Diskurs, der um einiges lebhafter und kontroverser erfolgt, als die schriftliche Materiallage es vermuten ließe. Bei den Artikeln in Zeitschriften bzw. Zeitungen sind regionale Blätter wiederum praxisrelevanter und daher aufschlußreicher als Periodika mit überregionaler Verbreitung.

hai, Hubei, Guangxi und Guangdong erfolgte mit dem Ziel, die fiskalische Situation von Gebietskörperschaften unterschiedlicher wirtschaftlicher, politischer und geostrategischer Rahmenbedingungen kennenzulernen und die Meinung der Finanzbehörden und Steuerbüros zu Hintergründen, Umsetzung und Wirkungen der Haushaltsreform von 1994 zu erfragen (vgl. hierzu die Erläuterungen in *Anhang 2.III)*. Die Interviews gaben einen unmittelbaren Eindruck von der Finanzausgleichs-praxis und der politischen Kultur Chinas, der das durch die Literatur vermittelte, oft widersprüchliche Bild in vielen Punkten „zurechtrückte". Ohne diese Kontakte wäre die Vorlage dieser Arbeit daher nicht möglich gewesen.

Kennzeichnend für diese Arbeit ist, daß sie sich so weit wie möglich auf chinesische Primärdaten stützt.[17] Die in der vorliegenden Untersuchung verarbeiteten Haushaltsdaten wurden von 1997 bis 1998 während eines 6-monatigen Forschungsaufenthaltes in der VR China gesammelt. Zahlen über die Finanzströme zwischen Zentrale und Provinzen stammen hauptsächlich aus den finanzstatistischen und statistischen Jahrbüchern der VR China, die vom Finanzministerium bzw. dem Staatlichen Statistikamt (*guojia tongji ju)* in Beijing herausgegeben werden, sowie aus statistischen Jahrbüchern der einzelnen Provinzen. Die haushaltsstatistischen Daten, die durch die Gesprächspartner aus der Finanzverwaltung zur Verfügung gestellt wurden, eigneten sich letztlich nur bedingt für die empirische Analyse.[18] Die meisten Daten und Informationen über die Durchführung des Finanzausgleichs unterhalb der Provinzebene hat die Verfasserin selbst erhoben.

Mit Recht wird in der Literatur immer wieder auf die Schwierigkeiten im Zusammenhang mit den chinesischen Statistiken verwiesen (z.B. Herrmann-Pillath, 1995b, S. 44; Krug, 1993, S. 26; Jacubowicz, 1999, S. 18).[19] Die Probleme mit der haushaltsstatistischen Datengrundlage liegen zum einen in den Unwägbarkeiten der Datenerhe-

---

[17] Durch die größtmögliche Verwendung von Daten aus Primärquellen soll die Analysegrundlage so authentisch wie möglich gestaltet werden. Zwei wichtige Argumente sprechen gegen die Übernahme von Daten aus Sekundärmaterialien: In der chinesischen Literatur fehlen in der Regel Quellenangaben, so daß die Datenherkunft nicht nachvollziehbar ist. Bei den westlichen Autoren kommt es in Publikationen zur Wirtschaft Chinas insbesondere bei der Übersetzung der statistischen Größen und der Umrechnung in das Dezimalsystem sowie bei der Interpretation der Daten immer wieder zu Fehlern. Häufig dienen diese fehlerhaften Daten anderen Autoren als Datenquelle, so daß sich Fehler über viele Publikationen hinweg fortpflanzen können. Dies ist insbesondere deshalb gravierend, weil die Datenbasis selbst, wie in *Anhang 2.II* erläutert, nicht unproblematisch ist.

[18] Die Daten über die Finanzausgleichspraxis waren zu ungenau und aufgrund definitorischer Schwierigkeiten in der Finanzbürokratie oft widersprüchlich. Aus diesem Grund wurden für die Analyse des Finanzausgleichs die veröffentlichten offiziellen Daten verwendet. Hilfreich waren die vermittelten Daten jedoch insbesondere für die Einschätzung der fiskalischen Situation unterhalb der Provinzebene.

[19] Einige Autoren, die sich mit der Wirtschaft der VR China beschäftigen, verzichten daher bei ihrer Analyse auf die Verwendung von Zahlen (z.B. Krug, 1993, S. 26). Holbig hingegen ist der Meinung, daß Zahlen nicht wesentlich zur Transparenz der wirtschaftlichen Wirklichkeit beitragen (Holbig, 1997, S. 9 ff, S. 27), sie verzichtet daher bei ihrer eigenen Analyse des chinesischen Inflationsprozesses weitgehend auf die Verwendung von Daten.

bung begründet. So werden z.B. statistische Daten der unteren Regierungsebenen häufig aufgrund von politischen Überlegungen korrigiert an die Zentrale weitergegeben. Zum anderen resultieren sie aus den Besonderheiten der statistischen Haushaltsstatistik, die von der international üblichen Darstellungsweise abweicht (vgl. hierzu *Anhang 2.II*).

In einer empirischen Arbeit ist jedoch die Verwendung statistischer Daten unumgänglich. Während *Herrmann-Pillath* aus diesem Grund die Notwendigkeit eines „statistischen Optimismus" postuliert (Herrmann-Pillath, 1995b, S. 44),[20] liegt dieser Arbeit die Auffassung zugrunde, daß statistischer Optimismus zwar notwendig, aber nicht hinreichend ist. Er ist nur dann gerechtfertigt, wenn das Zahlenmaterial einerseits als Teil der offiziellen Interpretation der chinesischen Realität gelesen, andererseits jedoch immer wieder auf seine Plausibilität hin überprüft wird. Gerade in der VR China werden wirtschaftspolitische Positionen und Strategien von seiten der Regierung oder von Wirtschaftswissenschaftlern stets mit einem Meer an Zahlen legitimiert.

Aus derartigen Plausibilitätsüberlegungen heraus ergab sich in dieser Arbeit die Notwendigkeit, die offiziellen Daten zu bereinigen und z.T. neu zu berechnen. Es zeigte sich auch, daß eine große Konfusion über die Interpretation der offiziellen statistischen Größen herrscht, die im Zuge der Recherchen und Interviews weitgehend aufgeklärt werden konnte (vgl. hierzu *Anhang 2.II*). Da für Tibet das Datenmaterial unvollständig ist, wird die autonome Region nicht immer bei den statistischen Berechnungen berücksichtigt.

V. Aufbau der Arbeit

Teil I der Arbeit (*Kapitel B und C*) geht auf die Zeit bis 1993 ein. Damit sollen die Grundlagen geschaffen werden, um die obengenannten zentralen Fragestellungen der vorliegenden Arbeit in **Teil II** (*Kapitel D und E*) und **Teil III** (*Kapitel F und G*) zu untersuchen.

In *Kapitel B und C* werden die fiskalischen Beziehungen zwischen Zentrale und Provinzen in einen finanzhistorischen Kontext eingeordnet. Dadurch werden nicht nur die Kontextbedingungen für das finanzpolitische Handeln der verschiedenen finanzpolitischen Akteure bis 1993, sondern auch finanzhistorische Traditionen und Strukturen herausgearbeitet, die auf den Entwicklungspfad des institutionellen Wandels einwirken. *In Kapitel B* werden die für die Analyse relevanten Ordnungsprinzipien der öffentlichen Finanzverfassung Chinas bis 1993 erläutert.

---

20 „Die Schwierigkeiten mit dem Material sind derart groß, daß ein Pessimist ohne weiteres den Standpunkt vertreten könnte, sich besser jeden Urteils zu enthalten, das sich auf die Statistik stützt. Für den Ökonomen wäre dies freilich gleichbedeutend damit, die Befassung mit dem Gegenstand insgesamt aufzugeben. Insofern ist ein gewisser statistischer Optimismus Pflicht." (Herrmann-Pillath, 1995b, S. 44).

Kapitel C ist eine Darstellung des chinesischen Finanzausgleichssystems vom planwirtschaftlichen Modell (*Kapitel C.II*) über die ersten fiskalischen Dezentralisierungsmaßnahmen im Jahr 1958 bis hin zum Finanzausgleichsregime Anfang der 90er Jahre (*Kapitel C.III*). In *Kapitel C.I* wird zudem das Grundkonzept des Finanzausgleichs und seiner Strukturelemente erläutert.

In **Teil II** wird die Neuordnung der chinesischen Finanzverfassungsordnung im Jahr 1993 untersucht. *Kapitel D* präsentiert die detaillierte Analyse des neuen Finanzausgleichssystems: Der wirtschaftspolitische Kontext des Reformbeschlusses wird in *Kapitel D.I* vorgestellt. In *Kapitel D.II* wird eine ökonomische Basis für die Konzeption eines Finanzausgleichssystems entwickelt. Nach der Darstellung der Strukturelemente des neuen Finanzausgleichssystems und seiner Funktionsmechanismen (*Kapitel D.III*) sowie seiner nachträglichen Ergänzungen (*Kapitel D.IV*) wird die Architektur des neuen Systems in *Kapitel D.V.* anhand der aus der Theorie des Finanzausgleichs abgeleiteten Kriterien beurteilt.

Kapitel E umfaßt eine ausführliche Analyse des wirtschaftspolitischen Entscheidungsprozesses und seiner wirtschaftspolitischen Logik. Zunächst erfolgt die Untersuchung der wirtschaftspolitischen Begründung des Reformbeschlusses und ihrer Plausibilität in *Kapitel E.I* . Nach der Darstellung der polit-ökonomischen Erklärungsansätze für die Analyse des Entscheidungsprozesses (*Kapitel E.II*) werden in *Kapitel E.III* der Entscheidungsprozeß im Spannungsfeld zwischen Zentrale und Peripherie und in *Kapitel E.IV* der Einfluß indirekter haushaltspolitischer Akteure auf den Reformprozeß betrachtet.

In **Teil III** der Arbeit werden Implementierung und Auswirkungen der Reform empirisch untersucht. *Kapitel F* befaßt sich mit den Reaktionen der Provinzen auf den Reformbeschluß (*Kapitel F.II*), den institutionellen Veränderungen der Finanzverwaltung (*Kapitel F.III*) sowie den quantitativen und qualitativen Entwicklungen des konsolidierten Staatshaushalts (*Kapitel F.IV*). *Kapitel F.V* untersucht die Wirkung des Finanzausgleichs auf die Einnahmen- und ausgabenverteilung zwischen Zentrale und Provinzen, *Kapitel F.VI* die Entwicklung der außerbudgetären Fonds (ABF). *Kapitel F.VII* befaßt sich mit den Auswirkungen der Haushaltsreform auf die Finanzbeziehungen unterhalb der Provinzebene.

Kapitel G beschäftigt sich mit den Wirkungszusammenhängen der Haushaltsreform von 1994. *Kapitel G.I* untersucht die Reform im Kontext ihrer verteilungspolitischen Wirkungen, *Kapitel G.II* im Kontext ihrer allokativen Wirkungen. In *Kapitel G.III* werden schließlich die Wechselwirkungen zwischen der Reform des Bankenwesens und des Haushaltssystems erörtert.

Schlußkapitel H faßt die Antworten auf die gestellten Fragen zusammen und präsentiert die wichtigsten Ergebnisse der Untersuchung.

TEIL I

Rahmenbedingungen für das finanzpolitische Handeln vor 1993

B. Organisatorische und regulatorische Grundlagen der öffentlichen Finanzverfassung der VR China bis 1993

Die Rahmenbedingungen, innerhalb derer der Finanzausgleich stattfindet, werden wesentlich im Rahmen der Finanzverfassung festgelegt. „Die Finanzverfassung bestimmt den rechtlichen Rahmen, an den die staatlichen Institutionen in ihrem finanzwirtschaftlichen Verhalten gebunden sind." (Brümmerhoff, 1992, S. 128) In diesem grundlegenden Kapitel werden die für die Analyse relevanten Ordnungsprinzipien der Finanzverfassung der VR China bis einschließlich 1993 erläutert. Eine Untersuchung der aktuellen Entwicklungen des Finanzausgleichs in China kann auf diese finanzhistorische Perspektive nicht verzichten, die die Analyse der Gründe für die Haushaltsreform von 1994 ebenso unterstützt wie die Untersuchung ihrer Umsetzung.[1]

I. Direkte und indirekte haushaltspolitische Akteure

Die Haushaltspolitik der VR China wird von zwei Typen von Akteuren beeinflußt. Zum einen sind dies Institutionen und Personen, die gemäß Verfassung oder Haushaltsverordnung eine gesetzmäßig verankerte Rolle im Haushaltsprozeß spielen. Sie werden in dieser Arbeit als direkte Akteure der Haushaltspolitik bezeichnet. Wirtschaftssubjekte, die zwar laut Gesetz nicht unmittelbar am Haushaltsprozeß beteiligt sind, die Haushaltspolitik aber dennoch durch Beeinflussung der direkten haushaltspolitischen Akteure mitgestalten können oder selbst in den Entscheidungs- oder Umsetzungsprozeß involviert sind, werden indirekte haushaltspolitische Akteure genannt. Die Rolle der verschiedenen Akteure unterliegt im Zeitverlauf Veränderungen. So partizipiert seit 1978 eine zunehmende Anzahl indirekter Akteure am Haushaltsprozeß.[2]

Die *direkten haushaltspolitischen Akteure* lassen sich nach Institutionen der Finanzverfassung (Legislative) und Institutionen des Haushaltsvollzugs (Exekutive) unterscheiden. Zu den legislativen Akteuren gehören diejenigen Organe der Staatsgewalt, deren Aufgabe darin besteht, die rechtlichen Grundlagen für finanzpolitische Maßnahmen zu schaffen. Sowohl der Nationale Volkskongreß in Beijing (NVK) (*zhongguo renmin daibiao dahui)* und die Volkskongresse auf Provinzebene und lokaler Ebene als auch die Zentral-, Regional- und Lokalregierungen haben in der VR China legislative

---

1 Die technischen Besonderheiten der chinesischen Finanzstatistik, die bei der Analyse der Daten eine wichtige Rolle spielen, werden in *Anhang II.2* erläutert.

2 Eine besondere Herausforderung besteht darin abzuschätzen, wie Regierungsstruktur und finanzpolitische Funktionen zusammenhängen. Bereits 1967 stellte Schurmann bei seiner Analyse der chinesischen Staatsorganisation fest: „What an agency is formally empowered to do, may not be what it actually does." (Schurmann, 1966, S. 173) Aus diesem Grund ist es wichtig, bei der Analyse der formalen Regelungssysteme funktionale Tendenzen, die sich möglicherweise nicht direkt aus der formalen Struktur ablesen lassen, mitzuberücksichtigen.

Kompetenzen (Verfassung vom 4.12.1982, Art. 62, 67, 89). Obwohl der NVK formal die höchste legislative Autorität in der VR China ist, werden die meisten haushaltspolitischen Vorschriften in Form von Verordnungen (*tiaoli* oder *guiding*) durch die Zentralregierung (Staatsrat)[3] bzw. die nachgeordneten Regierungen verabschiedet.[4] Vollzugsorgane sind die Zentralregierung und die Regierungen der Peripherie, in besonderem Maße das zentrale Finanzministerium (FM) sowie die regionalen/ lokalen Finanzämter und Steuerbüros. Eine verfassungsmäßige Rolle spielt darüber hinaus die Oberrechnungskammer (*shenji jiguan*) als Organ der externen Finanzkontrolle (Verfassung von 1982, Art. 91 und 109).[5]

Die Abgrenzung zu den *indirekten haushaltspolitischen Akteuren* ist nicht immer offensichtlich. Dies hat in starkem Maße mit der Diskrepanz zwischen formellem und materiellem Verfassungsrecht zu tun.[6] Da Verfassung und Haushaltsgesetze der KPCh keine direkte Rolle im Haushaltsprozeß zuschreiben, kommt die tatsächliche Bedeutung der KPCh im Haushaltsprozeß rein formal-juristisch gesehen nicht wirklich zum Ausdruck. Allerdings folgt aus dem verfassungsmäßig verankerten Führungsanspruch der KPCh, daß ohne die Zustimmung der Partei kein Haushaltsentwurf des Staatsrats im Nationalen Volkskongreß eingebracht werden kann. Die KPCh ist somit also ein „indirekt direkter“ haushaltspolitischer Akteur.

Ein weiterer indirekter Akteur ist die *Chinesische Volksbank* (*zhongguo renmin yinhang*). Seit 1980 ist sie im Staatsrat das verantwortliche Regierungsorgan für die Überwachung und Steuerung des monetären Sektors sowie für die Geldwertstabilität der chinesischen Währung. Sie steht auf gleicher hierarchischer Stufe wie ein Ministerium (Directorate of Intelligence, Juni 1992, S. 15). Allein schon durch diese organisatorische Einbindung in den Regierungsapparat ist sie keine „unabhängige“ Zentralbank, sondern dem Staatsrat gegenüber verantwortlich und weisungsgebunden. Aus dieser Konstruktion können sich Widersprüche zwischen dem wirtschaftspolitischen Ziel der Geldwertstabilität und Forderungen des Staatsrats nach Krediten der Zentralbank an die Regierung ergeben. Bis 1993 finanzierte die Volksbank als Hausbank des

---

[3] 1949 war das höchste zentrale Regierungsorgan der Staatliche Verwaltungsrat, 1954 übernahm bei der Umstrukturierung des Regierungsapparates der Staatsrat (*guowuyuan)* diese Funktion, die er bis heute innehat.

[4] Für Erläuterungen der lokalen Gesetzgebung in China vgl. Chao, 1994, S. 95 ff.

[5] Zur Rolle des Finanzministeriums und den Interessen des FM vgl. Bachman, 1989. Zu den Beziehungen zwischen Finanzministerium und anderen zentralen Organen sowie zur internen Organisation des Ministeriums vgl. die in diesem Punkt sehr detaillierte taiwanesische Studie von Tong, 1993, hier insbesondere Kapitel 2.

[6] Das formelle Verfassungsrecht ist die förmliche Verbriefung der staatlichen Ordnung, nach herrschender Meinung besteht sie i.e.L. aus den in der Verfassungsurkunde enthaltenen Bestimmungen. In der Verfassung (eines jeden Landes) können jedoch nicht alle materiellen staatsrechtlichen Fragen umfassend geregelt werden, so kann es etwa ungeschriebene Zuständigkeiten geben, Gewohnheitsrecht etc. Die formelle und materielle Verfassung entsprechen sich daher i.d.R. zwar weitgehend, aber nicht vollständig. Das formelle Verfassungsrecht hat eine höhere Bestandsgewähr (vgl. hierzu u.a. Katz, 1996, S. 19).

Staates die Defizite des Staatshaushaltes (der nach der externen Kreditaufnahme verbleibende Haushaltssaldo wurde durch Kontoüberziehungen des Staates bei der Zentralbank finanziert) (Hauff, 1996, Tab. 4.1).[7]

Die chinesischen Geschäftsbanken und die beiden Börsen[8] können ebenfalls der Gruppe der indirekten Akteure zugerechnet werden, da sie für den Staatsrat Staatsschuldverschreibungen veräußern (eigene Interviews).

Indirekte Akteure der chinesischen Haushaltspolitik sind in steigendem Maße auch ausländische Kreditgeber wie z.B. die Weltbank, die Asiatische Entwicklungsbank oder der Internationale Währungsfonds. Da diese Organisationen ihre Kreditvergabe meist an bestimmte Auflagen knüpfen - die Kredite müssen z.B. für vereinbarte Zwekke eingesetzt werden - und durch ihre Kreditvergabe die internationale Bonität eines Landes mitbeeinflussen, darf der Einfluß dieser Organisationen nicht unterbewertet werden. Als Reaktion auf die Ereignisse des 4. Juni 1989 hatte die Weltbank beispielsweise beschlossen, ein Kreditvolumen von US $ 780 Mio. einzufrieren (Greer, 1990, S. 269-270), die Sanktionen (westliche Regierungen ohne Japan) wurden erst im darauffolgenden Jahr allmählich wieder gelockert.

II. Der Haushaltskreislauf

Der *Haushaltskreislauf* beginnt mit der Initiative der Exekutive, einen Budgetentwurf für das zu planende Haushaltsjahr aufzustellen, welcher dann nach der Verabschiedung durch das Legislativorgan zum Haushaltsvollzug führt. Nach Abschluß des Haushaltsjahres wird dann der Haushaltsvollzug geprüft und schließlich durch das Legislativorgan ratifiziert (Brümmerhoff, 1992, S. 134).

In verschiedenen Ländern wird der Ablauf dieses Haushaltskreislaufes unterschiedlich reglementiert. So stützen sich Länder, in denen das *Common Law* gilt (Großbritannien, Länder des British Commonwealth) als Rechtsgrundlage für die Verwaltung ihrer Staatshaushalte auf gewohnheitsmäßige administrative Praktiken und parlamentarische Beschlüsse. In Staaten, in denen das Zivilrecht angewandt wird (wie Deutschland, Italien, Frankreich) dominieren hingegen als Rechtsgrundlage kodifizierte Haushaltsvorschriften und -gesetze (Ahmad, Kennedy und Klering, 1995, S. 50).[9]

---

[7] Hofmann und Yusuf sprechen von quasi-fiskalischen Aktivitäten der Zentralbank bzw. parafiskalischen Aktivitäten der Banken (Hofmann und Yusuf, 1995, S. 38). Die Staatsausgabenfinanzierung durch die Notenpresse wurde bereits in den 80er Jahren von chinesischen Ökonomen kritisiert (Dong Fureng, 1997, S. 59; Xue, 1982b, S. 16).

[8] Die beiden Börsen befinden sich in Shenzhen und in Shanghai.

[9] Zu diesen kodifizierten Rechtsgrundlagen gehört in besonderem Maße die Verfassung. Ausführlich beschrieben werden die verschiedenen Rechtsgrundlagen in Ländern des *Common Law* und des *Civil Law* in Ahmad, Kennedy und Klering, 1995, S. 50-51.

In der VR China existieren als formale Rechtsgrundlage die Verfassung[10] sowie Verordnungen über die Verwaltung des chinesischen Staatshaushalts. Die Artikel der Verfassung, die sich mit dem Budget befassen, benennen zwar die direkten haushaltspolitischen Akteure (Verfassung vom 4.12.1982, Art. 62 (10), Art. 67 (5) etc.), sie enthalten jedoch keine Vorschriften über den Ablauf des Haushaltskreislaufes. Zwischen 1951 und 1991 war die rechtliche Grundlage für den Ablauf des Haushaltsprozesses die „vorläufige" Verordnung des Staatsverwaltungsrats[11] *(zhengwuyuan)* vom 19.8.1951. Sie wurde 1991 durch die Vorschriften einer neuen Verordnung des Staatsrats ersetzt, die 1992 in Kraft traten (Verordnung vom 3.11.1991). Die Vorschrift von 1991 berücksichtigt nicht nur die veränderten politischen Verhältnisse (z.B. veränderte Verwaltungsstrukturen), sondern ist auch deutlich detaillierter als die alte Verordnung. Nach Einschätzung von Experten des Internationalen Währungsfonds reichen jedoch auch die Vorschriften der Verordnung (1991) nicht aus, um das komplexe haushaltspolitische Beziehungsgeflecht zwischen den verschiedenen haushaltspolitischen Akteuren angemessen zu regulieren (Ahmad, Kennedy und Klering, 1995, S. 49). Dies liegt unter anderem an der großen Anzahl indirekter haushaltspolitischer Akteure und informeller Regelungsmechanismen.

Nach der Verordnung von 1991 gibt es in der VR China fünf Haushaltsebenen: Zentrale, Provinzen, Städte, Kreise bzw. Bezirke sowie Gemeinden (Verordnung 1991, Art. 4; vgl. hierzu auch *Abbildung A.1* im Anhang).[12] Jede Regierungsebene stellt ihren eigenen Haushalt auf. Dieser ist haushaltsstatistisch gesehen ein konsolidierter Haushalt, der aus den Haushalten einer Gebietskörperschaft und der ihr administrativ untergeordneten Gebietskörperschaften besteht (Verordnung 1991, Art. 24, 35; die zitierten Paragraphen beziehen sich im folgenden auf die Verordnung von 1991).[13]

Einzelne leistungsstarke Städte wie Wuhan, Chongqing, Dalian, Ningbo unterstehen direkt der Zentrale. Diese sog. Linienstädte (*jihua danlie shi*) stehen einerseits in einem direkten Finanzausgleichsverhältnis mit der Zentralregierung (und nicht mit der Provinz, zu der sie gehören), andererseits besitzen sie im Vergleich zu „normalen" Städten erweiterte wirtschaftspolitische Kompetenzen (allerdings geringer als Gebietskörperschaften auf Provinzebene). Zwischen 1983 und 1987 gab es 9 Linienstädte (Chongqing, Dalian, Ningbo, Guangzhou, Xian, Shenyang, Harbin, Qingdao, und Wu-

---

[10] Seit Gründung der VR China gab es insgesamt vier Verfassungen. In dieser Arbeit wird lediglich auf die Verfassung vom 4.12.1982 eingegangen.

[11] Der Staatsverwaltungsrat war in den Jahren 1949-1954 höchstes Exekutivorgan der Volksrepublik China, 1954 wurde es durch den Staatsrat ersetzt.

[12] Fälschlicherweise ist in der Literatur immer wieder von vier Haushaltsebenen die Rede (vgl. Tong, 1993, S. 20, S. 88). Die Unterteilung in vier Haushaltsebenen trifft nur für die regierungsunmittelbaren Städte zu (*Abbildung A.1*). So sind der Stadtregierung von Shanghai direkt untergeordnet die Regierungen von Kreisen und Bezirken (*xian* und *qu*). In den übrigen Provinzen und autonomen Regionen stehen jedoch unterhalb der Regierungen auf Provinzebene die Stadtregierungen (eigene Interviews).

[13] Demgegenüber existieren nach der Verordnung von 1951 vier Regierungsebenen Zentrale, großes Verwaltungsgebiet, Provinz und Kreis bzw. Stadt (Verordnung 19.8.1951, Art. 7, III).

han). Bis 1991 kamen Xiamen, Shenzhen, Nanjing, Chengdu und Changchun dazu (vgl. Shirk, 1993, S. 180). Im Sommer 1993 wurden die Provinzhauptstädte (z.B. Wuhan) fiskalisch wieder in ihre Provinzen eingegliedert, somit ihr Status als Linienstädte abgeschafft (Jae Ho Chung, 1995, S. 22-23).[14]

Die Aufstellung der öffentlichen Haushalte (*yusuan bianzhi*) muß im Einklang mit der langfristigen Wirtschaftsplanung stehen und den Grundsätzen der Ausgeglichenheit (*shouzhi pingheng*) und Einheitlichkeit (*tongyi*) entsprechen. Die Aufstellung eigenständiger Haushalte ist für alle fünf Verwaltungsebenen vorgeschrieben, die Rechnungseinheit ist der Renminbi (RMB). Das Haushaltsjahr beginnt am 1. Januar und endet am 31. Dezember (Art. 3, 10, 11, 25).

Die Phase der Haushaltsaufstellung beginnt in der vierten Jahreshälfte. Staatsrat und Finanzministerium geben vor Ablauf des Monats November die Vorgaben für die Aufstellung des Haushaltsentwurfes des nächsten Jahres bekannt und fordern die Regierungen der Provinzebene, aber auch die einzelnen Ministerien und Kommissionen auf zentraler Ebene sowie die Volksarmee[15] auf, auf dieser Grundlage einen Etat aufzustellen. Die Vorgaben umfassen die Sollzahlen für das Ausgaben- und Einnahmenniveau, die Richtlinien für die haushaltspolitischen Schwerpunkte und die Standards für die Gliederung der Haushaltsbilanz (Art. 33; eigene Interviews). Auf der Grundlage dieser partikularen Haushaltspläne der zentralen Ministerien und Kommissionen erstellt das Finanzministerium den Haushaltsentwurf für die Zentralregierung (Art. 34).[16] Analog erfolgt die Aufstellung der Haushaltsentwürfe (*yusuan cao'an*) auf regionaler und lokaler Ebene.

Nach Ratifizierung durch den Nationalen Volkskongreß der Provinz wird dieser Entwurf dem zentralen Finanzministerium übermittelt (Art. 35, 36). Das FM stellt die Haushaltsentwürfe der Zentralregierung und der Provinzregierungen in einem konsolidierten Haushaltsentwurf zusammen und legt diesen dem Nationalen Volkskongreß bei dessen jährlicher Plenarversammlung im März zur Ratifizierung vor (Art. 36).[17] Da der Haushaltsplan in China erst drei Monate nach Beginn des Haushaltsjahres verabschiedet wird, verletzt dieser zeitliche Ablauf das Haushaltsprinzip der Vorherigkeit (Brümmerhoff, 1992, S. 136).

---

[14] Chongqing erhielt 1997 den Provinzstatus.

[15] Die Planung und Aufstellung des Verteidigungshaushaltes obliegt der Obersten Logistikabteilung der Volksbefreiungsarmee (Art. 70).

[16] Nach der Verordnung (1951) muß das FM vor dem 30. Juni eines jeden Jahres die Regeln für die Aufstellung des nächsten Haushaltes bekanntgeben (Art. 11). Die Kreise und Städte müssen müssen bis zum 15. August, die Provinzen bis zum 15. September und die großen Verwaltungsgebiete bis zum 15. Oktober ihre Haushaltsentwürfe aufstellen. Das FM muß vor dem 15. November den konsolidierten Haushaltsentwurf vorlegen (Art. 14). Der Staatsrat muß vor Ende November den Haushalt für das nächste Kalenderjahr verabschieden. Die Legislative ist an diesem Entscheidungsprozeß nicht beteiligt.

[17] Nach der Verordnung von 1951 war die Legislative am Budgetprozeß nicht beteiligt.

Der *Haushaltsvollzug* (*yusuan zhixing*) des so entstandenen Haushaltsplans erfolgt durch die Volksregierungen der verschiedenen Regierungsebenen. Die Hauptverantwortung trägt das jeweilige Finanzministerium. In den ersten drei Monaten eines jeden Kalenderjahres wird auf der Grundlage des (noch nicht ratifizierten) Haushaltsentwurfes verfahren (Art. 14). Änderungen des bereits angenommenen Etats sowie Nachtragshaushalte müssen durch den Ständigen Ausschuß der zuständigen Volkskongresse (*renda changweihui*) genehmigt werden (Art. 57).

Nach erfolgtem Haushaltsvollzug werden die realisierten Etats durch die jeweils übergeordneten Regierungsebenen überprüft (*yusuan jiandu*).[18] Neben dieser internen Überprüfung existieren nach Art. 91 und 109 der Verfassung der VR China externe Organe der Finanzkontrolle. Die vom Staatsrat errichtete *Oberrechnungskammer* ist verantwortlich für Rechnungsprüfung und Kontrolle der Einkünfte aller Abteilungen des Staatsrats und der dezentralen Regierungen aller Ebenen, der Finanz- und Währungsorganisationen des Staates sowie der Betriebe und Institutionen (Art. 91).[19] Werden durch die Haushaltskontrolle gravierende Verstöße gegen die geltenden Regelungen aufgedeckt, so werden die Verantwortlichen auf der Grundlage von Art. 11 der Verordnung von 1991 zur Rechenschaft gezogen. Der realisierte, konsolidierte Haushalt (*yusuan juesuan*) wird im März eines jeden Jahres vom NVK gemeinsam mit dem neu zu verabschiedenden Haushaltsplan für das nächste Jahr ratifiziert (Art. 66).

III. Der Staatshaushalt: budgetinterne und –externe Fonds

Die chinesischen Staatsfinanzen haben eine Besonderheit: Sie bestehen aus einem budgetinternen (*yusuannei zijin*) und einem bedeutsamen budgetexternen bzw. außerbudgetären (*yusuanwai zijin*) Etat. Verfassungsmäßig vorgesehen ist jedoch lediglich der budgetinterne Haushalt, der, wie oben erläutert, nach den Vorschriften der Verfassung und des Haushaltsrechts entworfen, verabschiedet, vollzogen und überprüft wird. Lediglich die in diesem ersten Haushalt verbuchten Mittel gehen in den vertikalen Finanzausgleich ein. Der budgetexterne Haushalt hingegen ist nicht Teil des staatlichen Haushaltsplans. Er wird außerhalb des Haushaltskreislaufes verwaltet und untersteht nicht der direkten Kontrolle der Zentralregierung, jedoch handelt es sich bei den außerbudgetären Fonds (ABF), wie gezeigt werden wird (*Kapitel B.III.2*), um keinen illegalen Haushalt. Die ABF besitzen eine finanzpolitische Bedeutung, die erst ersichtlich wird, wenn man sich ihre historische Entstehung und Entwicklung, die Herkunft der Mittel und die Art und Weise ihrer Bewirtschaftung näher ansieht.

---

[18] Der Haushaltsvollzug, wie in der Verordnung 1951 reglementiert, ist ein Spiegel der planwirtschaftlichen Struktur des Haushaltes. Die nachgeordneten Regierungen haben keine Flexibilität bzgl. der Einsetzung einzelner Haushaltsposten (Art. 18 ff).

[19] Die externe Finanzkontrolle in der VR China wurde in einem gemeinsamen, komparativen Forschungsvorhaben des Bundesrechnungshofes und des Oberrechnungskammer untersucht. Die Ergebnisse liegen in Form eines Berichtes vor (Bundesrechnungshof und China National Audit Office, 1997).

1. Budgetinterne Haushaltseinnahmen

Die Mittel des budgetinternen Etats speisen sich hauptsächlich aus drei Quellen: Steuern, Unternehmensgewinne und Krediteinnahmen. Krediteinnahmen sind lediglich auf der Ebene der Zentralregierung erlaubt. Die budgetinternen Einnahmen werden für die Finanzierung der im Haushaltsplan vorgesehenen öffentlichen Aufgaben verwendet.

a) Phase 1949-1978: Rudimentäres Steuersystem und Primat der Unternehmensgewinnabführung

Das Haushaltssystem der VR China wurde nach der Staatsgründung im Jahr 1949 nach sowjetischem Vorbild errichtet. Entsprechend setzten sich die budgetinternen Haushaltseinnahmen im traditionellen maoistischen System aus Gewinnabführungen der Staatsunternehmen und staatlichen Institutionen sowie Steuereinnahmen zusammen. Ab 1958 waren Unternehmensgewinne der größte Einnahmeposten im chinesischen Staatshaushalt. Sie stellten im Jahr 1958 52,6 %, 1959 61,6 %, 1970 57,2 % und 1978 51,9 % aller Haushaltseinnahmen (Donnithorne, 1967, S. 369). Diese Gewinne errechneten sich nach Verrechnungspreisen, die der marxistischen Wirtschaftstheorie entsprechend vom Staat festgesetzt wurden. Der Großteil der Gewinne kam aus dem Industriesektor (v.a. Schwerindustrie) (TJNJ 1997, S. 237).[20]

Externe Krediteinnahmen entstanden bis 1957 hauptsächlich durch Darlehen, die die Sowjetunion der VR China für den wirtschaftlichen und technischen Aufbau gewährte (Riskin, 1988, S. 74 f). Die exakte Höhe dieser sowjetischen Darlehen ist jedoch nicht bekannt, da die Haushaltsstatistik bei der externen Verschuldung keine Herkunftsländer angibt. Es kann jedoch davon ausgegangen werden, daß die externen Kredite aus jener Zeit in erster Linie aus der Sowjetunion stammen. Ausländische Darlehen finanzierten 1952 5,5 % der chinesischen Staatsausgaben (TJNJ 1957, S. 256; CJNJ 1997, S. 440). In Folge der politischen Auseinandersetzungen Maos mit der sowjetischen Führung wurden 1958 die sowjetischen Darlehenszahlungen eingestellt und nicht mehr neu aufgelegt (Riskin, 1988, S. 74 f). Zwischen 1958 und 1974 weist die Haushaltsstatistik keine externen Krediteinnahmen der VR China aus (TJNJ 1997, S. 256).

Aufgrund der damals herrschenden Auffassung, daß Steuern ein Produkt des Kapitalismus sind, wurde das Steuersystem nur rudimentär entwickelt (eigene Interviews im FM). [21] Ab 1956 wurden lediglich Staats- und Kollektivunternehmen, jedoch keine

---

[20] Der Großteil der Haushaltseinnahmen wurde in den 50er Jahren für den wirtschaftlichen Aufbau eingesetzt (vgl. die ausführliche Darstellung der Ausgabenseite bei Donnithorne, 1972b, S. 8).

[21] Die einzige Funktion der Steuerpolitik war vor 1978 die Generierung von Staatseinnahmen. Eine Hebelwirkung der Steuern im Hinblick auf die stabilisierungs-, allokations- und distributionspolitischen Ziele (im Musgraveschen Sinne) fand nicht statt.

Privatpersonen mehr besteuert[22] (Yang, 1995, S. 176). Die 1958 eingeführte konsolidierte Industrie- und Handelssteuer (*gongshang shui)*[23] war die wichtigste Steuerart, die von allen Unternehmen, staatlichen und kollektiven,[24] entrichtet werden mußte. Diese Umsatzsteuer wurde als prozentualer Steuersatz auf das Verkaufsvolumen (im Falle der Industriebetriebe und der Handelsorganisationen) oder auf die Gesamtkaufsumme (im Falle der Importeure oder der Aufkäufer von agrarischen Produkten) erhoben. Der Steuersatz variierte zwischen unterschiedlichen Produktkategorien (Donnithorne, 1967, S. 372).[25] Neben der Industrie- und Handelssteuer wurden 1958 die Salzsteuer, die Schlachtsteuer, die städtische Gebäude- und Grundsteuer, die Kultur- und Vergnügungssteuer, die Vertragssteuer, die Benutzungssteuer für den Gewerbeschein, die Agrarsteuer sowie Zölle erhoben (Yang, 1995, S. 170-175).[26]

1973 wurden als weitere Vereinfachung des Steuersystems die bislang praktizierte Industrie- und Handelssteuer, die städtische Gebäude- und Grundsteuer, die Lizenzsteuer für den Gewerbeschein, die Salzsteuer und die Schlachtsteuer zu einer einheitlichen Industrie- und Handelssteuer zusammengefaßt. Staatsunternehmen mußten ab 1973 nur noch diese Steuer entrichten. Für Kollektivbetriebe, deren Gewinne nicht in den zentralen Staatshaushalt flossen, sondern auf lokaler Ebene verblieben, wurde eine Industrie- und Handelseinkommensteuer eingeführt, die sie zusätzlich abführen mußten. Insgesamt wurden im Jahr 1973 zwölf Steuern erhoben. Sie kennzeichnen auch die steuerliche Ausgangssituation zu Reformbeginn im Jahr 1978 (Yang, 1995, S. 176).

b) Phase 1978-1993: Diversifizierung des Steuersystems und die „Ligaishui"-Reform

Mit Reformbeginn diversifizierte sich die Wirtschaftsordnung durch eine zunehmende Zahl wirtschaftlicher Akteure. Insbesondere private und ausländische Wirtschaftssubjekte begannen auf dem chinesischen Markt zu agieren. Auch die wirtschaftlichen Aktivitäten wurden mit der Einführung marktwirtschaftlicher Elemente vielfältiger und konnten durch das bisherige Steuersystem nicht mehr fiskalisch erfaßt werden. Aus diesem Grund erfolgte in den 80er Jahren eine schrittweise Reform des Steuersystems, durch die eine Vielzahl neuer Steuern (insbesondere Einkommensteuern) eingeführt wurde (vgl. hierzu Yang, 1995, S. 177 ff). Die Steuerpolitik gewann

---

[22] 1956 wurden die noch verbleibenden privaten Betriebe verstaatlicht bzw. gingen in Kollektivbesitz über (Liu und Wu, 1986, S. 154 ff).

[23] Die konsolidierte Industrie- und Handelssteuer ersetzte vier Einzelsteuern, die bis dahin erhoben wurden: die Warensteuer, die Gewerbesteuer, Stempelsteuer und Warenzirkulationssteuer (Donnithorne, 1967, S. 374).

[24] Befreit von der Steuer wurden Staatsbanken, medizinische Einrichtungen, Versicherungseinrichtungen, Stationen für landwirtschaftliche Maschinen und Einkommen aus wissenschaftlichen Forschungsinstituten (Donnithorne, 1967, S. 372).

[25] Vgl. für detailliertere Informationen über die Höhe der Steuersätze Donnithorne, 1967, S. 373.

[26] Eine ausführliche Beschreibung der einzelnen Steuern kann in Donnithorne nachgelesen werden (Donnithorne, 1967, Kapitel 12 und 13).

mit der sukzessiven Dezentralisierung wirtschaftlicher Entscheidungen zunehmend an Bedeutung (vgl. hierzu Schröder, 1990, S. 15-16).

Die durchgreifendste Veränderung für sowohl Staatshaushalt als auch Unternehmen stellte die 1983/84 durchgeführte „*Ligaishui*"-Reform dar.[27] Sie ersetzte die Gewinnabführungen der Staatsunternehmen weitgehend durch die Zahlung einer Gewinnsteuer (Liu Guoguang, 1993, S. 4-9; Yang, 1995, S. 184 f). Es handelt sich dabei um eine der wichtigsten finanzpolitischen Reformen nach 1978, die die Beziehungen zwischen Staat und Staatsunternehmen nachhaltig veränderte. Seit dieser Reform finanziert sich der chinesische Staat hauptsächlich durch Steuereinnahmen, Gewinnabführungen spielen nur noch eine marginale Rolle. So machten Steuereinnahmen 1985 bereits 85 % und 1993 90 % des Staatshaushaltes aus (*Tabelle A.1*).

Im folgenden soll das bis 1993 gültige Steuersystem nach direkten und indirekten Steuern beschrieben werden:[28] Das indirekte Steuersystem war seit dem 1.10.1984 durch die simultane Anwendung dreier Steuerarten gekennzeichnet: Produktsteuer, Mehrwertsteuer und Gewerbesteuer. Die wichtigste Steuer innerhalb dieses Trios war die Produktsteuer, die auf den Bruttoverkaufswert erhoben wurde, während die Mehrwertsteuer am Nettoverkaufswert ansetzte. Die Gewerbesteuer wurde auf den Umsatz von Dienstleistungen, nicht auf den Verkauf von Produkten angewandt. Das System zeichnete sich durch eine große Unübersichtlichkeit und Vielfalt an Steuersätzen aus; so gab es allein bei der Mehrwertsteuer je nach Produktkategorie 13 verschiedene Tarife zwischen 8 % und 45 % (PStV, MWStV, GStV vom 18.9.1984; Xiang, 1994, S. 68-69; Dahl und Mitra, 1991, S. 561 ff).

Das bis 1993 praktizierte System *direkter Steuern* bestand aus der individuellen Einkommensbesteuerung und der Unternehmensgewinnbesteuerung. Diese waren Steuerarten, die in der maoistischen Phase nicht erhoben wurden. Die persönliche Einkommensbesteuerung erfolgte durch die persönliche Einkommenssteuer, die persönliche Einkommensanpassungssteuer und die Steuer auf in Individualunternehmen erzielte Einkommen (EKStG 10.9.1980; EKASTV 25.9.1986; EKPrUNV 25.6.1988). Die persönliche Einkommensteuer (steuerpflichtig waren nach dem Gesetz sowohl Inals auch Ausländer) sah einen monatlichen Steuerfreibetrag von 800 RMB vor. Der

---

[27] *Ligaishui* heißt, daß die Abführung von Gewinnen (*li)* durch die Abführung von Steuern (*shui)* ersetzt wird (Liu Guoguang, 1993, S. 9 ff). Mit dem „*ligaishui*"-System war bereits in den Jahren 1979-1983 in verschiedenen Provinzen experimentiert worden. Als erstes wurden 1979 im Kreis Guanghua in der Provinz Hubei in 15 Industriebetrieben Pilotprojekte zum „*ligaishui*"-System durchgeführt. 1980 folgten Yangzhou in Guangxi, sowie Shanghai, Sichuan, Beijing und Tianjin mit weiteren fiskalischen Experimenten, 1981 war das neue System bereits in 456 Betrieben in 18 Provinzen, Städten und autonomen Regionen eingeführt worden (Liu Guoguang, 1993, S. 4-6).

[28] Direkte und indirekte Steuern unterschieden sich durch das jeweilige Steuerobjekt: Während direkte Steuern insbesondere Einkommen und Vermögen unter Berücksichtigung der persönlichen Verhältnisse der Steuerpflichtigen belasten (z.B. Einkommen-, Körperschaft-, Vermögensteuer), knüpfen die indirekten Steuern ohne Rücksicht auf die persönlichen Umstände der Belasteten an Erlöse und Transaktionen an (Bsp.: Umsatzsteuer, Erbschaftsteuer etc.) (vgl. hierzu Brümmerhoff, 1992, S. 233 f).

Steuersatz war progressiv und schwankte zwischen 5 % und 45 %. Insgesamt gab es sieben Tarifgruppen. Die Steuerbemessungsgrundlage setzte sich aus sechs Einkunftsarten zusammen (EKStG 10.9.1980, Art. 1, 2, 3, 9). Der Anpassungssteuer für Individualeinkommen unterlagen chinesische Staatsbürger mit einem monatlichen Einkommen über 400 RMB. Es handelte sich um den Versuch einer verstärkten steuerlichen Erfassung von Individualeinkommen (EKAStG 25.9.1986, Art. 2).

Die Unternehmensgewinnbesteuerung erfolgte unterschiedlich nach der Eigentumsform eines Unternehmens. Die Unterteilung der Betriebe in verschiedene Eigentumskategorien, für die unterschiedliche Regeln der Bewirtschaftung gelten, ist charakteristisch für das postmaoistische Wirtschaftssystem bis 1993. Staatsunternehmen führten seit der „*Ligaishui*"-Reform 55 % ihrer Gewinne an den Staat ab. Chinesisch-ausländische Joint-Venture-Unternehmen wurden seit dem 1.1.1981 mit einem Steuersatz von 30 % besteuert. Darüber hinaus wurde eine Ortssteuer von 10 % erhoben (JVEKStG 10.9.1980, Art. 3). In den Wirtschaftssonderzonen konnte der Gewinnsteuertarif auf 15 % reduziert werden. Kollektivbetriebe wurden seit dem 1.1.1985 mit einem progressiven Gewinnsteuersatz von 10 % -55 % (KollUNEKStV 11.4.1985) und Privatbetriebe seit dem 1.1.1988 mit einem Pauschsteuersatz von 35 % besteuert (PrUNEKStV, 25.6.1988, Art. 3).[29]

Diese Politik der eigentumsformabhängigen Unternehmensbesteuerung hatte eine wettbewerbsverzerrende Wirkung. Sie hätte sich in einem rein marktwirtschaftlichen System besonders negativ auf die Nettogewinnsituation der Staatsunternehmen ausgewirkt, die der höchsten Steuer unterlagen. Da diese aber Verlustsubventionen in Höhe von 24,8 % der gesamten Steuereinnahmen (1985) bzw. 9,6 % (1993) erhielten (berechnet nach *Tabelle A.2* und CZNJ 1998, S. 467-468), bekamen sie die mehr gezahlten Steuern quasi in Form von Steuerrückzahlungen wieder zurück bzw. führten sie überhaupt nicht ab.

2. Budgetexterne Haushaltseinnahmen

Vier typische Merkmale kennzeichnen die außerbudgetären Fonds (ABF): Sie werden dezentralisiert erhoben, verwaltet und verwendet, sie sind nicht Teil des staatlichen Haushaltsplans, sie werden für einen bestimmten Zweck (z.B. für den Bau von Schulen etc.) oder für eine bestimmte staatliche Dienstleistung erhoben und gehen nicht in den Finanzausgleich ein. Dabei muß unterschieden werden zwischen ABF auf Unternehmensebene (z.B. selbstverwaltete Fonds) und auf staatlicher Ebene (z.B. Zusatzsteuern aus der Landwirtschaft und Gebühren sowie aus Unternehmensbeteiligungen stammende außerbudgetäre Einnahmen.

Nach Beginn der Wirtschafts- und Reformpolitik im Jahre 1978 spielt die zuletzt genannte Einnahmenkategorie besonders auf dem Lande eine erhebliche Rolle. Ge-

---

[29] Die Regelungen zu den Abgaben zum Energie und Schlüsseltransportfonds und Haushaltsanpassungsfonds können in den Bestimmungen vom 15.12.1982 und 17.2.1989 nachgelesen werden.

meinderegierungen (*xiangzhen zhengfu*, vgl. *Abbildung A.1)* sind dort aufgrund finanzieller Verflechtungen als Eigentümer oder Miteigentümer eng mit den ländlichen Betrieben verbunden, die im Kollektivbesitz sind. Dadurch sind diese Kommunalregierungen nicht nur externe Administratoren dieser Unternehmen, sie treffen in ihrer Rolle als Eigentümer auch Entscheidungen über die Verwendung der Unternehmensgewinne. Aus solchen Unternehmensbeteiligungen stammende Gewinnausschüttungen zugunsten der Lokalregierungen werden im Gemeindebudget als außerbudgetäre Fonds verbucht (vgl. hierzu Hauff, 1999, S. 90, 95, 101 ff).

Die ABF sind keine Erfindung der Reformära. Sie wurden bereits Anfang der 50er Jahre eingeführt und sind ein typisches Merkmal fiskalischer Systeme nach dem sowjetischen Modell. Ihr Zweck bestand ursprünglich darin, den nachgeordneten Regierungen, Verwaltungsorganen und Unternehmen unter den Bedingungen der zentralisierten Budgetverwaltung einen geringfügen Spielraum für zwingend notwendige Ausgaben einzuräumen (Lardy, 1975a, S. 57ff; Huang und Cheng, 1996, S. 79; Wong, Heady and Woo, 1995, S. 233).

Die außerbudgetären Fonds der Unternehmen unterlagen der Kontrolle derjenigen Regierungsebene, der das staatliche Unternehmen unterstand. Alle Staatsunternehmen verwalteten in den 50er Jahren hauptsächlich drei verschiedene außerbudgetäre Geldtitel selbst: einen Reparaturfonds, einen Bonusfonds und einen Wohlfahrtsfonds, aus dem u.a. auch die Renten bezahlt wurden. Die Gelder wurden aus den Gewinnen abgezweigt. Aus dem Reparaturfonds wurden die Wartungs- und Reparaturkosten der bestehenden Anlagen finanziert, während aus dem Bonusfonds Prämien für besonders gute Leistungen an Mitglieder der Belegschaft gezahlt wurden. Der Bonusfonds betrug durchschnittlich etwa 3,5 Prozent der Gewinnsumme (Lardy, 1975a, S. 57, Wong, Heady und Woo, 1995, S. 233-234). Die Gewährung leistungsabhängiger Prämien wurde jedoch in der Mao-Ära nicht durchgängig praktiziert, sie wurde z.B. während der Kulturrevolution weitgehend außer Kraft gesetzt (vgl. hierzu auch Riskin, 1988, S. 192; Lieberthal, 1995, S. 112).

Die Zusatzsteuern aus der Landwirtschaft und die Gebühren (*shoufei)* flossen typischerweise direkt in den Haushalt der Regional- bzw. Lokalregierungen. Ihr Verwendungszweck waren örtliche Infrastrukturmaßnahmen und Reparaturarbeiten, die nicht im zentralstaatlichen Plan vorgesehen waren, sondern auf die Initiative der nachgeordneten Regierungen zurückgingen (Lardy, 1975a, S. 61). Nach Lardy machten ABF 1953 lediglich 4,2 %, 1956 9,8 % und 1957 8,0 % der budgetinternen Haushaltseinnahmen aus (Lardy, 1975a, S. 56).[30] Der Umfang der externen Fonds war in den ersten Jahren der VR China somit gering.

---

[30] Li Xiannian gibt eine niedrigere Zahl an: Seinen Ausführungen zufolge machten die außerbudgetären Fonds während der Dauer des 1. Fünfjahresplans (1953-1957) durchschnittlich 3,3 % des regulären Haushaltes aus (Li, 1959b, S. 407).

Das Ausmaß der ABF scheint in Abhängigkeit von den Dezentralisierungs- und Zentralisierungsbewegungen der Finanzverwaltung zu stehen. So nahmen die ABF während der fiskalischen Dezentralisierung im Rahmen des „Großen Sprungs nach Vorn“ (1958-1961) zu, während sie mit der Rezentralisierung Anfang der 60er Jahre wieder an Bedeutung abnahmen (Wong, Heady und Woo, 1995, S. 233-234).[31]

Ein weitreichender finanzpolitischer Einfluß der ABF läßt sich jedoch erst nach 1978 nachweisen.[32] Mit der zunehmenden Diversifizierung wirtschaftlicher Aktivitäten wurden nach 1978 für staatliche Dienstleistungen immer neue Gebühren erhoben (z.B. Abwassergebühren, Mautgebühren etc.). Manche Gebühren wurden von der Zentralregierung, manche von den Regional- und Lokalregierungen eingezogen. Auf der Gemeindeebene wurde ein Teil der Gewinne aus den ländlichen Unternehmen ebenfalls in die außerbudgetären Fonds eingestellt (Deng, Tao und Xu, 1990, S. 19 ff; eigene Interviews).

Der Vorteil, den die dezentralen Regierungen mit der Anhäufung außerbudgetärer Mittel anstreben, liegt auf der Hand: Die Gelder können von ihnen *autonom* verwaltet werden und sind kalkulierbarer als der ständig neuen Finanzausgleichsregelungen unterliegende und daher als nicht planbar geltende budgetinterne Haushalt. Im Zeitraum 1978 bis 1993 gab es kaum Regelungen zur Verwaltung der ABF. Da die Mittel nicht durch die Finanzbehörde einheitlich verwaltet, sondern in der Regel durch die Abteilung oder das Büro, das die Gebühr erhoben hatte, kontrolliert wurden, strebte jede Verwaltungseinheit nach einer Maximierung ihrer außerbudgetären Mittel, die ihnen eine größere finanzielle Unabhängigkeit einräumte. Daher stieg die Zahl der Gebühren im Zeitraum von 1978 bis 1993 stetig an (eigene Interviews).

Neben den außerbudgetären Fonds, die zwar einen zweiten Haushalt bilden, aber *per definitionem* legale haushaltspolitische Mittel sind, gibt es noch eine weitere Kategorie illegal erhobener Gebühren. Diese werden systemexterne Einnahmen (*zhiduwai shouru)* oder „chaotisch erhobene Gebühren“ (*luan shou fei)* genannt. Diese Einnahmen sind empirisch nicht belegbar, Schätzungen zufolge sollen sie jedoch beachtliche Dimensionen annehmen.[33] Dabei handelt es sich z.B. um Gebühren, die außerhalb des von der Zentrale erlassenen Gebührenkatalogs erhoben werden sowie um unzulässige Spendengelder.

---

[31] Auf die Finanzverwaltung während der Mao-Ära wird in *Kapitel C.II* eingegangen.

[32] Vgl. für die empirische Analyse der Entwicklung außerbudgetärer Fonds die Ausführungen in *Kapitel E.VI.*

[33] 55,4 % der gesamten Abgaben von ländlichen Unternehmen sollen 1993 ungerechtfertigt erhoben worden sein und in die Kategorie der systemexternen Einnahmen gehören (Liu, 1999, S. 40).

IV. Die Steuererhebung: Aufbau der Steuerbürokratie und deren Stellung innerhalb des Regierungsapparates

Trotz ihrer formal starken Stellung im Finanzsystem hat die Zentralregierung nach Gründung der VR China weitgehend darauf verzichtet, eigene Steuerverwaltungsorgane einzurichten. Die Erhebung der meisten Steuern erfolgte zwischen 1950 und 1993 dezentral durch Steuerbehörden auf regionaler und lokaler Ebene (Ausnahmen sind die zentralverwalteten Zollämter und nach 1978 die Behörde für die Erhebung von Steuern auf Erdöl).[34]

Da in der planwirtschaftlichen Wirtschaftsordnung Steuern eine untergeordnete Rolle bei der Einnahmenbeschaffung des Staates spielen (vgl. S. 21 ff), existierte auf zentraler Ebene auch keine eigenständige Verwaltungs- und Überwachungsbehörde. Oberste Koordinations- und Kontrollinstanz der Steuererhebung war seit dem 1. Januar 1950 die Zentralabteilung für Steuern (*shuiwu zongju)* im Finanzministerium der Zentralregierung in Beijing (Shuizhengsi, 1996, S. 29).[35] 1988 wurde jedoch als eigenständige Behörde der Zentralregierung die Staatliche Steuerbehörde (SSB) (*guojia shuiwuju)* errichtet, die zwar dem Finanzministerium (FM) formal unterstellt wurde, aber direkt dem Staatsrat gegenüber verantwortlich war.

Abbildung 1 veranschaulicht den Aufbau der Steuer- und Haushaltsbürokratie in der VR China zwischen 1988 und 1993. Der Direktor der SSB hat den Rang eines Vizeministers. Durch die Abkoppelung von der allgemeinen Finanzverwaltung existiert auf allen Verwaltungsebenen eine eigenständige Organhierarchie der Steuerverwaltung.[36] Mit der institutionellen Trennung des zentralen Finanzministeriums und der obersten Steuerbehörde sollte eine Aufwertung der Steuerverwaltung herbeigeführt werden. Das FM ist seit 1988 zwar verantwortlich für die Formulierung der Haushaltspolitik, es ist jedoch im Gegensatz zu den Finanzministerien vieler Länder nicht selbst für die Erhebung der Steuern und die Kontrolle der Steuerbehörden zuständig.[37] Die Abstimmung

---

34 *Anwar Shaw* (Weltbank) bezeichnet die lokale Erhebung und Administration von Steuern als ein typisches Merkmal der sog. „transitional economies" (Shaw, 1994, S. 2). Somit scheint die lokale Steuererhebungs- und Verwaltungspraxis nicht untypisch für ehemalige Zentralverwaltungswirtschaften zu sein.

35 Ende 1976 waren in dieser Abteilung lediglich 36 Personen beschäftigt (World Bank, 1990, S. 116). Dies verdeutlicht die geringe Bedeutung, die der Steuererhebung beigemessen wurde.

36 1984 erhielten die Gemeinden einen eigenen Regierungsstatus. Dadurch wurde die Gemeindeebene zu einer weiteren Haushaltsebene (vgl. *Abbildungen 1 und A.1*). Jedoch nahmen nicht alle Gemeinderegierungen dieses Recht in Anspruch. 1988 besaßen 90 % der rund 90.000 Gemeinderegierungen eigene Finanzverwaltungsorgane, während die Haushalte von weniger als 10 % der Gemeinden wurden durch die übergeordneten Kreisregierungen mitbetreut wurden (Tong, 1993, S. 21).

37 In den meisten Ländern ist das Finanzministerium für die Formulierung der Steuerpolitik verantwortlich. In wenigen Ländern (darunter Großbritannien und China) ist diese Funktion ausgelagert auf eine semi-autonome Behörde: „[It is] often operating unter the political authority of the Ministery of Finance. In general, countries see two main sets of advantages in this separation. First, the creation of a separate authority insulates the administration of taxes from political pressures. This enhances the status of the administration by allowing it to be seen as independent of the politicians responsible by

zwischen den beiden Behörden erfolgt im Finanzministerium durch das Referat für Steuerangelegenheiten (*shuizheng si*). Doch auch die SSB erhebt selbst keine Steuern, sie ist verantwortlich für Beaufsichtigung und Kontrolle der dezentralen Steuerbehörden (Shuizhengsi, 1996, S. 29).[38] Die Steuerbüros auf regionaler und lokaler Ebene erheben die Steuern und befinden über Steuererlasse und –befreiungen in ihrem Verantwortungsgebiet, sie koordinieren die Steuererhebung mit anderen Behörden und kontrollieren den Vollzug der Steuergesetze durch die ihnen unterstellten Steuerbüros. Für den Vollzug der Steuergesetze vor Ort erlassen sie die Durchführungsverordnungen (Yang, 1995, S. 568-70). Auf der Dorfebene treiben von der Gemeinderegierung eingesetzte Steuerbeamte die Steuern ein (*Abbildung 1*).[39]

Die interne Organisation der Finanzorgane auf Provinzebene (und darunter) folgt der Konstruktion auf der zentralen Ebene. D.h. einer Abteilung (*si*) für umfassende Planung im zentralen FM entspricht das Referat (*chu*) für umfassende Planung im Finanzministerium der Provinzregierung, bzw. einer Unterabteilung (*ke*) auf Stadt- und Kreisebene (Tong, 1993, S. 21).

Insgesamt weitete sich die personelle Besetzung der Steuer- und Finanzbüros in den Jahren nach 1978 stetig aus: Die Zahl der Beschäftigten stieg von 225.000 Personen im Jahr 1978 auf 650.000 im Jahr 1988 an (Tong, 1993, S. 23). Die Ausdehnung der Beschäftigtenzahl war angesichts der ständig steigenden Zahl an Steuerpflichtigen und der wachsenden Zahl an Steuerarten zwingend notwendig. Allerdings besteht der Eindruck, daß der Ausbau der Steuerverwaltung mit sinkenden Grenzerträgen einhergeht (Herrmann-Pillath, 1992, S. 3). Gerade auf der Gemeindeebene können sich die Steuerkader häufig kaum auf ihre steuerlichen Aufgaben konzentrieren, da sie gleichzeitig für eine Vielzahl anderer Aufgaben mitverantwortlich sind.

Die Steuerbüros und –ämter von der Provinz- bis zur Gemeindeebene unterstehen einer doppelten Hierarchie: Wie *Abbildung 1* zeigt, sind sie zwar einerseits Teil der jeweiligen Regierung (horizontale Einbindung), andererseits aber auch Teil des vertikal organisierten Steuerverwaltungssystems (vertikale Einbindung). So gehört das Steuerbüro der Provinzebene zur Provinzregierung, die Ernennung eines Kandidaten der Provinzregierung für den Posten des Direktors bedarf jedoch der Zustimmung der

---

enacting tax legislation. The separation also recognizes the fact that the function of tax administration is different from the rest of the largely policy-oriented work of the Ministry of Finance. Apart from the fact that tax administration is ultimately about individual cases, it also involves the employment of a large number of specialists whose background and training, career requirements [...] may differ from those of regular Ministry officials.“ (World Bank, 1990, S. 114-115).

[38] Das SSB besteht aus neun Referaten und einem Sekretariat: Referate für die Verwaltung von Zirkulationssteuern, Einkommensteuern, für Steuerreformen, für die lokale Steuerverwaltung, für Buchführung, Steuererhebung, Steuerkontrolle, Vollzug von Steuergesetzen, Steuerplanung, für internationale Steuerabkommen und für die Verwaltung der Steuern auf „offshore“ Öl (Tong, 1993, S. 20).

[39] In der Regel handelt es sich dabei nicht um „Beamte“, sprich Kader, sondern um Bauern, die für geeignet gehalten werden, die Aufgabe der Steuererhebung zu übernehmen (vgl. Gesetz vom 4.11.1998, eigene Interviews).

SSB (World Bank, 1990, S. 118, eigene Interviews).[40] Analog wird unterhalb der Provinzebene verfahren: Die Lokalregierungen ernennen mit Zustimmung der übergeordneten Ebene die Direktoren ihrer Steuerbehörden (Tong, 1993, S. 22).

Diese duale Befehlsstruktur, kann dann problematisch sein, wenn Provinz- und Zentralregierung unterschiedliche Interessen vertreten. Der aus dem Zusammenspiel der beiden Führungslinien entstehende Loyalitätskonflikt existiert nicht nur in der Finanzverwaltung, sondern in allen Behörden der dezentralen politischen Ebenen (Oi, 1999, S. 141).[41] In China wird dieser Widerspruch zwischen horizontalen und vertikalen Befehlsstrukturen mit den Begriffen „*tiaotiao*" und „*kuaikuai*" beschrieben. *Tiaotiao* steht für einen vertikalen, zentralisierten Verwaltungsstil, durch den die Autonomie der Provinzen mittels zentraler Vorschriften und Anordnungen stark eingeschränkt wird,[42] *kuaikuai* für einen horizontalen, dezentralisierten Verwaltungsstil, der durch eine erhöhte Verfügungsgewalt der Regionen über öffentliche Finanzmittel charakterisiert ist (Chao, 1991, S. 31, S. 35-36; Cong, 1994, S. 80).[43]

Die Politik der dualen Verwaltungsstile reagiert einerseits auf die schwierigen Rahmenbedingungen politischer Herrschaft in China, die durch Größe und Profil des Territoriums gegeben sind. Aufgrund der Ausgedehntheit des Staatsgebietes war ein rein zentralisierter Verwaltungsstil auch historisch nie praktikabel, die öffentliche Verwaltung stützte sich vielmehr stets in starkem Maße auf die Verwaltungsstrukturen auf regionaler und lokaler Ebene (vgl. z.B. Shue, 1988, S. 41 ff).[44] Andererseits ist dieses Phänomen auch Ausdruck des von Lenin konzipierten Prinzips *Demokratischer Zentralismus:*[45] Danach werden die politischen Organe zwar von unten nach oben gewählt, die Beschlüsse der unteren Organe müssen jedoch durch die jeweils höhergestellte Instanz bestätigt werden (vgl. hierzu Nohlen, 1991, S. 91 ff).

---

[40] Die Ziele und Vorschriften für die Steuererhebung werden jeweils durch die übergeordnete Steuerbehörde erläutert.

[41] Oi weist darauf hin, daß lokale Kader das Vorhandensein unterschiedlicher Direktiven häufig zu ihren Gunsten ausnutzen: „In the countryside during the Cultural Revolution, they could selectively implement directives that suited their purposes (Oi, 1999, S. 142).

[42] *Tiao* heißt u.a. Ordnung, Klausel.

[43] *Kuai* ist die umgangssprachliche Form von *Yuan*, der Einheit der chinesischen Währung.

[44] Das kaiserliche China beschreibt Shue wie folgt: „In fact, however, classical states are organizationally weak, and direct interventions in village affairs are rare. The state must cultivate and rely on the indigenous village power structures to carry out important state policy at the periphery." (Shue, 1988, S. 43)

[45] Der Begriff *Demokratischer Zentralismus* wurde seit seiner Konzeption durch *Lenin* zum grundlegenden Organisationsprinzip in den realsozialistischen Herrschaftssystemen (vgl. hierzu z.B. die Ausführungen von Nohlen, 1991, S. 93 ff).

Abbildung 1

Aufbau der Haushalts- und Steuerbürokratie in der VR China, 1988-1993

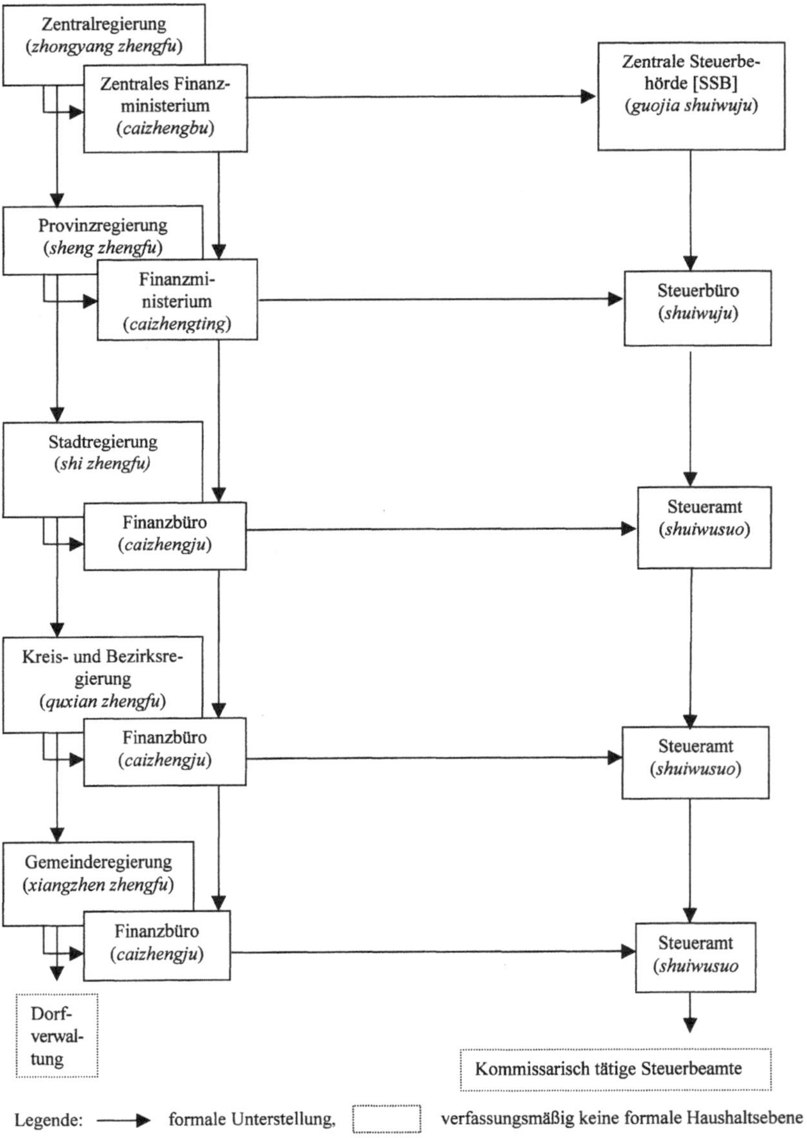

Eigene Darstellung auf der Grundlage von World Bank, 1990, S. 118; Tong, 1993, S. 15 ff und eigenen Interviews.

C. Das chinesische Finanzausgleichssystem bis 1993: Institutionelle Regelungen und Funktionsmechanismen

Im folgenden werden die Grundstruktur und die Entwicklungen des chinesischen Finanzausgleichssystems bis 1994 erläutert. Die Ausführungen konzentrieren sich in diesem Kapitel auf die Darstellung der institutionellen Regelungen und Funktionsmechanismen in bezug auf die Finanzbeziehungen zwischen Zentrale und Provinzen. Der gesamte hier untersuchte Zeitraum ist durch ein Hin- und Herschwanken zwischen verschiedenen Modellen des Finanzausgleichs gekennzeichnet. Chinesische Ökonomen verweisen immer wieder auf diese finanzhistorischen Spuren und die daraus erwachsenden Einflüsse auf aktuelle Reformbemühungen (z.B. Sun, 1994, S. 96).

I. Definition des Begriffs Finanzausgleich

Das Konzept des Finanzausgleichs existiert, seitdem es mehrgliedrige Staaten gibt. Es bezeichnet „ein finanzverfassungsrechtliches Ordnungs- und Verteilungssystem, das die zwischen den Einzelgliedern eines Staatsverbandes bestehenden Finanzbeziehungen regelt, ihre Verpflichtungen, Befugnisse und Finanzquellen gegeneinander abgrenzt und die Grundlagen ihrer Finanzausstattung bestimmt“ (Fischer-Menshausen, 1980, S. 637). Darunter fallen alle Regelungen der Finanzbeziehungen (Aufgaben-, Ausgaben- und Einnahmenverteilung) zwischen den verschiedenen Ebenen eines mehrgliedrigen Staatsgebildes sowohl auf vertikaler als auch auf horizontaler Ebene.[1]

Obwohl sich im deutschen Sprachraum der Begriff Finanzausgleich eingebürgert hat, handelt es sich um eine konnotativ unglücklich gesetzte Bezeichnung. Der Begriff suggeriert im bundesdeutschen Sprachgebrauch eine interregionale Umverteilung von Mitteln mit dem Ziel, eine relative „Einheitlichkeit der Lebensverhältnisse“ herbeizuführen (kooperativer Föderalismus). Die angelsächsische Bezeichnung *intergovernmental fiscal relations*, der französische Ausdruck *partage des compétences* oder auch der chinesische Terminus *zhongyang difang caizheng guanxi* bringen hingegen, entsprechend obiger Definition, lediglich einen Zusammenhang zwischen Aufgaben, Ausgaben und Einnahmen zum Ausdruck und eignen sich dadurch ungleich besser für die Analyse der Haushaltspolitik eines Drittlandes, da sie keine Annahmen in bezug auf einen bestimmten Verteilungsmaßstab wecken.

In dieser Arbeit über die Finanzausgleichspolitik der VR China wird der deutsche Begriff Finanzausgleich daher im Sinne von Finanzbeziehungen verwendet werden. Die Aufgabe des Finanzausgleichs besteht demnach in der Ausgestaltung und Rege-

---

[1] Wenn im folgenden von Finanzausgleich die Rede ist, so wird nur auf die gebietskörperschaftlichen Finanzbeziehungen abgestellt, die Rolle der sog. Parafiski (Nebenfiski, die sich ebenfalls über Zwangsabgaben finanzieren, z.B. Sozialversicherungsträger) wird hier nicht behandelt.

lung der Finanzbeziehungen zwischen den verschiedenen politischen Ebenen innerhalb eines mehrgliedrigen Staatswesens; der zugrundeliegende interregionale und vertikale Verteilungsmaßstab zwischen den Gebietskörperschaften bleibt bei dieser Begriffsdefinition jedoch offen.

II. Grundlegende Strukturelemente des chinesischen Finanzausgleichssystems bis 1993

Bei der Konzeption eines Finanzausgleichssystems müssen prinzipiell drei politische Teilprobleme gelöst werden: Die öffentlichen Aufgaben müssen zwischen den verschiedenen Regierungsebenen aufgeteilt, die daraus resultierenden Ausgaben durch entsprechende Einnahmen gedeckt und ein Ausgleichssystem für Diskrepanzen zwischen Ausgabenverantwortlichkeit und verfügbaren Einnahmen entwickelt werden.

1. Passiver Finanzausgleich

Durch den passiven Finanzausgleich werden den verschiedenen Regierungsebenen ihre öffentlichen Aufgabenverantwortlichkeiten zugewiesen. In der Finanzwissenschaft wird im Hinblick auf die öffentliche Aufgabenerfüllung zwischen drei Teilkompetenzen unterschieden (Lenk, 1993, S. 60-61):[2]

1. Die Entscheidungskompetenz beinhaltet das Recht bzw. die Pflicht einer Gebietskörperschaft, die öffentlichen Ausgaben in Qualität und Quantität zu planen, diese durch Gesetze, Verordnungen, Verwaltungsrichtlinien etc. zu konkretisieren, für eine ordnungsgemäße Durchführung Sorge zu tragen und ggf. auftretende Verstöße gegen die Vorgaben bei der Durchführung zu sanktionieren.
2. Bei der Durchführungskompetenz handelt es sich um das Recht bzw. die Pflicht einer Gebietskörperschaft, eine öffentliche Aufgabe durchzuführen.
3. Die Finanzierungskompetenz bezeichnet das Recht bzw. die Pflicht, die mit der Aufgabenerfüllung verbundenen Aufwendungen zu tragen.

In der VR China erfolgte die Verteilung der öffentlichen Aufgaben bis 1993 ohne eine klare juristische Grundlage. In der Verfassung von 1982 wird zwar eine Grundregel für die Aufteilung angegeben, die jedoch so dehnbar ist, daß sie keine brauchbare Handlungsanweisung darstellt:

> „The division of functions and powers between the central and local state organs is guided by the principle of giving full play to the initiative and enthusiasm of the local authorities under the unified leadership of the central authorities." (Art. 3)

---

[2] Die Darstellung der rein finanzwissenschaftlichen Grundlagen kann, mit Hinblick auf die hier verfolgte Fragestellung, nicht vollständig sein und erhebt auch nicht diesen Anspruch. Dafür wird auf die einschlägige finanzwissenschaftliche Literatur verwiesen.

Die Übernahme öffentlicher Aufgaben kann in China sowohl spontan von unten durch die Eigeninitiative der dezentralen Regierungen als auch gelenkt durch gezielte Aufgabendelegation durch die Zentrale erfolgen. Häufig erläßt die Zentralregierung Vorschriften über Ausgaben (z.B. im Bildungswesen), die Durchführungs- und Finanzierungsverantwortung liegt jedoch bei den Regional- und Lokalregierungen. Werden die Teilkompetenzen verschiedenen Regierungsebenen zugewiesen, spricht man von einem Mischsystem (Lenk, 1993, S. 60-61).

2. Aktiver Finanzausgleich

Die Verteilung der Einnahmen, der sogenannte aktive Finanzausgleich, läßt sich in einen originären und in einen sekundären aktiven Finanzausgleich unterteilen. Beim originären (oder primären) aktiven Finanzausgleich werden die öffentlichen Einnahmen auf die einzelnen Gebietskörperschaften verteilt. Der sekundäre Finanzausgleich korrigiert diese erste Verteilung der in öffentlicher Hand befindlichen Finanzmittel durch Ausgleichszahlungen. Auch beim aktiven Finanzausgleich ist eine Differenzierung in Teilkompetenzen sinnvoll (Lenk, 1993, S. 67-69).

1. Die *Entscheidungskompetenz* beinhaltet das Recht bzw. die Pflicht einer Gebietskörperschaft, über die Art und Höhe einer öffentlichen Einnahme zu befinden, die Auswahl der Steuerobjekte festzulegen (Steuerobjektkompetenz) und über die Bemessungsgrundlagen, die Steuerpflicht und das Tarifniveau zu verfügen (Gestaltungskompetenz).
2. Unter der *Erhebungskompetenz* versteht man das Recht bzw. die Pflicht, eine öffentliche Einnahme (z.B. Steuern) einzuziehen.
3. Bei der *Ertragskompetenz* handelt es sich um das Recht, über das Aufkommen aus einer Einnahmequelle zu verfügen.

In China hat nur die Zentralregierung das Recht, Steuern einzuführen (Steuerobjektkompetenz). Bei der Gestaltung der Steuerpolitik wirkten die nachgeordneten Regierungen jedoch in der Dezentralisierungsphase nach 1978 z.T. mit. So wurden bestimmte Unternehmen häufig durch die lokalen Steuerbehörden von ihrer Steuerpflicht entbunden, andere wiederum besonders stark zur Kasse gebeten (eigene Interviews). Die meisten Steuern wurden dezentral erhoben, die Lokalitäten besaßen somit die Erhebungskompetenz (*Kapitel B.IV*). Die Ertragskompetenz über das Steueraufkommen wurde in Finanzausgleichsverträgen geregelt. Bis 1993 handelte es sich dabei um individuell zwischen der Zentralregierung und einzelnen Provinzen ausgehandelte Verträge, welche zeitlich befristet waren.

a) Erste Runde: Die primäre vertikale Steuerverteilung

Für die Aufteilung der Steuererträge zwischen zentralen und lokalen Regierungen gibt es drei verschiedene Basismodelle der primären Einnahmenverteilung: Trennsysteme, Verbundsysteme sowie sog. Mischsysteme.

Ein Trennsystem ist dadurch gekennzeichnet, daß jede Gebietskörperschaft berechtigt und verpflichtet ist, sich die für die Erfüllung ihrer Aufgaben notwendigen Einnahmen selbst zu beschaffen. Grundsätzlich unterscheidet man hier zwischen freien und gebundenen Trennsystemen. Während das freie Trennsystem dadurch gekennzeichnet ist, daß die zentralen und regionalen Gebietskörperschaften völlig unabhängig und unkoordiniert voneinander ihre jeweiligen Einnahmequellen festlegen und erheben,[3] weist das gebundene Trennsystem eine gewisse Koordination der Besteuerung durch die unterschiedlichen Gebietskörperschaften auf (Peffekoven, 1992, S. 539; Petersen, 1988, S. 126). So werden beim gebundenen Trennsystem einzelne Steuerquellen exklusiv bestimmten Regierungsebenen zugewiesen, um eine mehrfache Inanspruchnahme eines Steuerobjekts durch mehrere Gebietskörperschaften zu vermeiden (Peffekoven, 1992, S. 539).

Bei den Verbundsystemen wird für wichtige ertragsreiche Steuern ein Verbund eingerichtet, um die Schwierigkeiten im Zusammenhang mit der Durchführung von Trennsteuersystemen zu vermeiden. Dieser Verbund kann sich auf einzelne Steuern (Einzelverbund) oder auf mehrere Steuerquellen erstrecken (Gesamtverbund). Dabei werden die entsprechenden Steuern meist von einer Ebene erhoben; danach werden die Steuererträge nach Quoten auf alle Gebietskörperschaften des Verbundsystems aufgeteilt. Bei diesem System wird die Steuerertragskompetenz sowohl für die dezentralen als auch für die zentralen Aufgabenträger begrenzt, allerdings liegt die Gesetzgebungskompetenz i.d.R. beim zentralen Aufgabenträger (Lenk, 1993, S. 75 f; Peffekoven, 1992, S. 539 f). Die Steueranteile sind bei diesem Quotensystem meist nicht auf Dauer festgelegt, sondern können an die finanz- und wirtschaftspolitischen Rahmenbedingungen angepaßt werden.[4]

Der Vorteil des Verbundsystems wird im allgemeinen darin gesehen, daß alle Ebenen an der Entwicklung des Steueraufkommens beteiligt werden. Allerdings treten häufig Streitigkeiten über die Höhe der Quoten auf (Peffekoven, 1992, S. 539).

Bei den Mischsystemen werden Elemente des Trenn- und des Verbundsystems kombiniert. Dadurch ergibt sich ein breites Spektrum an Aufteilungsmöglichkeiten. In der Regel werden bei Mischsystemen die aufkommensstarken Steuern dem Verbund

---

[3] Im freien Trennsystem tragen die einzelnen Gebietskörperschaften die volle Verantwortung für ihre Finanz- und Haushaltspolitik und stehen somit in bezug auf die Einnahmeerhebung in einer Konkurrenzbeziehung zu anderen Gebietskörperschaften (Konkurrenzsystem). In diesem System gibt es daher weder vertikale noch horizontale Zuweisungen zwischen den einzelnen Regierungsorganen (vgl. Lenk, 1993, S. 72). Dieses Finanzzuteilungssystem ist in dieser reinen Form kaum anzutreffen. In den USA werden die Einkommensteuer und die Körperschaftsteuer sowohl vom Bund als auch von den Einzelstaaten mit z.T. erheblichen Differenzen in den Steuersätzen erhoben, wobei allerdings in manchen Staaten eine Anrechnung der an den Bund gezahlten Steuern möglich ist (Pagenkopf, 1981, S. 61). In begrenztem Umfange finden jedoch auch in den USA vertikale Zuweisungen statt.

[4] In Deutschland kommen z.B. sowohl das gebundene Trennsystem als auch das Verbundsystem zur Anwendung. So werden die Gemeinschaftssteuern (Einkommensteuer, Körperschaftsteuer, Kapitalertragsteuer, Umsatzsteuer, Einfuhrumsatzsteuer und Gewerbesteuerumlage zwischen Bund und Ländern aufgeteilt (Brümmerhoff, 1992, S. 502).

zugewiesen und quotal auf die Gebietskörperschaften verteilt, während die Steuern mit geringerem Ertrag nach dem Trennsystem den einzelnen Gebietskörperschaften separat zugewiesen werden.

b) Zweite Runde: Korrektur des Primärverteilungsergebnisses durch Umverteilung

Die Bedeutung des sekundären aktiven Finanzausgleichs variiert stark von Land zu Land. Wie stark die Primärverteilung durch Umverteilungsmaßnahmen korrigiert wird, hängt von der herrschenden politischen Meinung über die gewünschte Einheitlichkeit der Lebensverhältnisse und die regionalpolitischen Ziele ab.

ba) Vertikales Zuweisungstransfersystem

Das Ergebnis der Primärverteilung wird in den meisten Ländern durch ein System von Finanzzuweisungen (*grants*) von über- an untergeordnete Gebietskörperschaften *et vice versa* korrigiert. In der finanzpolitischen Praxis sind heutzutage hauptsächlich die Zuweisungen von „oben nach unten" von Bedeutung (Petersen, 1988, S.126).[5] Das Kennzeichen des Zuweisungssystems besteht darin, daß eine gebietskörperschaftliche Ebene die Gesetzgebungs- und Ertragshoheit innehat und aus der ihr zufließenden Finanzmasse eine andere Ebene gewissermaßen alimentiert.

Dabei unterscheidet man zwischen *allgemeinen Finanzzuweisungen* oder *Ergänzungszuweisungen*, die der empfangenden Gebietskörperschaft ohne Zweckbindung gewährt werden, *Zweckzuweisungen*, die zur (Mit-)Finanzierung bestimmter Aufgaben oder Lasten zuerkannt werden, und *Bedarfszuweisungen* zum Ausgleich von noch verbleibenden Leistungsschwächen, die i.d.R. nur bei besonderen Notlagen oder außergewöhnlichen Belastungen gewährt werden (HdF,1983, S. 42 ff).[6] Zweckzuweisungen nur für vorgebene Aufgaben eingesetzt werden dürfen, wirken sie der Autonomie untergeordneter Ebenen entgegen, da versucht wird, die nachgeordneten Regierungen auf eine der übergeordneten Ebene genehme Linie zu verpflichten.

bb) Horizontaler Finanzausgleich

Beim horizontalen Finanzausgleich teilen sich Zentralregierung und nachgeordnete Regierungen die interregional redistributive Funktion. In Deutschland erfolgt z.B. der horizontale Finanzausgleich zwischen den Ländern im Rahmen des Länderfinanzausgleichs. Dieser ist Ausdruck des föderalen Systems und bringt eine gegenseitige Verantwortung und Verbundenheit zwischen den Bundesländern zum Ausdruck. Dabei sollen finanzielle Mittel so umverteilt werden, daß die „reichen" Länder für die Wah-

---

[5] Die Zuweisungen von „unten nach oben" spielten in der Finanzverfassung des Deutschen Reiches von 1971 eine große Rolle. Damals wurde das Reich als „Kostgänger der Länder" bezeichnet, da es auf die Matrikularbeiträge der Länder angewiesen war (Lenk, 1993, S. 91).

[6] Zur Rolle von Zuweisungen in mehrgliedrigen Finanzwirtschaften vgl. Weise, 1983; King, 1984, S. 86 ff; Petersen, 1988, S. 120 ff.

rung einheitlicher Lebensverhältnisse Zahlungen an „arme“ Länder leisten (Petersen, 1988, S. 127; HdF, 1983, S. 46 ff).

Entsprechend dem einheitsstaatlichen Prinzip der VR China ist die Zentralregierung die einzige fiskalpolitische Umverteilungsinstanz. Daher gab es bis 1993 keinen institutionalisierten horizontalen Finanzausgleich zwischen den Provinzen, wohl aber Formen des vertikalen Finanzausgleichs mit horizontalem Effekt bzw. „freiwillige Kooperationen“ zwischen einzelnen Provinzen.[7]

bc) Stiller Finanzausgleich

Der sog. *stille Finanzausgleich* bezeichnet im Gegensatz zu den bislang behandelten Finanzausgleichsregelungen alle „nicht auf Finanzausgleichsgesetzen beruhenden Maßnahmen von Gebietskörperschaften, durch die die Finanzsituation einer anderen Gebietskörperschaft unmittelbar positiv oder negativ beeinflußt wird“ (Lenk, 1993, S. 85). Der stille Finanzausgleich kann sowohl bewußt als auch unbewußt herbeigeführt werden und sowohl die Einnahmen- als auch die Ausgabenseite des Haushalts betreffen. Z.B. kann der Erlaß von Rahmenvorschriften durch die zentrale Ebene, die von den unteren Ebenen auszuführen und zu finanzieren sind, zu *einem versteckten Finanzausgleich* führen. In der VR China konnte z.B. in der Vergangenheit häufig die komplette oder teilweise Übertragung von Aufgaben an eine nachgeordnete Gebietskörperschaft beobachtet werden, ohne daß eine korrespondierende Übernahme der Ausgaben bzw. ohne daß ein entsprechender Ausgleich auf der Einnahmenseite erfolgt wäre (eigene Interviews).

Darüber hinaus können die Erhöhung oder Senkung von Steuersätzen bzw. Freibeträgen bei regional/lokaleigenen Steuern, die Einnahmensituation der nachgeordneten Regierungen beeinflussen. Dagegen können im chinesischen System dezentraler Steuererhebung z.B. die Lokalregierungen den Steuerertrag der Zentrale beeinflussen, indem sie beispielsweise die Erhebung von Einnahmen, die jener zustehen, nachlässiger handhaben als die, deren Ertragshoheit bei ihnen selbst liegt (Lenk, 1993, S. 85).

3. Der Finanzausgleich als Ausdruck einer Zentralisierungs- oder Dezentralisierungspolitik

Die Grundentscheidung über die Art und Weise der Durchführung des Finanzausgleichs bedeutet immer auch eine Entscheidung über eine mehr oder weniger stark ausgeprägte Zentralisierung oder Dezentralisierung eines politischen Systems. Bedeutet eine *fiskalische Dezentralisierung* immer die Delegation fiskalischer Kompetenzen zugunsten nachgeordneter politischer Ebenen, reduziert eine *fiskalische Zentralisierung* entsprechend die Kompetenzen der nachgeordneten Regierungen.

---

[7] Beispielsweise übernehmen entwickelte Provinzen Patenschaften für Provinzen im Hinterland (z.B. Patenschaft zwischen Guangdong und Guangxi).

Daraus eine Charakterisierung der Finanzverfassung als „zentralisiert" oder „dezentralisiert" abzuleiten, wäre jedoch zu vereinfacht, da die Ressourcenallokation nicht nur durch formale Regeln, sondern insbesondere durch den Erfolg ihrer Umsetzung bestimmt wird.

Hinzu kommt, daß eine „Dezentralisierungspolitik" grundsätzlich als *administrative* oder als *ökonomische Dezentralisierung* durchgeführt werden kann. Eine „fiskalische Dezentralisierung" bezeichnet dann die Delegation haushaltspolitischer Kompetenzen auf untergeordnete Regierungsebenen, ohne daß die Befugnisse der Unternehmen signifikant erweitert würden (vgl. hierzu Lardy, 1975a, S. 6-8).[8] Werden durch eine Dezentralisierung die Entscheidungsbefugnisse der Unternehmen erhöht, spricht man hingegen von einer *ökonomischen Dezentralisierung* (vgl. hierzu z.B. Lardy, 1975a, S. 6-8).

Entsprechend muß auch bei der Analyse differenziert werden: Eine fiskalische Dezentralisierung geht ebensowenig zwangsläufig mit einer ökonomischen Dezentralisierung einher wie eine fiskalische Zentralisierung auch nicht notwendigerweise eine ökonomische Zentralisierung zur Folge hat.

III. Die Entwicklung des chinesischen Finanzausgleichssystems, 1950 bis 1993

1. Das Finanzausgleichssystem bis 1978: „Essen aus einem Topf (chi da guo fan)"

a) Die Konsolidierung der Finanzverfassung nach der Staatsgründung, 1950-57

Nach der Gründung der Volksrepublik China im Jahr 1949 begannen die neuen kommunistischen Machthaber mit der Konsolidierung der sich nach dem Bürgerkrieg in einem desolatem Zustand befindlichen chinesischen Volkswirtschaft.[9] Die wirtschaftliche Zersplitterung Chinas war noch nicht überwunden, der Binnenmarkt noch nicht geeint. In dieser Situation wurden die Kontrolle der vorhandenen Finanzmittel und der Aufbau einer einheitlichen Finanzverwaltung zu einem Problem von großer politischer Bedeutung.[10] Die Kommunistische Partei Chinas war nach dem Vorbild der

---

[8] Diese Art von administrativer Dezentralisierung wird auch als „dezentralisierte Kommandowirtschaft" bezeichnet (Lardy, 1975a, S. 6-8).

[9] Im Vergleich zu 1936 war 1949 der landwirtschaftliche Output um 25 %, der industrielle um 25 % (Leichtindustrie) und um 70 % (Schwerindustrie) gesunken. Gleichzeitig herrschte eine Hyperinflation. Aufgrund des langjährigen Krieges war die wirtschaftliche Basis für die Steuererhebung schwach (Xing, 1982a, S. 37).

[10] Nach dem Bürgerkrieg zwischen Guomindang und Kommunistischer Partei war das Finanzsystem Chinas völlig zersplittert. Es gab weder eine einheitliche Finanzverfassung noch eine funktionierende Steuerverwaltung. Jede Region betrieb ihre eigene Finanzpolitik. Der Regionalismus war besonders ausgeprägt. Die Steuern wurden auf lokaler Ebene erhoben, aber völlig unkoordiniert zwi-

Sowjetunion der Meinung, daß wirtschaftlicher und gesellschaftlicher Fortschritt eine starke Führung durch die Zentrale erforderte. Daher vereinheitlichte sie im März 1950 als erste große wirtschaftspolitische Entscheidung der neuen Regierung das zersplitterte Fiskalsystem und unterstellte es der Führung durch die Zentralregierung (Xing, 1982a, S. 38).[11]

Die Provinzen mußten sich *de facto* seit 1950 und *de iure* mit der ersten Verfassung der VR China aus dem Jahre 1954 der Führung durch die Zentrale unterordnen. In dem administrativ und ökonomisch hochzentralisierten System der Gründungsphase der VR China waren die regionalen Regierungen lediglich ausführende Organe der Zentralregierung (Xing, 1982b, S. 32-34).[12] Ihnen wurde ein bestimmtes Ausgabenkontingent zugeteilt, dessen Verwendungszwecke von der Zentralregierung genau vorgeschrieben waren (Xing, 1983a, S. 13-15). Alle von den Provinzen eingenommenen Steuern mußten an die Zentrale abgeführt werden; ihnen wurden lediglich die Gelder zurücküberwiesen, die nötig waren, um die von der Zentrale zugeteilten Ausgaben zu finanzieren.[13] Die Provinzen besaßen lediglich die Durchführungs- und Finanzierungskompetenz für zentral beschlossene Projekte. Eine funktionale Verbindung zwischen Einnahmen und Ausgaben gab es nicht, d.h. die Höhe der von den Provinzen erhobenen Einnahmen determinierte nicht das durch sie getätigte Ausgabenniveau. Aus diesem Grund trägt das System auch den Namen „Die zwei Linien von Einnahmen und Ausgaben" (*shou zhi liang tiao xian)* (Sun, 1994, S. 97).

Der fiskalische Spielraum unterhalb der Zentralregierung war somit minimal. Er bestand im wesentlichen in der Eintreibung weniger Gebühren, die für außerplanmäßig auftretende Ausgaben ausgegeben werden konnten (Xing, 1982a, S. 37-39). Als Anreiz, ihre Bemühungen der Steuererhebung zu maximieren, wurde den Provinzregierungen lediglich bei einigen kleineren Steuern die Ertragshoheit zuerkannt (Xing, 1982b, S. 32-34; Lardy, 1975a, S. 66-67). Diese finanzpolitische Praxis führte zum Unmut der lokalen Führungseliten. Sie kritisierten die Dominanz der Zentralregierung

---

schen den verschiedenen Ebenen verteilt (vgl. die Ausführungen von Li, 1950, S. 2-3 sowie Dong und Ma, 1997, S. 475 ff).

[11] Diese Entscheidung der Zentralregierung wurde im Beschluß über die Vereinheitlichung der finanziellen und wirtschaftlichen Arbeit des Landes (*tongyi guojia caizheng jingji gongzuo de jueding)* verankert. Das neue Finanzsystem wurde unter dem Namen „hochzentralisiertes Haushaltssystem mit einheitlicher Einnahmen- und Ausgabenverwaltung" (*gaodu jizhong tongshou tongzhi de caizheng tizhi*) eingeführt (Xing, 1982a, S. 38). Vgl. hierzu die Rede von Li Xiannian (damals Parteisekretär der Provinz Hubei) über die Hintergründe des Beschlusses auf der Hubeier Finanz- und Wirtschaftskonferenz am 3. April 1950 (Li Xiannian, 1950).

[12] 1951 wurde ein dreistufiges Budgetverwaltungssystem errichtet (Zentrale, große Verwaltungsregion und Provinz) und danach allmählich auf die darunterliegenden lokalen Verwaltungsebenen ausgedehnt (Lardy, 1975a, S. 84 ff). Die sechs großen Verwaltungsregionen (*da xingzheng qu)* wurden bereits in der Phase nach Gründung der VR China errichtet und von militärischen Verwaltungskomitees regiert. Diesen waren die Provinzen und Städte unterstellt, an deren Spitze Volksregierungen standen (Kojima, 1992, S. 316). 1954 wurden die großen Verwaltungsregionen abgeschafft und die Verwaltungsebene der Kreise eingeführt (Sun, 1994, S. 99).

[13] Chinesische Bezeichnung:„*tong shou tong zhi, yi zhi ding shou*".

in der Wirtschafts- und Finanzpolitik und daß die zentralen Pläne den lokalen Bedingungen nicht entsprächen. Ihr Spielraum, eigene Maßnahmen für die lokale Wirtschaftsförderung zu greifen, war gering (Lardy, 1975a, S. 21 ff).[14]

b) Die Dezentralisierung der Finanzverfassung im Jahr 1958

Dieses Problem adressierte Mao Zedong im April 1956 in seiner Rede über die „Zehn Großen Beziehungen" (*Lun shida guanxi*). Er betonte, daß das für die Ernährung der chinesischen Bevölkerung notwendige Wirtschaftswachstum nur erreicht werden könne, wenn die Peripherie ihre Initiativkraft miteinbringe könne.

> „(...) Auch die Beziehungen zwischen Zentrale und Provinzen stellen einen großen Widerspruch dar. Im Augenblick muß darauf geachtet werden, die Macht der Peripherie unter der Voraussetzung der einheitlichen Führung durch die Zentrale ein wenig auszuweiten, ihr mehr Unabhängigkeit einzuräumen und sie mehr Dinge selbst erledigen zu lassen. Dies ist vorteilhaft für Aufbau und Stärkung unseres sozialistischen Staates. Da unser Land und unsere Bevölkerung so groß sind, unsere Situation daher sehr kompliziert ist, ist es besser, wenn sowohl Zentrale als auch Peripherie aktiv sind. Wir können nicht wie in der Sowjetunion alles auf die Zentrale konzentrieren und die Peripherie abtöten, so daß ihr überhaupt keine Kraft mehr bleibt." (Mao Zedong, 1956, S. 275)

Die Rede löste eine intensive politische Diskussion über den weiteren Kurs der Wirtschaftspolitik aus.[15] Trotz großer Differenzen innerhalb der kommunistischen Führungselite wurde im Herbst 1957 eine Dezentralisierungspolitik beschlossen. Diese konkretisierte sich in erster Linie in der Erweiterung der fiskalischen und wirtschaftspolitischen Kompetenzen der Provinzregierungen (Li, 1957, S. 251);[16] es erfolgte jedoch keine wesentliche Erweiterung der betrieblichen Autonomie (Lardy, 1975a, S. 37; Riskin, 1988, S. 104-105).

---

[14] Finanzminister Li Xiannian beschrieb die fiskalische Situation der nachgeordneten Regierungen vor 1958 wie folgt: „[...] In der Vergangenheit lag das Schicksal der Lokalitäten vollständig in der Hand der Zentrale. Sie wußten nicht, wieviel sie abgeben, was sie abgeben, wieviel sie abzweigen mußten. Im neuen System haben die Lokalitäten zumindest eine Vorstellung von den eigenen Einahmen und Ausgaben und können eine verhältnismäßig langfristige Planung vornehmen." (Li Xiannian [in einer Rede über das neue Reformkonzept], 1957, S. 253).

[15] Vgl. zu den konzeptionellen Hintergründen des Großen Sprungs Bachman (1991) und Teiwes und Sun (1999). Bachman zeigte den Entscheidungsfindungsprozeß im Spannungsfeld verschiedener institutioneller Interessengruppen in der zentralen Führung. Teiwes hingegen entwickelte eine Mao-zentrierte Interpretation des Großen Sprungs. Auf kritische Positionen zum Reformentwurf, die insbesondere von konservativen Planungskadern vertreten wurden, geht auch Xiannian in seiner Rede vom 29.9.1957 ein (vgl. Fußnote 19). Führungskader in der Provinz forderten, ermuntert durch Maos Rede, eine größere Unabhängigkeit bei ihrer ökonomischen Planung und der Durchführung von Projekten. Ihre Zielvorstellungen überschritten allerdings die von Mao Zedong. Dieser propagierte zwar eine Ausdehnung der provinziellen Kompetenzen – die Provinzen sollten mehr Projekte selbst durchführen können –, dies sollte aber nur unter der einheitlichen Planung der Zentrale erfolgen. Die Provinzregierungen wollten aber nicht nur eine Erhöhung der Anzahl ihrer Projekte, sondern sie strebten vielmehr nach der Autorität, selbst Projekte initiieren zu können. Seit Mai 1956 wurde diese Frage in verschiedenen Gremien und Konferenzen diskutiert (Lardy, 1975a, S. 29-31).

[16] Der Beschluß über die Reform des Haushaltssystems wurde am 14.11.1957 vom ständigen Ausschuß des NVK verabschiedet (Beschluß über die Verbesserung des Haushaltsverwaltungssystems) (Li, 1957, S. 251).

Das neue Haushaltsverwaltungssystem wurde im Januar 1958 landesweit eingeführt. Es sollte fünf Jahre in Kraft bleiben. Die Ausgaben einer Gebietskörperschaft sollten in dem neuen System durch deren Einnahmen determiniert werden (*yi shou ding zhi)*, um Anreize für die Einnahmenerhebung durch die regionalen und lokalen Regierungen zu schaffen. Gleichzeitig sollte ihr Gestaltungsspielraum in bezug auf die Zusammensetzung ihrer Ausgaben erhöht werden. Nach wie vor zentral vorgegeben waren allerdings Schwerpunktinvestitionen, Ausgaben für die Landerschließung und Unterstützungsgelder für Opfer von Hungersnöten (Li, 1958, S. 276-277; Rong, 1958, S. 1 ff; Xing, 1983b, S. 14).[17] Die erhöhte Entscheidungskompetenz der Regional- und Lokalregierungen sollte eine Fiskalpolitik ermöglichen, die sich besser an den örtlichen Gegebenheiten und den lokalen Bedürfnissen orientiert (Li, 1957, S. 251).

Die Einnahmen wurden den Gebietskörperschaften zum Teil exklusiv zugewiesen (Trennsystem), zum Teil wurden sie quotal aufgeteilt (Verbundsystem).[18] Die Gewinne der Staatsunternehmen, die im Haushaltssystem vor 1978 die wichtigste Einnahmequelle des Staates waren, wurden z.B. nach einem Verbundsystem zwischen Zentrale und Provinzen aufgeteilt: Von den Gewinnen der zentraleigenen Staatsunternehmen erhielten die regionalen Gebietskörperschaften, in denen das Unternehmen seinen Sitz hatte, einen Anteil von 20 % (Xing, 1983b, S. 14; Lardy, 1975a, S. 120).[19] Sieben kleinere Steuern[20] sowie die Einnahmen aus eigenen Unternehmen wurden den Regionalregierungen als feste Einnahmen zugeteilt. Die Zentrale erhielt die Gewinne aus Unternehmen des Eisenbahnsektors, Außenhandelsbetrieben und einigen großen Schwerpunktunternehmen (Li, 1958, S. 276 f; Xing, 1983b, S. 14).

Ein horizontaler Umverteilungseffekt ergab sich aus der Aufteilung des Aufkommens aus der Industrie- und Handelssteuer und der Agrarsteuer. Dabei wurde für jede Provinz je nach deren Haushaltslage ein unterschiedliches Aufteilungsverhältnis gewählt: Ärmeren Regionen wurde ein größerer Anteil an diesen Steuern zugestanden, um einen Haushaltsausgleich herbeizuführen (Li, 1958, S. 277). Erst wenn auch eine lokale Einbehaltungsquote von 100 % keinen Haushaltsausgleich herbeiführen konnte, waren Subventionen und Zuweisungen der Zentrale vorgesehen (Lardy, 1975a, S. 120).

---

17 Das Organisationsprinzip sah vor, daß in einigen Bereichen die zentralisierte Planung aufgegeben werden sollte. Dieses Prinzip beruht auf der Idee „auf zwei Beinen zu stehen". Die Schwerpunktinvestitionen der Zentralregierung sollten weitergeführt, gleichzeitig jedoch der lokale Enthusiasmus angekurbelt werden (Li, 1957, S. 253).

18 Auf Chinesisch: *fen lei fen cheng banfa.*

19 Jede Gewinneinheit wird somit im Verhältnis von 80: 20 zwischen Zentrale und Provinzen aufgeteilt. Li Xiannian erklärt dieses Aufteilungsprinzip mit der Umverteilungsfunktion der Zentrale. Er reagiert damit auf Gegner der Reform (insbesondere in der Zentralregierung), die befürchteten, daß die Dezentralisierung der Finanzkompetenzen eine Zerstreuung der Finanzmittel auf Kosten der zentralen Schwerpunktinvestitionen hervorrufen würde (Li, 1957, S. 252).

20 Schlachtsteuer, Stempelsteuer, Zinsertragsteuer, Vergnügungssteuer, Viehhandelssteuer, städtische Immobiliensteuer und Benutzungssteuer für den Gewerbeschein (Li, 1958, S. 276).

Über Haushaltsüberschüsse durften die regionalen Gebietskörperschaften weitgehend selbst verfügen (Li, 1958, S. 277). Darüber hinaus wurde der Spielraum bei der Erhebung *außerbudgetärer Einnahmen*, über deren Verwendung die Regional- und Lokalregierungen autonom entscheiden konnten, durch die Direktive von 1958 vergrößert. Da die regionalen und lokalen Regierungen diese Mittel unabhängig von zentraler Kontrolle für eigene Programme verwenden konnten, bemühten sie sich besonders um eine effiziente Erhebung dieser Gebühren.[21]

Als Finanzminister Li Xiannian am 29.9.1957 das neue Reformkonzept vorstellte, gab er zu, daß es sich um ein Experiment handelte, für das es keinen Erfahrungshintergrund gäbe. Erst die Zukunft würde zeigen, ob das Konzept beibehalten werden könnte oder ob Korrekturen vorzunehmen seien. Für den Fall, daß das neue Haushaltssystem zu Ungleichgewichten führe, kündigte er jedoch eine Rückkehr zur hochzentralisierten Form der Haushaltsverwaltung an (Li, 1957, S. 252).

Das Konzept stellte sich in dieser Form als nicht praktikabel heraus: Die auf fünf Jahre festgelegte Aufteilungsregelung konnte angesichts der katastrophalen wirtschaftlichen Entwicklung im Zuge des „Großen Sprungs nach Vorn“[22] nicht aufrechterhalten werden. Darüber hinaus wurde die Aufteilung der Einnahmen in verschiedene Kategorien als zu unübersichtlich, zu kompliziert und zu teuer (aufgrund der hohen administrative Kosten) empfunden (Xing, 1983c, S. 10).

Deshalb nahm die Zentralregierung 1959 erneut Korrekturen am Haushaltssystem vor. Der administrative Dezentralisierungskurs wurde zwar grundsätzlich weiterhin beibehalten (Li, 1959b, S. 402), die Aufteilungsmethode der Steuereinnahmen jedoch vereinfacht: Es wurde ein Verbundsystem mit quotaler Aufteilung aller Einnahmen eingeführt (Methode der jährlichen Neuaufteilung des Gesamtbetrags).[23] Dadurch daß die Quoten für jede Provinz unterschiedlich festgelegt wurden, fand auch hier ein vertikaler Finanzausgleich mit horizontalem Effekt statt. Diese Regelung blieb in dieser Grundstruktur bis 1970 in Kraft (Xing, 1983e, S. 22; Xing, 1983c, S. 10-12; Lardy, 1975a, S. 174 ff; Oksenberg und Tong, 1991, S. 6).

Wie *Bachman* in seiner Untersuchung über die institutionellen und konzeptionellen Hintergründe des Großen Sprungs zeigte, wurde die Reform unter der Annahme durchgeführt, daß die Zentrale während der Dezentralisierungsmaßnahme ihre makroökonomische Kontrollfunktion beibehalten und ihre allokationspolitischen Ziele, insbesondere im Bereich der Schwerindustrie, unverändert weiter realisieren würde (Bachman, 1991, S. 3, 96 ff). Die Frage, welche Auswirkungen die fiskalische Dezen-

---

[21] Die ABF stiegen von 1957 auf 1958 von 400 Mio. RMB auf ca. 700 Mio. RMB an. Dies soll einem Anteil von ca. 3 % der dezentralen Haushaltsausgaben entsprochen haben (Lardy, 1975a, S. 162).

[22] Während des Großen Sprungs nach Vorn (1958-1960) wurde als Erfolgsmaßstab Quantität und nicht Qualität angelegt. Dies führte zu riesigen Outputmengen unbrauchbarer Produkte. Die landwirtschaftliche Produktion erlitt so starke Einbußen, daß die Bevölkerung nicht mehr angemessen versorgt werden konnte. Vgl. die ausführliche Darstellung des Großen Sprungs aus ökonomischer Sicht in Riskin, 1988, S. 125 ff.

[23] Auf Chinesisch: *zong 'e fencheng, yi nian yi bian.*

tralisierung von 1958/59 auf die wirtschaftspolitischen Beziehungen zwischen Zentrale und Provinzen hatte, wird indessen von der Forschung uneinheitlich beantwortet.

Im wesentlichen lassen sich zwei Positionen unterscheiden: Nach der ersten Auffassung hat die Dezentralisierung zu einer grundlegenden Veränderung der Machtverteilung zwischen Zentrale und Provinzen zugunsten der Provinzregierungen geführt. Dadurch sei die Kontrolle der Zentrale über die Allokation von Ressourcen substantiell beeinträchtigt worden (Dezentralisierungshypothese). Diese Hypothese dominiert in den innerchinesischen Einschätzungen der Dezentralisierungspolitik von 1958/59 (vgl. z.B. Xing, 1983c, S.11; Li Xiannian, 1959a, S. 337-338 etc.). Zu den westlichen Vertretern dieser These gehören z.B. Schurmann (1966, S. 208-210) und Herrmann-Pillath (1991a, S. 537).

Diese Auffassung wird durch die zweite Position, die durch empirische Untersuchungen von *Lardy* geprägt wurde, in Frage gestellt. Lardy ist der Auffassung, daß die Zentralregierung trotz der fiskalischen Dezentralisierungsmaßnahme ihre Kontrolle über die Allokation der Ressourcen nicht eingebüßt habe (Zentralisierungshypothese):

> „[...] provincial governments did not obtain substantially increased control over the allocation of the resources they collected. The central government not only continued to control aggregate provincial expenditures, but continued to determine the composition of these expenditures in some detail." (Lardy, 1975a, S. 162)

c) Der Finanzausgleich während der Kulturrevolution

Die 1959 eingeführte Methode der quotalen Aufteilung des Gesamtbetrags blieb bis zum Jahr 1966 in Kraft. Die Kulturrevolution (1966-1976)[24] stellte einen Wendepunkt für die Durchführung des Finanzausgleichs dar. Da die Finanzverwaltung durch die politischen Unruhen im Land an der Ausübung ihrer Arbeit stark behindert wurde, war eine längerfristige finanzpolitische Planung praktisch nicht mehr möglich. In den Jahren 1967 und 1968 verzichtete die Zentralregierung auf die Verabschiedung eines Haushaltsplans. Die Steuererhebung erlitt aufgrund der Einbrüche im produktiven Sektor so schwere Einbußen, daß es 1967 erneut zu einem Defizit kam (TJNJ 1993, S. 215). 1967 wurden die seit 1958 erweiterten Kompetenzen der Provinzregierungen durch die Integration der wenigen lokalen Steuern (Schlachtsteuer, Vergnügungssteuer, Marktsteuer etc.) in das quotale Aufteilungssystem verringert. Aufgrund des Defizits und der sinkenden Fähigkeit der Steuerverwaltung, Einnahmen zu erheben, beschloß die Zentralregierung 1968 die erneute Zentralisierung der Budgetverwaltung. Wie bereits im Jahr 1950 mußten alle Haushaltseinnahmen an die Zentrale abgeführt und alle dezentralen Haushaltsausgaben von der Zentrale genehmigt werden. Dies bedeutete *de facto* eine Aufhebung der haushaltspolitischen Autonomie auf regionaler Ebene. 1969

---

24 Die Große Proletarische Kulturrevolution war ein Versuch Mao Zedongs, die angeblich verkrustete Partei- und Staatsbürokratie durch die Mobilisierung des revolutionären Bewußtseins, v.a. in der Jugend, aufzubrechen. Vgl. zu den ökonomischen Folgen der Kulturrevolution Riskin, 1988, S. 185 ff.

und 1970 wurde erneut die quotale Aufteilung der Haushaltseinnahmen eingeführt (Xing, 1983e, S. 22).

Zu Beginn der 70er Jahre verstärkten sich die Bemühungen der Zentralregierung, die politische und wirtschaftliche Ordnung wiederherzustellen (Riskin, 1988, S. 188 ff). Um den Provinzregierungen einen größeren budgetpolitischen Spielraum einzuräumen und Anreize für ihre Anstrengungen der Steuererhebung zu schaffen, wurde zwischen 1971 und 1973 zum ersten Mal ein Pauschtransfersystem eingeführt (Xing, 1983e, S. 23-24).[25] Den Provinzen wurden feste Ausgaben zugewiesen. Jedes Jahr wurde neu festgelegt, welchen Betrag sie an die Zentralregierung abzuführen hatte. Da man sich dabei nicht wirklich an der Ausgabenseite orientierte, handelte es sich somit erneut um ein System der „zwei Linien von Ausgaben und Einnahmen". Die über die vertraglich festgesetzten Abführungssummen hinausgehenden Haushaltseinnahmen verblieben auf der regionalen Ebene, unvermeidbare Defizite wurden subventioniert (Sun, 1994, S. 98).

Die aus diesem System erwachsenden Planungsunsicherheiten und die erneut drohende Gefahr steigender Haushaltsdefizite führten zu neuen Überlegungen für die Konzeption eines geeigneten Finanzausgleichsmodells. Auf der 1972 veranstalteten Konferenz für wirtschaftliche Kooperation in Nordchina schlug Liu Zihou, erster Parteisekretär der Provinz Hebei, vor, den Finanzausgleich in den Dienst des interregionalen Ausgleichs zu stellen. Alle Provinzen sollten sich bemühen, die von der Zentralregierung vorgegebenen Sollzahlen für die Haushaltseinnahmen- und ausgaben zu erfüllen. Durch ein einwohnerabhängiges Zuweisungssystem sollte auch den armen Provinzen ein Mindesteinkommen für öffentliche Basisausgaben garantiert werden.[26]

Dieses Zuweisungssystem wurde 1974 und 1975 in ein neues Finanzausgleichsmodell integriert, bei dem die Solleinnahmen nach einer festen Quote aufgeteilt wurden. Um Anreize für die dezentrale Steuererhebung zu schaffen, sah das Modell vor, daß 20-30 % der die Planvorgaben überschreitenden Einnahmen auf regionaler Ebene verbleiben konnten. Für die Ausgaben wurde ein oberer Sollwert festgesetzt.[27] Den Provinzregierungen wurde ein größerer Spielraum bei der Ausgestaltung der Ausgaben eingeräumt (Sun, 1994, S. 98, S. 12; Xing, 1983f, S. 9).

Im Frühjahr 1975 machte Deng Xiaoping als stellvertretender Ministerpräsident die Konsolidierung der Finanzverfassung zu seiner Hauptaufgabe. Das Finanzausgleichssystem von 1974-75 hatte seiner Meinung nach zwei Schwächen: Erstens führte es zu

---

[25] Auf Chinesisch: *ding shou ding zhi, shouzhi baogan.*

[26] Diesem Vorschlag zufolge sollte von der Zentralregierung pro Einwohner eine Zuweisung von 2 RMB an die zuständige Provinzregierung gezahlt werden. Die Idee fand große Zustimmung bei den Teilnehmern der Konferenz (insbesondere bei den Vertretern armer Provinzen) und wurde 1973 in neun Provinzen (Beijing, Tianjin, Hebei, Shanxi, Innere Mongolei, Jiangsu sowie Liaoning, Jilin und Heilongjiang) ausprobiert (Xing, 1983f, S. 8; Oksenberg und Tong, 1991, S. 12).

[27] Name des Systems: Aufteilung der Solleinnahmen nach fester Quote, Aufteilung der Überschüsse nach anderer Quote, Festsetzung des Ausgabensolls. Auf Chinesisch: *shouru an guding bili fencheng, chaoshou ling ding fen cheng bili, zhichu an zhibiao baogan.*

einem Verlust zentralstaatlicher Einnahmen- und Ausgabenkontrolle. Zweitens fehlte durch die Abkoppelung der Einnahmen- von der Ausgabenplanung ein strukturiertes Anreizsystem für die Steuererhebung durch die dezentralen Regierungen (Oksenberg und Tong,1991, S. 12-13). Deng schlug deshalb vor, zu einem Verbundsystem zurückzukehren, bei dem die Einnahmen jedes Jahr neu nach einer Quotenregelung aufgeteilt werden.[28] Das System, das in seiner Grundstruktur der Regelung von 1959 sehr nahe kam, wurde im März 1976 landesweit eingeführt. Die Provinzen erhielten wie bereits im System von 1974-75 einwohnerabhängige Zuweisungen aus einem Reservetopf der Zentralregierung, um ein Mindestangebot an öffentlichen Leistungen garantieren zu können (Xing, 1983f, S. 9).[29]

Über den Finanzausgleich in der Kulturrevolution liegen kaum zuverlässige Haushaltsdaten vor.[30] Eine Untersuchung von Lardy legt jedoch den Eindruck nahe, daß die Zentrale trotz der politischen Wirren offenbar in der Lage war, ihre Umverteilungsfunktion weiterhin wahrzunehmen. Shanghai beispielsweise führte 1972 90 % seiner Einnahmen an die Zentrale ab, Xinjiang und Guangxi hingegen behielten 100 % ihrer Einnahmen ein (Lardy, 1975a, S. 201).

d) Haushaltspolitische Experimente in der Übergangsphase 1976-1979

Der Sturz der „Viererbande" im Oktober 1976 und die schwierige Lage, in der sich die chinesische Volkswirtschaft 1976 befand, führten im November 1976 zu erneuten Diskussionen über ein für China geeignetes Finanzausgleichsmodell.

Das *Jiangsu-Experiment* war Teil eines Reformpakets, das von der Provinzregierung selbst initiiert[31] und im Dezember 1976 vom Staatsrat autorisiert worden war. Die Provinz Jiangsu wurde dadurch zum Experimentierfeld für Reformen der Wirtschaftsplanung, der Ressourcenallokation und der Finanzverwaltung (Xing, 1983g, S. 23). Das neu eingeführte Finanzausgleichssystem war eine Variante des bereits 1959-67 und 1976 angewandten Modells „Aufteilung des Gesamtbetrags".[32] Charakteristisch war, daß das gesamte in der Provinz erhobene Steuervolumen nach einem vier Jahre Gültigkeit behaltenden (1977-1980) prozentualen festen Verteilungsschlüssel zwischen

---

[28] Auf Chinesisch: *ding shou ding zhi, shouzhi guagou, zong 'e fencheng, yi nian yi ding*, wörtlich: ein Finanzausgleichssystem, in dem „Einnahmen und Ausgaben festgelegt sind, Einnahmen und Ausgaben verknüpft werden, die Gesamtsumme aufgeteilt wird und die Festlegung der Quote jedes Jahr neu erfolgt".

[29] Die konkreten Inhalte des im März 1975 eingeführten Finanzausgleichmodells sollen den Provinzregierungen telefonisch mitgeteilt worden sein (vgl. Xing, 1983f, S. 9).

[30] In der Kulturrevolution bestand das zentrale Statistikamt nur noch aus weniger als 20 Personen. Es wurde erst im Jahr 1976 wieder rekonstituiert (Lémoine, 1985 S. 44). „Since 1960 the central government discontinued publishing the sources of information that are most useful for understanding central-provincial fiscal relations and the nature of the budgetary process." (Lardy, 1975a, S. 190)

[31] Die Initiative der Provinz Jiangsu war auf einer Provinztagung am 11. November 1976 verabschiedet worden. An der Tagung nahm die politische Führung der Provinz sowie Repräsentanten der nationalen Planungsbehörde und des Finanzministeriums teil (Oksenberg und Tong, 1991, S. 14).

[32] Auf Chinesisch: *zong'e fencheng*.

der Zentralregierung und der Jiangsuer Provinzregierung aufgeteilt wurde. Korrekturen des Aufteilungsverhältnisses wurden in diesem Zeitraum ausgeschlossen. Das Modell erhielt den Namen „Haushaltsvertragssystem mit fester Aufteilungsquote" (Cong, 1994, S. 78, Xing, 1983g, S. 23-24).[33] Von jeder eingenommenen Steuereinheit floß somit ein fixer Anteil in den Provinzhaushalt. Für die Provinz Jiangsu entstanden dadurch Anreize für die Einnahmenerhebung. Im Rahmen dieses Pilotprojekts verzichtete die Zentralregierung auf verbindliche fiskalische Zielvorgaben. Die Provinzregierung erhielt die Kompetenz, innerhalb eines Rahmenplans ihre Ausgabenposten selbst festzulegen (Oksenberg und Tong, 1991, S. 14-15; Xing, 1983g, S. 23-24).

1977 verbesserte sich die wirtschaftliche Situation etwas. Durch die Wiederbelebung des industriellen und agrarischen Sektors stieg das nationale Haushaltseinkommen im Vergleich zum Vorjahr um 12,6 %, und nach den Haushaltsdefiziten der Jahre 1974 bis 1976 wurde 1977 zum ersten Mal wieder ein Haushaltsüberschuß erwirtschaftet (Xing, 1983g, S. 24). Daher wurde der Versuch gewagt, die Aufteilungsquote an die Einnahmenentwicklung in den verschiedenen Provinzen zu koppeln. Im Juli 1977 wurde in Hubei, Hunan, Zhejiang, Fujian, Hebei und Beijing experimentell ein System eingeführt, das aus zwei Quoten für die Aufteilung der Einnahmen bestand.[34] Während die Provinzen im Pauschsummenmodell von 1971-1973 alle Einnahmen oberhalb des Betrages, der an die Zentrale abgeführt werden mußte, behalten konnten, sah das Experiment von 1977 vor, daß lediglich Mehreinnahmen bis zu einem Betrag von 100 Mio. RMB komplett auf Provinzebene verblieben. Von den Einnahmen, die 100 Mio. RMB überschritten, durften diese Provinzen 50 % selbst einbehalten (Oksenberg und Tong, 1991, S. 15).

1978 wurde in zehn Provinzen (Shaanxi, Zhejiang, Hunan, Beijing, Gansu, Jiangxi, Fujian, Shandong, Jilin, Heilongjiang) ein alternatives Modell über die Aufteilung der Mehreinnahmen experimentell erprobt. Die Einnahmen, die einen bestimmten Grenzbetrag überschritten, sollten nach einer drei Jahre gültigen Quote zwischen Zentrale und Provinzen aufgeteilt werden. Dabei wurde regional differenziert: Shaanxi durfte 75 %, Gansu 70 %, Hunan 55 %, Zhejiang 55 %, Jiangxi 70 %, Fujian 75 %, Shandong 40 %, Beijing 40 % der Mehreinnahmen einbehalten (Oksenberg und Tong, 1991, S. 16).

---

[33] Auf Chinesisch: *guding bili baogan de caizheng guanli tizhi.*

[34] Für die übrigen Provinzen (mit Ausnahme von Jiangsu) galt weiter ein quotales Aufteilungssystem, in dem für die Mehreinnahmen oberhalb der Zielvorgabe die gleiche Aufteilungsquote galt wie für die Solleinnahmen.

2. Das Finanzausgleichssystem, 1980 bis 1993: „Essen in verschiedenen Küchen (fen zao chi fan)"

a) Der Reformbeschluß auf dem 3. Plenum des 11. ZK, 1978

Auf dem 3. Plenum des 11. Zentralkomitees (ZK), das vom 18. bis 22. Dezember 1978 in Beijing abgehalten wurde, fand ein grundlegender Paradigmenwechsel in der chinesischen Wirtschaftspolitik statt. Der neue wirtschaftspolitische Kurs basierte auf der Einsicht, daß ohne die Schaffung ökonomischer Anreizstrukturen keine wirkliche Verbesserung der wirtschaftlichen Gesamtsituation und damit des Lebensstandards der Bevölkerung zu erreichen war. Unmittelbarer Auslöser für die neue wirtschaftspolitische Linie waren anhaltende Negativmeldungen in bezug auf alle wirtschaftlichen Indikatoren: eine unzureichende Versorgung der Bevölkerung mit Nahrungsmitteln, Versorgungsengpässe bei industriellen Konsum- und Investitionsgütern, Defizite der Haushalts- und der Handelsbilanz (Baum, 1996, S. 54-56, TJNJ 1993, S. 633). Hinzu kam der Quasi-Zusammenbruch der wirtschaftspolitischen Verwaltung als Folge der Kulturrevolution. Unter dem Vorwurf der Arroganz und Abgehobenheit von den Volksmassen standen zahlreiche Verwaltungskader im Kreuzfeuer der ideologischen Kritik und mußten sich Umerziehungsmaßnahmen unterziehen, geregelte administrative Abläufe waren unter den turbulenten Bedingungen der Kulturrevolution kaum mehr möglich (vgl. hierzu Lieberthal, 1995, S. 111 ff; Riskin, 1988, S. 203-204).

Der neue wirtschaftspolitische Kurs von 1978 führte zu einer umfassenden Dezentralisierungspolitik. Zum ersten Mal handelte es sich dabei sowohl um eine *administrative* als auch um eine *ökonomische Dezentralisierung*:

> „Ein schwerer Fehler in der Verwaltung der Wirtschaft unseres Landes liegt in der übermäßigen Zentralisierung von Kompetenzen. Kompetenzen sollten mutig, aber unter Anleitung dezentralisiert werden, um den Lokalitäten und den industriellen und landwirtschaftlichen Betrieben unter der einheitlichen Planung des Staates eine größere Autonomie in der wirtschaftlichen Verwaltung zu ermöglichen." (Kommuniqué vom 22.12.1978, S. 7)

Während der in den meisten volkswirtschaftlichen Arbeiten verfolgte „top-down-approach" die Richtungsvorgabe durch die Zentralregierung in den Mittelpunkt stellt (z.B. Riskin, 1988, Lémoine, 1985, Agarwala, 1992), heben meist soziologisch ausgerichtete Autoren des „bottom-up-approach"s die Initiativkraft der lokalen Wirtschaftsakteure (z.B. der Bauern) in diesem Dezentralisierungsprozeß heraus (z.B. Zhou, 1995, Oi, 1999). Das obige Zitat zeigt, daß *sowohl die fiskalische als auch die ökonomische Dezentralisierung intentionaler Bestandteil des 1978 eingeschlagenen Reformkurses waren (*vgl. hierzu auch Fußnote 8 auf S. 4). Dieser Kurswechsel wurde jedoch u.a. durch politische und wirtschaftliche Akteure in der Provinz angeregt, und geht auf vor 1978 mit dezentralen wirtschaftlichen Initiativen gewonnene Erfahrungen (z.B. die fiskalpolitischen Experimente von 1977, das Experiment über das Haushaltsverantwortungssystem in der Provinz Anhui im Vorfeld des 3. Plenums), zurück (vgl. hierzu Goodman, 1994, S. 14).

Die Beschlüsse des 3. Plenums tragen zweifelsfrei die Handschrift von Deng Xiaoping. Auf verschiedenen nationalen Konferenzen im Frühjahr 1978 hatte dieser die Rückständigkeit Chinas im Vergleich zu den entwickelten Industrienationen herausgestellt und zu einem raschen ideologischen und wirtschaftspolitischen Kurswechsel aufgerufen (Beijing Review, 24.3.1978, S. 12).[35] Die Dezentralisierungspolitik wurde als im Geiste von Mao Zedong stehend über dessen Rede über die „Zehn Großen Beziehungen" ideologisch legitimiert (Kommuniqué vom 22.12.1978, S. 5).

Aufgrund ihrer großen Bedeutung für das gesamte Wirtschaftssystem, insbesondere aber für den wirtschaftspolitischen Handlungsspielraum der regionalen und lokalen Regierungen, spielte die Umgestaltung der Finanzverfassung im Reformprozeß eine zentrale Rolle und gehörte ebenso wie die ökonomische Dezentralisierung der landwirtschaftlichen Produktion (Einführung des Haushaltsverantwortungssystems) zu den ersten konkreten Reformschritten. Im April 1979 wurde die Neuordnung des Finanzausgleichssystems und seine Anpassung an die neuen wirtschaftspolitischen Leitlinien auf der Arbeitssitzung der Zentrale (*zhongyang gongzuo huiyi)* beschlossen.

b) Finanzausgleich in der Phase von 1980 bis 1984:
Übergang zum System „Essen in getrennten Küchen"

Dieser Beschluß wurde im Laufe des Jahres 1979 durch die Verabschiedung von vier koexistierenden Systemen des Finanzausgleichs konkretisiert (Xing, 1983h, S. 8-9; Oksenberg und Tong, 1991, S. 18).

Da das Hauptziel der fiskalischen Reformen nach 1978 in der Stärkung der Eigeninitiative in der Provinz bestand, experimentierte die in der erfolgreichen Durchführung einer fiskalischen Dezentralisierung unerfahrene Zentrale mit verschiedenen Modellen des Finanzausgleichs. Nachdem die 1977 und 1978 durchgeführten fiskalischen Experimente gezeigt hatten, daß materielle Anreizstrukturen die Steuererhebung durch die Lokalitäten positiv beeinflussen, wurden ab 1980 in allen Provinzen Finanzausgleichsmodelle eingeführt, durch die die *Einnahmenaufteilung der ersten Runde* mit fiskalischen Anreizstrukturen kombiniert wurde. Dadurch sollten die nachgeordneten Regierungen zu Anstrengungen bei der Steuererhebung und bei der lokalen Wirtschaftsförderung motiviert werden. Über die Verwendung der nach Abführung an die Zentrale verbleibenden Haushaltseinnahmen konnten sie selbst entscheiden. Damit entstand ein Spielraum für eigene wirtschaftspolitische Entwicklungsstrategien. Durch die Implementierung unterschiedlicher Finanzausgleichsmodelle in den verschiedenen Provinzen ergab sich ein regionaler Umverteilungseffekt (vertikaler Finanzausgleich mit horizontaler Wirkung).

---

[35] Die zentrale ideologische Diskussion in dieser Zeit drehte sich um die Frage der Praxis als einziges Kriterium der Wahrheit. Daneben hatte Deng die maoistische Auffassung, daß Wissenschaft und Technik einen Klassencharakter hätten und somit zum politisch-ideologischen Überbau gehörten, verworfen und anstatt dessen die Klassenneutralität und Universalität von Wissenschaft und Technik herausgestellt (Beijing Review, 24.3.1978, S. 12).

Das neue Finanzausgleichssystem erhielt die Bezeichnung: „Essen in getrennten Küchen“ *(fen zao chi fan)* (Sun, 1994, S. 102). In *Tabelle 1* kann nachgeschlagen werden, welche Finanzausgleichsmodelle zu welchem Zeitpunkt in welcher Provinz angewandt wurden (vgl. S. 58).

ba) Das Sichuan-Modell

Im Februar 1980 beschloß die Zentralregierung, das Finanzausgleichsmodell, das 1979 zum ersten Mal in der Provinz Sichuan erprobt worden war, in 23 Provinzen einzuführen. Geplant war eine Laufzeit von 5 Jahren (Sun, 1994, S. 103). Das Modell war in den meisten regionalen Gebietskörperschaften auf Zustimmung gestoßen. Das sog. Sichuan-Modell wird häufig als Protomodell des „Essens in getrennten Küchen“ (s.o.) bezeichnet, obwohl diese Bezeichnung streng genommen für alle nach 1980 eingeführten Modelle gilt. Es blieb bis Ende 1982 in Kraft.

Aktiver und passiver Finanzausgleich basierten auf einer vertraglichen Aufteilung von Einnahmen und Ausgaben zwischen den Regierungsebenen *(huafen shouzhi, fenji baogan)*. Einnahmen und Ausgabenlasten waren aneinander gekoppelt (Sun, 1994, S. 103; Cong, 1994, S. 78-79; Wong, Heady und Woo, 1995, S. 243). Der entscheidende Unterschied zu den in den übrigen Provinzen praktizierten Modellen bestand darin, daß alle Steuerarten in feste Einnahmen der Zentralregierung *(guding zhongyang shouru)* und der Provinzregierungen *(guding shengji shouru)* sowie in Gemeinschaftseinnahmen *(zhongyang yu difang gongxiang shouru)* aufgeteilt wurden. Es handelte sich somit um ein typisches Mischsystem, durch das ein gebundenes Trennsteuersystem mit einem Steuerverbund kombiniert wird. Zu den festen Einnahmen der Zentralregierung gehörten die Zölle und die Tabaksteuern. Feste Einnahmen der Provinzregierungen waren z.B. die persönliche Einkommensteuer und die Agrarabgaben. Als Gemeinschaftseinnahmen galten die indirekten Steuern (z.B. Industrie- und Handelssteuer).

Die Ermittlung der lokalen Einnahmen erfolgte in Nettozahler- und Nettoempfängerprovinzen nach unterschiedlichen Berechnungsschemata.

i. Variante A der Nettozahler

In 14 Provinzen wurden die Einnahmen nach untenstehender Formel zwischen Zentrale und Provinzen aufgeteilt. Abgesehen von Gansu und Shaanxi, deren Einnahmen gerade ausreichten, um ihre Ausgaben zu tätigen, handelte es sich dabei um Provinzen, die netto Steuern an die Zentrale abführten (Anhui, Hebei, Heilongjiang, Henan, Hubei, Hunan, Jilin, Liaoning, Shandong, Shanxi, Sichuan und Zhejiang). Die Kalkulation der Einnahmenverteilung basierte dabei auf folgendem Schema:

(1) Wenn $A^* \leq E_f$, und $a_2 = 0$, dann gilt für a_1

$$A^* = a_1 E_f, \text{ wobei } 0 < a_1 \leq 1;$$

(2) Wenn $A^* > E_f$, und $a_1 = 1$, dann gilt für a_2

$$A^* = E_f + a_2 E_g, \text{ wobei } 0 < a_2 \leq 1$$

---

mit
A* = Geplante Haushaltsausgaben der Provinz
Ef = Feste Einnahmen der Provinzen
Eg = Gemeinschaftssteuern
a1 = Einbehaltungsquote der Provinz bei fixen Einnahmen der Provinz
a2 = Einbehaltungsquote der Provinz bei Gemeinschaftseinnahmen

Reichten die festen Einnahmen nicht aus, um die geplanten Haushaltsausgaben der Provinzen zu finanzieren, wurde ihre Einbehaltungsquote bei der Gemeinschaftssteuer (a2) bis auf maximal 1 erhöht (vgl. hierzu auch Wong, Heady und Woo, 1995, S. 243; Cong, 1994, S. 78-79). Tabelle A.3 im Anhang zeigt die im Jahr 1980 ermittelten Werte für a1 und a2.

ii. Variante B der Nettoempfänger

In den fünf Autonomen Regionen (Tibet, Innere Mongolei, Xinjiang, Ningxia und Guangxi) sowie in den Provinzen Qinghai, Guizhou und Yunnan, in denen ein großer Bevölkerungsanteil an nationalen Minderheiten lebt, wurde die Einnahmenaufteilung nach der Variante B berechnet. Bei den genannten Provinzen handelt es sich um Nettoempfänger. Das Berechnungsschema ist durch die explizite Berücksichtigung von Haushaltszuweisungen (Subventionen) gekennzeichnet (vgl. hierzu Wong, Heady und Woo, 1995, S. 245). Die Subventionen sollten jedes Jahr um 10 % steigen (Sun, 1994, S. 104). Durch diese Politik sollten die Minderheitsgebiete besonders gefördert werden.

Wenn $A^* > E_f + E_g$, dann gilt

$$a1 = a2 = 1 \text{ und}$$

$$A^* = E_f + E_g + S$$

---

mit S = Subvention der Zentrale

bb) Das Jiangsu-Modell

Das 1977 in Jiangsu durchgeführte Pilotprojekt ist bereits in *Kapitel C.III.1.d* beschrieben worden. Während seiner vierjährigen Gültigkeitsdauer war das später in der Literatur als Jiangsu-Modell bezeichnete Finanzausgleichssystem von der Zentralregierung insgesamt positiv bewertet worden: Es hatte zu deutlichen Wachstumserfolgen geführt. So waren im Vergleich zu 1976 die industrielle Produktion der Provinz Jiangsu 1980 um 80,2 % und die Haushaltseinnahmen um 38,1 % gestiegen (Xing, 1983g, S. 24).

Ab 1981 wurde jedoch auch in Jiangsu das Sichuan-Modell implementiert, das der Zentrale mehr Flexibilität bei der Einnahmenverteilung ermöglichte. Da jedoch die *Ligaishui*-Reform 1983/84 (*Kapitel B.III*) die Zusammensetzung der Haushaltseinnahmen veränderte und die Auswirkungen auf das Aufkommen der einzelnen Steuerkategorien nicht absehbar war, war das Sichuan-Modell nicht mehr weiter praktikabel. An seine Stelle trat 1983 in allen Provinzen mit Ausnahme von Guangdong und Fujian sowie den regierungsunmittelbaren Städten erneut das einfacher zu handhabende Jiangsu-Modell. Da die mit den verschiedenen Provinzen vereinbarten Quoten (für jede Provinz unterschiedlich) allerdings nur bis 1984 in Kraft waren, kamen die Provinzen diesmal nicht in den Genuß der mit dem ursprünglichen Jiangsu-Modell verbundenen Vorteile, der verhältnismäßig langen Gültigkeitsdauer fiskalpolitischer Abmachungen.

bc) Das Guangdong-Fujian-Modell

Ein eigenes Finanzausgleichsmodell für Guangdong und Fujian trat 1980 in Kraft. Dieses Modell soll einer chinesischen Quelle zufolge von den beiden Provinzregierungen selbst vorgeschlagen und am 7. Juli 1979 vom Zentralkomitee der Kommunistischen Partei und der Zentralregierung akzeptiert worden sein (Xing, 1983h, S. 9). Es ist Teil einer neuen regionalen Entwicklungsstrategie, nach der die beiden Küstenprovinzen als Zugpferde für Außenhandel und ausländische Investitionen dienen.

Guangdong wurde vertraglich dazu verpflichtet, für einen Zeitraum von fünf Jahren (1980-1984) einen jährlichen Pauschbetrag von 1,2 Mrd. RMB an die Zentralregierung abzuführen (*ding'e shangjiao*). Der Betrag wurde nach einem halben Jahr auf 1 Mrd. RMB reduziert (Tong, 1993, S. 157). Der Vorteil für Guangdong bestand darin, daß die Zentralregierung mit Ausnahme der Zölle und der Gewinne zentraleigener Staatsunternehmen nicht am Wirtschaftswachstum der Provinz partizipierte, sondern sich mit gleichbleibenden Beträgen zufrieden gab. Alle den Pauschsummenbetrag übersteigenden Haushaltseinnahmen konnten somit von der Provinzregierung für wachstumsfördernde Maßnahmen eingesetzt werden (Xing, 1983h, S. 9; Cong, 1994, S. 79).[36] Das Guangdong-Fujian-Modell wurde nach Vertragsende noch bis zum Jahr 1987 verlängert. In den Jahren 1986 und 1987 wurde es auch in Heilongjiang und Jiangxi eingeführt (Cong, 1994, S. 79).

In der Provinz Fujian wurde dieses Modell in Form von fixen Pauschsubventionen durchgeführt. Vorgesehen waren jährliche Pauschsubventionen der Zentrale an die Provinz (*ding'e buzhu*), deren Höhe 1 Mrd. RMB pro Jahr betrug (der Subventionsbetrag wurde nach einem halben Jahr auf 1,5 Mrd. erhöht) (Tong, 1993, S. 157).

---

36 Das System erhielt den offiziellen Namen: „Aufteilung der Einnahmen und Ausgaben (*huafen shouzhi*), Abführung von Pauschsummen [an die Zentrale] (*ding'e shang jiao*), für fünf Jahre keine Änderungen (*wu nian bu bian*)".

bd) Das *Cash-Cow*-Modell

Für die regierungsunmittelbaren Städte Shanghai, Beijing und Tianjin wurde 1980 das von *Wong* so benannte *Cash-Cow*-Modell eingeführt (Wong, Heady und Woo, 1995, S. 242). Es blieb bis einschließlich 1984 in Kraft und basierte ebenso wie das Jiangsu-Modell auf der quotalen Aufteilung der gesamten Steuereinnahmen. Die Aufteilungsquoten beim *Cash-Cow*-Modell wurden allerdings jedes Jahr neu festgesetzt (*zong'e fencheng, yi nian yi bian)*, da sich die Zentrale aufgrund der steigenden Budgetprobleme Anfang der 80er Jahre (*Tabelle A.6*) und der fiskalischen Bedeutung dieser Städte eine größere Flexibilität bei der Einnahmenaufteilung sichern wollte (Cong, 1994, S. 79; Xing, 1983h, S. 10).

Shanghai wurde am stärksten zur Kasse gebeten: Zwischen 1949 und 1984 führte die Stadtprovinz jährlich durchschnittlich 87 % ihrer Einnahmen nach Beijing ab. Shanghai wurde von der Zentrale, wie von *Whyte* treffend ausgedrückt, wie ein Schwamm (*sponge*) ausgedrückt (Whyte III, 1979, S. 9 ff). Die fiskalische Belastung Shanghais stieg mit der Durchführung der Reform- und Öffnungspolitik. Die lokale Einbehaltungsquote lag zwischen 1980 und 1982 mit 8,6 %, 8,5 % und 10,5 % der in Shanghai erhobenen Haushaltseinnahmen weit unter der der beiden anderen Städte. Für lokale Aufbaumaßnahmen standen kaum noch ausreichende Gelder zur Verfügung. Tianjin konnte indessen im selben Zeitraum 30,6 %; 31,1 %; 34,9 %, Beijing 28,1 %, 26,9 %, 35,5 % seiner Haushaltseinnahmen einbehalten (Whyte III, 1979, S. 44).

c) Anpassung des Finanzausgleichssystems an die Ligaishui-Reform, 1985

Die 1983 bis 1984 durchgeführte *Ligaishui*-Reform (*Kapitel B.III.1.b*) machte eine Anpassung des Finanzausgleichs an diese neue Form der Einnahmenerhebung notwendig. In allen Provinzen bis auf Guangdong und Fujian und den Autonomen Regionen wurde ein Mischsystem eingeführt, das einen Steuerverbund mit einem gebundenen Trennsteuersystem kombinierte. Dafür wurden Haushaltsverträge zwischen den Regierungen abgeschlossen (Cong, 1994, S. 79-80).[37]

Die verschiedenen Einnahmearten wurden in feste zentrale, feste lokale Einnahmen sowie in Gemeinschaftseinnahmen aufgeteilt. Für die Aufteilung der Gewinnsteuern galt das Prinzip, die Ertragshoheit jeweils der Regierungsebene zuzuweisen, der ein Unternehmen unterstellt war. Beispielsweise flossen die Gewinnsteuern aus einem zentraleigenen Staatsunternehmen in die zentrale Haushaltskasse. Die festen zentralen Einnahmen umfaßten darüber hinaus Steuereinnahmen aus strategisch wichtigen Sektoren wie dem Eisenbahnsektor, den Fluglinien, dem Postwesen, dem Bank- und Finanzwesen sowie die Einnahmen aus den Staatsschuldverschreibungen. Zu den festen Einnahmen der Provinzen gehörten neben den Gewinnsteuern aus den provinzeigenen

---

[37] Die neue Aufteilungsmethode hieß „Aufteilung der Steuerarten, Festlegung der Einnahmen und Ausgaben, Verträge zwischen den Regierungsebenen“ (*huafen shuizhong, heding shouzhi, fenji baogan*).

Staatsbetrieben die Agrarsteuer sowie diverse kleinere Steuern. Die wichtigsten Gemeinschaftssteuern waren die Mehrwertsteuer, die Gewerbesteuer, die Produktsteuer, die persönliche Einkommensteuer, die Salzsteuer sowie die Industrie- und Handelssteuer. Das Aufteilungsverhältnis wurde auf fünf Jahre festgelegt, die Zentrale erhielt einen Anteil von 70 %, die Provinzen von 30 % (Cong, 1994, S. 79-80; Wong, Heady und Woo, 1995, S. 249-50).

d) Das Finanzkontraktsystem von 1988

1987 wurde die ökonomische Dezentralisierung durch die Einführung des sog. „Verantwortlichkeitssystems für Unternehmensmanager" in den Staatsunternehmen vorangetrieben. Die neue Managementmethode beruhte auf Verträgen zwischen Unternehmenseigner und Management; der Handlungsspielraum der Manager wurde dadurch erweitert (Shirk, 1993, S. 280 ff). Auf einem ähnlichen Regelungsprinzip beruhte 1988 eine weitere Reform des Finanzausgleichssystems, durch die die Eigenverantwortlichkeit lokaler Regierungen ausgebaut werden sollte.

Im Zeitraum 1988 bis 1993 wurde das sog. „Haushaltsverantwortungssystem auf Vertragsbasis (*caizheng chengbao zhi)*" eingeführt. Dabei galt das Prinzip „Für jede Region ein Vertrag" (*yi di yi bao)* (Cong, 1994, S. 80-81), d.h. mit allen Gebietskörperschaften auf Provinzebene wurde ein Finanzausgleichsvertrag abgeschlossen. Dadurch, daß die Einnahmenverteilung in jeder Provinz anders gehandhabt wurde, konnte die Zentrale bereits in der ersten Verteilungsrunde regionale Verteilungsziele berücksichtigen. In den Verträgen wurde ein Aufteilungsmodus zwischen Zentrale und Provinzen festgelegt, der für mehrere Jahre gültig sein sollte (Sun, 1994, S. 106; Xiang, 1994, S. 20). Nicht berücksichtigt wurden die Zweckzuweisungen der Zentrale, die separat (z.B. in den Haushaltsplänen) geregelt wurden (Sun, 1994, S. 106). Auf dieser Grundlage wurde in den jährlichen Haushaltsplänen das „Plansoll" der einzelnen Provinzen festgelegt.

Tabelle A.4 zeigt die Finanzflüsse zwischen den Provinzen und der Zentrale zwischen 1985 und 1990. Wieviel eine Provinz abzuführen hatte bzw. wieviel sie an Subventionen erhielt, war erneut Gegenstand von und wurde innerhalb von sechs verschiedenen Kontraktformen verankert:

1. Shanghai, Heilongjiang und Shandong vereinbarten mit der Zentrale auf drei Jahre fixierte jährliche Pauschtransfers (*ding'e shangjie baogan).* Dabei diente der Budgetüberschuß im Referenzjahr (1987) als Richtgröße für die abzuführende Pauschsumme. Das zuerst in Guangdong und Fujian erprobte Modell war bei den Provinzregierungen besonders beliebt, da sie über alle die vertraglich vereinbarte Summe übersteigenden Haushaltseinnahmen selbst verfügen konnten (Sun, 1994, S. 107; Lin, 1998, S. 68 ff; Wong, Heady und Woo, 1995, S. 88 f).

Die fiskalische Belastung Shanghais fiel zwar durch die Einführung des neuen Finanzausgleichssystems,[38] die Stadt führte jedoch immer noch die höchsten Beträge an die Zentralregierung ab. Während die Stadt 1985 13,8 Mrd. RMB an die Zentrale überwiesen hatte, betrug die Pauschsumme, die Shanghai zwischen 1988 und 1990 jährlich abzuliefern hatte, 10,5 Mrd. RMB (*Tabelle A.4*; Whyte III, 1989, S. 97).[39] Die veränderte Finanzausgleichspolitik gegenüber Shanghai, die sich auch in seit 1988 steigenden Subventionszahlungen niederschlägt (*Tabelle A.4)*, scheint auf die Einsicht der Zentralregierung zurückzugehen, daß die übermäßigen fiskalischen Belastungen Shanghais ein Hauptgrund für den verglichen mit Guangdong schleppenden wirtschaftlichen Aufschwung in der ersten Reformdekade gewesen sind (Liebisch, 1995, S. 56).[40]

2. In Guangdong wurde indessen 1988 ein neues, weniger vorteilhaftes Aufteilungssystem eingeführt, mit dem die Abführungssummen der Provinz erhöht wurden. Betrug die Pauschsumme, die Guangdong zwischen 1985 und 1987 an die Zentrale abführte 7,8 Mrd. RMB, mußten 1988 16,4 Mrd. RMB überwiesen werden (*Tabelle A.4*). Guangdong sollte ab 1988 (ebenso wie Hunan) jährlich steigende Beträge an die Zentrale abführen (*shangjie'e dizeng baogan)*. Diese wurden anhand der 1987 an die Zentrale abgeführten Beträge als Referenzgröße und einer jährlich steigenden Ablieferungsquote berechnet. Die abzuführende Quote sollte in Guangdong jährlich um 9 % steigen (Sun, 1994, S. 106-107; Cheung, 1998, S. 106 ff). In Realität wurde die Abführungssumme 1990 allerdings wieder von 17,8 Mrd. RMB im Jahr 1989 auf 17,2 Mrd. RMB gesenkt (*Tabelle A.4*).

   Die stärkere Belastung von Guangdong ist einerseits als Reaktion auf die steigenden Haushaltsprobleme zu sehen (*Tabelle A.6*), steht andererseits aber auch in einem kompensatorischen Zusammenhang mit der beginnenden Förderung von Shanghai und dem steigenden Gefühl wirtschaftlicher Autonomie in der Guangdong, dem die Zentrale durch eine stärkere finanzielle Belastung zu begegnen suchte.

3. Mit den meisten Provinzen hatte die Zentrale eine quotale Aufteilung der Einnahmen vereinbart (Verbundsystem). Shanxi, Anhui und Tianjin (bis 1991) durften feste Anteile an den gesamten Einnahmen einbehalten (z.B. Shanxi 87,6 %; Anhui

---

[38] Diese Feststellung wird durch *Liebisch* bestätigt, der netto den Anteil der an Beijing geleisteten Abgaben an den in Shanghai erhobenen Haushaltseinnahmen zwischen 1989 und 1992 untersuchte. Während bis 1988 die Abgaben weit über 70 % lagen (vgl. Kapitel C.III.2.b.dd), führte demnach Shanghai 1989 nur noch etwa 65 % seiner Einnahmen nach Beijing ab, 1990 lag dieser Anteil bei etwa 54 % (Liebisch, 1995, S. 55).

[39] Während der Finanzkontraktverhandlungen im Jahr 1988 war ursprünglich eine Pauschsumme von 10,3 Mrd. RMB vereinbart worden. Diese Abmachung wurde später aufgrund des Finanzbedarfs der Zentrale auf 10,5 Mrd. RMB erhöht (Whyte III, 1989, S. 97).

[40] Mit der Bekanntgabe des Beschlusses über die Erschließung von *Pudong* am 30. April 1990 trat offiziell eine Wendung für die wirtschaftliche Entwicklung Shanghais ein (vgl. zur Förderung Pudongs Liebisch, 1995), die durch weiter sinkende Abführungsanteile gekennzeichnet war (Liebisch, 1995, S. 55).

77,5 %), der Rest mußte an die Zentrale abgeführt werden (*zong'e fencheng baogan)*. Für die Berechnung dieser Quoten dienten die durchschnittlichen Haushaltsdaten der Jahre 1986 und 1987 als Referenzgröße (Sun, 1994, S. 107; Wong, Heady und Woo, 1995, S. 89).

4. Mit einigen Linienstädten[41] (darunter Dalian, Qingdao) hatte die Zentrale in Abwandlung zu Modell 3 zwei Aufteilungsquoten vereinbart (*zong'e fencheng jia zengzhang fencheng baogan)*. Von dem im Vergleich zum jeweiligen Vorjahr gewachsenen Haushaltsanteil konnten die Lokalitäten einen höheren Anteil einbehalten (Sun, 1994, S. 107).
5. Zehn Provinzen und Linienstädte (Beijing, Hebei, Liaoning, Jiangsu, Zhejiang, Henan sowie Chongqing, Shenyang, Harbin, Ningbo) teilten die Einnahmen mit der Zentrale ebenfalls nach einem quotalen System (Verbundsystem), allerdings wurde hier ein Wachstumsfaktor vereinbart (*shouru dizeng baogan)*: Auf der Grundlage des Referenzjahres 1987 wurde festgelegt, um wieviel Prozent die einbehaltenen und abzuführenden Einnahmen jährlich steigen sollten. Nach Abführung an die Zentrale registrierte Überschüsse verblieben komplett auf regionaler Ebene (Sun, 1994, S. 107; Wong, Heady und Woo, 1995, S. 88).
6. 16 Provinzen und Linienstädte (darunter die Minderheitenregionen und Fujian) erhielten jährlich gleichbleibende Pauschsubventionen (*ding'e buzhu baogan)*. Diese wurden auf der Grundlage der im Referenzjahr realisierten Haushaltsdefizite festgelegt (Sun, 1994, S. 107; Wong, Heady und Woo, 1995, S. 88). Die höchsten Subventionen erhielten zwischen 1988 und 1990 die Innere Mongolei und Xinjiang (*Tabelle A.4*).

Charakteristisch für das Kontraktsystem war, daß explizite finanzielle Anreize für die Erhebung von Steuereinnahmen durch die Regionalregierungen geschaffen wurden. Die Grenzerträge in bezug auf das Steueraufkommen flossen entweder ganz (Modell 1 und 6) oder teilweise (Modelle 2 bis 5) in die Provinzhaushalte. Lediglich Guangdong profitierte, nachdem es bis 1987 ein sehr anreizförderndes System genossen hatte, nun nur bei hohen Wachstumsraten von zusätzlichen Steuereinnahmen (Modell 2). Es galt grundsätzlich das Prinzip „Jeder ist selbst für Gewinne und Verluste verantwortlich" (*zi fu yingkui*), d.h. erwirtschaftet eine Provinz z.B. im Haushaltsplan nicht vorgesehene Defizite ist sie selbst für die Deckung verantwortlich (Sun, 1994, S. 107). Da eine Kreditaufnahme durch Gebietskörperschaften auf Provinzebene nicht erlaubt ist (Verordnung vom 21.10.1991, Art. 26), sind sie in der Realität jedoch auf Bedarfszuweisung der Zentrale angewiesen.

e) Das Trennsteuer-Experiment von 1992

Im Jahr 1992 wurde in vier Gebietskörperschaften auf Provinzebene (Liaoning, Zhejiang, Tianjin, Xinjiang) sowie in einigen Linienstädten (Chongqing, Qingdao, Da-

---

[41] Vgl. zu den Linienstädten *Kapitel A.III*, Fußnote 27.

lian, Shenyang, Wuhan) erneut die Aufteilung der Steuern in Kategorien (Verbund und Trennsteuersystem) durchgeführt: Alle Steuern wurden zwischen Zentrale und Lokalitäten in feste zentrale Steuern, feste regionale Steuern und Gemeinschaftssteuern aufgeteilt (Sun, 1994, S. 162 ff; Jiang und Mei, 1997, S. 2).

3. Graphische Darstellung der praktizierten Einnahmenaufteilungsmodelle

Abbildung 2 veranschaulicht die wichtigsten Modi der Einnahmenverteilung, die in der Zeit von 1950 bis 1993 angewandt wurden, graphisch. Die Einnahmen, die bei den Regierungen auf Provinzebene ($PR_{i;}$ i= 1....n) verbleiben, werden auf der Abszisse, die an die Zentralregierung (ZR) abgeführten Anteile bzw. Beträge auf der Ordinate abgetragen.

Abbildung 2

Verschiedene Einnahmenaufteilungssysteme der VR China

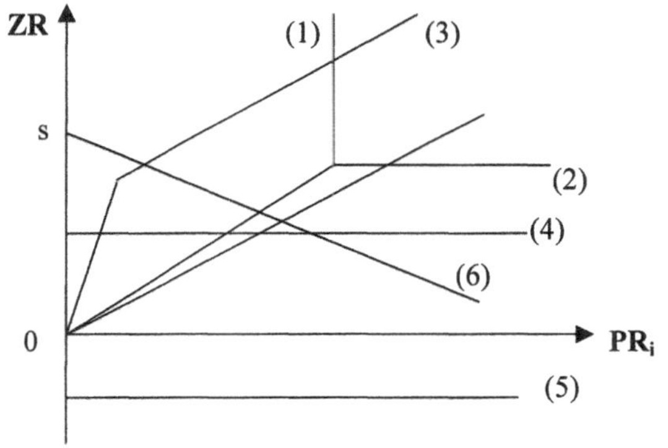

Eigene Darstellung (vgl. hierzu auch Laffont und Senik-Leygonie, 1997, S. 63).

1. *Kurve 1* zeigt eine Aufteilungsmethode, nach der das gesamte Steueraufkommen nach einem festen Aufteilungsverhältnis zwischen Zentrale und regionalen Gebietskörperschaften aufgeteilt wird (*zong 'e fencheng*). Zentral- und Provinzregierungen realisieren konstante Grenzerträge und profitieren beide (im festgesetzten konstanten Verhältnis) von einem Wachstum des Steueraufkommens. Dieses Modell ist verwaltungstechnisch einfach zu handhaben („Jiangsu-Modell").
2. *Kurve 2* zeigt ein Modell, bei dem die regionalen Gebietskörperschaften die von ihnen erhobenen Gemeinschaftssteuereinnahmen nach einem festen Aufteilungsverhältnis mit der Zentrale teilen. Die festen regionalen (zentralen) Steuern fließen zu 100 % in den regionalen (zentralen) Haushalt. Dies entspricht etwa dem verwaltungstechnisch aufwendigeren Sichuan-Modell, durch das ein gebundenes Trennsystem (feste zentrale/regionale Steuern) mit einem Verbundsystem (quotale Aufteilung) kombiniert wird.

3. Das Aufteilungssystem, das durch *Kurve 3* dargestellt wird, ist durch eine Zweistufigkeit der Aufteilungsquoten charakterisiert: Ab einem bestimmten Steuer-ertrag sinkt der Anteil der Zentrale zugunsten der Lokalitäten. Dadurch sollen Anreize für die Steuererhebung gesetzt werden. Dieses Modell entspricht etwa dem 1988 in drei Linienstädten eingeführten System (*zong'e fencheng jia zengzhang fencheng baogan)*.
4. *Kurve 4* beschreibt ein System, bei dem die Zentrale wie im Guangdong-Modell unabhängig vom realisierten Gesamtsteueraufkommen einen festen Pauschbetrag erhält (*ding'e shangjiao)*. Alle darüber hinausgehenden Grenzerträge fließen in den regionalen Haushalt.
5. *Kurve 5* schließlich illustriert einen ähnlichen Zusammenhang wie Kurve 4. Allerdings ist hier der Nettobeitrag der Regionalregierungen zum Zentralbudget negativ, da die Lokalitäten wie in Fujian eine Pauschsubvention der Zentrale erhalten (*ding'e buzhu)*.
6. *Kurve 6* fällt etwas aus der Reihe. Sie stellt eine Situation dar, in der die regionalen Steueranteile *schneller* wachsen als der Beitrag der regionalen Regierungen zum zentralen Budget. Dies ist z.B. dann der Fall, wenn Modell 4 (Kurve 4) intertemporal dargestellt wird. Mit jeder zusätzlichen Einheit an Steuern sinkt wie z.B. beim Guangdong-Modell im Zeitverlauf der Anteil der Zentrale am Gesamtsteueraufkommen. Selbst wenn das erhobene Steueraufkommen im Ausgangsjahr t_0 gleich Null wäre, hätte die regionale Gebietskörperschaft einen Pauschbetrag s an die Zentralregierung abzuliefern. Bei steigenden Steuereinnahmen der Provinz sinken in t_1 die Grenzerträge der Zentrale.

IV. Problematik: Mechanismen und Grenzen zentraler Kontrolle

Durch die Erweiterung oder Einschränkung der regionalen Entscheidungs- und Aufgabenkompetenzen determiniert die Zentrale den Handlungsspielraum der Regionalregierungen. Im einheitsstaatlichen politischen System der VR China ist sie alleinige Repräsentantin staatlicher Hoheit. Sie kann an die Provinzen zwar Kompetenzen delegieren, sie jedoch theoretisch jederzeit wieder zurücknehmen. Alle Änderungen des Finanzausgleichssystems wurden bislang vom Staatsrat in Form von Verordnungen und Regeln (*guiding)* beschlossen, in der Mao-Ära oft auch ohne rechtliche Grundlage durchgeführt. Der Nationale Volkskongreß als höchstes Legislativorgan, in dem die Provinzinteressen stärker zum Ausdruck kommen als im Staatsrat, war in keinem Fall an der Verabschiedung einer Finanzausgleichsordnung beteiligt.

Wie in verschiedenen Studien nachgewiesen, werden wirtschaftspolitische Entscheidungen nach 1978 jedoch nicht mehr wie zuvor in autoritärer Art und Weise durch die Zentrale getroffen (Barnett, 1967), sondern in steigendem Maße in Form eines „*Bargainingprozesses*" zwischen der Zentralregierung auf der einen Seite und einer bzw. mehreren Provinzregierungen auf der anderen Seite gefällt (z.B. Lampton,

1987a, Shirk, 1993; Goodman, 1994; vgl. hierzu meine ausführlicheren Ausführungen in *Kapitel E.II.1*). Dies gilt in besonderem Maße für die Finanzausgleichspolitik: Dabei geht es um ein immer wieder zu erneuerndes Ausloten des Kräfteverhältnisses zwischen Zentrale und Provinz, das sich in der Konstruktion des zuletzt gewählten Finanzausgleichmodells niederschlägt. Nach *Goodman* ist dieser Verhandlungsprozeß durch eine kreative Spannung (creative tension) gekennzeichnet, der einen Annäherungsprozeß zwischen den Verhandlungspartnern fördert und somit extreme Positionen (excess) abbaut (Goodman, 1994, S. 15 f). Aufgrund ihrer oben beschriebenen verfassungsmäßigen Dominanz im Einheitsstaat verfügt die Zentrale jedoch zumindest formal über die Kompetenz, die letzte Entscheidung alleine zu treffen.[42]

Auf die Ausgabengestaltung wirkt die Zentrale beispielsweise über die Ratifizierung der Haushaltspläne durch die jeweils übergeordnete Ebene ein (*Kapitel B.II*). Auf der Einnahmenseite stehen der Zentrale vier Kontrollmechanismen zur Verfügung. Erstens besitzt allein sie die Steuerobjektkompetenz. Zweitens beeinflußt sie durch die Existenz „dualer Entscheidungsstrukturen" die dezentralen Institutionen der Steuererhebung und –verwendung (*Kapitel B.IV*). Drittens kann sie über die Verabschiedung des anzuwendenden Finanzausgleichmodells den Anteil des Budgetüberschusses, der auf regionaler Ebene verbleibt. Und viertens kann sie über die Laufzeit der Finanzausgleichsverträge den Grad ihrer eigenen fiskalpolitischen Flexibilität bestimmen.

Ein politisches Instrument, über das die Zentrale im gesamten Zeitraum unverändert verfügte, war ihre Einflußnahme auf die Ämterbesetzung auf Provinzebene. Alle politischen Ämter innerhalb der Provinzregierungen bedürfen der Bestätigung durch die Zentralregierung (*Prinzip des demokratischen Zentralismus*, vgl. *Kapitel B.IV*). Zahlreiche Untersuchungen bestätigen, daß die Zentrale nicht nur in der Mao-Ära (Teiwes, 1966, S. 14-32), sondern auch in der Reformperiode nach 1978 immer wieder renitente Provinzgouverneure und Parteisekretäre durch hörige Amtsinhaber ersetzte (Tong, 1989, S. 7 ff; Bo, 1996, S. 135 ff, vgl. hierzu auch meine Ausführungen in *Kapitel E.III.2*).

Wie Ma Jun spieltheoretisch nachwies, ergeben sich aus dieser systemimmanenten Instabilität der Handlungsspielräume regionaler und lokaler Akteure, die Schwächen der Einfluß- und Kontrollmöglichkeiten der Zentrale. Da sie sich in einer ständigen Situation fiskalpolitischer Unsicherheit befinden, werden sie zu strategischen Ausweichreaktionen veranlaßt (Ma, 1995b, S. 105 ff). Da die Zentrale auf die Kooperation der Lokalitäten angewiesen ist, steht zu befürchten, daß sie Finanzausgleichsregelungen, die die Interessen der Lokalitäten nicht berücksichtigen, kaum effizient implementieren kann. Da die regionalen und lokalen Regierungen für die Steuererhebung verantwortlich sind, steht ihnen als strategische Antwort auf ihnen zuwider laufende Finanzausgleichsregelungen immer ein einfach zu bedienender Hebel zu Verfügung: die Steuern so zu erheben, daß die Zentrale möglichst wenig davon profitiert. Die au-

---

[42] Vgl. hierzu die Ergebnisse meiner Analyse des Entscheidungsprozesses zur Haushaltsreform von 1994 in *Kapitel E. III.*

ßerbudgetären Fonds, die bei der Durchführung des Finanzausgleichs nicht berücksichtigt werden, könnten ein ideales Spielfeld für diesen fiskalischen Interessenkonflikt zwischen Zentrale und Peripherie sein.

V. Offene Fragen

Die bisherige Darstellung des chinesischen Finanzausgleichssystems zeigt Fragen auf, die im Rahmen einer detaillierten Analyse zu klären sind (vgl. *Kapitel E und G*):

1. Die Finanzverfassung der VR China war seit 1980 durch eine fiskalische Dezentralisierung gekennzeichnet. Inwiefern hat sich dadurch die Aufteilung der Haushalteinnahmen und -ausgaben zwischen Zentrale und Provinzen verändert, und welche Bedeutung haben in diesem Zusammenhang die bei der Durchführung des Finanzausgleichs unberücksichtigten außerbudgetären Fonds?
2. Die Darstellung der Systeme der Einnahmenverteilung impliziert, daß die Zentralregierung durch die Implementierung unterschiedlicher Finanzausgleichssysteme in den einzelnen Provinzen einen vertikalen Finanzausgleich mit horizontalem Effekt durchführte. Welche Schlüsse lassen sich daraus für die distributive Funktion der Zentralregierung ableiten?

Tabelle 1

Die Finanzausgleichssysteme der VR China nach Provinzen, 1980-1993

	80	81	82	83	84	85	86	87	88	89	90	91	92	93
Beijing	1b	1b	1b	1b	1b	2	2	2	1c	1c	1c	1c	1c	1c
Tianjin	1b	1b	1b	1b	1b	2	2	2	1a	1a	1a	1a	2	2
Shanghai	1b	1b	1b	1b	1b	2	2	2	3a	3a	3a	3a	3a	3a
Jiangsu	1a	2	2	1a	1a	2	2	2	1c	1c	1c	1c	1c	1c
Anhui	2	2	2	1a	1a	2	2	2	1a	1a	1a	1a	1a	1a
Shanxi	2	2	2	1a	1a	2	2	2	1a	1a	1a	1a	1a	1a
Jilin, Jiangxi	2	2	2	1a	1a	2	2/ 4a	2/ 4a	4a	4a	4a	4a	4a	4a
Xinjiang	2	2	2	4c	4c	4c	4c	4c	4a	4a	4a	4a	2	2
Andere AR, Yunnan, Guizhou	2	2	2	4c	4c	4c	4c	4c	4a	4a	4a	4a	4a	4a
Gansu, Shaanxi, Hubei	2	2	2	1a	1a	2	2	2	4a	4a	4a	4a	4a	4a
Sichuan	2	2	2	1a	1a	2	2	2	4a	4a	4a	4a	4a	4a
Zhejiang	2	2	2	1a	1a	2	2	2	1c	1c	1c	1c	2	2
Liaoning	2	2	2	1a	1a	2	2	2	1c	1c	1c	1c	2	2
Henan	2	2	2	1a	1a	2	2	2	1c	1c	1c	1c	1c	1c
Hebei	2	2	2	1a	1a	2	2	2	1c	1c	1c	1c	1c	1c
Heilongjiang	2	2	2	1a	1a	2	3a	3a	3a	3a	3a	3a	3a	3a
Shandong	2	2	2	1a	1a	2	2	2	3a	3a	3a	3a	3a	3a
Hunan	2	2	2	1a	1a	2	2	2	3b	3b	3b	3b	3b	3b
Fujian	4a	4a	4a	4a	4a	4a	4a	4a	4a	4a	4a	4a	4a	4a
Guangdong	3a	3a	3a	3a	3a	3a	3a	3a	3b	3b	3b	3b	3b	3b

Erläuterungen zur Tabelle (eigene Darstellung)

1a: Verbundsystem: Aufteilung der gesamten Einnahmen (Gesamtverbund) nach einer Quote, die für einen bestimmten Zeitraum (3-5 Jahre) festgelegt wurde (Jiangsu-Modell).

1b: Verbundsystem: Aufteilung der gesamten Einnahmen (Gesamtverbund) nach Quoten, die jährlich neu ausgehandelt werden (Cash-Cow-Modell).

1c: Verbundsystem: Aufteilung der gesamten Einnahmen (Gesamtverbund) bei jährlich steigenden Quoten (Wachstumsfaktor).

2: Mischsystem: Aufteilung aller Einnahmen zwischen Zentrale und Provinzen (fixe Einnahmen und Gemeinschaftseinahmen) (Sichuan-Modell).

3a: Pauschsystem: Abgabe eines Pauschbetrags an die Zentrale, fixiert auf n Jahre Guangdong-Modell).

3b: Pauschsystem: Abgabe eines jährlich steigenden Pauschbetrages an die Zentrale.

3c: Pauschsystem: Abgabe eines Pauschbetrages mit jährlich steigenden Abgabesummen bei komplettem Einbehalt im Basisjahr.

4a: Pauschsystem: Empfang von Pauschsubventionen der Zentrale, sind für n Jahre fixiert (Fujian-Modell).

4b: Pauschsystem: Empfang von Pauschsubventionen, jedes Jahr neu festgelegt.

4c: Pauschsystem: Empfang von Subventionen mit jährlich steigenden Beträgen.

Es gelte n >1,
AR = Autonome Region

TEIL II

Neuordnung der Finanzverfassung im Jahr 1993

D. Institutioneller Wandel der Finanzverfassung im Jahr 1994: Die Konzeption des neuen Finanzausgleichssystems

Nachdem durch die Einführung des Kontraktsystems der fiskalische Dezentralisierungskurs noch einmal bestätigt worden war, erfolgte 1994 ein deutlicher Kurswechsel. Durch die Parteibeschlüsse des Spätherbstes 1993 wurde eine fiskalische Rezentralisierung eingeleitet. Das vorliegende Kapitel präsentiert unter Berücksichtigung der ökonomischen Theorie des Finanzausgleichs eine detaillierte Analyse der neuen Finanzverfassung.

I. Wirtschaftspolitische Grundsatzentscheidungen auf dem 3. Plenum des 14. Parteitages

1. Das Kommuniqué über die Errichtung einer „Sozialistischen Marktwirtschaft" vom 14.11.1993

Im Herbst 1992 fällten die Delegierten des 14. Parteitages der KP Chinas eine Grundsatzentscheidung über die zukünftige Wirtschaftsordnung ihres Landes und kündigten den Übergang von der Warenwirtschaft zur Sozialistischen Marktwirtschaft an (Yabuki, 1995, S. 41). Die konkrete Ausgestaltung der neuen Wirtschaftsordnung blieb jedoch zunächst offen. Erst auf der 3. Plenartagung des 14. ZK der KP Chinas, die vom 11. bis zum 14. November 1993 in Beijing stattfand, wurde das Konzept der Sozialistischen Marktwirtschaft konkretisiert.

Die Resultate des parteiinternen Abstimmungsprozesses wurden in einem am 14. November 1993 verabschiedeten Kommuniqué mit dem Titel „Resolution des ZK der KP Chinas über einige Fragen zur Errichtung eines Sozialistischen Marktwirtschaftssystems" (fortan: *Resolution 1993*) festgehalten. In wirtschaftspolitischer Hinsicht ist dieser Text richtungsweisend, da er die Grundprinzipien und Hauptziele der Sozialistischen Marktwirtschaft festlegte und das Gedankengut von Deng Xiaoping zur ideologischen Grundlage dieser neuen Wirtschaftsordnung machte:

> „Um das System der Sozialistischen Marktwirtschaft zu errichten und die Modernisierung zu beschleunigen, müssen wir die Führung durch die Partei stärken und verbessern." Alle chinesischen Bürger werden aufgerufen, „sich noch enger um das ZK der Partei mit dem Ge-nossen Jiang Zemin als Mittelpunkt zu scharen, unter der Anleitung der Theorie des Genossen Deng Xiaoping über den Aufbau des Sozialismus chinesischer Prägung (...) im Vertrauen auf die eigene Kraft hart zu arbeiten und danach zu streben, bis Ende des Jahrhunderts das System der Sozialistischen Marktwirtschaft in den Anfängen zu errichten." (Resolution 1993, S. 49-50)

Mit dem 1992 gefaßten Entschluß, eine Sozialistische Marktwirtschaft zu errichten, entstand die Notwendigkeit, das Verhältnis zwischen Staat und Wirtschaft neu zu definieren und ein neues Anforderungsprofil für die wirtschaftspolitischen Aktivitäten des chinesischen Staates zu entwickeln.

Hierzu lassen sich aus der Erklärung des Konzeptes der Sozialistischen Marktwirtschaft in der Resolution 1993 einige Leitlinien herauslesen: In der Beibehaltung des politischen Grundsystem, d.h. des Führungsanspruchs der Kommunistischen Partei und der Festschreibung des staatlichen Wirtschaftssektors als „Fundament" der Volkswirtschaft, sieht die Parteiführung die Sozialistische Grundlage der neuen Wirtschaftsordnung (Resolution 1993, S. 32, 34). Das „Marktwirtschaftliche" hingegen soll durch die überwiegende Koordination der wirtschaftlichen Entscheidungen durch den Markt zum Ausdruck kommen, so daß der Staat lediglich eine indirekte Steuerungsaufgabe bzw. Eingriffe bei Marktversagen übernimmt:

> „Mit der Errichtung eines sozialistischen Marktwirtschaftssystems zielen wir darauf ab, unter der makroökonomischen Steuerung durch den Staat dem Markt die fundamentale Rolle beim Einsatz von Ressourcen zuzuweisen." (Resolution 1993, S. 32)

Während in der Planwirtschaft der Staat das Wirtschaftsgeschehen hauptsächlich durch direkte administrative Eingriffe lenkt, soll das Wirtschaftsgeschehen im System der Sozialistischen Marktwirtschaft vorwiegend durch indirekte wirtschaftspolitische Instrumente gesteuert werden. Die Kompetenz für die makroökonomische Steuerung muß dem Resolutionstext zufolge in den Händen der Zentralregierung liegen. Diese sei verantwortlich für die Erfüllung allokations-, distributions- und stabilisierungspolitischer Aufgaben (Resolution 1993, S. 36, S. 41). Das notwendige makroökonomische Instrumentarium soll dem Resolutionstext zufolge schrittweise durch abgestimmte Reformen in den Bereichen Bankwesen, Staatsfinanzen und Steuerwesen, Planung, Investitionen und Außenhandel geschaffen werden (Resolution 1993, S. 36 ff).

2. Die Verordnung über die Einführung des Trennsteuersystems vom 15.12.1993

Die Reform der Finanzverfassung war in der Resolution 1993 als eine Schwerpunktmaßnahme für den Aufbau der Sozialistischen Marktwirtschaft bezeichnet worden (Resolution 1993, S. 37). Errichtet werden sollte ein Haushaltssystem, das für eine marktwirtschaftliche Wirtschaftsordnung geeignet ist, dem Staat also indirekte Instrumente der makroökonomischen Steuerung zur Verfügung stellt (Liu und Li, 1993, S. 2). Durch die fiskalische Rezentralisierung soll die Zentrale dem Resolutionstext zufolge in die Lage versetzt werden, „besonders die Entwicklung der wirtschaftlich unterentwickelten Gebiete und die Umgestaltung der alten Industriebasen zu unterstützen" (Resolution 1993, S. 39).

Mit einer am 15.12.1993 verabschiedeten Verordnung beschloß der Staatsrat die Einführung einer neuen Finanzausgleichsregelung, die am 1. Januar 1994 in Kraft trat. Die „Verordnung des Staatsrats betreffend die Einführung der Haushaltsverwaltungsordnung des Trennsteuersystems" (fortan: Verordnung 1993, Übersetzung in Anhang 3), begründet die Reform des Finanzausgleichs wie folgt:

„Die Haushaltsreform wird durchgeführt, um „Schritt für Schritt die Finanzausgleichsbeziehungen zwischen Zentrale und Lokalitäten zu rationalisieren, die finanzpolitische Funktion des Staates zu einer besseren Entfaltung zu bringen, die makroökonomische Steuerungskapazität der Zentrale zu stärken und die Errichtung des Systems der Sozialistischen Marktwirtschaft sowie die kontinuierliche, schnelle und gesunde Entwicklung der Volkswirtschaft zu fördern." (Verordnung 1993, Vorwort)

Das erklärte Hauptziel der Finanzausgleichsreform bestand somit in der Stärkung der makroökonomischen Steuerungsfunktion der Zentralregierung. Damit begründete die Zentrale ihre Forderung nach höheren Anteilen bei der Verteilung der Staatseinnahmen.[1] Durch den Einsatz finanzpolitischer Anreizsysteme sollte eine Ressourcenallokation bewirkt werden, die sich an den wirtschaftspolitischen Zielen der Zentrale orientiert und die volkswirtschaftliche Entwicklung stabilisiert. Um diese Ziele erreichen zu können, war nach Ansicht der Zentrale eine Verbesserung der staatlichen Finanzausstattung im allgemeinen (Erhöhung der Staatsquote) sowie die der Zentralregierungen im besonderen (Erhöhung des zentralen Anteils an den Haushaltseinnahmen) zwingend notwendig (Verordnung 1993, Art. II).

Die Unterstützung leistungsschwacher Regionen wird in der Verordnung 1993 als wichtiges Ziel der zentralstaatlichen Umverteilung hervorgehoben. Daß gleichzeitig jedoch die kontinuierliche Förderung der leistungsstarken Gebiete erfolgen soll, deutet auf ein offensichtliches Dilemma bei der Konzeption und Durchführung der Finanzausgleichspolitik hin:

„Es muß eine vernünftige Regulierung der Finanzkraftverteilung zwischen den Regionen geschaffen werden, die einerseits die schnelle Weiterentwicklung der wirtschaftlich entwickelten Regionen fördert, andererseits aber auch die Entwicklung der wirtschaftlich unterentwickelten Regionen und die Umstrukturierung der alten Industriestandorte unterstützt." (Verordnung 1993, Art. II.2)

Der Dreh- und Angelpunkt für die Erreichung der genannten Ziele war nach Ansicht der Zentrale die umfassende Rationalisierung der Finanzverfassung (siehe Zitat oben und Verordnung 1993, Art. I). Chinesische Politiker haben darauf hingewiesen, daß die Haushaltsreform von 1994 auf der Grundlage finanzwissenschaftlicher Erkenntnisse konzipiert worden sei (Interview mit Finanzminister Xiang Huaicheng in Liu und Li, 1993, S. 2). Auch zahlreiche Gesprächspartner aus der Finanzverwaltung betonten immer wieder die „Wissenschaftlichkeit" der Reformkonzeption (eigene Interviews).

II. Die Theorie des Finanzausgleichs

Bei der Konzeption eines Finanzausgleichssystems in einem existierenden Staatsgebilde stellen sich zahlreiche Fragen, deren Beantwortung willkürlich wird, wenn man dabei keine ökonomischen Argumente berücksichtigt. Im folgenden werden daher die theoretischen Grundlagen für die Konzeption eines „rationalen" Finanzausgleichs-

[1] Zielgröße ist ein Aufteilungsverhältnis zwischen Zentrale und Provinzen von 60: 40 (Ma, 1995a, S. 17).

systems gelegt und damit eine eine finanztheoretische Basis erarbeitet werden, die als Referenzrahmen für die Beurteilung der 1993 von der chinesischen Regierung beschlossenen Haushaltsreform dient.[2]

1. Vorbemerkung zur Theorie des fiskalischen Föderalismus

Aus finanzwirtschaftlicher Sicht macht es keinen Unterschied, ob der Finanzausgleich in einem Bundesstaat oder einem Einheitsstaat praktiziert wird.[3] Obwohl sich dieses Unterscheidungskriterium zunächst anbietet, stellt es sich bei genauerer Betrachtung als wenig hilfreich dar, da zum einen der föderative Gehalt bundesstaatlicher Verfassungssysteme gemäß Kompetenzverteilung zwischen Zentralstaat und Gliedstaaten höchst unterschiedlich ausfällt (z.B. hoch in der Schweiz und in Kanada, relativ gering in Australien und Mexiko) und zum anderen auch in unitarischen Staaten der politische Entscheidungsspielraum der nachgeordneten Gebietskörperschaften beachtlich groß sein kann (Genser, 1997, S. 104).

Dieser Besonderheit wird das auf Stigler (1957) und Oates (1972) zurückgehende Konzept des fiskalischen Föderalismus (*fiscal federalism)* oder der mehrgliedrigen Finanzen (*multilevel finance)* gerecht, das versucht, die vertikale Untergliederung von sowohl unitarischen als auch föderativ verfaßten Staaten ökonomisch zu erklären. Die dem Konzept des *fiscal federalism* zugrundeliegende Definition von Föderalismus ist somit umfassender als die streng politologische; die sich nur auf Länder mit föderaler Verfassung bezieht (Panizza, 1998, S. 264).[4]

De Toqueville beobachtete seinerzeit: „The federal system was created with the intention of combining the different advantages which result from the magnitude and the littleness of nations" (zitiert nach Panizza, 1998, S. 264). Diese Idee arbeitete *Musgrave* 1959 in seiner Theorie des Finanzausgleichs aus, indem er die wirtschaftspolitischen Funktionen des öffentlichen Sektors in drei Bereiche Allokation, Distribution und Stabilisierung einteilte. Der Finanzausgleich sollte entsprechend diesen Aufgaben ausgestaltet werden (Musgrave, 1959, S. 5).

Das Konzept des fiskalischen Föderalismus integriert somit zwei Betrachtungsweisen, die auf den ersten Blick widersprüchlich erscheinen: *„Top-down" Ansatz* und *„Bottom-up"-Ansatz*. Der *Top-down-Ansatz* stellt die Zentralität eines Staates und die Interessen der Zentralregierung in den Mittelpunkt. Fiskalische Dezentralisierung oder Zentralisierung macht aus dieser Perspektive dann Sinn, wenn dadurch die Ziele der

---

[2] Damit liegt den folgenden Ausführungen die „moderne" entscheidungsorientierte Betrachtungsweise zugrunde. Im Gegensatz zur traditionellen Betrachtungsweise steht hier die Entscheidungsorientierung im Vordergrund (*Kapitel A.III*).

[3] Es macht auch keinen wesentlichen Unterschied, ob es sich um einen nationalen oder einen supranationalen Finanzausgleich (wie z.B. in der Europäischen Union) handelt.

[4] In einem föderalen Finanzsystem (*federal finance*) sind die Aufgabenverteilung und die Verteilung des Steueraufkommens auf die verschiedenen Regierungsebenen in der Verfassung geregelt, finanzpolitische Entscheidungen werden auf einem dualen Entscheidungsweg getroffen, an dem sowohl der Zentralstaat als auch die Gliedstaaten durch ihr repräsentatives Organ auf zentraler Ebene beteiligt sind (Bird, 1993, S. 209). Dieses Konzept ist ungeeignet für die Analyse einheitsstaatlicher Systeme.

Zentralregierung besser erreicht, z.B. die allokative Effizienz optimiert und infolge dessen die nationale Wohlfahrt erhöht werden können. Typischerweise nimmt die sozialistische Literatur zur Problematik des Finanzausgleiches diese Perspektive ein (z.B. Alexandrov, 1964; Blass und Kurowski, 1964). Im Gegensatz dazu betrachtet der *„bottom-up"-Ansatz* den Finanzausgleich aus der Sicht der lokalen Regierungen. Lokale Eigenverantwortung im Sinne des Subsidiaritätsprinzips führt aus dieser Perspektive zu einer verbesserten Wohlfahrt der Bevölkerung. Die Aufgabenteilung führt hier zu einer stärkeren Dezentralität des Systems. Vor diesem Hintergrund formulierte *Oates* 1972 sein berühmtes *Dezentralisierungstheorem*: „For the performance of certain functions, decentralized decision-making in the public sector has compelling advantages over wholly centralized control" (Oates, 1972, S. 237).

2. Die ökonomische Basis für die Konzeption eines Finanzausgleichssystems

Die ökonomische Argumentation für die Ausgestaltung des Finanzausgleichs setzt an der Aufgaben-/Ausgabenseite an: Erst nach der Zuweisung der Aufgaben ist es sinnvoll, gemäß den daraus resultierenden Ausgaben die entsprechende Einnahmenverteilung vorzunehmen.

Aus der Erkenntnis der Informationsökonomik, daß die Informationskosten mit der Entfernung zwischen Bürgern und Verwaltungsebene steigen, läßt sich eine Effizienzregel für staatliches Handeln ableiten, wonach die Kompetenz stets der geographisch kleinsten Gebietskörperschaft übertragen werden soll, die diese Aufgaben im Einklang mit den Zielen allokativer Effizienz, distributiver Gerechtigkeit und wirtschaftlicher Stabilität zu erfüllen vermag (Subsidiaritätsprinzip) (Genser, 1997, S. 104; Frey, 1978, S. 104).

a) Das System der Aufgabenverteilung auf verschiedene Regierungsebenen

aa) Ausgestaltung des Finanzausgleichs aus allokationspolitischer Sicht

In der Theorie des Finanzausgleichs wird die Problematik der effizienten Allokation von Ressourcen im Hinblick auf die Versorgung eines Landes mit öffentlichen Gütern untersucht. Dabei wird von dem Grundsatz ausgegangen, daß es Ziel jeder ökonomischen Tätigkeit sein muß, „die Produktionsfaktoren so einzusetzen, daß in einer Volkswirtschaft ein Maximum an Gütern und Dienstleistungen hergestellt und die Produktion an der Bedürfnisstruktur der Konsumenten bestmöglich ausgerichtet wird" (Peffekoven, 1992, S. 487). Entsprechend dieser normativen Handlungsanweisung wird für die Analyse zunächst davon ausgegangen, daß die Allokation von Gütern um so effizienter erfolgen kann, desto „näher" die Regierung, die darüber zu entscheiden hat, bei den Bürgern ist (Dezentralisierungstheorem) (Oates, 1972, S. 33-38, S. 54-63)

Dies erklärt sich aus folgender Überlegung: Die effiziente Bereitstellung eines rein öffentlichen Guts, das von allen Bürgern gleichermaßen genutzt werden kann, ohne daß der Konsum des einen den Konsum des anderen einschränkt,[5] käme zweifellos der Zentralregierung zu. Allerdings schließt der Nutzerkreis von öffentlichen Gütern nur in den seltensten Fällen die Gesamtbevölkerung ein, sondern ist in der Regel regional oder lokal beschränkt. Bei den meisten öffentlichen Gütern nimmt deren Nutzen mit zunehmender Entfernung vom Ort der Bereitstellung ab, da bei gleichem Verbrauch die Zeit- und Transportkosten zunehmen (Lenk, 1993, S. 44-45).

Idealtypischerweise sollten die Ressourcen unter allokativer Zielsetzung so eingesetzt werden, daß die bereitgestellten Güter und Leistungen den Präferenzen der Wirtschaftssubjekte optimal entsprechen. Unterstellt man, daß es in einem größeren Staatsgebiet regionale Unterschiede in den Präferenzen für öffentliche Leistungen gibt, und zwar sowohl bezüglich des Niveaus als auch bezüglich der Struktur und der Ausgestaltung der öffentlichen Leistungen, ist zu erwarten, daß die Bereitschaft und auch die Fähigkeit, diese Präferenzen zu berücksichtigen, mit der Bürgernähe der Entscheidungsträger zunimmt. Lokale Entscheidungsträger kennen aus unmittelbarer, persönlicher Erfahrung die jeweiligen Verhältnisse, haben daher einen geringeren Informationsbedarf. Hinzu kommt, daß die Bürger bei einer dezentralen Verwaltung eher ihre Präferenzen zum Ausdruck bringen, da sie die Entscheidungsträger einfacher erreichen und leichter Einfluß nehmen können.[6] Unter der Annahme, daß die dezentrale Bereitstellung lokaler oder regionaler öffentlicher Güter um so mehr den individuellen Präferenzen entspricht, je homogener die intralokalen und je inhomogener die interlokalen Präferenzen der Bürger sind, kann somit geschlossen werden, daß die Forderung nach optimaler Allokation eher in dezentralen Systemen erfüllt wird. Daraus folgt, daß nicht die dezentrale, sondern vielmehr die zentrale Bereitstellung öffentlicher Güter einer besonderen Rechtfertigung bedarf.

---

[5] *Öffentliche Güter* sind im Gegensatz zu auf Märkten zu einem bestimmten Preis angebotenen privaten Gütern durch Nichtrivalität im Konsum und die Nichtanwendbarkeit des Ausschlußprinzips (über den Preis) gekennzeichnet. Nichtrivalisierender Konsum heißt, daß der den Individuen aus der Nutzung des öffentlichen Gutes zufließende Nutzen unabhängig ist von der Zahl der Nutzer (z.B. Landesverteidigung). Fehlende Ausschließbarkeit heißt indessen, daß niemand vom Nutzen des öffentlichen Gutes aus ökonomischen oder technischen Gründen ausgeschlossen werden kann. Während die Entscheidung über Art, Umfang und Verteilung privater Güter dezentral über den Marktmechanismen geregelt wird, ist die Entscheidung über die Bereitstellung öffentlicher Güter meist das Ergebnis eines kollektiven Entscheidungsprozesses (Brümmerhoff, 1992, S. 79-80; Gablers Wirtschaftslexikon, 1988, Bd. 2, S. 671-672).

[6] Das Problem für den Wirtschaftspolitiker besteht in der Regel darin, daß er Schwierigkeiten hat, die Präferenzen der Bürger zu erfahren. Verschiedene polit-ökonomische Modelle haben Ansätze für die Offenbarung bzw. Enthüllung von Präferenzen entwickelt, die allerdings meist von sehr geringer politscher Relevanz sind. Im Konsumentenmobilitäts-Modell von Tiebout artikulieren die Bürger ihre Präferenzen z.B. dadurch, daß sie sich stets in die Lokalität begeben, in der sie das für sie beste Angebot an Gütern vorfinden *(„voting with their feet")*. Dadurch maximieren sie nicht nur ihren eigenen Nutzen, sondern offenbaren auch ihre Präferenzen und fördern dadurch auch eine effiziente Ressourcenallokation im öffentlichen Sektor (Tiebout, 1956). Allerdings geht dieses Modell von sehr unrealistischen Annahmen wie z.B. der Annahme vollkommener Mobilität aus. In der VR China wird diese Freizügigkeit durch das Haushaltsregistrierungssystem (*hukou*-System) eingeschränkt, das allerdings mittlerweile in sehr viel lockererer Form angewandt wird als zu Beginn der Reformperiode (Chan und Zhang, 1999, S. 818 ff) Zu weiteren „Enthüllungs"-Theorien vgl. z.B. Brümmerhoff, 1992, S. 91 ff.

Die Übernahme von Aufgaben durch eine höherstehende Regierungsebene kann jedoch dann legitimiert sein, wenn der Nachweis geführt wird, daß sie diese besser erfüllen kann als die ihr nachgeordnete (Lenk, 1993, S. 48).[7]

Eine überregionale oder zentrale Bereitstellung von Gütern kann z.B. unter dem Argument der *Kosteneffizienz* dann sinnvoller sein, wenn durch die Ausnutzung von Größenvorteilen Kosten eingespart werden oder es für die lokale Gebietskörperschaft aus finanziellen Gründen unmöglich wäre, bestimmte Güter anzubieten (*economies of scale*). Sie bietet sich andererseits an, um *Oates'* Forderung nach *fiskalischer Äquivalenz* zu entsprechen. Nach diesem Prinzip sollte der Kreis der Nutzer so weit wie möglich deckungsgleich mit dem Kreis der Kostenträger und Entscheidungsträger sein (Korrespondenzprinzip) (Oates, 1976b, S. 6; Brümmerhoff, 1992, S. 486). Öffentliche Leistungen, bei denen der Nutzen über die eigene Gebietskörperschaft hinaus streut, ohne daß diese einen Finanzierungsbeitrag leisten (räumliche Externalitäten bzw. *Spillovers*), sollten entsprechend durch eine übergeordnete Gebietskörperschaft angeboten werden. Aus diesem Prinzip lassen sich z.B. Aufgaben ableiten, die vom Zentralstaat übernommen werden sollten, da der Nutzerkreis die gesamte Landesbevölkerung umfaßt (wie z.B. die Landesverteidigung, Außenpolitik, Rechtswesen, Förderung von Forschungsprojekten etc.). Bei regional begrenzten Aufgaben wird man daher dezentrale Aufgabenträger begründen können, während bei überregionaler Ausdehnung öffentliche Leistungen zweckmäßigerweise durch einen höheren Aufgabenträger bereitgestellt werden sollten (Lenk, 1993, S. 48).

Die Frage, welche Regierungsebene für die Bereitstellung von Bildungs- und Ausbildungsmöglichkeiten zuständig sein sollte, läßt sich im Rahmen der Theorie des Finanzausgleichs allerdings nicht eindeutig beantworten. Zum Beispiel profitiert von der Existenz von Schulen zwar vor allem der lokale oder regionale Schülerkreis, das Bildungsangebot der Universitäten wird hingegen von Studenten aus dem In- und Ausland in Anspruch genommen. Daß in Deutschland die Regelung des Bildungswesens und die Bereitstellung von Bildungseinrichtungen aller Art Kulturhoheit der Länder ist, hat historische Ursachen, eine eindeutige ökonomische Rechtfertigung dafür gibt es nicht.

Aus diesen Überlegungen heraus empfiehlt sich die Verteilung der Entscheidungskompetenzen nach folgenden Kriterien (Brümmerhoff, 1992, S. 485 ff):

1. Die Verteilung und der Einsatz der Ressourcen „im nationalen Raum" soll stets so erfolgen, daß die Versorgung der Bevölkerung mit Gütern so optimal wie möglich ist.

2. Öffentliche Güter, welche von allen Staatsbürgern gleichermaßen genutzt werden können, sollen von der zentralen Regierungsinstanz bereitgestellt werden.

3. Güter, die vorwiegend lokal (regional) genutzt werden, sollen dezentral bereitgestellt werden. Dafür sprechen u.a die Informationsvorteile der Lokalitäten über die Präferenzen der lokal ansässigen Bürger sowie die Ersparnisse bei den Transportkosten.

---

[7] In vielen Verfassungen findet dieses Subsidiaritätsprinzip häufig seinen Niederschlag in einer enumerativen Aufzählung der Kompetenzen und Aufgaben, die dem Zentralstaat zugewiesen werden, während für alle weiteren prinzipiell die untere Ebene für zuständig erklärt wird (Lenk, 1993, S. 48).

ab) Ausgestaltung des Finanzausgleichs aus distributionspolitischer Sicht

Die Theorie des Finanzausgleichs begründet die Etablierung eines nationalen Finanzausgleichs auch mit dem distributiven Ziel, zwischen ärmeren und reicheren Regionen einen finanziellen Ausgleich zu schaffen (Brümmerhoff, 1992, S. 491-492). Obwohl das Grundgesetz lediglich einen „angemessenen Ausgleich" fordert (Art. 107 Abs. 2 GG), hat sich in Deutschland ein stark egalisierender Finanzausgleich durchgesetzt (kooperativer Föderalismus). Dahinter steht die Zielsetzung, eine weitgehende „Einheitlichkeit der Lebensverhältnisse" zu schaffen (Huber, B., 1998). Allerdings herrscht weltweit durchaus kein Konsens darüber, ob die Einheitlichkeit der Lebensverhältnisse überhaupt ein erstrebenswertes wirtschaftspolitisches Ziel sein kann. In den USA beispielsweise stößt die Vorstellung von einer „uniformity of living standards throughout the country" kaum auf Zustimmung. Der Bundesstaat garantiert eine Minimalversorgung der Individuen, oberhalb dieser Minimalversorgung werden interregionale Unterschiede in den Lebensverhältnissen als Ausdruck der jeweiligen Wettbewerbspositionen befürwortet und toleriert (kompetitiver Föderalismus) (Kenyon und Kincaid, 1996, S. 34). Auch das jüngst ergangene Urteil des Bundesverfassungsgerichts zur Finanzausgleichspraxis in Deutschland stellt die weitgehende Nivellierung zwischen finanzschwachen und –starken Ländern auf den Prüfstand (FAZ, 12.11.1999, S. 1).

Folgt man der distributionsbezogenen Argumentation, so erscheint eine zentrale Aufgabenerfüllung angemessen, wenn die regionalen Entwicklungsniveaus so unterschiedlich sind, daß eine natürliche Angleichung nicht möglich ist. Durch den Finanzausgleich erfolgt auch ein gewisser Risikoausgleich bei Steuern mit schwankendem Aufkommen. Damit alle regionalen Gebietskörperschaften in die Lage versetzt werden können, eine stetige Grundversorgung mit öffentlichen Gütern bereitzustellen, sind innerstaatliche Transfers notwendig, wobei diese Transfers grundsätzlich nicht nur von einer höheren Ebene aus (*vertikaler Finanzausgleich*), sondern auch zwischen Gebietskörperschaften auf der gleichen Ebene (*horizontaler Finanzausgleich*) vorgenommen werden können (*Kapitel C.II*).

Doch auch beim horizontalen Finanzausgleich muß eine zentrale Koordination erfolgen: „Local governments working independently to achieve differing redistributional objectives are likely to run into real trouble." (Oates, 1972, S. 7) So würde eine Gemeinde, die durch höhere lokale Steuern eine stärkere Angleichung der Lebensverhältnisse anstrebt als der Rest der Nation, für die Reicheren (Ärmeren) starke Anreize schaffen wegzuziehen (zuzuziehen). Das Durchschnittseinkommen der Gemeinde würde entsprechend sinken. Für eine Übernahme bzw. Koordination der redistributiven Aufgabe durch die Zentrale spricht außerdem, daß in einer Welt steigender individueller Mobilität alle Staatsbürger, gleichgültig wo sie innerhalb der nationalen Grenzen ihren Wohnsitz haben, von staatlichen Umverteilungsmaßnahmen gleichermaßen betroffen sind und sich allenfalls durch einen Umzug ins Ausland diesen Maßnahmen entziehen können (Lenk, 1993, S. 52). Lediglich in einem System mit geringer oder nicht vorhandener Mobilität der Bevölkerung können auch dezentralisierte Umverteilungsmechanismen sinnvoll sein (Oates, 1972, S. 6 ff).

ac) Ausgestaltung des Finanzausgleichs aus stabilitätspolitischer Sicht

Das wirtschaftspolitische *Stabilisierungsziel* weist dem Staat die Aufgabe zu, in einer Situation wirtschaftspolitischen Ungleichgewichts (z.B. Unterbeschäftigung, Preisniveauinstabilität) eine stabilisierungsorientierte Politik zu betreiben.[8] Dies erfordert den koordinierten Einsatz fiskal- und geldpolitischer Instrumente. Da die unteren Regierungsebenen nicht über die erforderlichen stabilisierungspolitischen Instrumente verfügen, wirtschaftliche Stabilität aber ein öffentliches Gut ist, das dem Gemeinwohl dient, ist es im Sinne des Subsidiaritätsprinzips zweckmäßig, die Hauptverantwortung für diese Stabilisierungsaufgabe der Zentralregierung zuzuweisen. Regional begrenzte, struktur- oder konjunkturbedingte Krisen, die von den lokalen Regierungen nicht unter Kontrolle gebracht werden können, können sich in einer Volkswirtschaft mit einem einheitlichen Binnenmarkt schnell auch auf andere Gebiete ausweiten und somit die Stabilität des Gesamtstaates gefährden. Das Ausmaß und die Wirkung lokaler stabilitätspolitischer Maßnahmen sind in der Regel so gering, daß ohne eine entsprechende horizontale oder vertikale Koordinierung keine ausreichenden gesamtwirtschaftlichen Effekte zu erwarten sind (Oates, 1976b, S. 5).[9] Darüber hinaus ist es praktisch unmöglich, die konjunkturpolitischen *spillover*-Effekte[10] lokalpolitischer Maßnahmen zu internalisieren. Eine Zusammenarbeit zwischen den Gebietskörperschaften kann ohne Kooperationszwang nicht erwartet werden (Lenk, 1993, S. 54).[11] Eine reaktionsfähige Zentralregierung, die in der Lage ist, auf Stabilitätskrisen angemessen zu reagieren, muß allerdings über eine ausreichende finanzielle Grundausstattung verfügen. Wenn sie z.B. eine antizyklische Fiskalpolitik im keynesianischen Sinne betreiben will, muß das Ausmaß der von ihr eingeleiteten Maßnahmen groß genug sein, um die gewünschte Wirkung zu erzielen.

All dies bedeutet jedoch nicht, daß lokale Gebietskörperschaften nicht auch zur nationalen Stabilisierungspolitik beitragen könnten. Eine stabilitätsorientierte Politik lokaler Regierungen unterstützt die Wirksamkeit nationaler Stabilisierungsmaßnahmen (Engerman, 1965, S. 53); entsprechend kann eine stabilitätsorientierte nationale Politik durch konterkarierende lokale Maßnahmen gefährdet werden.

---

[8] Nach Cassel/Thieme ist Stabilitätspolitik auf die Erhaltung, Stabilisierungspolitik auf die Wiedererreichung der in den stabilitätspolitischen Zielen normierten Sollzustände der Wirtschaft gerichtet (Cassel und Thieme, 1992, S. 303).

[9] Beispielsweise wird eine lokale Politik des *deficit spending* als Reaktion auf anhaltende Unterbeschäftigung schon allein durch die institutionellen Schranken lokaler Verschuldung begrenzt. So darf sich z.B. in der VR China lediglich die Zentralregierung verschulden (dies gilt sowohl für interne als auch für externe Kreditgeber).

[10] Unter *Spillover*-Effekten versteht man die externen Effekte lokaler politischer Maßnahmen auf andere Lokalitäten (Petersen, 1988, S. 113).

[11] Da lokale Gebietskörperschaften in der Regel offene Systeme sind, werden die Mehrausgaben einer Gemeinde in der Regel auch in anderen Gemeinden wirksam (Brümmerhoff, 1992, S. 492-493).

ad) Operationalisierung der Aufgabenverteilung

Die Frage, welche Aufgaben der Staat wahrzunehmen hat, wird in verschiedenen Wirtschaftssystemen unterschiedlich beantwortet. Die Antwort variiert in Abhängigkeit von gesellschafts-, wirtschaftspolitischen und politischen Leitphilosophien, die Rolle des Staates verändert sich so im Zeitverlauf. Idealtypischerweise übernimmt der Staat in einem planwirtschaftlichen System eine größere Anzahl an Aufgaben als in der Marktwirtschaft, was i.d.R. anhand der höheren Staatsquote[12] abgelesen werden kann. In einem marktwirtschaftlichen System besteht die Kernaufgabe des Staates vor allem in der indirekten makroökonomischen Steuerung und der Gewährleistung eines funktionierenden Wettbewerbs.

Als *normative* Richtschnur für die Zuweisung der Aufgaben dienen die aus der Theorie des Finanzausgleichs abgeleiteten Erkenntnisse. Sie geben vor, was Regierungen tun *sollten.* Im Gegensatz dazu ließe sich aus der konkreten Regelungspraxis die tatsächliche, „*positive*" Rolle einer Regierung ableiten (vgl. hierzu Tanzi, 1997, S. 4-5). Die normativen Ausführungen in die konkrete Ausgestaltung des passiven Finanzausgleichs legen die Erkenntnis nahe, daß ein „rationales" Finanzausgleichssystem aus dezentralen und zentralen Elementen bestehen muß, wobei diese Mischung so erfolgen sollte, daß die Wohlfahrt der Bevölkerung maximiert wird (Frey, 1978, S. 108). Im Hinblick auf die Erarbeitung eines konkreten Finanzausgleichskonzepts ist jedoch eine *Operationalisierung* der normativen Erkenntnisse erforderlich. Dies kann dadurch geschehen, daß verschiedene Typen von öffentlichen Gütern bzw. Leistungen gebildet und einem Regelungsmodell (zentrale, dezentrale oder koordinierte Regelung) zugeordnet werden.

Aus *Tabelle 2* wird ersichtlich, daß die regionalen, die nationalen und die internationalen öffentlichen Leistungen eindeutig zugeordnet werden können. Schwieriger wird die Zuordnung bei den interregionalen und den meritorisch regionalen Leistungen. Bei den interregionalen Leistungen kommen zwei Modelle in Frage: die *horizontale Kooperation* (Verträge zwischen Gebietskörperschaften über eine gemeinsame Aufgabenerfüllung ohne Beteiligung der Zentrale) und/oder die *zentrale Rahmengesetzgebung* (Grundsatzentscheide durch die Zentrale, Konkretisierung und Vollzug durch die lokalen Gebietskörperschaften). Meritorisch regionale öffentliche Leistungen, bei denen die Verteilungskomponente stark gewichtet wird, können durch *zentrale Rahmengesetzgebung* und *vertikale Kooperation* (gemeinsame Aufgabenbewältigung durch Zentrale und Regionen) bereitgestellt werden Frey, 1978, S. 109-110).

Wie schwierig es dennoch ist, wissenschaftliche Erkenntnisse in konkrete Handlungsanweisungen zu transponieren, macht folgender Befund einer vom österreichischen Bundesministerium für Finanzen ins Leben gerufenen ‚Kommission zur Untersuchung der Probleme des österreichischen Finanzausgleichs' deutlich: „Es ist nicht möglich, Aufgaben ebenenspezifisch wissenschaftlich, [...] auf der Grundlage der Ge-

---

[12] Vgl. zur Staatsquote *Kapitel E.I.1.*

setze oder der Ausgaben der Vergangenheit, festzustellen oder zu quantifizieren und daraus Handlungshinweise zu bekommen." (zit. in Matzner et al, 1978, S. 125). Wie auch immer eine normative Zuteilung der Sachaufgaben ausfällt, völlige Klarheit über die Zuordnung der Aufgabenkompetenzen ist aufgrund der Komplexität staatlichen Handlungsbedarfs kaum herzustellen.

Tabelle 2

Zuordnung von Typen öffentlicher Leistungen

	Zentralisierungs- Dezentralisierungs- Modelle				
Typen von öffentlichen Leistungen	Rein dezentralisiert	Horizontale Kooperation	Zentrale Rahmengesetzgebung	Vertikale Kooperation	Rein zentralisiert
Lokale /regionale	●				
Interregionale		●	●		
Meritorisch regionale			●	●	●
Nationale					●
Internationale					●

Lokale /Regionale Leistungen: Aufgaben, von denen fast nur die Einwohner der die Leistung erbringenden lokalen / regionalen Gebietskörperschaft profitieren

Interregionale Leistungen: Öffentliche Güter, bei deren Angebot der Nutzen über die Grenzen von Gebietskörperschaften streut (z.B. Bildungszentren, Freizeitzentren etc, sog. *Spillovers*).

Meritorisch regionale Leistungen: Technisch gesehen regionale Leistungen, die jedoch zur Verwirklichung von Mindestversorgungszielen politisch zu nationalen erklärt werden können (z.B. Arbeitslosengeld, Sozialhilfe).

Nationale Leistungen: Alle Einwohner eines Landes profitieren davon mehr oder weniger gleich (z.B. Landesverteidigung).

Internationale Leistungen: Es gibt Spillovers über die nationalen Grenzen hinweg (z.B. Umweltschutz).

Quelle: In Anlehnung an Frey, 1978, S. 109.

b) Das System der Einnahmenverteilung auf verschiedene Regierungsebenen

Auf der Grundlage der Aufgabenverteilung erfolgt die Konzeption eines dazu passenden Einnahmenverteilungssystems. Die Gebietskörperschaften müssen mit ausreichenden Einnahmequellen ausgestattet werden, um ihre Aufgabenverpflichtungen erfüllen zu können. Das System sollte eine gewisse Voraussagbarkeit der subzentralen Einnahmenanteile ermöglichen, um eine eigenständige wirtschaftspolitische Planung der Provinzen zu gewährleisten.

ba) Die erste Runde: Erhebung und Verteilung der Einnahmen

Die Theorie für die Konzeption eines Einnahmenverteilungssystems basiert auf den bereits vorgetragenen ökonomischen Argumenten für die Verteilung der Ausgaben. Die Konzeption der Steuererhebung und –verwaltung (Erhebungskomptenz) sollte grundsätzlich zwei Prinzipien berücksichtigen: die Effizienz der Steuerverwaltung und die fiskalische Äquivalenz.

Betrachtet man die Steuererhebung nach der *Effizienzregel*, so gilt grundsätzlich, daß die Regierungsebene, die die besten Informationen über die Erhebung einer bestimmten Steuer besitzt, auch mit der Erhebung beauftragt sein sollte. Entsprechend sind z.B. die Lokalregierungen am besten über die Erhebungsumstände der Objektsteuern (wie die Grund- und Gebäudesteuern) informiert, während die Zentrale vermutlich am besten über die Umstände der Außenwirtschaftsbesteuerung (Zölle) Bescheid weiß (Shaw, 1994, S. 18-19). Die Erfahrungen mit dem Finanzausgleich in China bis 1993 haben gezeigt, daß die Regierungsebene, die die Steuern erhebt, auch am Ertrag beteiligt sein sollte, da sich das Zusammentreffen von Erhebungs- und Ertragskompetenz positiv auf die Anstrengungen der Einnahmenerhebung auswirkt (*Kapitel C.III*). Erhebungs- und Ertragskompetenz sollten weitgehend korrelieren.

Nach dem Prinzip der *fiskalischen Äquivalenz* sollten die Entscheidungs- und Ertragskompetenz für Steuern, die eine makroökonomische Steuerungsfunktion ausüben, *zentralisiert* sein. Dazu gehören alle Steuerarten, die eine Hebelwirkung auf die nationale volkswirtschaftliche Entwicklung haben, z.B. die Mehrwert-, Körperschafts- und Einkommensteuer oder die Zölle (Shaw, 1994, S. 18). Diese Zuordnung scheint insbesondere aufgrund der meist wenig effizienten Verwaltungsstrukturen in Entwicklungs- und Transformationsländern naheliegend. Dadurch soll auch sichergestellt werden, daß bei diesen volkswirtschaftlich bedeutsamen Steuern eine landesweit einheitliche Steuerpolitik durchgeführt wird. Aus der regionalen bzw. lokalen wirtschaftspolitischen Verantwortlichkeit, insbesondere der allokativen Aufgabe der Regional- und Lokalregierungen folgt, daß Gewerbesteuern, Objektsteuern auf immobile Faktoren wie die Grund- und Bodensteuer oder die Gebäudesteuer sowie Gebühren für Dienstleistungen und lokale Verbrauchssteuern *dezentral* erhoben und verwaltet werden sollten (Shaw, 1994, S. 18). *Tabelle 3* zeigt eine Übersicht über eine Zuordnung der wichtigsten Steuerarten nach einer entsprechenden Klassifizierung von *Shaw*.

Bei einer Untersuchung der Finanzverfassungsordnungen in Entwicklungs- und Transformationsländern stellte Shaw (Weltbank) fest, daß die regionalen und lokalen Gebietskörperschaften in Entwicklungsländern meist von Transferzahlungen der höheren Verwaltungsebenen abhängig sind und aufgrund der häufig zentralen Form der Einnahmenerhebung nur eingeschränkte Möglichkeiten zur Erschließung eigener Steuerquellen bzw. zur Erhöhung ihrer Einnahmen durch eine verbesserte Steuererhebung besitzen. Dies wirke sich negativ auf ihr fiskalisches Verantwortungsgefühl aus. In den sich auf dem Weg zur Marktwirtschaft befindlichen Transformationsländern ist die Situation umgekehrt: Die Praxis lokaler Erhebung und Verwaltung der Steuern wirke sich zwar positiv auf die Einnahmenerhebung auf lokaler Ebene aus, beeinträchtige aber die Kontrolle der Zentralregierung über die Steuerbasis (Shaw, 1994, S. 2, 18 ff). Für Länder, in denen Konflikte zwischen den einzelnen Regierungsebenen herrschen, ist daher eine vollständig dezentrale Einnahmenerhebung nicht empfehlenswert. Auch Überlappungen bei der Erhebungskompetenz empfehlen sich nicht.

Tabelle 3

Konzeptionelle Basis für die Verteilung der Steuereinnahmen

Steuerart	Entscheidung über Steuerbasis	Entscheidung über Steuerrate	Erhebung und Verwaltung	Kommentar
Zölle	Z	Z	Z	Besteuerung des Außenhandels
Umsatzsteuer	Z	Z	Z	Stabilisierungsinstrument, Exportadjustierungen möglich bei zentraler Verwaltung
Körperschaftssteuer	Z	Z	Z	Stabilisierungsinstrument, nationale und internationale Niederlassungen (mobiler Faktor)
Einkommensteuer	Z	Z,S, L	Z	Stabilisierungsinstrument, redistributiver mobiler Faktor
Vermögensteuer	Z	Z, S	Z	Redistributives Politikinstrument
Ressourcensteuern	Z	Z	Z	Ungleiche Ausstattung der verschiedenen Regionen
„Öko-Steuern", Energiesteuern	Z	Z	Z	Bekämpfung der nationalen/internationalen Umweltverschmutzung
Alkohol- und Tabaksteuern	Z, S	Z, S	Z, S	Gesundheitsvorsorge ist eine Gemeinschaftsaufgabe
Benutzungsgebühren wie z.B. Maut	Z, S, L	Z, S, L	Z, S, L	Maut auf bundeseigenen (zentralen), bundesstaatlichen (Provinz) oder lokalen Straßen
Gewerbesteuer	S	S	S	Ertragssteuer
Grund- und Immobiliensteuern	S	L	L	Immobiler Faktor
Gebühren	Z, S, L	Z, S, L	Z, S, L	Bezahlungen für in Anspruch genommene Dienstleistung
Parkgebühren	L	L	L	Kontrolle des lokalen Verkehrsaufkommens

Annotation: Z: Zentral- oder Bundesregierung, S: Bundesland, Bundesstaat oder Provinz, L: lokale Regierungen.
Quelle: nach Shaw, 1994, S. 19.

bb) Die zweite Runde: Errichtung eines Einnahmentransfersystems

Da die verschiedenen Glieder eines Staates meist sehr unterschiedlich strukturiert sind und über eine sehr unterschiedliche fiskalische Leistungskapazität verfügen, ist es nicht möglich, ein Einnahmensystem zu finden, das allen Gebietskörperschaften die volle Deckung ihres Finanzbedarfs ermöglicht (Fuchs, 1987, S. 4). In einem Staatswesen wie der VR China, in dem lediglich die Zentrale zu *deficit spending* über Kreditaufnahme befugt ist, ist es daher Aufgabe des Finanzausgleichs, alle Gebietskörperschaften des Gemeinwesens mit genügend Mitteln auszustatten, damit diese die von der übergeordneten Regierungsebene für notwendig erachteten Aufgaben erfüllen können. Diese „Ausgleichs"-funktion der zweiten Runde kann, wie bereits in Kapitel C ausgeführt, einerseits durch ein vertikales Zuweisungssystem der Zentrale, andererseits als horizontales Transfersystem zwischen den Gebietskörperschaften einer Stufe erfolgen.

Zu den wichtigsten ökonomischen Argumenten für diese Transferzahlungen gehören die ungleichen fiskalischen Nettopositionen der einzelnen Staaten, Haushaltsdefizite, die redistributive Rolle des Staates, der Schutz des einheitlichen Binnenmarktes sowie die Internalisierung von *Spillovers*[13] (Shaw, 1994, S. 27 ff).

Die Differenzen in den *fiskalischen Nettopositionen* der einzelnen Gebietskörperschaften auf Provinzebene gehen auf mehrere ökonomische Gründe zurück. So verfügen manche Provinzen oder Bundesstaaten über eine bessere Ausstattung mit natürlichen Ressourcen und/oder haben aufgrund einer entwickelten Industriestruktur höhere Möglichkeiten der Einnahmenerschließung. Andere Provinzen haben natürliche oder ererbte Strukturschwächen (z.B. schlechte geostrategische Voraussetzungen, alte Industriestrukturen etc. oder höhere Sozialausgaben durch einen größeren älterer oder jüngerer Bevölkerungsanteil).

Haushaltsdefizite ergeben sich nicht zwangsläufig aus einer schlechten fiskalischen Ausgangsposition. Sie können sich auch aufgrund von Diskrepanzen zwischen den Ausgaben und Einnahmen, interregionalem Steuerwettbewerb (regionale und lokale Regierungen schöpfen ihre Steuerquellen nicht aus, um Standortvorteile zu schaffen) und des Einflusses einer hohen Besteuerung der Zentralregierung auf das lokale Potential der Steuererhebung ergeben (Shaw, 1994, S. 27-30). In den ersten beiden Fällen (schwache Steuerbasis, fehlende Kongruenz zwischen Einnahmen und Ausgaben) empfehlen sich eine Neukonzeption des Einnahmen-Ausgabensystems, eine Verbesserung der Steuererhebung oder aber eingeschränkt Bedarfszuweisungen. Bei interlokalem Steuerwettbewerb empfiehlt *Shaw* eine höhere Besteuerung seitens der Zentralregierung und Bedarfszuweisungen. Im zuletzt genannten Fall der hohen Steuerabschöpfung durch die Zentrale sollte die Steuerabführung der dezentralen Gebietskörperschaften gemindert werden (Shaw, 1994, S. 27-28).

Die *redistributive makroökonomische Rolle des Staates* liegt nach der Finanztheorie eindeutig bei der Zentralregierung (vgl. S. 70). Jedoch haben auch viele öffentliche Leistungen (wie z.B. Sozialversicherung, Bildung, Gesundheitsvorsorge, Wohlfahrt), die nach dem Effizienzprinzip dezentral angeboten werden, einen stark redistributiven Charakter, beispielsweise korreliert Armut positiv mit dem Auftreten von Krankheiten. In Lokalitäten, in denen aufgrund von Finanzproblemen die Erfüllung ihrer öffentlichen Basisaufgaben (z.B. öffentliche Hygiene, Gesundheitsprävention etc.) eingeschränkt ist, besteht zum einen ein hoher Anreiz zu Migration. Zum anderen kann es gerade in Entwicklungsländern bei fehlender Gesundheitsaufklärung und –vorsorge zur epidemischen Ausdehnung ansteckender Krankheiten kommen mit Auswirkungen für das ganze Gemeinwesen. Hier können gebundene Zweckzuweisungen der Zentrale angebracht sein, die die lokalen Anreize der Steuererhebung nicht verändern, aber eine Kompatibilität mit nationalen Zielen bzgl. des Zugangs und der Verfügbarkeit öffent-

---

[13] Vgl. Fußnote 10 in diesem Kapitel.

licher Leistungen garantieren (Shaw, 1994, S. 28-29). Der *Schutz des einheitlichen Binnenmarktes* erfordert aus Effizienzgründen einheitliche Mindeststandards für die Bereitstellung ökonomisch relevanter öffentlicher Leistungen, beispielsweise im Bereich der Infrastruktur. Hier sind z.B. ungebundene oder gebundene Zweckzuweisungen der Zentrale denkbar, wobei die ungebundenen Zweckzuweisungen vorzuziehen sind, da sie den Regionalregierungen einen größeren Handlungsspielraum ermöglichen. Die Zentralregierung überwacht lediglich die Übereinstimmung mit den nationalen Standards (Shaw, 1994, S. 29).

Transferzahlungen können auch mit der Internalisierung externer Effekte begründet sein. *Spillovers* von lokalen öffentlichen Gütern können z.B. dadurch entstehen, daß ihr Nutzen über die Grenzen der Lokalität hinaus streut (z.B. Abwasserkontrolle, Arbeitstätigkeit von vor Ort ausgebildeten Personen in anderer Lokalität) oder Einwohner anderer Lokalitäten die eigenen Leistungen in Anspruch nehmen (z.B. Parks, Bildungszentren, dezentral finanzierte Universitäten etc.). Um ihr eigenes Budget zu schonen, können Nachbarlokalitäten ihr entsprechendes Angebot an öffentlichen Leistungen einschränken. Hier sind Zweckzuweisungen der Zentrale angebracht, um diese Verzerrungen zu korrigieren (Shaw, 1994, S. 29).

Objektivität und Einfachheit sind wichtige *Kriterien* für die Konzeption eines fiskalischen Zuweisungssystems. Objektive Faktoren sollten die zentrale Allokation von Zuweisungen bestimmen, wobei die Verwaltungskosten durch eine leicht verständliche Formel gering gehalten werden sollten. Das Anreizsystem für die effiziente Erhebung von Steuern sollte durch ein solches Zuweisungssystem nicht unterhöhlt werden. Von einer kontinuierlichen Finanzierung subzentraler Defizite durch ungebundene Bedarfszuweisungen ist daher eher abzuraten, vielmehr ist in diesem Fall das Einnahmen-Ausgabensystem neu zu überdenken (Shaw, 1994, S. 30).

III. Die neue Finanzverfassungsordnung nach der Haushaltsreform von 1994

Die Haushaltsreform von 1994 bestand aus drei Hauptsäulen: die Neustrukturierung des Steuersystems, die Reform des Finanzausgleichs und die Reform der Steuerverwaltung.

1. Die Steuerreform: Rationalisierung des Steuersystems

Die Steuerreformen, die am 1. Januar 1994 durchgeführt wurden, vereinfachten sowohl das direkte als auch das indirekte Steuersystem.

Die Besteuerung aller inländischen Unternehmen wurde durch die am 13. Dezember 1993 vom Staatsrat verabschiedete neue Verordnung zur Unternehmensbesteuerung vereinheitlicht. Danach werden die Gewinne aller inländischen Unternehmen (*neizi qiye*), also Staats-, Kollektiv-, Privat- und Gemeinschaftsunternehmen[14], mit einem einheitlichen Steuersatz von 33 % besteuert (Shuizhengsi, 1996, S. 87).[15] Damit wurde die wettbewerbsverzerrende eigentumsformabhängige Besteuerung des alten Systems abgeschafft. Ausländische Unternehmen und Joint Ventures zahlen seit 1994 ebenfalls einen Steuersatz von 33 %, es sei denn, sie befinden sich in Sonderwirtschaftszonen oder dem neuen Verwaltungsgebiet Pudong in Shanghai. Dort gilt für ausländische Unternehmen ein Gewinnsteuersatz von 15 % (Shuizhengsi, 1996, S. 221). In den Küstenregionen, in wirtschaftlichen und technologischen Erschließungszonen, in besonderen Tourismusgebieten sowie in Grenzgebieten wird ein Steuersatz von 24 % angewandt (Shuizhengsi, 1996, S. 222).

Bei der Festlegung des Gewinnsteuersatzes von 33 % hat sich der chinesische Gesetzgeber an den im Ausland üblichen Steuersätzen orientiert. Bereits in der Erklärung zum Gesetz für die Besteuerung ausländischer Unternehmen aus dem Jahr 1991 wurde als Begründung angeführt, daß im Ausland ein Trend der Gewinnsteuersenkung zu beobachten sei, an den sich China anpassen müsse, um wettbewerbsfähig zu bleiben (Erklärung zum Gesetz für ausländische Unternehmensgewinnbesteuerung, 2.4.1991). Persönliche Einkommen unterliegen einer neu konzipierten individuellen Einkommensteuer.[16] Die progressiven Steuertarife schwanken zwischen 5 % und 45 %, der Spitzensteuersatz gilt ab einem Jahreseinkommen von 100.801 RMB (Pers.EKStG, 31.10.1993).

Auch das intransparente indirekte Steuersystem wurde vereinfacht. Wichtigste indirekte Steuer des neuen Steuersystems sollte die Mehrwertsteuer sein (Verordnung 15.12.1993, Art. IV, Abs. 2). Das neue Mehrwertsteuergesetz wurde am 13. Dezember 1993 vom Staatsrat verabschiedet. Die Mehrwertsteuer wurde mit einer stark vereinfachten Tarifstruktur ausgestattet. Sie sah lediglich vier Tarifgruppen (anstelle von ehemals 13 Tarifen) vor: einen Grundtarif von 17 %, einen verminderten Tarif von 13 %, einen Sondertarif von 6 % und einen Nulltarif. Bei allen Produkten, für die keine Steuerminderung vorgesehen ist, gilt der Tarif von 17 %. Mehrwertsteuerfrei blieben Verhütungsmittel sowie landwirtschaftliche Selbsterzeugnisse. Die auf Exportprodukte gezahlte Mehrwertsteuer wird zurückerstattet (MWStG 15.12.1993 § 2 ff).

Die Produktsteuer wurde abgeschafft. Neu eingeführt wurde eine Konsumsteuer (*xiaofeishui),* die neben ihrer fiskalischen Funktion ein Instrument ist, über das der Staat den Verbrauch bestimmter Güter diskriminieren bzw. priviligieren kann. So findet die Konsumsteuer z.B. auf Tabakprodukte, alkoholische Produkte, Kosmetikartikel und Automobilzubehör incl. Benzin Anwendung (KonsumStG 1993, § 17).[17]

---

[14] Gemeinschaftsunternehmen (*lianhe qiye)* sind Joint Venture-Betriebe, z.B. zwischen Privat- und Kollektivsektor.

[15] Steuerminderungen sind möglich, wenn es sich um einen Betrieb mit sehr geringen Gewinnen oder eine Neugründung handelt (Shuizhengsi, 1996, S. 87).

[16] Die Ergänzungssteuern zur Einkommensteuer (z.B. die Anpassungssteuer) wurden abgeschafft.

[17] Einige dieser Produkte wurden durch Mengensteuern, andere durch Wertsteuern besteuert. Eine Mengensteuer ist eine Verbrauchsteuer, deren Bemessungsgrundlage die Einheit des besteuerten Gutes ist (Gablers Wirtschaftslexikon, 1988, Bd. II, S. 64). Eine Wertsteuer ist eine Verbrauchsteuer, deren

Die Gewerbesteuer wurde durch die Verabschiedung des Gewerbesteuergesetzes am 13. Dezember 1993 neu geregelt. Sie dient der Besteuerung des Dienstleistungssektors (z.B. Finanz- und Versicherungswesen, Kultur- und Vergnügungparks). Die Steuertarife bewegen sich zwischen 3 % und 5 %, im Unterhaltungs- und Vergnügungssektor zwischen 5 % und 20 % (GwStG 1993, § 17).

Den nachgeordneten Regierungen wurde in diesem neuen Steuersystem die Gewährung von Steuererleichterungen oder Steuernachlässen (eine zuvor übliche Praxis der lokalen Wirtschaftsförderung) grundsätzlich untersagt. In einer Übergangsphase bis 1995 konnten jedoch vor 1993 gewährte Steuererleichterungen mit Genehmigung der Zentrale beibehalten werden (Verordnung 1993, IV).

2. Die Reform des Finanzausgleichs

a) Die Verteilung der staatlichen Aufgaben zwischen Zentrale und Provinzen

Die Erfüllung der staatlichen Aufgaben ist nach Art. 3 der chinesischen Verfassung grundsätzlich Aufgabe von Zentral- und Regionalregierungen (*Kapitel C.II.1*). War zuvor die Aufgabenverteilung anhand der Wirtschaftspläne oder durch Absprachen abgesteckt worden, erfolgte im Beschluß über die Durchführung der Trennsteuerreform zum ersten Mal eine explizite Nennung der Aufgabenverteilung zwischen Zentrale und Provinzen (Verordnung 1993, Art. III, Abs. 1). Es handelt sich hierbei um eine Auflistung der Finanzierungsverantwortlichkeiten; eine Abgrenzung der Gesetzgebungskompetenzen erfolgte in diesem Zusammenhang nicht. Somit gilt grundsätzlich weiter als Grundregel, daß Volkskongresse und ihre Ständigen Ausschüsse auf dezentraler Ebene Gesetze erlassen dürfen, sofern sie nicht im Widerspruch zur zentralen Rechtssprechung stehen (Chao, 1994, S. 95). Im Bereich der Steuern verfügt die Zentrale über die ausschließliche Gesetzgebungskompetenz, die dezentralen Regierungen sind für den Vollzug der Gesetze verantwortlich (Verordnung 1993, Art. II, Abs. 3).

Die Zentralregierung der VR China trägt die *Finanzierungslasten* für die nationale Sicherheit, die internationalen Beziehungen, die zentralen Regierungsorgane, die Schuldentilgung, die Wissenschaftsförderung und geologische Erschließungen. Die Provinzen tragen hingegen die Finanzierungslasten für ihre Verwaltungsorgane, die Entwicklung der lokalen Wirtschaft und Institutionen, die dezentralen Organe des Rechtswesens und der öffentlichen Sicherheit und der Preissubventionen. *Mischfinanzierungstatbestände* sind Ausgaben im Bereich der Kultur, der Bildung, der öffentlichen Hygiene, der Polizei sowie Unterstützungsleistungen an Bauern (Verordnung 1993, Art. III. Abs. 1). Nach dem 9. Fünfjahresplan (1996-2000) sollen sich die Aufbauinvestitionen der Zentrale hauptsächlich auf landesweite oder überregionale infrastrukturelle Einrichtungen, Basisindustrien bzw. Schlüsselindustrien oder wichtige

---

Bemessungsgrundlage der Preis des besteuerten Gutes ist (Gablers Wirtschaftslexikon, 1988, Bd. II, S. 2689).

Bauprojekte in den Bereichen Wissenschaft und Technik, Bildungswesen und Landesverteidigung konzentrieren. Die Investitionen der lokalen Regierungen sollen hauptsächlich für lokale Bauprojekte und für Projekte des Grundbedarfs erfolgen (ZK der KPCh, 1995, S. 17).

b) Die erste Runde: Zuordnung der Einnahmen auf Zentrale und Provinzen

Der Beschluß des Staatsrats vom 15.12.1993 regelt die Verteilung der Steuereinnahmen auf die Gebietskörperschaften. Es wurde festgelegt, welche Steuereinnahmen den Lokalitäten (Provinzen, autonome Regionen, regierungsunmittelbare Städte und Linienstädten) einerseits und der Zentrale andererseits zustehen.

Das System wurde „Trennsteuersystem *(fenshuizhi)*" genannt, obwohl es sich streng genommen um ein Mischsystem aus gebundenem Trennsystem und Verbundsystem handelt (*Kapitel C.II.2.a*). Einige Steuern wurden exklusiv der Zentrale, andere exklusiv den Provinzen zugewiesen (gebundenes Trennsystem); andere Steuern wurden als Gemeinschaftssteuern nach einem von der Zentrale festgesetzten Aufteilungsschlüssel zwischen Zentrale und Provinzen gesplittet (Verbundsystem).[18] *Tabelle A.5* im Anhang zeigt eine Übersicht über die Verteilung der Einnahmen auf die verschiedenen Regierungsebenen im Haushaltssystem nach 1994.

Die Zentralregierung wies sich selbst anteilig oder komplett die Steuerarten zu, die sie volkswirtschaftlich für besonders relevant erachtete. Feste zentrale Einnahmen sind die Zölle, die Konsumsteuer, die Gewinnsteuer der zentraleigenen Unternehmen, sämtliche Steuern, die von Banken, anderen Finanzintermediären und Versicherungsunternehmen abgeführt werden sowie Gewinne aus zentraleigenen Staatsunternehmen. Die Zentrale ist darüber hinaus für die Rückerstattung der Mehrwertsteuer im Exportgeschäft verantwortlich (Verordnung 1993, Art. III, Abs. 2).

Zu den Gemeinschaftssteuern zählen die Mehrwertsteuer, die Ressourcensteuer und die Börsensteuer. Bei der Mehrwertsteuer erhalten Zentrale und Provinzen jeweils 75 % bzw. 25 %. Bei der Ressourcensteuer wird die Aufteilung von Ressource zu Ressource unterschiedlich geregelt. Aus dem Börsensteueraufkommen (auf Börsentransaktionen in Shanghai und Shenzhen) erhalten Zentrale und Provinzen nach dem Beschluß von 1993 jeweils die Hälfte (Verordnung 1993, Art. III Abs. 2). 1998 erhöhte die Zentrale ihren eigenen Anteil auf 88 % (eigene Interviews, Shanghai).

Den Provinzregierungen wurden die Steuern zuerkannt, die „für die Erhebung durch die Provinzen geeignet sind" (Verordnung, 1993, Art. III, Abs. 2). Dabei handelt es sich um insgesamt 16 „kleine" Steuern, hauptsächlich Objekt- und Ertragssteuern wie die Grund- und Gebäudesteuer, die Gewerbesteuer (außer der von Versicherungsunternehmen und Banken gezahlten Gewerbesteuer), die von provinz-eigenen Staatsunternehmen abgeführte Gewinnsteuer, die individuelle Einkommensteuer sowie die Kfz-Steuer, die Schlachtsteuer und die Agrarsteuer (Verordnung 15.12.1993, Art. III,

[18] Dieses Verteilungssystem war 1980 schon einmal als Sichuan-Modell in 23 Provinzen eingeführt worden.

Abs. 2) Zählt man noch den Anteil der Provinzen an den drei Gemeinschaftssteuern (Mehrwertsteuer, Ressourcensteuer und Börsensteuer) hinzu, so beziehen die Provinzen im neuen Aufteilungssystem budgetinterne Einnahmen aus 19 verschiedenen Steuerarten.

c) Die zweite Runde: Die Steuerrückerstattung – „shuishou fanhuan"

Ein wichtiger Bestandteil der ab 1994 gültigen Finanzausgleichsregelungen ist die Regelung der Steuerrückerstattung. Diese besteht aus zwei Transfervorgängen. Sie sind streng genommen Teil der Umverteilungsmaßnahmen der 2. Runde, haben allerdings keinen interregional distributiven Charakter, da es sich um rein bilaterale Regeln der Einnahmenverteilung zwischen Zentrale und einer einzelnen Provinz handelt. Hinzu kommen Zuweisungen (*Kapitel D.IV.1*) und Subventionsleistungen.

Der erste Transfervorgang (TR_1) ergibt sich aus der Aufteilung der jährlichen Steuermehreinnahmen in bezug auf die Konsum- und Mehrwertsteuer im Verhältnis von 7:3 zwischen Zentrale und Provinzen. Daraus ergibt sich für die Transferzahlung der Zentrale an die Provinzen folgende Formel:[19]

$$\mathbf{TR_{1(t)} = 0{,}3 \times [MWSt\text{-}Steigerung + KSt\text{-}Steigerung]_{(t)}}$$

mit MWSt= Mehrwertsteuer, KSt = Konsumsteuer

Dies bedeutet, daß den Provinzregierungen aus Einkommenszuwächsen 30 %, der Zentrale 70 % zufließen (Verordnung 1993, Art. III, Abs. 3). Im Gegensatz zur ursprünglichen Regelung in der Verordnung 1993, nach der die Wachstumsrate der beiden Steuern als arithmetisches Mittel des nationalen Mehraufkommens der Mehrwert- und Konsumsteuer berechnet wurde, sieht eine neue Regelung vom August 1994 vor, daß die in jeder Region realisierte Steigerung der beiden Steuern und nicht der nationale Durchschnittswert Ausgangspunkt für die Aufteilung des zusätzlichen Steuervolumens ist (Bestimmung vom 24.8.1994).

Der zweite Transfervorgang (TR_2) betrifft die gesamte Einkommenssituation der Provinzen und war zunächst als Übergangslösung gedacht. Die Zentralregierung versprach, daß mittels Kompensationszahlungen in den Jahren 1994 und 1995 die Einnahmen der Provinzen nicht unter das im Jahr 1993 realisierte Einkommen sinken würden. In den Fällen, in denen die neue Steueraufteilungsregelung dazu führt, daß das Einkommen einer Provinz unter das Niveau von 1993 sinkt, verpflichtet sie sich zu ausgleichenden Transferzahlungen. Diese werden nach folgender Formel berechnet:

$$\mathbf{TR_{2(t)} = R_0 - ST_{(t)} - SU_{(t)}}$$

mit R_0 =Referenzbasiseinkommen einer Provinz aus dem Jahr 1993,
$ST_{p(t)}$ = Steuereinnahmen der Provinzen im laufenden Jahr (t = 1994, 1995),
SU =Subventionen

Mit anderen Worten, das garantierte Mindesteinkommen für 1994 und 1995 entspricht dem im Jahr 1993 realisierten verfügbaren Haushaltseinkommen (d.h. Summe

[19] Nach Wong (1995, S. 5) bezieht sich der Transfer auf 0,75 % der MWSt, dies geht jedoch aus der Verordnung vom 15.12.1993, Art. III. Abs. 3 nicht hervor.

der im Jahr 1993 auf Provinzebene erhobenen Steuereinnahmen minus Steuerabführungen an die Zentrale plus Subventionen der Zentrale). Umgekehrt gilt auch für die Zentrale, daß sie mindestens das Einkommen des Jahres 1993 realisiert. Für den Fall, daß ihre Nettoeinnahmen unter das Niveau von 1993 sinken, werden die Steuerrückerstattungen gekürzt (Verordnung 15.12.1993, Art. III, Abs. 3). Die Steuerrückerstattungen erfolgen jeweils am Ende des Haushaltsjahres.

d) Die Verflechtung von Kontraktsystem und Trennsteuersystem

Der Umverteilungsmechanismus umfaßt nicht nur die Steuerrückerstattung, sondern sollte übergangsweise mit den Finanzausgleichsregelungen des alten Systems kombiniert werden (Verordnung 1993, Art. III, Abs. 3). Dadurch wird das Gesamtvolumen der abzuführenden Beträge bzw- der Subventionsleistungen bestimmt. Empfängerlokalitäten erhalten weiterhin Subventionen, für Zahlerlokalitäten wird die abzuführende Gesamtsteuersumme nach dem Pauschsummenmodell und dem Modell „Abführung mit jährlicher Zuwachsrate“ festgesetzt. Die Lokalitäten, die quotale Abführungen von der Gesamtsumme vornahmen, werden umgestellt auf das Modell „Abführung mit jährlicher Zuwachsrate“ (ibid.). Dadurch werden die Mindestbeträge der Ausgleichszahlungen festgelegt. Die Steuerrückerstattung berücksichtigt diese Zahlungen; die Salden werden miteinander verrechnet.

e) Die Zweiteilung der Steueradministration

Um die Kontrollmöglichkeiten der Zentralregierung bei der Steuererhebung zu erhöhen, wurde die Zweiteilung der bestehenden Steuerbehörden in zentrale und regionale/lokale Einheiten beschlossen. Die dezentralen Steuerverwaltungsbehörden in der Peripherie (*difang shuiwuju)* sollten in Zukunft nur noch die festen Provinzeinnahmen erheben dürfen, alle restlichen Steuern – zentrale Steuern und Gemeinschaftssteuern – hingegen von den nationalen Steuerverwaltungsämtern (*guojia shuiwuju)* eingezogen werden (Verordnung 1993, Art. 2, Abs. 4). Diese Steuerbehörden unterstehen direkt der Zentralregierung und werden daher im folgenden zentrale Steuerbüros genannt.

An der Spitze der Finanzverwaltung steht weiterhin das Finanzministerium (FM). An die Stelle der 1988 eingerichteten „Staatlichen Steuerbehörde“ (SSB) trat die „Oberste Steuerverwaltungsbehörde der nationalen Steuerorgane“ *(guojia shuiwu zongju)*“ (OSB), welche im Staatsrat den Rang eines Ministeriums erhielt. Damit erfolgte eine weitere Aufwertung der Steuerverwaltung innerhalb des staatlichen Verwaltungsapparates. Die Oberste Steuerverwaltungsbehörde untersteht seither nicht mehr der Kontrolle des FM, sondern ist gleichrangig mit dem Finanzministerium direkt dem Staatsrat verantwortlich (Shuizhengsi, 1996, S. 29). Die wichtigsten Aufgaben der OSB sind die Implementierung der Steuerpolitik sowie die Koordination der Erhebung der festen Steuern der Zentrale und der Gemeinschaftssteuern. Die Formulierung der Steuerpolitik ist seit 1994 Aufgabe des Finanzministeriums. Die OSB partizipiert jedoch an der steuerpolitischen Grundlagenforschung und an den Verhandlungen für internationale steuerliche Abkommen (Shuizhengsi, 1996, S. 29).

Die Zweiteilung der Steuerverwaltung sollte nach den Bestimmungen von 1993 auch unterhalb der Provinzebene durchgeführt werden (Verordnung 15.12.1993, Art. IV, Abs.7).

IV. Nachträgliche Ergänzungen der Haushaltsreform von 1994

Im Trennsteuerbeschluß wurden im Zusammenhang mit der grundlegenden Reform der chinesischen Finanzverfassung die sukzessive Einführung eines Zuweisungstransfersystems sowie die Neuregelung des Haushaltskreislaufes angekündigt (Verordnung 1993, Art. I). Die konkreten Regelungen erfolgten 1994 und 1995. Als weitere Ergänzung der Haushaltsreform wurden ab 1996 Umstrukturierungen bei der Verwaltung der außerbudgetären Fonds vorgenommen.

1. Einführung eines Zuweisungstransferssystems – „zhuanyi zhifu"

Neben der vertikalen Zuordnungsfunktion der Einnahmen übernimmt der Finanzausgleich durch die redistributive Rolle der Zentralregierung eine Umverteilungsfunktion zwischen – vereinfacht gesagt – „armen" und „reichen" Gebietskörperschaften einer Stufe. Als ein neues verteilungspolitisches Instrument wurde 1995 (in einer vorläufigen Form) ein Zuweisungstransfersystem (*zhuanyi zhifu*) eingeführt. Die rechtliche Grundlage ist die „Übergangsverordnung über Finanztransfers".[20] Das Vorbild für die Konzeption des Zuweisungstransfersystems soll Australien gewesen sein. Das Ziel des Zuweisungstransfersystems ist der Ausgleich der interregionalen Diskrepanzen durch gezielte Transferzahlungen der Zentrale an leistungsschwache Gebietskörperschaften (eigene Interviews, 1997).

Nach *Li Fangwang* umfaßt der Begriff „*zhuanyi zhifu*" alle Finanztransfers der Zentrale an die Provinzen. Dies umschließt Subventionen der chinesischen Volksbank, wenn diese für Armutsgebiete Vorzugskredite vergibt, sowie Steuerrückzahlungen der Zentrale (Li Fangwang, 1997b, S. 245-246). Diese weite Definition verschleiert allerdings den Blick für die Interpretation der statistischen Zahlen. Laut finanzstatistischem Jahrbuch sind *zhuanyi zhifu*-Transfers Subventionsleistungen und Zuweisungen der Zentrale an entwicklungsschwache Provinzen zur Überwindung interregionaler Einkommensunterschiede (CZNJ 1998, S. 461). Es handelt sich somit hauptsächlich um eine Entwicklungsfinanzierung des FM für die leistungs- und finanzschwachen Gebiete in Süd- und Nordwest- sowie Zentralchina (verschiedene eigene Interviews). Da-

[20] Auf Chinesisch: *guoduqi zhuanyi zhifu banfa*. Das Dokument konnte weder im Bulletin des Staatsrats noch in Sammlungen relevanter finanzpolitischer Dokumente lokalisiert werden. Es wurde jedoch in persönlichen Interviews mehrfach genannt.

her müssen die Finanzströme der Steuerrückzahlungen und *zhuanyi zhifu*-Transfers deutlich voneinander getrennt werden.[21]

Gesprächspartner aus dem Finanzministerium erläuterten, daß durch *zhuanyi zhifu*-Transfers das Angebotsniveau an öffentlichen Dienstleistungen in den verschiedenen Landesteilen angeglichen wird, um die diesbezüglichen Diskrepanzen zwischen Küstenregionen und Hinterland abzubauen. Das Ziel bestehe darin, der Bevölkerung in leistungsschwachen Gebieten ein Mindestangebot an öffentlichen Dienstleistungen zu garantieren (Eigene Interviews, 1997). Das *zhuanyi zhifu*-Transfersystem beruht auf Indikatoren, die die wirtschaftliche Entwicklung der einzelnen Regionen widerspiegeln. Insgesamt gibt es im Rahmen der *zhuanyi zhifu*-Transfers vier Arten von Zuweisungen (Zhang Tong, 1996, S. 241-243):

1. Allgemeine Zuweisungen (*yibanxing zhuanyi zhifu*)
2. Zweckzuweisungen (*zhuanxiangxing zhuanyi zhifu*)
3. Sonderzuweisungen (*teshuxing zhuanyi zhifu*)
4. Aufbauzuweisungen (*jianshexing zhuanyi zhifu*)

Sonder- und Zweckzuweisungen sind i.d.R. an besondere Bedingungen geknüpft. Sie werden als „Beschränkte Zweckzuweisungen“ (*you tiaojianxing zhuanyi zhifu*) oder als „Unbeschränkte Zweckzuweisungen“ (*ke xuanzexing zhuanyi zhifu*) eingesetzt (Zhang Tong, 1996, S. 233-234). Allgemeine Zuweisungen oder Ergänzungszuweisungen werden ebenfalls entweder unbeschränkt oder beschränkt ausgegeben.[22] Sie dienen dem Ausgleich von Finanzkraftunterschieden zwischen verschiedenen lokalen Regierungen. Sie werden den regionalen Regierungen nach Maßgabe eines Kriterienkatalogs wie Bevölkerung, Ressourcenvorkommen, Pro-Kopf-Einkommen, Existenz von Armutsproblemen etc. zugeteilt (Zhang Tong, 1996, S. 234-235).

Aufbauzuweisungen sollen für den Ausbau der Infrastruktur und den Aufbau bestimmter Branchen verwendet werden. Sie sind Instrumente der Strukturpolitik. Die benötigten Gelder werden als Kredite von Spezialbanken bereitgestellt. Aufbauzuweisungen unterscheiden sich von Zweckzuweisungen dadurch, daß sie nicht als Subventionen, sondern als Kredite zugeteilt werden, somit also zurückbezahlt werden müssen (Zhang Tong, 1996, S. 243).

2. Neuregelung des Haushaltskreislaufs: Das Haushaltsgesetz vom 22.3.1994 und seine Durchführungsverordnung

Am 22.3.1994 verabschiedete der NVK mit Wirkung zum 1.1.1995 das erste Haushaltsgesetz der VR China (fortan HhG). Die konkreten Durchführungsvorschriften

---

[21] Bei der Auseinandersetzung mit der Fachliteratur und durch die persönlichen Interviews wurde deutlich, daß der Begriff *zhuanyi zhifu* widersprüchlich verwendet wird. Definitionsschwierigkeiten dieser Art sind in China häufig zu finden. Unser westliches Bemühen, Begriffe streng zu definieren, stößt in China häufig auf Unverständnis.

[22] Unter beschränkten Zuweisungen versteht man Transferzahlungen, die nur für einen bestimmten Zweck eingesetzt werden dürfen (Shaw, 1994, S. 24).

zum Haushaltsgesetz wurden allerdings erst am 2.11.1995 erlassen (fortan HhDV). Das Haushaltsgesetz ist eher als Aktualisierung, Weiterentwicklung und Verbesserung der Haushaltsverordnung von 1991 denn als grundlegende Reform des Haushaltskreislaufes zu verstehen. Im folgenden wird daher für das Grundsätzliche auf die Ausführungen in *Kapitel B.II* verwiesen und an dieser Stelle lediglich auf die neuen Regelungstatbestände des Haushaltsgesetzes eingegangen.

Das Gesetz bestätigt die Fünfgliedrigkeit der Finanzverwaltung, die von der Zentrale über die Provinzen, Städte und Kreise bis hin zu den Land- und Marktgemeinden reicht (*Abbildung A.1*). Obwohl jede Regierungsebene verpflichtet ist, einen Haushalt aufzustellen, sind Ausnahmen für Land- und Marktgemeinden, die nicht dazu in der Lage sind, möglich (HhG, § 2). Das legislative Budgetrecht besitzen auf allen Haushaltsebenen die Volkskongresse bzw. ihre ständigen Ausschüsse (HhG, § 12).

Nach dem Haushaltsgesetz von 1994 gilt, daß der Haushaltsplan stets im Einklang mit den Prinzipien der Ausgeglichenheit, der Einheitlichkeit und Vollständigkeit, der Jährlichkeit, der Wirtschaftlichkeit und Sparsamkeit sowie der Verschuldung in „vernünftigen" Grenzen stehen muß. Die Planung der Haushaltseinnahmen muß an die Wachstumsrate des Sozialproduktes angepaßt sein (HhG, § 23, 27 bis 30). Neu sind im Vergleich zur Verordnung von 1991 die Vorschriften zur Wirtschaftlichkeit und zur Verschuldung. Grundlagen für die Erstellung der Haushaltspläne sind neben den relevanten Gesetzen der Wirtschafts- und Sozialplan, der langfristige Finanzplan, die Ergebnisse des Haushaltsvollzugs des Vorjahres sowie Vorschriften der übergeordneten Regierungsebene (HhDV, § 15). *Tabelle 4* zeigt die Grobgliederung der Einnahmen- und Ausgabenseite der Haushaltsbilanz:

Tabelle 4

Struktur der Haushaltsbilanz nach dem Haushaltsgesetz von 1994

Einnahmen	*Ausgaben*
Steuereinnahmen	Wirtschaftlicher Aufbau
Einnahmen aus Vermögen	Erziehung, Wissenschaft, Kultur, Hygiene und andere Entwicklungsausgaben
Besondere Einnahmen	Landesverteidigung
Andere Einkünfte	Subventionen und andere Ausgaben

Quelle: HhG, § 19

Bei den Haushaltsausgaben sind Vorschriften für die Ausgabengestaltung zu beachten. Beispielsweise müssen 1-3 % der Ausgabenmittel in einen Fonds für die Unterstützung der von Naturkatastrophen betroffenen Regionen eingestellt sowie ein sog. „Zirkulationsfonds" (*zhouzhuan jin*) in Höhe von 4 % der Ausgaben eingerichtet werden. Die Mittel aus diesem Zirkulationsfonds sollen saisonbedingte Diskrepanzen zwischen Einnahmen und Ausgaben ausgleichen (HhG, §§ 32, 33; HhDV, § 22). Nach einer bereits 1993 herausgegebenen Regel muß der Anteil der Erziehungsausgaben an den Gesamtausgaben jährlich steigen, wobei die Wachstumsrate der Erziehungsausgaben größer sein muß als das Wachstum der regulären Haushaltseinnahmen (Mitteilung vom 13.2.1993, S. 492). Die Herkunft der Mittel in den zentralen und regionalen/lokalen (budgetinternen) Haushalten unter Berücksichtigung der vertikalen Finanzströme zeigt *Tabelle 5*.

Der zeitliche Ablauf des Haushaltskreislaufs wird durch das Haushaltsgesetz konkretisiert. Danach muß der Staatsrat die Anweisungen für die Aufstellung des Budgets vor dem 10. November bekanntgeben (HhDV, § 24), die Provinzen müssen ihrerseits ihre Haushaltsentwürfe vor dem 10. Januar beim Staatsrat zur Prüfung einreichen (HhDV § 27). Einen Monat vor der Sitzung des Nationalen Volkskongresses müssen die Finanzinstitutionen des Staatsrats (der Provinzregierungen) dem Finanz- und Wirtschaftsausschuß des NVK den Haushaltsentwurf zur ersten Prüfung vorlegen (HhG, § 37; HhDV, § 30).

Tabelle 5

Ubersicht über die zentralen und regionalen/lokalen Haushalte und die vertikalen Finanzflüsse

Zentraler Haushalt
Zentrale Haushaltseinnahmen und –ausgaben Überschuß des Vorjahres Steuerrückküberweisung und Subventionen an die Lokalitäten Nach oben abgeführte Einnahmen der Lokalitäten
Regionaler/ lokaler Haushalt
Regionale Haushaltseinnahmen und –ausgaben Überschuß des Vorjahres Zurücküberwiesene Steuern und Subventionen der übergeordneten Ebene Steuerrückküberweisung und Subventionen an nachgeordnete Lokalitäten An übergeordnete Ebene abgelieferte Abgaben Abgelieferte Einnahmen der untergeordneten Ebene

Quelle: HhDV, §§ 18, 19.

Jede Haushaltsebene legt dem Volkskongreß der jeweiligen Ebene ihren Haushaltsentwurf zur Ratizifierung vor. Dieser umfaßt im Gegensatz zu früher nicht mehr die Haushaltsdaten der darunterliegenden Ebenen (konsolidierter Haushalt), sondern lediglich die der eigenen Haushaltsebene. Lediglich der Staatsrat berichtet dem Nationalen Volkskongreß in seiner jährlichen Sitzung (meist im März) über den konsolidierten chinesischen Haushaltsentwurf, legt aber nur den Haushaltsentwurf der Zentralregierung zur Ratifizierung vor (HhG 15.3.1994, § 38, 39). Diese Änderung erfolgte auf den mehrheitlichen Wunsch der lokalen Repräsentanten im Volkskongreß, die die doppelte Ratifizierung ihrer jeweiligen Haushalte durch den eigenen und den übergeordneten Volkskongreß kritisierten (Erklärung zum Entwurf des HhG, 15.3.1994, III, Abs. 2). Der übergeordneten Regierungsebene wird der verabschiedete Haushaltsplan mitgeteilt. Sie überprüft, ob er formal den geltenden Gesetzen und Vorschriften entspricht. Ist der Haushaltsplan gesetzes- oder regelwidrig, hat die übergeordnete Ebene nach §§ 40, 41 Haushaltsgesetz das Recht, ihn für nichtig zu erklären.

Auch im neuen Haushaltsgesetz wird der Haushaltsgrundsatz der Vorherigkeit nicht erfüllt, d.h. die Haushalte werden nicht vor Beginn des neuen Haushaltsjahres im Januar, sondern i.d.R. erst im März verabschiedet. Solange die neuen Haushalte noch nicht verabschiedet sind, gelten die Haushalte des Vorjahres (im gleichen Zeitraum) weiter (HhG, § 44).

Eine Staatskasse muß zwingend ab der Kreisebene eingerichtet werden, wobei mit der Verwaltung des Staatsschatzes die Chinesische Volksbank betraut ist. In den Fällen, in denen es in einer Region keine Niederlassung der Volksbank gibt, kann eine andere Bank mit der Verwaltung betraut werden (HhDV, § 40). Der Haushaltsvollzug erfolgt unter der Federführung des Finanzministeriums. Anpassungen des Haushalts müssen vom Ständigen Ausschuß des Nationalen Volkskongresses (NVK) genehmigt werden (HhG, § 53 ff). Nach dem HhG muß jede Haushaltsebene dem zuständigen Volkskongreß oder seinem Ständigen Ausschuß mindestens zweimal pro Jahr einen Haushaltsbericht und einmal jährlich einen Haushaltsabschlußbericht zur Genehmigung vorlegen. (HhG, § 66 ff).

Das Haushaltsgesetz von 1994 sieht in Übereinstimmung mit der chinesischen Verfassung von 1982 (Verfassung vom 4.12.1982, Art. 91) oberhalb der Kreisebene die Überprüfung der Haushaltsführung durch externe Finanzkontrollorgane (*shenji bumen)* vor. Oberstes Organ der externen Finanzkontrolle ist die Oberrechnungskammer im Staatsrat (HhG, § 72).

Von 1985 bis 1997 wurde darüber hinaus von sämtlichen Finanzorganen (Steuerbüro, Preisbüro, olkskongresse, politische Konsultativkonferenz etc.) eine eigene interne Finanzkontrolle praktiziert. Deren Aufgabe bestand darin, Mißstände im Finanzverwaltungssektor aufzudecken und zu ahnden. Angesichts der zunehmenden Übernahme dieser Kontrollfunktion durch die Behörden der Oberrechnungskammer wurde die interne Kontrolle 1998 abgeschafft (Mei, 1998, S. 2).

3. Regelungen zu den außerbudgetären Fonds

Im Juli 1993, kurz vor ihrer Entscheidung für die Einführung des Trennsteuersystems, beschloß die Zentrale, die von den Staatsunternehmen angelegten Fonds nicht mehr als außerbudgetäre Fonds (ABF) zu verbuchen (Wang, 1997c, S. 808).

Im Reformpaket von 1994 blieben die ABF jedoch unberücksichtigt, im Trennsteuerbeschluß wurden sie nicht einmal erwähnt. Nachdem in den Jahren 1994 und 1995 kaum Neuregelungen erfolgten, widmete sich der Staatsrat erst 1996 ernsthaft der Regelung außerbudgetärer Fonds. Das zentrale Dokument für die Regulierung der ABF ist der als Dokument Nr. 29 bekannte Beschluß des Staatsrats vom 6.7.1996. Die Verordnung legt den Neuregelungen folgende Definition für die ABF zugrunde:

> „Außerbudgetäre Fonds sind unterschiedliche Verwaltungsfonds der staatlichen Organe, Institutionen und gesellschaftlichen Gruppen, die nach Maßgabe der staatlichen Gesetze und Regelungen erhoben und verwendet werden und nicht in das staatliche Budget einfließen. Es handelt sich hauptsächlich um gesetzlich vorgeschriebene Verwaltungsgebühren und andere zusätzliche Einnahmen, um von Staatsrat, Provinzregierungen und ihren Finanz-, Planungsbehörden festgelegte Verwaltungsgebühren [...], um den relevanten Ministerien von ihren untergeordneten Einheiten abgeführte Finanzmittel und von Mitteln, die die Gemeinderegierungen selbst für ihre Ausgaben erhoben haben, sowie um andere Haushaltsmittel, die nicht Teil des Budgets sind.“ (Beschluß, 6.7.1996, III)

Die Finanzmittel für die soziale Sicherung wurden vor der Einführung eines sozialen Sicherungssystems ebenfalls nach der Art der ABF verwaltet. 13 Gebühren sollen in Steuern umgewandelt werden *(fei gai shui)*, um sie so innerhalb des budgetinternen Haushalts verwalten zu können. Dazu gehören z.B. Straßenreparaturgebühren, Hafenaufbaugebühren etc. (Beschluß vom 6.7.1996, II, III).

Nach der neuen Regelung sind ABF zwar staatliche Haushaltsmittel, sie dürfen aber von den Ministerien und Verwaltungsorganen nicht mehr weiter als eigene Mittel betrachtet werden. Der besseren Kontrolle wegen müssen sie im Gegensatz zu vorher auf Bankkonten verbucht werden (Beschluß, 6.7. 1996, V). Zahlreiche Gebühren wurden im Laufe der Zeit ganz abgeschafft (allein 48 Gebühren durch den Beschluß vom 23.12.1996).

Mit diesen Maßnahmen sollen alle Regierungsebenen zu einer strengeren Kontrolle der ABF angehalten werden. Es handelt sich um einen Versuch der Zentralregierung, mehr Kontrolle über das Einnahme- und Ausgabeverhalten der regionalen und lokalen Regierungen zu bekommen.

ABF hätten zwar als Finanzierungsquelle für die wirtschaftliche und gesellschaftliche Entwicklung in der Vergangenheit eine positive volkswirtschaftliche Rolle gespielt, durch die fehlende Kontrolle und administrative Einheitlichkeit seien jedoch volkswirtschaftliche Probleme entstanden. Dazu gehörten die Verheimlichung großer Summen durch die Einstellung budgetärer Finanzmittel in außerbudgetäre Fonds, die Erhöhung des Maßstabs für die Erhebung von Gebühren sowie die ungeordnete, verschwenderische Verwendung der ABF (Mitteilung vom 7.4.1996, Einleitung).

V. Plausibilitätsüberlegungen zum Finanzausgleichssystem von 1994

Zur den in der vorliegenden Arbeit zu beantwortenden Fragen, inwiefern a) Erkenntnisse aus der Theorie des Finanzausgleichs die Konzeption des Finanzausgleichssystems beeinflußt haben, und inwiefern sich b) die fiskalische Position der Zentrale sowie Distribution und Allokation der Ressourcen durch die veränderte Konstruktion des Finanzausgleichs verändert haben (*Kapitel A.II,* Fragen 2 und 3), sind in den Gesetzesregelungen zur Finanzausgleichsreform folgende Punkte bemerkenswert:

Erstens scheint die Verteilung der Aufgaben weitgehend den Erkenntnissen zu entsprechen, die sich aus der Theorie des Finanzausgleichs ableiten lassen. Allerdings ließ die Verordnung 1993 z.B. beim Sozial- und Wohlfahrtswesen offen, welche Regierungsinstanz für sie zuständig ist. In der Praxis sind die Regierungen der untersten Verwaltungsebene für Organisation und Finanzierung der Sozial- und Wohlfahrtsausgaben verantwortlich. Nach traditioneller chinesischer Auffassung umfaßt der Begriff „Staat" (*guojia*) lediglich die Regierungs- und Verwaltungsorgane von der zentralen Ebene bis hin zur Kreisebene (Hucker, 1985, einführendes Kapitel). Die Lokalregierungen, die für die Finanzierung und Durchführung der sozialen Leistungen zuständig sind, gehören somit nach dieser traditionellen Auffassung nicht zum Staat. Soziale Aufgaben werden in China offenbar nicht in staatlicher, sondern eher in gesellschaftlicher, kollektiver oder privater Verantwortlichkeit gesehen (Schetelig, 1999, S. 173 ff; Grießmayer, 1999, S. 195 ff). Auch beim Rechtswesen werden die Zuständigkeiten nicht explizit genannt, eine Aufgabenverantwortung der Zentrale im Bereich des Rechtswesens wird in der Verordnung beispielsweise nicht genannt.

Hinzu kommt, daß in der Realität die Zuweisung der Aufgaben keine solide Grundlage für die Einnahmenverteilung sein dürfte, solange die Zentrale weiterhin die politische Autorität besitzt, sie jederzeit willkürlich zu verändern (*Kapitel C.IV*).

Zweitens wurde für die Verteilung der Einnahmen auf die Regierungsebenen mit dem „Trennsteuersystem" kein neues Modell eingeführt.[23] Neu ist jedoch die Erhebung der Einnahmen durch zwei getrennte Steuerverwaltungssysteme. Die neue Steueradministration entspricht weitgehend den aus der Theorie abgeleiteten Empfehlungen.Volkswirtschaftlich relevante Steuern mit makroökonomischer Steuerungsfunktion werden seitdem von der Zentrale erhoben und danach anteilsmäßig wieder zurücküberwiesen, wobei der Großteil bei der Zentrale verbleibt. Die Steuern, bei denen erwartungsgemäß die administrative Erhebungseffizienz durch die Lokalitäten größer sein müßte (z.B. Besteuerung immobiler Faktoren wie Grund und Boden), werden durch die lokalen Steuerbüros erhoben.

Drittens könnte ein Problem darin bestehen, daß die Lokalitäten aufgrund der veränderten Abläufe bei der Einnahmenerhebung in Finanzierungsschwierigkeiten geraten, sofern sie nicht eigenständige Finanzquellen (z.B. ABF) erschließen. *Jean Oi* interpretierte die Haushaltsreform von 1994 als eindeutige Strategie zur Eindämmung der ABF: „The institution of the 1994 tax reforms signaled a shift in strategy for controlling extrabudgetary funds. These reforms switched to a more direct means of reducing the amount of such funds: taking more in taxes from the localities" (Oi, 1999, S. 54). Dieser Interpretation von Oi schließt sich die Autorin nicht an, da sie weder durch die Konzeption der Reform bestätig wird, noch der wirtschaftspolitischen Logik regionaler und lokaler Akteure entsprechen dürfte. Gerade die erhöhte Abschöpfung von Steuern durch die übergeordnete Instanz dürfte die Lokalitäten in Finanzierungs-

---

[23] Die Kombination aus quotaler Aufteilung und Verbund wurde bereits in der Mao-Ära praktiziert (z.B. 1958) und 1980 in 23 Provinzen eingeführt (Sichuan-Modell).

schwierigkeiten bringen und sie daher zu einer verstärkten Erhebung von ABF motivieren, da sie sich vom Vorhandensein außerbudgetärer Fond ein größeres Maß an fiskalischer Unabhängigkeit versprechen.[24] Ob die Zentrale im Ergebnis tatsächlich mehr Mittel aus den Provinzen abgeschöpft hat, kann außerdem nicht einfach vorausgesetzt werden, sondern bedarf einer empirischen Untersuchung der Reformimplementierung. Aus ökonomischer Sicht dürfte eine konzeptionelle Schwäche der Haushaltsreform darin liegen, daß die ABF 1993 erstaunlicherweise nicht in die Neuordnung des Haushaltssystems miteinbezogen wurden und in den Trennsteuerdokumenten mit keinem Wort erwähnt wurden.

Viertens ist das neue System außerordentlich kompliziert, da die neuen Umverteilungsmechanismen übergangsweise mit den Finanzausgleichsregelungen des alten Systems kombiniert wurden und die Ermittlung des Umverteilungsvolumens zwischen Zentrale und Provinzen somit weiterhin von Provinz zu Provinz unterschiedlich gehandhabt wird. Die Erhebung der Einnahmen und die Primärverteilung der Steuereinnahmen wurden hingegen standardisiert. Da das Herzstück des Finanzausgleichs, die Regelung der Finanztransfers der zweiten Runde und die den Umverteilungsmaßnahmen zugrundeliegenden Normen, völlig intransparent blieben, hat die Haushaltsreform insgesamt zu keiner Standardisierung des Finanzausgleichs geführt. Positiv erscheint jedoch, daß es sich um ein System handelt, dessen Verfahrensregeln längerfristige Gültigkeit beanspruchen und somit möglicherweise dem ständigen Hin- und Her zwischen verschiedenen Systemen ein Ende bereiten.

Fünftens haben sich durch die Zuweisung der Haushaltseinnahmen auf die verschiedenen Regierungsebenen die Anreizstrukturen für die wirtschaftlichen Aktivitäten der Lokalitäten verändert. Chinesische Regional- und Lokalpolitiker sind bestrebt, ihre autonomen (festen) Einnahmen zu maximieren und reagieren daher sehr elastisch auf veränderte Anreizstrukturen. Daher könnte die Haushaltsreform strukturpolitische Veränderungen ausgelöst haben.

Sechstens ist deutlich zu sehen, daß die Haushaltsreform von 1994 durch die Neuorganisation der Finanzverwaltung und Verteilungsregeln im Geiste des proklamierten fiskalischen Zentralisierungsgedankens steht. Durch ihre gestärkte Rolle in der Einnahmenerhebungsphase wurde die Zentralregierung zur „zentralen" redistributiven Instanz, von deren Transferzahlungen (z.B. die Steuerrückerstattung) alle Gebietskörperschaften in mehr oder weniger großem Umfange abhängig sein dürften.

Siebtens wird hier jedoch die These geäußert, daß die formale Stärkung der Zentrale nicht mit dem Ziel durchgeführt wurde, die interregionale Umverteilungsprinzipien grundlegend zu verändern bzw. eine „Angleichung" der Lebensverhältnisse in den einzelnen Regionen herbeizuführen. Eine ähnliche Vermutung äußerte auch Le-Yin Zhang: „[The 1994 reform] has not fundamentally changed the actual pattern of revenue distribution and spending responsibilities between the central and sub-national

---

[24] Zahlreiche chinesische Lokalbeamte und Wissenschaftler haben sich daher in meinen Interviews für unabhängige Besteuerungskompetenzen subzentraler Gebietskörperschaften ausgesprochen.

governments.“ (Zhang, 1999, S. 140). Diese These wird durch die vagen Formulierungen in der Verordnung 1993 unterstützt (Art. II.1). Nach den rechtlichen Regelungen zum neuen Finanzausgleichssystem wurde den Provinzen ein *pareto-optimales* Verteilungsergebnis der Reform zugesichert; ihnen wurde versprochen, daß sie sich unter den neuen Verteilungsbedingungen *finanziell nicht verschlechtern würden;* ihre Einkommenniveaus aus dem Jahr 1993 wurden ihnen als Mindesteinkommen garantiert. Ein provisorisches Zuweisungstransfersystem für die Unterstützung leistungsschwacher Regionen trat hingegen erst 1995 in Kraft (*Kapitel F.IV.2.b*). Somit kann nicht davon ausgegangen werden, daß die Durchführung der Reform zu einer Angleichung der Finanzkraft in den Provinzen führte.

E. Institutioneller Wandel der Finanzverfassung im Jahr 1994: Analyse des Entscheidungsprozesses und seiner wirtschaftspolitischen Logik

Die in der vorliegenden Arbeit zu untersuchende Frage, a) aus welchen Gründen die Haushaltsreform von 1994 beschlossen wurde, und b) welche Schlußfolgerungen sich aus dem Entscheidungsprozeß für die wirtschaftspolitische Stellung der Zentrale gegenüber den Provinzen ziehen lassen (Kapitel A.II), fordert eine detaillierte Untersuchung der wirtschaftspolitischen Logik des Reformbeschlusses. Drei Erklärungsansätze werden diesem Kapitel als Hypothesen vorangestellt und im folgenden überprüft:

1. Der Politikwechsel war die Folge eines Krisenbewußtseins in der zentralen Führung, die von der Angst vor den Auswirkungen einer finanzpolitischen Beschränkung dominiert wurde (*Kapitel E.I* und *III*).
2. Der Politikwechsel wurde nur begrenzt von den Provinzren mitgetragen und war letztlich Ergebnis eines autoritativen Entscheidungsaktes der Zentrale (*Kapitel E.II*).
3. Der Politikwechsel war das Resultat eines Umdenkungsprozesses, in dem indirekte haushaltspolitische Akteure eine zentrale Rolle spielten (*Kapitel E.III*).

I. Die wirtschaftspolitische Begründung für den Reformbeschluß

1. Das Argumentationsschema der Zentralregierung

Die Reformbeschlüsse von 1993 bilden die Grundlage für die neue Finanzausgleichsregelung, die am 1. Januar 1994 in Kraft trat. In der Begründung heißt es, daß sich im Zuge der Dezentralisierungspolitik nach 1978 sowohl die staatliche Finanzausstattung in bezug zum Wirtschaftswachstum (Staatsquote) als auch die fiskalische Position der Zentralregierung (Budgetanteile) massiv verschlechtert hätten.[1] Die Ursachen hierfür seien einerseits in den Anreizstrukturen des Haushaltskontraktsystems (*Kapitel C.III.2.d*), andererseits in der dezentral organisierten Finanzverwaltung (*Kapitel B.IV*) verankert. Die finanzielle Schwächung habe dazu geführt, daß die Zentrale ihre Aufgabe der makroökonomischen Steuerung, insbesondere ihre redistributive Funktion angesichts der zunehmenden regionalen Disparitäten, nicht mehr in zufriedenstellendem Maße habe wahrnehmen können (Verordnung 1993, Art. II; Resolution 1993, S. 39).

---

[1] Die beiden Größen sind in China unter der Bezeichnung „die beiden Quoten" (*liang ge bizhong*) bekannt.

2. Erstes Argument: Die gesunkene Staatsquote

a) Zum Konzept der Staatsquote

Eine *Staatsquote* ist ein Indikator, der mit dem Ziel ermittelt wird, Art und Umfang fiskalpolitischer staatlicher Aktivität zu beschreiben und zu beurteilen. Da absolute Zahlen für die Beurteilung staatlicher Aktivität in der Regel wenig aussagekräftig sind, ist es sinnvoll, Verhältniszahlen (Quoten) zu bilden und Staatsausgaben und -einnahmen sowie den Haushaltssaldo in Bezug zu einer relevanten gesamtwirtschaftlichen Größe zu setzen (Brümmerhoff, 1992, S. 179-180). In dieser Arbeit wird als Bezugszahl das Bruttoinlandsprodukt in laufenden Preisen (BIP) gewählt.

Staatsquote 1: $\frac{\text{Hh - Einnahmen}}{\text{BIP}}$

Staatsquote 2: $\frac{\text{Hh - Ausgaben}}{\text{BIP}}$

Annotation: Hh = Haushalt

Staatsquote 1 zeigt, in welchem Umfang dem nichtstaatlichen Sektor Mittel entzogen und auf den Staat übertragen werden. Staatsquote 2 gibt wieder, in welchem Umfang der Staat die Allokation dieser Mittel bestimmt (Brümmerhoff, 1992, S. 186). In der Regel liegen Staatsquote 1 und 2 relativ nahe beieinander.[2]

b) Die Entwicklung der Staatsquote, 1978-1993

Zwischen 1978 und 1993 sind die Staatsquoten der VR China kontinuierlich gesunken. *Abbildung 3* zeigt, daß sich die Anteile von Haushaltseinnahmen und Haushaltsausgaben am Sozialprodukt im Zeitraum von 1978 bis 1993 mehr als halbiert haben. Staatsquote 1 fiel von 31,2 % auf 12,6 %, Staatsquote 2 von 30,9 % auf 13,4 %.[3] *Tabelle A.6* offenbart den Grund für diesen Abwärtstrend: Die wirtschaftliche Entwicklung Chinas nach 1978 erscheint zwar nach den gängigen Indikatoren wirtschaftlicher Entwicklung außergewöhnlich erfolgreich: Zwischen 1978 und 1993 wuchs das BIP um durchschnittlich 16,4 %, ähnlich den Wachstumsraten der südostasiatischen Tigerstaaten; das durchschnittliche jährliche Wachstum der Haushaltseinnahmen und -ausgaben war in diesem Zeitraum jedoch weit geringer (9,3 % bzw. 7,8 %).

---

[2] Unterschiede resultieren aus der Staatsverschuldung. Krediteinnahmen für die Finanzierung von Staatsausgaben werden bei der Berechnung der Staatseinnahmenquote nicht berücksichtigt.

[3] Es handelt sich hier um die offiziellen Werte für die Staatsquote. Die in *Tabelle A.6* aufgelisteten Zahlen (D1) weichen von den in der Literatur üblicherweise zitierten Zahlen möglicherweise ab. Dies liegt daran, daß diese Arbeit auf die jüngsten statistischen Veröffentlichungen der VR China zurückgreift, in denen neue Berechnungsmethoden angewandt wurden (vgl. *Anhang 2.II*).

Abbildung 3

Die Entwicklung der Staatsquoten (offizielle Darstellung)

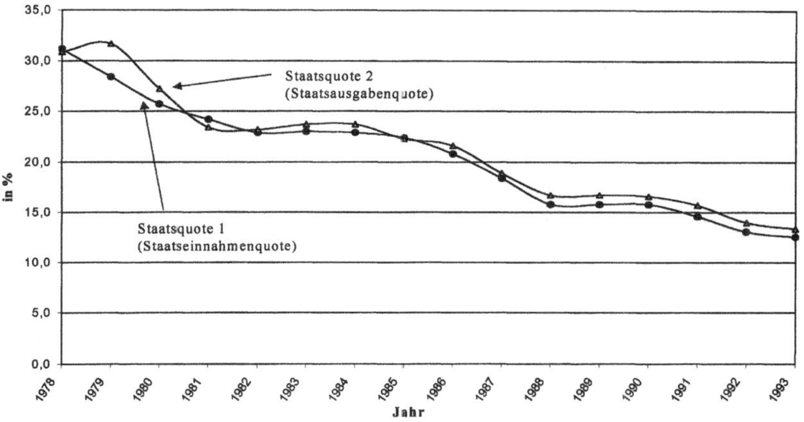

Eigene Darstellung auf der Grundlage von Tabelle A.6.

3. Zweites Argument: Die Verschlechterung der fiskalischen Position der Zentralregierung

a) Zum Konzept des Nullsummenspiels

Steigende Einnahmenanteile der Provinzen sind nach dem Nullsummenkonzept gleichbedeutend mit steigender wirtschaftspolitischer Macht der Provinzen und einer Verschlechterung der Position der Zentrale *et vice versa* (Li, Linda, 1997a, S. 61). Die Bewertung der Machtverteilung zwischen Zentrale und Provinzen auf der Grundlage der relativen vertikalen Einnahmenverteilung ist in der VR China eine gängige Vorgehensweise. Sie liegt auch der Argumentation der chinesischen Führung im Zusammenhang mit der Begründung für die Reformentscheidung von 1993 zugrunde (Verordnung 1993, Art. I und II).

b) Die Entwicklung der Haushaltsanteile der Zentralregierung, 1978-1993

Abbildung 4 zeigt, daß Einnahmen- und Ausgabenanteile der Zentrale nach 1985 stetig gesunken sind. Zwischen 1977 und 1983 hingegen stiegen die Einnahmenanteile, während die Ausgabenanteile auf einem höheren Niveau fast konstant blieben. 1993 lagen sowohl die Einnahmen- als auch die Ausgabenanteile unter 30 % (zentrale Einnahmenanteile: 22 %; zentrale Ausgabenanteile: 28,3 %).

Abbildung 4

Aufteilung des budgetinternen Haushalts auf Zentrale und Provinzen, 1957-1993 (offizielle Darstellung)

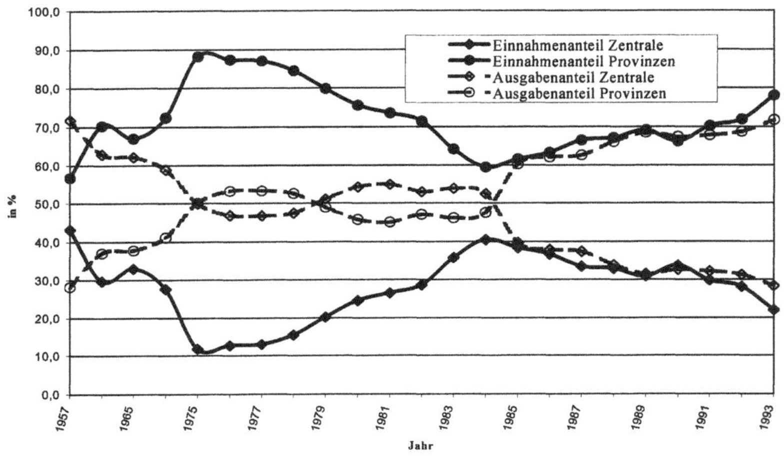

Eigene Darstellung auf Grundlage von Tabelle A.6.

4. Zur statistischen Plausibilität der beiden Argumente

a) Plausibilitätsüberlegungen zur Staatsquote

Die nach der offiziellen Berechnungsweise ermittelten Staatsquoten berücksichtigen weder die außerbudgetären Fonds (ABF) noch ordnen sie die Subventionszahlungen der richtigen Bilanzseite zu; Subventionen werden als negative Einnahmen verbucht (*siehe Erläuterungen in Anhang 2.II*).[4] *Abbildung 5* zeigt die quantitative Bedeutung von budgetären Einnahmen, außerbudgetären Einnahmen und Subventionen. 1978 machten die ABF 27,5 %, 1982 bereits 56,9 % und 1991 88,6 % der budgetären Einnahmen aus. 1992 überstiegen die ABF den budgetinternen Haushalt um 16 %. Die ABF wuchsen zwischen 1982 und 1992 um das 4,8fache, während die budgetinternen Einnahmen lediglich um das 2,3fache stiegen. Ein analoger Trend existiert auf der Ausgabenseite.[5]

Abbildung 6 zeigt die unter Berücksichtigung dieser Besonderheiten ermittelten korrigierten Staatsquoten. Das Ergebnis ist verblüffend: Nach der korrigierten Definition (D2) lagen bis einschließlich 1986 beide Quoten über 40 %. Dieser Anteil entspricht

---

[4] Damit sind seit 1979 die Subventionen für defizitäre Staatsunternehmen gemeint.

[5] Das Jahr 1993 eignet sich nicht für die Herausarbeitung der statistischen Trends, da die ABF aufgrund strategischer Reaktionen der Provinzen auf den Reformbeschluß 1993 stark sanken (*Kapitel F.III.2*).

den typischen Verhältnissen in einem planwirtschaftlich gelenkten Land. Erst ab 1987 erfolgte ein langsamer Abwärtstrend: Quote 1 sank von 38,5 % auf 29,2 % im Jahr 1993, Quote 2 von 37,4 % auf 29,4 %. 1993 jedoch stürzten die Werte auf 17,9 % bzw. 18,4 %. Grundsätzlich sind sinkende Staatsquoten typisch für Transformationsprozesse, da die Einführung marktwirtschaftlicher Elemente zu einer Zunahme der nichtstaatlichen Ressourcenallokation führt.

Abbildung 5

Quantitative Bedeutung von budgetären Fonds, außerbudgetären Fonds und Subventionen

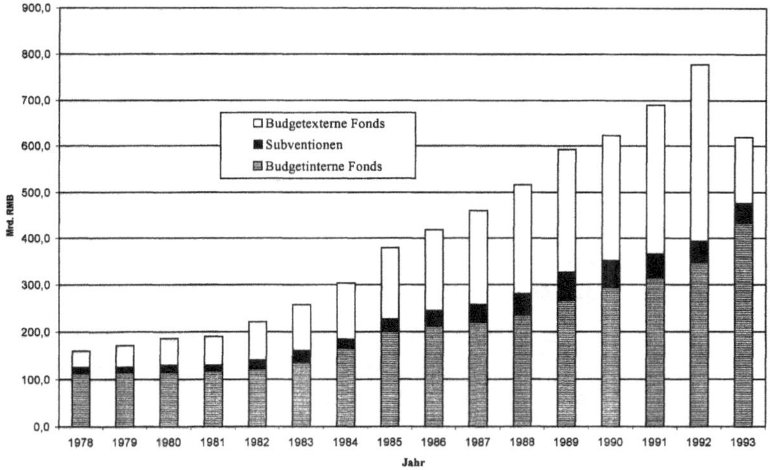

Eigene Darstellung auf der Grundlage der Erläuterungen zu Tabelle A.6.

Abbildung 6

Die Staatsquoten der VR China, 1978-1993: offizielle Darstellung (D1) versus korrigierte Darstellung (D2)

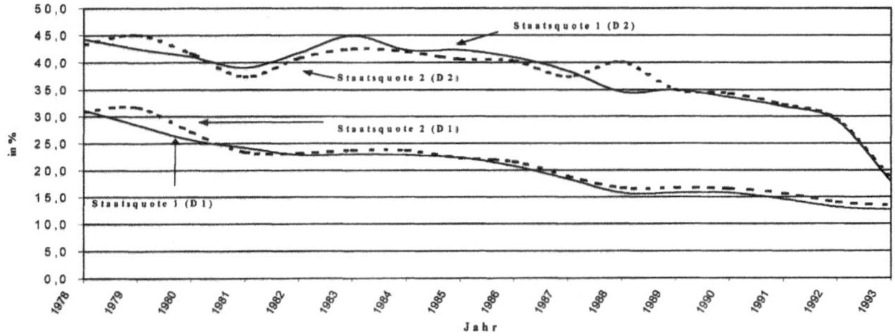

Eigene Darstellung auf der Grundlage von Tabelle A.6.

Die korrigierten Quoten zeigen deutlich, daß die von der Zentralregierung verbreitete Perzeption ungewöhnlich niedriger Staatsquoten erst im Jahr 1993 im Vergleich zu anderen Entwicklungsländern und Industriestaaten plausibel erscheint.[6]

b) Plausibilitätsüberlegungen zu den Haushaltsanteilen

Die Ausgaben- und Einnahmenverteilung auf die Regierungsebenen weist insbesondere bis 1985 eklatante Diskrepanzen auf. Im Jahr 1981 tätigte die Zentrale beispielsweise 55,5 % der Ausgaben, während ihr nach *Abbildung* 4 nur 26,5 % der Einnahmen zugewiesen werden. Dieser Widerspruch entsteht dadurch, daß das Finanzministerium keine Zahlen für die tatsächliche Verteilung der Haushaltseinnahmen zur Verfügung stellt, sondern lediglich Angaben darüber, *welche Haushaltsebene welchen Anteil der Einnahmen erwirtschaftet hat* (Erhebungskompetenz). Aussagen über die Ertragshoheit der Einnahmen oder die realisierte Verteilung erlauben diese Daten nicht (vgl. *Erläuterungen in Anhang 2.II*). Die Daten für die budgetinternen Ausgaben geben hingegen die budgetinterne Ausgabenverteilung weitgehend wieder. Allerdings werden auch hier die ABF und die Verteilung der Subventionslasten nicht berücksichtigt.

Abbildung 7

Die Verteilung der außerbudgetären Fonds auf Zentrale und Provinzen, 1982-1993

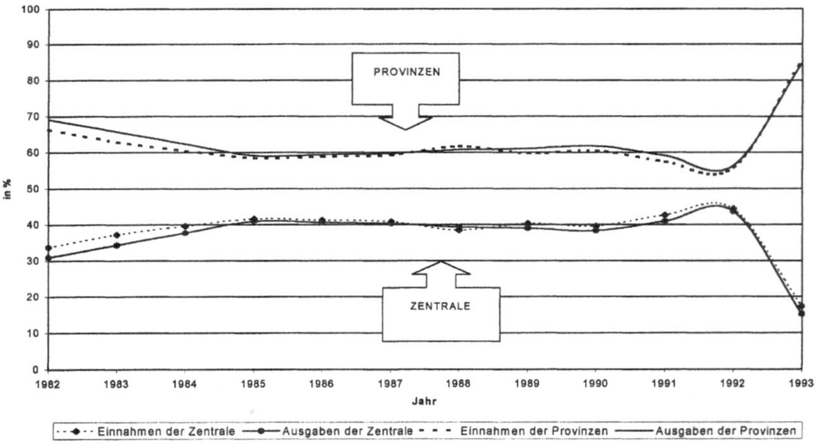

Eigene Darstellung nach Tabelle A.8.

---

[6] Nach der offiziellen chinesischen Haushaltsstatistik schwankte die Staatsquote in Amerika um ca. 20 %, in Großbritannien um 36 %. In Entwicklungsländern liegt sie häufig niedriger: In Indien soll die durchschnittliche Staatseinnahmenquote im Zeitraum 1980-1990 13,7 % betragen haben. Die geringste Staatsquote wird für das ehemalige Jugoslawien mit 8,12 % (1980) und 4,3 % (1989) ausgewiesen. Die Staatsquote Singapurs, dessen neo-autoritäre Politik von der VR China immer wieder als Vorbild gesehen wird, stieg von 25,3 % (1980) auf 31,1 % (1990) (CZNJ 1998, S. 578).

Abbildung 7 zeigt, daß der Großteil der ABF auf Provinzebene erhoben und verwendet wird. *Tabelle 6* verdeutlicht die unter Berücksichtigung dieser Besonderheiten ermittelte Verteilung der Haushaltsausgaben.[7] Für die Einnahmenseite ist eine solche Korrektur nicht möglich, da die budgetinternen Mittel nach der Erhebungskompetenz, die ABF hingegen nach der Ertragskompetenz ausgewiesen werden.

Tabelle 6

Ausgabenanteile der Zentrale (in %)

	Budgetinterne Ausgaben	Budgetexterne Ausgaben	Subventionen an Staatsunternehmen	Ausgaben (korrigiert) D2
1985	39,7	40,9	n.a.	40,3
1988	33,9	39,3	n.a	36,6
1990	32,6	38,3	36,3	35,4
1991	32,2	40,9	46,3	37,0
1992	31,3	43,6	37,7	37,4
1993	28,3	15,1	24,8	25,4

Eigene Berechnungen nach Tabelle A.7 bis A.9.

Insgesamt bestätigt sich der von der Zentrale in der *Verordnung 1993* beschriebene Trend: Die Anteile der Zentrale an den Ausgaben und damit auch an den Einnahmen sind seit den 80er Jahren gesunken.[8] Der in *Abbildung 6* dargestellte Entwicklungstrend macht allerdings deutlich, daß die von der Zentrale getätigten budgetinternen Ausgaben erst ab 1985 abnahmen, zwischen 1978 und 1984 entgegen des in *Kapitel C.III.2* suggerierten Eindrucks der fiskalischen Dezentralisierungspolitik jedoch deutlich anstiegen. Die korrigierten Daten bestätigen zwar den fiskalischen Anteilsverlust der Zentrale, der Abwärtstrend verläuft jedoch moderater. Aus den Entwicklungen nach 1985 gemäß einem Nullsummenspiel generell auf einen Machtzugewinn der Provinzen zu schließen wäre jedoch Ausdruck einer stark vereinfachten Sichtweise, da die Vielschichtigkeit des Beziehungsgeflechtes zwischen Zentrale und Provinzen durch fiskalische Anteile allein nicht zum Ausdruck kommt.

Hinzu kommt, daß der durch den Nullsummenspiel-Ansatz suggerierte Machtgewinn der Regionen weder zwischen den verschiedenen Provinzen, regierungsunmittelbaren Städten, autonomen Regionen und Linienstädten differenziert noch berücksichtigt, daß die regionalen Anteile konsolidierte regionale Daten sind. Das heißt, die Einnahmen- und Ausgabenanteile aller Gebietskörperschaften unterhalb der Zentralregierung werden zusammengefaßt. Aus höheren regionalen Anteilen kann somit kein Machtgewinn der Provinzebene abgeleitet werden; vielmehr müßte zunächst

[7] Da die für die Korrektur benötigten Angaben über die vertikale Verteilung der Subventionszahlungen erst ab 1990 vorliegen, ist eine vollständige Bereinigung der Daten für die 80er Jahre nicht möglich.

[8] Aufgrund der kreditbedingten Diskrepanzen zwischen Haushaltseinnahmen und –ausgaben liegen die Einnahmenanteile der Zentrale unterhalb den korrigierten Werten für die Ausgabenseite.

geklärt werden, wie sich die Verteilungsverhältnisse unterhalb der regionalen Regierungsebene entwickelt haben (siehe hierzu Herrmann-Pillath und Zhu, 1998).

5. Drittes Argument: Die mangelnde makroökonomische Steuerungsfähigkeit der Zentralregierung

a) Volkswirtschaftliche Stabilitätsprobleme

Schwierigkeiten der chinesischen Zentralregierung, mittels Geld- und Fiskalpolitik die Wirtschaft zu steuern, traten bereits Mitte der 80er Jahre zutage. Dies läßt sich anhand der Entwicklung der Stabilitätsindikatoren Sozialprodukt, Haushaltssaldo, Preisniveau und Beschäftigung zeigen. Die Entwicklungstrends des chinesischen Sozialproduktes machen deutlich, daß die wirtschaftliche Entwicklung seit 1980 extremen Schwankungen unterworfen war. So wuchs das reale BIP 1980 um 7,8 %, in den Jahren der makroökonomischen Austeritätspolitik 1989-1990 um 4,1 % bzw. 3,8 % und 1992 nach der Reise Deng Xiaopings in den Süden wieder um 14,2 % (TJNJ 1998, S. 57). Das Haushaltsdefizit war seit 1985 kontinuierlich gewachsen und hatte 1993 nach offizieller Darstellung ein historisches Hoch von 29,3 Mrd. RMB erreicht (*Tabelle A.6*). Die Defizitproblematik steht nach Auffassung der Zentralregierung in einem Zusammenhang mit der sinkenden Staatseinnahmenquote. Aufbau- und Entwicklungsinvestitionen des Staates (z.B. im Bereich der Infrastruktur) könnten trotz der Zunahme staatlicher Verschuldung nicht in ausreichendem Umfange durchgeführt werden könnten (Xiang,1994, S. 22 ff). Ein weiteres Problem stellte die inflationäre Entwicklung des Preisniveaus dar. Während die Inflationsrate 1978 noch 0,7 % betrug, belief sie sich 1988 auf 18,5 %. Nachdem die Preisentwicklung während der Austeritätsphase von 1989 bis 1991 kurzzeitig unter Kontrolle war, kletterte sie 1993 wieder auf ein Niveau von 13,2 % (TJNJ 1998, S. 301). Für die Inflation macht die Zentrale auch das ungezügelte Ausgabeverhalten der Lokalregierungen verantwortlich (Holbig, 1997, S. 195 ff). Die Arbeitslosenfrage wurde von der Zentralregierung 1993 offenbar nicht als größeres wirtschaftliches Problem betrachtet.

In der Resolution 1993 ist zwar von einem Druck auf den Arbeitsmarkt die Rede; gleichzeitig heißt es aber auch, daß der Überfluß an Arbeitskräften vorteilhaft für die wirtschaftliche Entwicklung Chinas sei (Resolution 1993, Art. III/13).[9]

---

[9] Die Beschäftigungsprobleme sind ohnehin aufgrund der in der Arbeitslosenstatistik verwendeten Definitionen kaum statistisch belegbar. So erscheinen z.B. die Arbeitslosen auf dem Land in der Statistik nicht (TJNJ 1998, S. 127). Vgl. zur chinesischen Arbeitsmarktsituation Hebel und Schucher, 1999. 1993 betrug die Quote der in den Städten registrierten Arbeitslosen nach der offiziellen Statistik

b) Das Problem der regionalen Disparitäten

Die wirtschaftliche Entwicklung in den chinesischen Regionen verlief seit Reformbeginn uneinheitlich. Dies macht die Entwicklung der Pro-Kopf-Einkommen (PKE) in den einzelnen chinesischen Provinzen deutlich (*Abbildung 8*). Die Diskrepanzen sind zwischen 1983 und 1992 gestiegen.[10]

Zwei Entwicklungstrends sind bemerkenswert: *Erstens* wurden die höchsten Einkommen im Zeitraum 1981 bis 1992 in den regierungsunmittelbaren Städten, im Nordosten in den Provinzen Liaoning und Heilongjiang sowie in der oberen Yangtze-Region in den Provinzen Zhejiang und Jiangsu erzielt. Guangdong verzeichnete den größten Entwicklungssprung; die Provinz verbesserte ihr PKE vom 16. Platz im Jahr 1981 auf den fünften Platz.

Zweitens befinden sich die Provinzen mit hohen PKE allesamt in der Küstenregion. Im Hinterland wurden zwar, wie *Abbildung 8* zeigt, wirtschaftliche Fortschritte erzielt; allerdings waren die Wachstumserfolge sehr viel langsamer als in den Küstenprovinzen. Im Landesinneren sind unterschiedliche Wachstumspfade erkennbar. So verschlechterten zahlreiche Provinzen zwischen 1983 und 1992 ihren Platz im nationalen Vergleich, während vereinzelt auch Verbesserungen feststellbar sind. Xinjiang beispielsweise verbesserte sein Pro-Kopf-Einkommen vom 28. auf den 9. Platz. Gansu hingegen fiel von Platz 18 auf Platz 27 zurück (*Tabelle A.10*). Damit waren 1992 Henan, Sichuan, Gansu, Anhui und Guizhou Chinas fünf ärmste Provinzen.

Bemerkenswert ist, daß das skizzierte Ergebnis beabsichtigtes Ergebnis der regionalpolitischen Entwicklungsstrategie seit Beginn der 80er Jahre war. Im *7. Fünfjahresplan* (1986-1990) wird die staatliche Bevorzugungs- und Sonderpolitik der Küstengebiete (insbesondere der Wirtschaftssonderzonen) als explizite Maßnahme für den wirtschaftlichen Fortschritt in diesen Regionen genannt, die Basen für den Außenhandel und die industrielle Modernisierung werden und als Technologie- und Wissensübermittler für die anderen Landesteile fungieren sollten (vgl. hierzu Merkle, 1997, S. 94). Die Küstengebiete übernahmen dabei eine Art Laborfunktion gegenüber den anderen Landesteilen, da es sich bei der Schaffung positiver außenwirtschaftlicher Rahmenbedingungen zunächst um ein Experiment handelte. Auch durch die institutionellen Regelungen des Finanzausgleichs wurden einzelne Regionen (z.B. Guangdong, Fujian) gezielt privilegiert (*Kapitel C.III.2.b*). Die Zentrale stellte ihre regionale Privilegienpolitik unter das Motto „Laßt einige Regionen zuerst reich werden" (*xian rang yi xie diqu fu qi lai)* (Yabuki, 1995, S. 177).

Auch der *8.* Fünfjahresplan *(*1991-1995) hielt an der Förderung der östlichen Regionen als nationalem Entwicklungsschwerpunkt fest. Die Hauptaufgaben der Küste als

---

beispielsweise lediglich 2,6 % (TJNJ 1998, S. 127), während Schätzungen weit über 10 % liegen.

[10] Dies bestätigt die nach *Tabelle A.10* berechnete Standardabweichung.

wirtschaftliches Zugpferd änderten sich nicht wesentlich. Allerdings deutete sich eine erste Schwerpunktverlagerung des zentralstaatlichen Förderschwerpunktes an.

So wurde betont, daß die Schaffung eines einheitlichen Binnenmarktes vorangetrieben und auf der Grundlage der Prinzipien von rationaler Arbeitsteilung und gegenseitiger Ergänzung der jeweiligen Vorteile eine koordinierte wirtschaftliche Entwicklung in allen Landesteilen erfolgen sollte. Die Einteilung des Landes in drei Wirtschaftsgroßräume (Küstenregion, Zentralregion, Westregion) wurde als Analyseinstrument der regionalen Wirtschaftspolitik aufgegeben (ZK der KPCh, 1991, S. 1-4; Merkle, 1997, S. 98-100). Wenn in der Verordnung 1993 davon die Rede ist, daß die Finanzkraftverteilung zwischen den Regionen „vernünftig" reguliert werden und dabei die wirtschaftlich unterentwickelten Regionen durch Steuerrückerstattungen und Zuweisungen „unterstützt" werden sollen (Verordnung 1993, II.2), so kann dies zwar als Anhaltspunkt für ein *fortgesetztes Umdenken in der regionalpolitischen Entwicklungsstrategie* gewertet werden. Die vage Formulierung einer „vernünftigen Regulierung" und die Forderung im gleichen Abschnitt, daß gleichzeitig die „schnelle Weiterentwicklung der wirtschaftlich entwickelten Regionen [ge]fördert" werden solle (Verordnung 1993, II.2) zeigt jedoch ein Grunddilemma der Zentralregierung auf: Das Binnenland kann nur dann verstärkt fiskalisch gefördert werden, wenn die Küstengebiete entsprechend weniger be- bzw. erhalten oder die Zentrale auf eigene Einnahmenanteile verzichtet.

Diese Überlegung kann zur Erklärung der in *Kapitel D* untersuchten Konzeption des neuen Finanzausgleichmodells beitragen, von dem, wie ausgeführt wurde, zumindest mittelfristig keine durchgreifenden interregional redistributiven Änderungen zu erwarten sind. Sie verdeutlicht aber auch, daß die Zentrale sich letztlich ihrer be schränkten finanziellen Potentiale bewußt ist und für die Entwicklung des Hinterlandes auf die Inititiativkraft der regionalen Akteure vor Ort bzw. alternative Fördermöglichkeiten z.B. durch horizontale Kooperationen nicht verzichten kann (vgl. hierzu *Kapitel G.I.1*).

c) Das Kontraktsystem und das Problem des regionalen und lokalen Protektionismus

Das fiskalische Kontraktsystem war dadurch gekennzeichnet, daß die regionalen Gebietskörperschaften unterschiedliche finanzielle Lasten zu tragen hatten. Das gleiche Problem bestand unterhalb der Provinzebene, wo ebenfalls eine Vielzahl unterschiedlicher Finanzausgleichssysteme existierte. Dadurch entstand ein fiskalpolitischer Wettbewerb zwischen den Lokalitäten auf einer Stufe. Dieser war durch den Versuch der Maximierung eigener Einnahmen sowie die wechselseitige Abschottung innerhalb des Binnenmarktes gekennzeichnet.

Wie in *Abbildung 6* verdeutlicht tätigten die Provinzregierungen seit 1985 eine stetig steigende Anzahl an öffentlichen Aufgaben. Den steigenden Ausgabenlasten standen geringere Haushaltseinnahmen gegenüber.

Abbildung 8

Das Pro-Kopf-Einkommen für alle Provinzen, autonomen Regionen und regierungsunmittelbaren Städte, 1983 und 1992

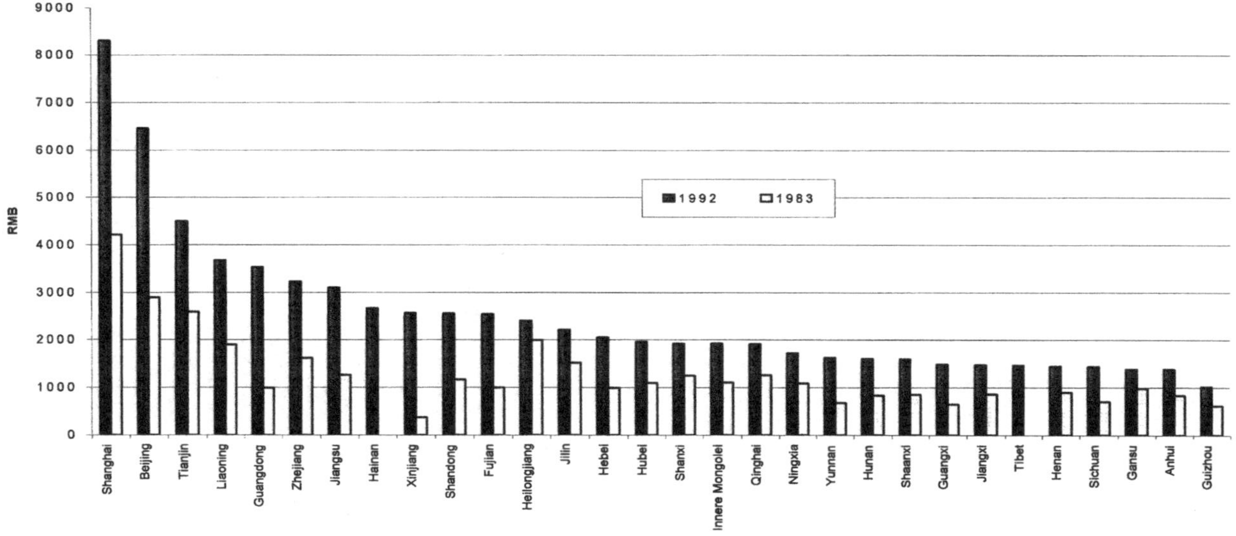

Eigene Darstellung auf der Grundlage von Tabelle A.10. Daten für Tibet fehlen im Jahr 1983, Hainan war 1983 noch keine eigenständige Provinz.

Aufgrund der ständig wechselnden Finanzausgleichsregelungen war kaum prognostizierbar, wieviele Einnahmen auf regionaler Ebene letztlich netto verblieben. Die Probleme der Provinzebene pflanzten sich auf der lokalen Ebene fort.

Die Regierungen in der Peripherie hatten als Reaktion auf dieses *fiskalische Paradoxon* drei Szenarien zur Auswahl. *Erstens* konnten sie sich den existierenden Bedingungen anpassen und nur so viel ausgeben, wie es die vorhandenen Einnahmen zuließen; *zweitens* konnten sie sich für die Option entscheiden, ihre eigene regionale oder lokale Steuer- und Einkommensbasis auszubauen; und *drittens* konnten sie versuchen, außerhalb des regulären Budgets Mittel zu akquirieren (Wong, 1990, S. 12). Am attraktivsten waren die Optionen 2 und 3. Insbesondere unterhalb der Provinzebene hofften die Lokalregierungen durch Gründung und Förderung eigener Industriebetriebe aufgrund der dort erwirtschafteten Gewinne und Steuern ihren lokalen Haushalt aufzubessern. Außerdem bauten sie ihren außerbudgetären Haushalt aus, der sie unabhängiger von den Unwägbarkeiten der zentralen Haushaltspolitik und deren Auswirkungen auf das subprovinzielle Finanzausgleichssystem machte.

Dies hatte weitreichende Folgen: Option 2 führte in den 80er Jahren zu einem Investitionsfieber im Industriesektor. Besonders beliebt waren Investitionsobjekte, die eine schnelle Rendite erwarten ließen. Dies führte dazu, daß vielerorts ähnliche Industriestrukturen entstanden (*chongfu jianshi* - doppelter Aufbau) (Sun, 1994, S. 117). Insbesondere die Gemeinderegierungen, die als unterste Haushaltsebene keine weitere Aufgabendelegierung durchführen konnten, versuchten, über die Gründung kollektiver ländlicher Unternehmen autonome Einkommensquellen zu erschließen.[11] Gleichzeitig wurde das Ziel verfolgt, ausländische Unternehmen anzulocken, durch deren Steuerzahlungen und Gewinnabführungen eine Aufbesserung der lokalen Finanzen erwartet wurde (Maute, 1999, S. 141 ff).

Die Lokalregierungen hatten in bezug auf die Besteuerung von Unternehmen kein Recht, selbst die Steuersätze festzulegen, da die Steuerkonditionen von der Zentralregierung einheitlich bestimmt wurden. Daher griffen die Lokalregierungen zu einem Trick: Sie gewährten eigenen Unternehmen, die ihnen über die Gewinnabschöpfung als Einnahmequellen dienten, Steuernachlässe bzw. Steuererlasse (Hauff, 1999, S. 102 f). In der Verordnung 1993 wurde diese Praxis der steuerlichen Protegierung bestimmter Unternehmen explizit untersagt (ibid., IV.6). In der wirtschaftstheoretischen Literatur wird Protektionismus i.d.R. negativ beurteilt. So stellte McKinnon 1993 fest: „Intergovernmental competition is benign only if these subnational governments are restrained from being protectionist and have hard budget constraints – like American state governments.“ (zit. in Qian und Roland, 1994, S. 19).

Der Wettbewerb zwischen den Lokalitäten um Rohstoffe und Absatzmärkte führte Mitte der 80er Jahre zu einem Trend protektionistischer Abschottungspolitik (Sun,

---

[11] Das Phänomen der Verschmelzung zwischen lokalen Regierungen und Unternehmen nannte Jean Oi „*local state corporatism*“ (Oi, 1992, S. 99 ff; 1999, S 11 ff).

1994, S. 116 ff; Hsia Chang, 1992). Der Versuch, sich durch eine merkantilistische Wirtschaftspolitik Einnahmequellen zu sichern, mündete 1988 in handelskriegsähnliche Zustände, die von *Watson* und *Findlay* als Wollkriege (*„wool wars“)* oder Seidenkriege (*„silk wars“)* beschrieben wurden (Watson und Findlay, 1992, S. 163 ff). Die Zentrale wertete diese Entwicklung als Bedrohung für die Integration des chinesischen Binnenmarktes und für ihre politische Autorität.

II. Polit-ökonomische Erklärungsansätze für die Analyse des Entscheidungsprozesses

1. Basismodell: Bürokraten als Interessengruppen

Politische Entscheidungen sind in allen Ländern der Welt, sofern diese keine monokratischen totalitären Diktaturen sind, Verhandlungslösungen. In demokratischen Systemen, in denen politischer Wettbewerb zwischen verschiedenen Parteien herrscht (Mehrparteiensystem), können die Wähler durch ihr Wahlverhalten Einfluß auf die politische Richtung in ihrem Land nehmen. Anders ausgedrückt: die Regierung wird für ihre Politik durch die Wähler bewertet. Sie wird daher in der Regel dazu tendieren, eine stimmenmaximierende Politik durchzuführen. Politische Verhandlungslösungen konkretisieren sich entsprechend in der Auseinandersetzung der Regierungspartei mit der politischen Opposition, den dezentralen Regierungsvertretern und der Öffentlichkeit. Mit den politischen Mechanismen von horizontalen und vertikalen Entscheidungsprozessen in demokratischen Systemen hat sich die Theorie des „Public choice“ befaßt.[12]

In sozialistischen Ländern mit institutionell verankertem Führungsanspruch der kommunistischen Partei entstehen Verhandlungslösungen nicht in der Auseinandersetzung mit der politischen Opposition oder der Öffentlichkeit, sondern im partei- und regierungsinternen Diskurs. Daher kann der „Public choice“-Ansatz nicht für die Erklärung politischer Entscheidungsprozesse herangezogen werden.[13] Es müssen vielmehr Ansätze gefunden werden, die für die Erklärung von Entscheidungsprozessen in

---

[12] Zu den wichtigsten Vertretern der „Public Choice“-Theorie gehört der amerikanische Nobelpreisträger *James Buchanan*, der seine Fachkollegen von der Notwendigkeit zu überzeugen versuchte, daß man zunächst ein Modell des politischen Prozesses entwerfen müsse, bevor man dazu übergehen könne, die Wirkungen alternativer politischer Maßnahmen zu analysieren. „Ich drängte darauf, die ‚Verfassung der Wirtschaftspolitik‘ zu untersuchen, die Regeln und die Bedingungen zu betrachten, unter denen die politischen Akteure handeln.“ (Buchanan, 1987, S. 102) Buchanan knüpfte damit an die Auffassung des schwedischen Nationalökonomen Knut Wicksell an, der um die Jahrhundertwende seine Fachkollegen aufforderte aufzuhören, politische Empfehlungen zu geben, als stünden sie im Dienste eines wohlwollenden Despoten. Sie sollten vielmehr die Strukturen untersuchen, innerhalb derer politische Entscheidungen getroffen werden (Buchanan, 1987, S. 101).

[13] Sozialistische Systeme sind durch die Abwesenheit von politischem Wettbewerb zwischen Regierungspartei und Opposition gekennzeichnet.

einem Einparteiensystem geeignet sind (vgl. hierzu auch Bernholz und Breyer, 1984, S. 325 ff).

Vertikale politische Entscheidungsfindungsprozesse können in einem solchen System z.B. anhand der sog. „Bargaining-Modelle" (Verhandlungsmodelle) erklärt werden. Wie überall auf der Welt wird auch in der VR China v.a. über knappe Güter verhandelt (finanzielle Ressourcen, Macht, Zugang zum Weltmarkt etc.) (Lampton, 1987a, S. 15-16). Nach der *Bargaining-Theorie* werden politische Entscheidungen, die die Interessen der Gebietskörperschaften auf Provinzebene tangieren, nicht in totalitärer Art und Weise durch die Zentrale getroffen, sondern durch „Bargaining" zwischen der Zentralregierung auf der einen Seite und einer bzw. mehreren Provinzregierungen auf der anderen Seite gefällt (Lampton, 1987a, Shirk, 1993; Lieberthal und Lampton, 1992). Nach *Goodman* ist dieser Verhandlungsprozeß durch eine kreative Spannung (creative tension) gekennzeichnet, der einen Annäherungsprozeß zwischen den Verhandlungspartnern fördert und somit extreme Positionen (excess) abbaut (Goodman, 1994, S. 15 f).

Dieser Erklärungsansatz findet seit Ende der 80er Jahre zunehmend Anwendung bei der Analyse der politischen Prozesse in der Volksrepublik China

2. Inhaltliche Erweiterungen des Basismodells

a) Interessenkonflikte und Prinzipal-Agenten-Theorie

Häufig verfolgen Zentrale und Peripherie in der VR China Ziele, die sich nicht ohne weiteres miteinander vereinbaren lassen; es kommt zu Interessenkonflikten. Da es bei Organstreitigkeiten keine unabhängige staatliche Instanz gibt (wie etwa das deutsche Bundesverfassungsgericht, das bei Bund-Länder-Kompetenzkonflikten eingeschaltet werden kann), müssen letztlich alle politischen Entscheidungen in der direkten Auseinandersetzung zwischen Zentrale und Provinzen getroffen werden. Um den politischen Willensbildungs- und Entscheidungsfindungsprozeß zur Haushaltsreform und das dabei zutage getretene politische Kräfteverhältnis zwischen Zentrale und Provinzen besser beschreiben zu können, wird das einfache Bargaining-Modell durch die Einführung einer aus der neo-institutionalistischen Prinzipal-Agenten-Theorie entlehnten Begrifflichkeit modifiziert.[14] Dort werden z.B. im Rahmen von Kapitalmarktmodellen die Beziehungen zwischen Kapitalgebern und Management eines Unternehmens analysiert. Die Kapitalgeber (Aktionäre, Banken) werden dabei als Prinzi-

---

[14] Der Neo-Institutionalismus in der Ökonomie versucht durch anreiz- und transaktionskostentheoretische Überlegungen Empfehlungen für die Ausgestaltung von Institutionen auszusprechen bzw. existierende Institutionen zu bewerten. Er konstitutiert sich aus analytischen Ansätzen, die unterschiedlichen inhaltlichen Ursprungs sind und verschiedene Analyseschwerpunkte haben: Property Rights-Theorie, Agency-Theory (Prinzipal-Agenten-Modell), Informationsökonomie. Gemeinsam ist ihnen jedoch als zentrales Problem die Relevanz von Institutionen in einer Modellwelt, in der Tausch mit Reibungsverlusten verbunden ist (Terberger, 1993, S. 22-23).

pale, das unternehmerische Management als Agenten bezeichnet. Ihr Verhältnis ist durch potentielle Interessenkonflikte in bezug auf die Verwendung des vorhandenen Kapitals charakterisiert (Terberger, 1993, S. 92 ff).

Diese Begrifflichkeit läßt sich in ihrer ursprünglichen terminologischen Belegung nicht auf das Verhältnis zwischen Zentrale und Provinzen übertragen, da es sich in der neo-institutionalistischen Prinzipal-Agenten-Theorie um horizontale, hier aber um vertikale Entscheidungsprobleme handelte. Daher wird sie hier umdefiniert: Als Prinzipal wird in dieser Arbeit der stärkere, dominantere Verhandlungspartner bezeichnet, der in einer politischen Pattsituation das entscheidende Machtwort spricht. Agent ist der unterlegene, nachgebende Verhandlungspartner. Er kann auch derjenige sein, der den Beschluß des Prinzipals letztendlich umsetzen muß.

Bei divergierenden Interessen zwischen Zentral- und Provinzregierungen sind grundsätzlich zwei Konfliktlösungsmodelle vorstellbar: der konsensorientierte und der konfliktorientierte Entscheidungsweg. Während letzterer durch Kompromißlosigkeit in bezug auf die eigenen Ziele bei Zentrale und/oder Provinzen charakterisiert ist, kennzeichnet ersteren Kompromißbereitschaft von sowohl Zentrale als auch Provinzen. Der formale Prinzipal (die Zentralregierung) verzichtet auf den Anspruch, die eigenen Interessen vollständig durchzusetzen; beide Verhandlungspartner einigen sich auf eine Kompromißlösung.

In einem föderalen System erfolgt die Grundentscheidung über die Machtverteilung bereits in der konstitutionellen Phase auf konsensualem Wege. Auch später werden Reformmaßnahmen, die aufgrund veränderter Rahmenbedingungen nötig sein mögen, auf konsensualem Wege beschlossen. Beide Regierungsebenen sind am politischen Entscheidungsfindungsprozeß als gleichwertige *Prinzipale* beteiligt (in der Bundesrepublik z.B. durch Bundestag und Bundesrat). Anders unitarische Staaten: Hier liegt die Gesamtverantwortung für die Erfüllung der staatlichen Aufgaben *per constitutionem* bei der Zentrale. Da diese in der Praxis die staatlichen Aufgaben nicht ohne Mithilfe der lokalen Regierungen erfüllen kann, delegiert sie einen Teil der Aufgaben an lokale Gebietskörperschaften. Die Verhandlungsposition der Regierungen in der Peripherie entspricht somit der von *Agenten* während die Zentrale die Rolle des *Prinzipalen* innehat (Bird, 1993, S. 209).

b) Politische Entscheidungsträger und die Rational-Choice-Theorie

Ein Ansatz, der die Rationalität individueller wie kollektiver Entscheidungsprozesse in den Mittelpunkt stellt, ist der *Rational-Choice-Ansatz.* Er geht entsprechend der modernen politischen Ökonomie von der Auffassung rationaler Wahlentscheidungen von Individuen aus. Diese Vorstellung prägte das Bild des *homo oeconomicus*, der stets so handelt, daß er unter Berücksichtigung der existierenden Restriktionen (z.B. Budgetrestriktion) seinen individuellen Nutzen maximiert.[15] Jede Entscheidung, die dieses

[15]„The major postulate of analytic theories of decision holds that decisions will be taken which

durch seine persönlichen Interessen gelenkte Individuum fällt, ist das Ergebnis einer Evaluierung möglicher Alternativen, die das Individuum durch Auswertung aller verfügbaren Informationen kennt (Beer, 1976, S. 24-25). Eine Gesellschaft, die aus nutzenmaximierenden Individuen besteht, realisiert, so die klassischen Nutzentheoretiker, ein Wohlfahrtsoptimum und führt ein rationales kollektives Entscheidungsergebnis herbei.

In einem politischen System, in dem ohne das Korrektiv von Wahlen politische Entscheidungen getroffen werden, sind die Eigeninteressen von Politikern von großer Bedeutung. Hier besteht besonders für die einflußreichen Politiker in der politischen Zentrale die Möglichkeit, das Ergebnis ihrer individuellen Rationalität zum Maßstab für politische Entscheidungen zu machen, die letztlich das ganze Land betreffen. Da die Bürger ihre Präferenzen jedoch nicht in Form von Wahlen kundtun können, besteht für die zentrale Führung, die von der Basis meist sehr weit entfernt lebt und wirkt, in besonderem Maße das Problem der unvollständigen Information. Die Wahrscheinlichkeit, daß politische Entscheidungen in stärkerem Maße der individuellen Interessen- und Präferenzlage besonders einflußreicher politischer Entscheidungsträger (die auch eine Fraktion innerhalb der Partei bilden können) entsprechen, dürfte somit größer sein als in einer funktionierenden Demokratie.

c) Politische Entscheidungen und die Gefährdungsthese

Wirtschaftliche oder gesellschaftliche Institutionen können als Ergebnis von Verhandlungsvorgängen zwischen den beteiligten, eigennutzenmaximierenden Akteuren errichtet oder verändert werden. Häufig führen jedoch lange Verhandlungen zu keinem Ergebnis, auch wenn die beteiligten Akteure einen vorgeschlagenen Wandel für an sich wünschenswert und vorteilhaft halten. Hirschmann erklärt dies mit der sog. Gefährdungsthese: Die Reformvorschlag wird zwar insgesamt begrüßt, „aber der Preis für die Sache oder bestimmte Folgen [sind] nicht akzeptabel" (Hirschmann, 1992, S. 94). Oft wird die Ablehnung einer Reform damit begründet, daß dadurch „ältere, hochgeschätzte", vielleicht erst kürzlich durchgesetzte Errungenschaften äußerst *gefährdet* würden (Hirschmann, 1992, S. 97). Eine solche Situation, in der es zwei unterschiedliche Möglichkeiten rationalen Handelns gibt, die sich widersprechen (kollektive und individuelle Rationalität) bezeichnet Herner-Dorneich (1982) als *Rationalitätenfalle*. Eine Entscheidung kommt demnach erst dann zustande, wenn die bestehenden Mißstände so groß sind, daß sie den Fortbestand des gesamten Staatsgebildes gefährden. Reaktionen im Rahmen dieser Auffassung von einer bevorstehenden Krise können dazu führen, daß Institutionen überstürzt errichtet werden, da für Verhandlungen und Diskussionen keine Zeit mehr bleibt.

---

maximize value (utility) given the constraints of the situation." (Steinbrunner, 1974, S. 28).

III. Der Entscheidungsprozeß im Spannungsfeld zwischen Zentrale und Peripherie

1. Fiskalische Zentralisierungsversuche, 1988-1990

Die im Dezentralisierungsprozeß aufgetretenen fiskalischen Probleme veranlaßten insbesondere die Vertreter des konservativen Flügels der KPCh zu kritischen Stellungnahmen zum bisherigen Reformkurs (Shirk, 1993, S. 191). Vor diesem Hintergrund riefen *Chen Yun* und *Yao Yilin* seit 1988 immer wieder zu einer durchgreifenden fiskalischen Reform auf.[16] Sie forderten eine landesweite Ersetzung des bestehenden fiskalischen Vertragssystems durch ein Trennsteuersystem (mit festen zentralen und lokalen Steuern) sowie separate Erhebungsmechanismen, um die Kontrolle der Zentrale über die Einnahmenbasis zu erhöhen.[17]

> „Our economy is now excessively decentralized and proper centralization is called for. The central finance suffers huge deficits every year; efforts must be exerted to cut deficits back each year until they are basically effaced. Under such circumstances, localities should contribute more to the central coffers in addition to the central finance's practice of economy." (Yao Yilin, zit. nach Chao, 1989, S. 24)

Selbst Deng Xiaoping soll die Provinzen angesichts ihrer zunehmenden Kompetenzüberschreitungen davor gewarnt haben, ihre Machtkompetenzen allzu eigenständig auszudehnen (Baum, 1996, S. 326). Dennoch wurde die fiskalische Dezentralisierung 1988 durch Einführung des Kontraktsystems vertieft (*Kapitel C.III.2.d*). 1989 forderte Jiang Zemin 1989 erneut eine fiskalische Zentralisierung:

> „Nur wenn jetzt die Zentralbehörden mehr Macht, Finanzen und Materialressourcen optimal in ihren Händen konzentrieren und gleichzeitig die Bedeutung des Staatsplans erhöht wird, kann die wirtschaftliche Gesamtsituation stabilisiert werden." (Jiang Zemin, 1989, S. 20)

1990 stand die Reform der Finanzverfassungsordnung zwar erneut auf der Tagesordnung, setzte sich aber ebenfalls nicht durch. Es gelang lediglich, das Trennsteuersystem ab 1992 auf experimenteller Basis einzuführen (*Kapitel C.III.2.e*).

> „Originally, a proposal was made to change the local financial contract system and exercise a tax apportioning system to raise the proportion of revenue to national income, and the proportion of central finances to the entire revenue. But taking account of the difficulties of localities

---

[16] Chen Yun (1905-1995), langjähriger konservativer Wirtschaftsideologe der KPCh, war bis Oktober 1992 Vorsitzender der einflußreichen zentralen Beraterkommission. Yao Yilin (*1917), war von Juli 1979 bis Februar 1993 stellvertretender Ministerpräsident und Politbüromitglied; er wird dem Flügel um Chen Yun zugeordnet (vgl. hierzu Baum, 1994, S. 64; Bartke, 1985, S. 39; MacFarquhar, 1993, S. 479).

[17] Chen Yun hob die Bedeutung des Plans und der zentralstaatlichen Kontrolle im Reformprozeß hervor. Seine wirtschaftspolitische Reformstrategie wurde als sog. Vogelkäfig-Theorie (*niao long jingji lun*) bekannt. Mit dieser Methapher des Vogelkäfigs wird die Beziehung zwischen Plan und Markt beschrieben, wonach der zentrale Plan den Vogelkäfig dargestellt, in dessen vorgegebenen Grenzen sich der Markt entfalten soll (Li, 1995, S. 289 f; Weigelin-Schwiedrzik, 1993, S. 18).

and enterprises, the financial contract system will continue to remain implemented next year and during the Seventh Five-Year Plan, whereas the tax apportioning system will be exercised on a trial basis." (Li Peng, 1990, S. 20)

2. Konsenshemmende Faktoren

Eine fiskalische Zentralisierung und die damit angestrebte Erhöhung der zentralen Einnahmenanteile ist ihrer Natur nach eine *redistributive finanzpolitische Maßnahme*. Entsprechend darf es nicht überraschen, daß redistributive Reformprojekte wie allerorts auch in der VR China schwer durchzusetzen zu sind. Nach Susan Shirk finden in China Lösungen, die regionale Einzelvereinbarungen zulassen, relativ leicht Zustimmung, während Maßnahmen, die eine interregionale Standardisierung beabsichtigen, auf viel Widerstand bei den Provinzen stoßen. Das Haushaltskontraktsystem sei daher bei den Provinz- und Parteikadern besonders beliebt gewesen (Shirk, 1993, S. 16 ff). 1988 begann die Zentralregierung ein austeritätspolitisches Programm zur Bekämpfung der Inflation. Dadurch verlangsamte sich das Wirtschaftswachstum von 1989 bis 1991. Damit einher gingen rückläufige Wachstumszahlen der Haushaltseinnahmen (*Tabelle A.6*). In einer solchen Situation wollten die meisten Provinzen nicht auf ihre bereits erreichte fiskalische Autonomie verzichten. Da das Ausmaß der Machtdezentralisierung durch die regionale Privilegienpolitik der Zentralregierung zwischen den Provinzen sehr unterschiedlich war, äußerten einige Provinzen im Hinterland, daß ihnen noch nicht genug fiskalpolitische Kompetenzen verliehen worden seien (Baum, 1996, S. 236 und eigene Interviews).

Shirk führt das Scheitern dieser frühen Reformversuche trotz des Machtgewinnes konservativer Kräfte in der Zentrale nach 1989 auf die ungeklärte Machtsituation in der politischen Führung zurück.[18] Li Peng habe es sich offensichtlich nicht mit den Provinzen verderben wollen, um sich deren Unterstützung in der Zentrale und für seine Nachfolge als politischer Führer Chinas nach Deng Xiaopings Ableben zu sichern (Shirk, 1993, S. 191).

Eine Reform der Wirtschafts- und Haushaltsordnung besaß 1989-90 angesichts der instabilen politischen Gesamtsituation in der VR China nach dem Tiananmen- Zwischenfall keine oberste politische Priorität. Das Ziel der Zentralregierung bestand darin, den *Status quo* bis zur Beruhigung der Gesamtsituation beizubehalten. Nach außen sollte demonstriert werden, daß die Reform- und Öffnungspolitik unverändert weitergeführt werden würde (O.V. 1989, S. 21). Eine fiskalische Zentralisierung hätte den seit 1989 herrschenden Reformpessimismus der Weltöffentlichkeit bezüglich der politischen und ökonomischen Risiken in der VR China sicherlich verstärkt. Den Widerstand der Provinzen gegen das Reformkonzept verdeutlicht ihre Reaktion auf die erneuten Vorstöße Li Pengs im Jahr 1990. Es gibt Berichte darüber, daß die Provinzen sich im Kampf gegen die Zentrale zur Beibehaltung ihrer Rechte zusammengeschlos-

[18] Jiang Zemin trat im Juni 1989 die Nachfolge des entlassenen Reformers Zhao Ziyang an.

sen haben und daß Ye Xuanping,[19] Provinzgouverneur Guangdongs, als ihr Sprecher vehement die Fortsetzung der Politik großer finanzieller Autonomie der Regionen verlangte. Dafür, daß Ye ein unbequemer Verhandlungspartner gewesen sein könnte, spricht auch, daß er im Januar 1992 plötzlich von seinem Gouverneursposten abberufen wurde (Shirk, 1993, S. 194-195).

Die politische Auseinandersetzung mit dem Problem wurde allerdings aufgrund der nach wie vor weiterbestehenden makroökonomischen Steuerungsschwierigkeiten und Defizite fortgesetzt und das Finanzministerium mit der Entwicklung alternativer Finanzausgleichskonzepte beauftragt (eigene Interviews).

3. Der Zentralisierungsversuch von 1993

1993 war Zhu Rongji als stellvertretender Ministerpräsident für die Koordination der nationalen Wirtschaftspolitik zuständig. Im Juli 1993 wurde ihm das Amt des Zentralbankchefs übertragen, das zuvor von Li Guixian ausgeübt worden war.[20] Zhus Hauptziel bestand darin, die 1993 erneut aufflackernde Inflation einzudämmen sowie die lange aufgeschobene Haushaltsreform durchzusetzen.[21]

In seiner neuen Funktion entwarf Zhu als erstes ein 16-Punkte-Austeritäts-Programm, das restriktive Kreditvergabelimits und die Rücknahme von Neuinvestitionen zur Abkühlung der seit 1992 wieder überhitzten Wirtschaft vorsah. Zu Unrecht erhaltene Kredite sollten bis spätestens 15. August 1993 an die Zentralbank zurückgezahlt werden (Wo-lap Lam, 1994, S. 29). Zhu kündigte an, all jene Regierungsbeamten zu entlassen, die sich weigerten, der restriktiven Geld- und Fiskalpolitik Folge zu leisten (Baum, 1994, S. 382).

Der geldpolitische Kurs Zhu Rongjis geriet jedoch bald in Konflikt zu seinem Ziel, die Provinzelite von der Notwendigkeit der Haushaltsreform zu überzeugen. Die Provinzen waren nicht bereit, das Doppelpaket geld- und fiskalpolitischer Austerität zu akzeptieren (Wo-lap Lam, 1994 S. 49). Daher sah sich Zhu Rongji nach nur drei Monaten gezwungen, das geldpolitische Austeritätsprogramm zugunsten der Durchsetzung der Haushaltsreform wieder aufzugeben (Zuckerbrot- und Peitschen-Politik) (Wo-lap Lam, 1994, S. 29).[22]

---

[19] Ye Xuanping ist der Sohn des bekannten Parteiveteranen Ye Jianying. Im Januar 1992 wurde er von seinem Gouverneursposten abberufen und zum wenig einflußreichen stellvertretenden Vorsitzenden der politischen Konsultativkonferenz ernannt (Shirk,1993, S. 195).

[20] Dieses Amt hatte Zhu Rongji bis Juni 1995 inne.

[21] Die Figur Zhu Rongjis ist von wesentlicher Bedeutung für den Ablauf des Verhandlungsprozesses. Seine Berufung zum Zentralbankchef steht in engem Zusammenhang mit der seit 1992 stark ansteigenden Konsumpreisentwicklung. 1993 war es wieder zu einem Inflationsschub von 13,2 % gekommen (TJNJ 1998, S. 301). Li Guixian war vorgeworfen worden, seine geldpolitischen Kompetenzen übertreten, unautorisierte Kredite und Interbanktransfers gewährt sowie Vetternwirtschaft praktiziert zu haben. Zhu Rongji übernahm daraufhin selbst das Ressort der Geldpolitik, um der Inflation wieder Herr zu werden (Baum, 1994, S. 382).

[22] Nachdem bis Ende August 1993 gerade ein Drittel der Schulden zurückgezahlt worden war,

Auf den ersten Blick erscheint diese rasche Abfolge von expansiven und restriktiven wirtschaftspolitischen Strategien inkonsistent. Das wirtschaftspolitische Hin und Her entspricht aber, wie *Weigelin-Schwiedrzik* zeigte, der von Deng Xiaoping vertretenen wirtschaftspolitischen Logik:

> „[Im chinesischen Diskurs wird dieses Hin- und Her] nicht als Problem der Modernisierung beschrieben, sondern geradezu als ihr inhärente Gesetzmäßigkeit, nach der Phasen des Vorwärtsstürmens notwendig von Phasen der Drosselung des Wirtschaftswachstums begleitet sein müßten." (Weigelin-Schwiedrzik, 1993, S. 16)

Im Sommer und Herbst 1993 begab sich Zhu Rongji mit dem Ziel, die skeptische Provinzelite von der Haushaltsreform zu überzeugen, auf eine Rundreise in die Provinz. Obwohl keine offiziellen Stellungnahmen über den genauen Ablauf der Reise und die geführten Gespräche vorliegen, konnten aus der Hongkong-Berichterstattung und durch eigene Interviews einige Einblicke gewonnen werden.[23] Tendenziell waren es wohl eher die reicheren Provinzen, die Zhu Rongji die Stirn boten, hatte doch Finanzminister Liu Zhongli in seinen Erläuterungen zur Haushaltsreform offenbart, daß gerade die reicheren Provinzen künftig mehr zum Staatshaushalt beitragen sollten (Liu Zhongli, 1993, S. 9-10). Daher warfen die Küstenprovinzen der Zentrale unter anderem vor, „die Reichen ausrauben zu wollen, um den Armen zu helfen *(jie fu ji pin)*" (zitiert nach Jae Ho Chung, 1995, S. 14). Das Treffen von Zhu Rongji mit Guangdongs Parteisekretär Xie Fei und Provinzgouverneur Zhu Senlin soll der Hongkonger Berichterstattung zufolge in einem lautstarken Streit geendet haben. Jiang Zemin soll noch im November am Vorabend des Plenums seine gesamte Überredungskunst aufgebracht haben, um die Zustimmung der beiden zum Reformkonzept zu erhalten.[24] In seiner alten Machtbasis Shanghai soll Zhu Rongji ebenfalls auf Widerstand gestoßen sein. Der stellvertretende Bürgermeister Xu Guangdi berief sich dabei auf Deng Xiaoping, der bei seinen Reisen in die Metropole in den Jahren 1991 und 1992 davon gesprochen hatte, daß das finanzielle Kontraktsystem für Shanghai noch mindestens bis zum Jahr 2000 Gültigkeit behalten würde (Wo-lap-Lam, 1994, S. 28).

Die ärmeren Provinzen im Hinterland standen den Reformplänen tendenziell positiver gegenüber. Interviewpartner in Guangxi machten beispielsweise deutlich, daß sie mit der Einführung der Reform höhere Zuweisungen durch die Zentrale erwartet hatten. Von Fu Xishou, dem Gouverneur von Anhui, wird berichtet, daß er die Ersetzung des sehr unfairen fiskalischen Kontraktsystems durch das Trennsteuersystem stark begrüßt habe (Jae Ho Chung, 1995, S. 31).

(72,7 Mrd. RMB) wurde die Frist bis zum 31. Dezember 1993 verlängert. Nach dem 3. Plenum 1993 war jedoch plötzlich von einer solchen Frist nicht mehr die Rede (Wo-lap Lam, 1994, S. 29 f).

[23] Unter anderem reiste er nach Guangdong, Shanghai, Shandong, Zhejiang, Jiangsu, Liaoning, Tianjin, Hainan, Jiangxi, Henan, Shaanxi und Hubei (Jae Ho Chung, 1995, S. 12).

[24] Wo-Lap Lam spricht von einem „shouting match" (Wo-lap Lam, 1994, S. 28).

IV. Der Einfluß indirekter haushaltspolitischer Akteure auf den Reformprozeß

1. Die wissenschaftliche Diskussion in China

Im folgenden sollen zwei Wissenschaftler(teams) vorgestellt werden, deren Beiträge für die Diskussion um die fiskalische Zentralisierung von besonderer Bedeutung sind. Die Darstellung kann, mit Hinblick auf die Vielzahl wissenschaftlicher Arbeiten in der VR China, nicht vollständig sein und erhebt auch nicht diesen Anspruch.

a) Einleitende Bemerkungen zur finanzwissenschaftlichen Forschung in der VR China

Finanzwissenschaftliche Forschung findet in China in der Forschungsabteilung des Finanzministeriums,[25] in staatlichen Forschungsinstituten und in Universitäten statt. Wichtige wirtschaftswissenschaftliche Forschungsinstitute sind auf der Ebene der Zentralregierung die *Akademie der Wissenschaften* und die *Akademie der Sozialwissenschaften,* die institutionell an den Staatsrat angegliedert sind.[26] Während beide Institute bis vor einigen Jahren komplett vom Staat finanziert wurden, stammen die Finanzmittel mittlerweile hauptsächlich aus Drittmitteln. Durch diese Mischfinanzierung scheint der Einfluß des chinesischen Staates auf die Wahl der Forschungsthemen gesunken zu sein. Dennoch ist die lange Hand des Staates spürbar, denn die Projekte müssen durch eine staatliche Behörde genehmigt werden (eigene Interviews).[27] Auf den *policy*-Prozeß einwirkende wissenschaftliche Forschung findet hauptsächlich in den Eliteuniversitäten und -instituten in Beijing und Shanghai statt.[28] Ein bekannter, der Regierung nahestehender Finanzwissenschaftler bezeichnete seine Kollegen aus der Provinz als „außerhalb seines Kreises stehend" und daher wenig einflußreich. Die Mitglieder des „Kreises" *(quanzi)* würden hingegen in den wirtschaftspolitischen Ent-

---

[25] In der Forschungsabteilung gab es 1997 Referate für haushaltspolitische Grundlagenforschung, ausländische Staatsfinanzen, Haushaltspolitik, regionale Fiskalpolitik, Buchhaltung, ländliche Finanzen, Finanzgeschichte und elektronische Datenverarbeitung (eigene Interviews). Die Forschungsabteilungen in den Ministerien auf Provinzebene sind von geringer Bedeutung für die nationale Wirtschaftspolitik; allerdings gibt es gelegentlich Kooperationsprojekte mit dem FM.

[26] Wirtschaftswissenschaftliche Forschung ist in der VR China durch ideologische Beschränkungen und normative Vorgaben einerseits und die *institutionelle Verbundenheit* jeder Forschungstätigkeit mit staatlichen Stellen andererseits zweifellos ein Politikum. Da fiskalische Fragen immer gleich auch mit der Überlebensfähigkeit des Gesamtstaates und mit nationalen Gefühlen verbunden werden, erscheint die chinesische Diskussion um die wirtschaftliche und politische Bedeutung fiskalischer Fragen stark politisiert.

[27] Zu den Geldgebern gehören z.B. die Asiatische Entwicklungsbank (ADB), die Weltbank, der IWF oder die Ford Foundation. Bei Geldern von ADB und IWF ist die Zentralbank für die Genehmigung der Projekte verantwortlich.

[28] Dazu gehören z.B. die chinesische Volksuniversität in Beijing, die Beijing Universität oder die Fudan-Universität in Shanghai

scheidungsprozeß integriert, indem sie beratend tätig werden oder aber in ein Ministerium wechseln (eigene Interviews).

b) Die These vom Zentralstaat als Kostgänger der Provinzen (Xue Muqiao)

Eine besondere Bedeutung in der chinesischen Politikberatung der 80er Jahre kam *Xue Muqiao* zu. Xue (*1904) gilt als einflußreichster Ökonom aus dem kleinen Kreis der alten Generation chinesischer Wirtschaftsfachleute, die bis Anfang der 90er Jahre Einfluß auf die Wirtschaftspolitik der Regierung ausübten, und war ursprünglich wie die meisten seiner Kollegen Befürworter der fiskalischen Dezentralisierungspolitik gewesen (Xue, 1982a, S. 413).[29] Bereits 1982 stellte Xue besorgt fest, daß sich durch die fiskalische Dezentralisierung die finanzielle Situation der Zentrale verschlechtert habe:

> „Früher war die Zentrale eine große Küche, und die Regionen gingen zum zentralen Topf, um dort zu essen. Deshalb haben sich die Regionen auch nicht weiter um die Haushaltseinnahmen gekümmert [...]. Seitdem Zentrale und Regionen in getrennten Küchen essen, ist dieser Nachteil zwar korrigiert worden, der Topf der Zentrale ist jedoch so klein geworden, daß nicht mehr garantiert werden kann, daß nötige Ausgaben auch tatsächlich getätigt werden können. Im Gegenteil, es ist sogar mittlerweile so, daß sich die Zentrale aus den kleinen Töpfen der Regionen bedient." (Xue, 1982a, S. 413-414)

Das Problem der ABF steht nicht im Mittelpunkt der Arbeiten von Xue, wurde aber bereits 1981 von Dong Fureng thematisiert.[30] Dong warnte vor der wildwüchsigen Entwicklung der ABF und der daraus resultierenden Gefahr für das makroökonomische Gleichgewicht (Dong Fureng, 1997, 2. Band, S. 302). Hingegen wies Xue in fast allen Reden auf die Gefahren einer keynesianischen Defizitfinanzierung hin, die für China fehl am Platze sei, da sie Inflation verursache. Er ermahnte die Regierung außerdem, einer kontinuierlichen Abnahme der Staatsquote nicht zu lange tatenlos gegenüber zu stehen (Xue, 1981, S. 12; 1982b, S. 16 ff).

Angesichts dieser Schwierigkeiten empfahl Xue 1982 die Einführung getrennter Steuererhebungssysteme:

> „[In einem so reformierten System] würden die Haushaltsausgaben der Zentrale durch die zentralen Haushaltseinnahmen und die der Regionen entsprechend durch die lokalen Haushaltseinnahmen finanziert. Mit anderen Worten, die Regionen würden sich nicht mehr aus dem großen Topf der Zentrale und die Zentrale sich nicht mehr aus den kleinen Töpfen der Provinzen bedienen. Solange man ein System praktiziert, bei dem die Zentrale aus den kleinen Töpfen der Regionen ißt, (...) kann die einheitliche Durchführung staatlicher Pläne oder eine einheitliche nationale Durchführungspraxis kaum mehr garantiert werden." (Xue, 1982a, S. 416)

---

[29] Ab 1979 war Xue Muqiao Leiter zahlreicher Forschungszentren des Staatsrats und wichtigster wirtschaftspolitischer Berater der Regierung (ab 1980 Leiter des Büros für die Wirtschaftsreform im Staatsrat) (Shi und Liu, 1989, S. 13) und Herausgeber des seit 1981 erscheinenden ökonomischen Jahrbuches der VR China (Xue, 1992, S. 1-3; Bartke, 1985, S. 271).

[30] Dong Fureng (*1927) war Direktor des wirtschaftswissenschaftlichen Forschungsinstituts an der CASS und stellvertretender Vorsitzender des finanz- und wirtschaftswissenschaftlichen Kommitees des NVK. Er versteht sich als Entwicklungsökonom (Dong Fureng, 1997, S. 1 ff).

In der Zeit von 1983 bis 1988 veranlaßten die zweistelligen Wachstumszahlen der chinesischen Wirtschaft Xue Muqiao zu mehr Optimismus bezüglich der fiskalischen Situation Chinas. Im Jahr 1984 vertrat er die Ansicht, daß die fiskalischen Schwierigkeiten lediglich temporärer Natur seien (*zanshi kunan*); angesichts der steigenden Sparquoten und des volkswirtschaftlichen Wachstums werde es nicht schwer sein, die Probleme wieder in den Griff zu bekommen. Er rief die öffentlichen Haushalte daher auch nicht zu Sparsamkeit oder zu Bemühungen erhöhter Einnahmengenerierung auf, sondern betonte vielmehr, daß die Hauptaufgabe der Zentralregierung darin läge, die für den Aufbau einer marktorientierten Wirtschaftsordnung nötige Dezentralisierungspolitik durch geeignete makroökonomische Steuerungsinstrumente zu komplettieren (Xue, 1984, S. 36, 42-43). 1989 sah er sich allerdings aufgrund der erneut aufflackernden makroökonomischen Steuerungsprobleme veranlaßt, seine ursprünglichen Bedenken gegenüber der fiskalischen Dezentralisierung neu zu artikulieren. Auf einer Konferenz der zentralen Finanz- und Wirtschaftsführungsgruppe im April 1989 kritisierte er heftig den Verlust an makroökonomischer Kontrolle (*hongguan shikong*), der auf die Verfolgung lokaler Partikularinteressen infolge des Haushaltskontraktsystems zurückgehe, und forderte eine fiskalische Zentralisierung, um der Situation wieder Herr zu werden (Xue, 1989a, S. 421-423; Xue, 1989b, S. 81).

Auch andere Vertreter der ökonomischen Wissenschaft hatten sich kritisch zum Ausmaß der fiskalischen Dezentralisierung geäußert (Shi und Liu, 1989, S. 11).[31] Daß es dennoch zu keiner entsprechenden Reform kam, verdeutlicht, daß ökonomische Einsicht zwar notwendig für eine Reform ist, allerdings nicht hinreichend, solange der politische Wille nicht stark genug ist.

c) Die These über die schwache chinesische Zentralregierung (Hu Angang und Wang Shaoguang)

In den 90er Jahren fand ein Generationswechsel unter den Ökonomen mit politischer Beratungsfunktion statt. Jüngere, in der Regel mit westlichen Forschungsmethoden vertrautere Wissenschaftler, traten in den Vordergrund der Politikberatung.

ca) Der Bericht über die staatliche Leistungsfähigkeit der VR China und seine zentralen Thesen

Zu diesen gehören *Hu Angang*, wissenschaftlicher Mitarbeiter der Chinesischen Akademie der Wissenschaften, und *Wang Shaoguang*, Assistant Professor an der Yale

---

[31] Wu Jinglian (*1930) arbeitete von 1954 bis 1984 im wirtschaftswissenschaftlichen Forschungsinstitut der CASS. Seit 1984 ist er im Forschungszentrum des Staatsrates tätig (He und Wei, 1992, S. 903-904). Liu Guoguang (*1923), war seit 1982 Vizepräsident der CASS und langjährige Chefredakteur der wichtigsten Wirtschaftszeitschrift *jingji yanjiu*. Er gehört zu den einflußreichsten Ökonomen und rangiert im Jahrbuch der wichtigen chinesischen Ökonomen an zweiter Stelle nach Xue Muqiao (He und Wei, 1992).

University. Der Bericht über die staatliche Leistungsfähigkeit der VR China (*guojia nengli baogao)*, der von Hu und Wang im Auftrag der Akademie der Wissenschaften verfaßt wurde (Wang und Hu, 1993a und b), erscheint aufgrund der inhaltlichen und konzeptionellen Übereinstimmung mit den Bestimmungen der Reformbeschlüsse und der durch ihn ausgelösten Diskussionen als einflußreichster wissenschaftlicher Beitrag im Zusammenhang mit der Reformentscheidung (Wang und Hu, 1994a, S. 7).

Die zentrale Aussage des Berichts ist die These von der Schwäche der chinesischen Zentralregierung. Die Regional- und Lokalregierungen fügten sich nur äußerlich, insgeheim leisteten sie ununterbrochen Widerstand gegen die Politik der Zentralregierung (*yang feng yinwei*). Daher sei die Zentralregierung lediglich dem Schein nach stark, in Wirklichkeit jedoch schwach (*wai qiang zhong gan)*. Die staatliche Leistungsfähigkeit der Zentralregierung habe durch ihren Machtverlust so sehr abgenommen, daß sie ihre wirtschaftspolitischen Aufgaben nicht mehr zufriedenstellend erfüllen könne (Wang und Hu, 1993b, S. 100 ff; 1994, S. 7, 13). Der Verlust zentraler Einflußmöglichkeiten zeige sich in

- dem unkontrollierten, blinde Investitionsverhalten der Lokalregierungen, „*touzire*" (Investitionsfieber) bzw. „*gongsire*" (Firmengründungsfieber)
- der immer wieder aufflackernden Inflationsgefahr
- der Verschärfung der regionalen Disparitäten

Geldmittel würden nur noch innerhalb der Betriebe und Regionen umverteilt, seien aber nicht mehr Bestandteil einer Umverteilung auf höherer Ebene. Verantwortlich dafür seien das fiskalische Kontraktsystem und die dezentrale Steuererhebung (Wang und Hu, 1994a, S. 12). Diese Phänomene schadeten dem Modernisierungsprozeß, denn als Entwicklungsland brauche China die Koordinierung und Steuerung des Entwicklungspfades durch eine starke Zentralregierung (Wang und Hu, 1993b, Zhongwen tiyao, S. 3). Für die wichtigste Determinante staatlicher Leistungsfähigkeit halten die Autoren die fiskalische Extraktionskapazität des Staates (Wang und Hu, 1993b, Baogao, S. 9-12).

Die Zentralregierung (Z) sei als Repräsentantin des Gesamtstaates Garantin für die gesamtstaatliche Leistungsfähigkeit. Staatliche Leistungsfähigkeit ist somit keine abstrakte Autorität des gesamten Staatsgebildes, sondern die konkrete Fähigkeit der Zentralregierung, mittels den zur Verfügung stehenden Ressourcen, „ihren Willen und ihre Ziele durch entsprechende politische Handlungen realisieren zu können." (Wang und Hu, 1993b, Baogao, S. 6).

Diese argumentative Logik läßt sich durch folgenden Kausalzusammenhang wiedergeben (eigene Darstellung):

$$\text{Staatliche Leistungsfähigkeit} = f\,(\text{fiskalische Extraktionskapazität}_{\{Z\}})$$

Daß die Finanzausstattung der wichtigste Überlebensfaktor für einen Staat ist, leiten Wang/Hu aus dem Schicksal der Republik Jugoslawien und der eigenen chinesischen

Geschichte ab: Im Jahr 1989 sei die jugoslawische Zentralregierung die schwächste Regierung der Welt gewesen. Der Zerfall Jugoslawiens gründe weniger auf dem Nationalitätenkonflikt als vielmehr auf der fiskalischen Schwäche der Zentralregierung. Der Untergang der Ming- und Qing-Dynastien sowie der Niedergang der Republik China seien mit einer starken finanziellen Schwächung der Zentralregierung einhergegangen.[32] Wang/Hu prognostizieren ein Auseinanderfallen Chinas, wenn die Zentrale nicht unverzüglich gestärkt werden (Wang und Hu, 1994a, S. 11-13; Wang und Hu, 1993b, S. 7 ff).

cb) Empfehlungen für eine Haushaltsreform

Aus der Kritik am bestehenden System leiteten Wang und Hu Empfehlungen für eine Haushaltsreform ab. Hauptziele des von ihnen empfohlenen Reformpakets waren die Erhöhung der Staatsquote, die Erhöhung des Einnahmenanteils der Zentralregierung und die Senkung des Defizits. Die Reform sollte zur Rationalisierung und Vereinfachung des praktizierten Steuererhebungssystems beitragen (Wang und Hu, 1993b, Baogao, S. 188 ff). Eine klare Abgrenzung der Aufgabenverteilung zwischen den zentralen und regionalen Regierungen sollte vorgenommen werden, die Einnahmen daraufhin abgestimmt verteilt sowie die sogenannten Linienstädte abgeschafft werden. Für die Einnahmenverteilung empfahlen sie die landesweite Einführung eines modernen Trennsteuersystems (*fenshuizhi*) (Wang und Hu, 1993b, Zhongwen tiyao, S. 16-17). Die Aufteilung der Steuern sollte mit der Zielsetzung erfolgen, den Anteil der Zentrale zu erhöhen, wobei in der kurzen Frist ein Aufteilungsverhältnis zwischen Zentrale und Provinzen von 50:50, mittelfristig von 60:40 angestrebt werden sollte (Wang und Hu, 1993b, Baogao, S. 191). Für die Steuererhebung schlugen sie die Einrichtung getrennter Steuererhebungssysteme vor: Die Zentrale sollte auf Provinzebene ihre eigenen Finanzämter und Steuerbüros einrichten; nach dem gleichen Prinzip sollten auch die Provinzen nicht nur auf der eigenen, sondern auch auf den ihnen untergeordneten lokalen Ebenen eigene Steuerbehörden etablieren (Wang und Hu, 1993b, Baogao, S. 197 ff).

Für die tarifliche Ausgestaltung des Steuersystems schlugen die beiden Wissenschaftler zwei grundsätzliche Änderungen vor. Die Unternehmensgewinnbesteuerung sollte für alle Unternehmensformen (also aus- und inländische Unternehmen) vereinheitlicht und die diskriminierende Besteuerung der Staatsunternehmen abgeschafft werden. Lediglich in den Wirtschaftssonderzonen sollten Ausnahmeregelungen und Steuervergünstigungen vorerst weiter gestattet sein. Die Steuerprogression der indivi-

---

[32] Zu den Ursachen der fiskalischen Schwierigkeiten in der Ming- und Qing-Dynastie vgl. Zelin, 1984. Zelin bezeichnete fiskalische Schwierigkeiten als Hauptgrund für die Schwäche der Qing-Dynastie im 19. Jahrhundert und ihren Niedergang im Jahr 1911: „Not a lack of vision or a lack of will determined the collapse of the centralized Chinese state. It was a lack of means." (Ibid, S. 308). In der Republik China soll der Anteil der Zentralregierung an den Staatseinnahmen im Jahr 1934 nur noch 4,8 % betragen haben (Wang und Hu, 1994a, S. 11).

duellen Einkommensteuer sollte stärker ausdifferenziert werden, um die Steuerlast gerechter zu verteilen und ein transparentes System der individuellen Einkommensteuern eingeführt werden (Wang und Hu, 1993b, Baogao, S. 199 ff).

2. Der Einfluß ausländischer Experten auf den Entscheidungsprozeß

Daß die Weltbank seit dem Wiedereintritt der VR China in diese internationale Organisation im Mai 1980 als Kapital- und Kreditgeberin Einfluß auf die chinesische Wirtschaftspolitik nimmt, liegt nicht nur an der Bindung ihrer Kreditvergabe an die Erfüllung bestimmter Kriterien durch den Kreditnehmer (der Tiananmen-Zwischenfall hatte beispielsweise ein vorübergehendes Einfrieren der Weltbankkredite an die VR China zur Folge), sondern auch daran, daß die VR China seit dem Haushaltsjahr 1993/94 größter Kreditnehmer der Weltbank ist.[33] Die Rolle, die sie im haushaltspolitischen Reformprozeß im Sommer und Herbst 1993 spielte, zeigte jedoch, daß die Weltbank inzwischen auch verstärkt durch ihre Beratungsfunktion Einfluß auf die chinesische Wirtschaftspolitik ausübt.

Im Juni 1993 wandte sich Zhu Rongji einer Presseberichterstattung der *Financial Times* vom 25. August 1993 zufolge mit der Bitte um eine Beurteilung der makroökonomischen Situation in China und der notwendigen wirtschaftspolitischen Maßnahmen an das Expertenteam der Weltbank (Nicoll, 1993, S. 3). Vom 10. bis 12. Juni 1993 fand in Dalian eine dreitägige internationale Konferenz zum Thema „Makroökonomisches Management in der VR China (*Zhongguo hongguan jingji guanli yantaohui*)" statt, die von Weltbank und chinesischer Regierung gemeinsam veranstaltet wurde (Renmin Ribao, 21.7.1993). An dieser Konferenz nahmen über 40 hochrangige Experten der Wirtschaftsreformkommission *(tigaiwei)*, des Finanzministeriums, der staatlichen Steuerberhörde, der Weltbank und der chinesischen Zentralbank sowie Wissenschaftler aus dem In- und Ausland teil und diskutierten die Frage, welche Maßnahmen der chinesischen Regierung als Reaktion auf die makroökonomischen Steuerungsprobleme angemessen wären.[34] Die Analyseergebnisse der Weltbankexperten finden sich im Bericht „China: Reform and Development in 1992-1993", wieder, der im August

---

[33] Die Weltbank hat der VR China im Fiskaljahr 1993/1994 eine Gesamtkreditsumme von 3,07 Mrd. US $ zur Verfügung gestellt. (Das Haushaltsjahr der Weltbank geht vom 1.7. bis 30.6.). Mit einem Anteil von 14,7% an dem insgesamt vergebenen Kreditvolumen von 20,8 Mrd. US $ war China somit zum größten Kreditnehmer der Weltbank aufgestiegen (China aktuell, 1994, Juli, S. 677)

[34] Nach der Financial Times konkretisierte sich diese zentrale Frage darin, wie die Regierung Kontrolle über das Finanzsystem ausüben und eine makroökonomische Steuerung durchführen könne, ohne die Entwicklung der Marktmechanismen zu behindern. Dem Bericht der Financial Times zufolge waren sich die Weltbankexperten einig, daß die Wirtschaft völlig überhitzt sei: „growth at current rates is not sustainable" (Nicoll, 1993, S. 3). Hingegen stand laut Renmin Ribao im Mittelpunkt die Frage, „welche kurz- und langfristigen Maßnahmen ergriffen werden sollten, um das Wirtschaftswachstum beizubehalten" (Renmin Ribao, 21.7.1993). Die chinesische Regierung müsse ihre makroökonomische Steuerungsfähigkeit erhöhen, wenn sich die Wirtschaft der VR China „stabil (*wending*)" und „gesund (*jiankang*)" weiterentwickeln sollte. Dafür seien entsprechende institutionelle und organisatorische Reformen nötig (Renmin Ribao, 21.7.1993).

1993 veröffentlicht wurde. Dort steht die Zentralisierung der wirtschaftspolitischen Kompetenzen deutlich im Mittelpunkt der empfohlenen Reformstrategie:

> „It will be important to refute the widely held notion in China that centralization of authority is contrary to reform, and that all decentralization is good for reform. A key challenge will be to overcome local opposition in this regard, and to unify views in favor of an agressive program to strengthen macroeconomic management capability, for a failure to manage the economy and avoid inflation is the single largest threat now to the overall success of the reform program. Strong reforms in the three key areas of fiscal, financial and trade reforms should now be taking center stage in the overall reform effort. (...) The market economy does not necessarily require less government, just different government, and in many reform areas, that is the challenge to be addressed." (Harrold und Lall, 1993, S. 51-52)

V. Fazit

Ziel dieses Kapitels war es, die wirtschaftspolitische Logik des Reformbeschlusses zu untersuchen. Dabei wurde a) analysiert, inwiefern die von der Zentralregierung genannten wirtschaftspolitischen Gründe für den Reformbeschluß plausibel erscheinen, und b) welche Instanzen wie Einfluß auf den Entscheidungsprozeß genommen haben und welche Aussagen sich daraus über die wirtschaftspolitische Situation der Zentralregierung ableiten lassen. Folgende Ergebnisse sind festzuhalten und im Zusammenhang mit den eingangs vorgestellten Erklärungshypothesen zu erörtern:

Zu Hypothese 1: a) Die Überprüfung des Arguments von der fiskalischen Schwäche des Staates hat ergeben, daß die offiziellen Daten die tatsächliche Beteiligung des Staates am Wirtschaftsgeschehen stark unterzeichnen. Werden ABF, die bei den offiziellen Berechnungen unbeachtet bleiben, in die Berechnung der Staatsquote nach der internationalen Standarddefinition miteinbezogen, ergeben sich völlig andere Ergebnisse. Die Beteiligung des Staates an Sozialprodukt und Ressourcenallokation wird im Gegensatz zu 13,1 % im Jahr 1992 mit 29,2 % ausgewiesen, erscheint im internationalen Vergleich somit keinesfalls ungewöhnlich niedrig. b) Das Argument von der fiskalischen Schwächung der Zentralregierung wurde durch die Untersuchungen bestätigt. Die budgetinternen Ausgaben der Zentrale sind seit 1985 kontinuierlich gesunken und lagen 1992 bei 31,3 %. Auf schätzungsweise 30 % beliefen sich die Einnahmenanteile (Ertragskompetenz). Die um ABF und Subventionslasten korrigierten zentralen Anteile zeichnen einen schwächeren Abwärtstrend, für 1992 ergab sich ein Wert von 37,4 %. Die ABF sind zwar öffentliche Gelder, werden aber aufgrund ihrer Verwaltungsstruktur weder in das Umverteilungsvolumen des Finanzausgleichs miteinbezogen, noch können sie im Rahmen makroökonomischer Stabilisierungsmaßnahmen eingeplant werden. Damit offenbart sich der Kern des fiskalischen Machtverlustes der Zentrale: das wildwüchsige Wachstum der ABF in der Peripherie. Da dieser außerbudgetäre, zweite Haushalt außerhalb des Haushaltsplans existiert und fiskalisch wirksam wird, mindert er die haushaltspolitische Kontrolle der Zentrale.

Das von Hu und Wang gezeichnete Szenario einer aus dem *de facto fiskalisch fragmentierten Staatsgebilde* resultierenden politischen Desintegration Chinas erscheint jedoch bei genauerer Betrachtung als „Papiertiger". *Herrman-Pillath* und *Zhu* wiesen zu Recht darauf hin, daß aus der Betrachtung der auf Provinzebene aggregierten Haushaltsdaten keine voreiligen Schlüsse über die chinesische Realität gezogen werden dürfen, da die ABF insbesondere unterhalb der Provinzebene von großer Bedeutung für die Finanzierung der lokalen Ausgaben sind (Herrmann-Pillath und Zhu, 1998, S. 16). Abspaltungen einzelner Landesteile könnten jedoch in der VR China realistischerweise nur von der Provinzebene ausgehen.

Daß der Abfall der Staaten in Osteuropa vom Sozialismus und der Zerfall der UdSSR und Jugoslawiens ein Krisengefühl in der chinesischen Führung auslöste, steht zwar außer Frage (vgl. o.V. 1991; Levine, 1994, S. 46). Allerdings bestand die Angst weniger in der Vorstellung von einem bevorstehenden Zerfall des Landes in unabhängige Teilstaaten, als vielmehr in der Befürchtung eines Verlustes der politischen Vormachtstellung der KPCh durch das sinkende Interesse der Bevölkerung an der sozialistischen Ideologie. Wer aus der wirtschaftlichen und fiskalischen Fragmentierung der VR China eine bevorstehende politische Desintegration ableitet, unterschätzt meines Erachtens allerdings die Dynamik des Nationalismus, der unabhängig von Bildungsstand und politischer Grundhaltung die Mehrheit der chinesischen Bevölkerung miteinander verbindet. Auch ein regimekritischer Exildissident würde stets die Forderung nach der nationalen Integrität Chinas unterschreiben und eine Unabhängigkeit Tibets oder Taiwans ablehnen (Heidelberger Round-Table-Gespräch am 17.6.1999).[35]

Die Vielschichtigkeit der Zusammenhänge des chinesischen Nationalismus kann in dieser volkswirtschaftlichen Arbeit nicht erörtert werden. Es scheint mir jedoch naheliegend zu sein, daß der nationale Konsens *darüber, daß die einzelnen Landesteile (dies umschließt Taiwan) organisch zusammengehören*,[36] auch im Zeichen der chinesischen Außenpolitik interpretiert werden muß.[37] Selbst wenn sich die wirtschaftlichen Interessen der Provinzen voneinander unterscheiden und zweifellos Interessenkonflikte mit der Zentrale existieren, sind sich Zentrale und Provinzen darin einig, daß China im Banne seiner 5000-jährigen Geschichte geradezu prädestiniert dazu ist, eine führende Rolle auf der politischen Weltbühne zu übernehmen (vgl. hierzu auch Dittmer, 1991, S. 210 ff, Müller-Hofstede, S. 534 ff).[38] Daß China nur in der Einheit nach außen der

---

[35] In Tibet ist der Wunsch nach kultureller (möglicherweise auch politischer) Unabhängigkeit zwar vorhanden, allerdings sind Sezessionsbestrebungen der tibetischen Bevölkerung angesichts der Aufgabe des Unabhängigkeitsziels durch den Dalai Lama und der militärischen Dominanz Beijings derzeit unwahrscheinlich.

[36] Die Zentralregierung der Volksrepublik China besitzt völkerrechtlich den Alleinvertretungsanspruch für China. Taiwan ist offiziell eine Provinz der VR China, die untrennbar mit dem Festland verbunden ist. Die mit der Amtsübernahme des taiwanesischen Präsidenten *Chen Shubian* im Mai 2000 viel diskutierte Unabhängigkeit Taiwans wird vom Festland unter Androhung militärischer Schritte vehement abgelehnt.

[37] Vgl. zur chinesischen Außenpolitik Robinson und Shambaugh, 1994 und Dittmer, 1991. Kirby, untersuchte u.a. die „traditions of centrality" in der chinesischen Außenpolitik (Kirby, 1994, S. 13 ff).

[38] Die Vorstellung von einem mächtigen China, das innerhalb von kürzester Zeit mit den industrialisierten Ländern der westlichen Hemisphäre konkurrieren und in der Weltpolitik v.a. den USA

Welt zeigen kann, daß das Reich der Mitte von steigender weltpolitischer Bedeutung ist, wissen auch die politischen Führer in der Provinz.

Die kommunistische Partei Chinas versteht sich als Garantin für die Einheit des Landes, und ein wichtiger Grundstein für die politische Legitimität der Partei besteht darin, das Land im Jahr 1949 nach Jahren des Bürgerkriegs und der politischen Zersplitterung erfolgreich geeint (vgl. hierzu Weigelin-Schwiedrzik, 1999b, S. 2) und diese Einheit bis heute aufrechterhalten zu haben.[39] Durch das bis auf die lokale Ebene reichende System der Parteiorganisation erfolgt die Transmission der offiziellen politischen Linie sowie die Überwachung der Politikimplementierung nach zentralen Vorgaben (Lieberthal, 1995, S. 170).

Zu Hypothese 2: Die Analyse des Entscheidungsprozesses hat gezeigt, daß die Zentralregierung trotz langjähriger Verhandlungen mit den Provinzen erst 1993 in der Lage war, ihr Reformvorhaben auf lokaler Ebene durchzusetzen. Bei der Konzeption der Reform wurden die Interessen der Provinzen in Form von Kompromißzusagen mitberücksichtigt.[40] Die ABF wurden nicht in den Reformplan integriert, da eine Begrenzung der fiskalischen Autonomie im budgetinternen und –externen Sektor einen Konsens über das Reformvorhaben stark behindert hätte.

Dies bestätigt die Implikationen der sog. *Bargaining*-Theorie, nach der Entscheidungen zwischen Zentrale und Provinzen im Verhandlungsprozeß getroffen werden. Trotz ihrer formalen politischen Dominanz ist die Zentrale nicht in der Lage, Entscheidungen über die Verteilung knapper Ressourcen im Alleingang zu treffen (autoritäres Entscheidungsfindungsmodell). Zentrale und Provinzen stehen sich vielmehr gerade bei Entscheidungen, die die Distribution von Gütern und Ressourcen betreffen, mit meist unterschiedlichen Interessen gegenüber. Wie *Goodman* zeigte, fördert der *Bargaining*-Prozeß die Annäherung zwischen den Verhandlungspartnern, die einen gemäßigteren Kurs einschlagen und von extremen Verhandlungspositionen abweichen (Goodman, 1994, S. 15 f). Um ein Verhandlungsergebnis herbeizuführen, sind sie zu Zugeständnissen bereit.

Nach *Shirk* greift die Zentrale erst dann autoritativ in Entscheidungen ein, wenn auf dem Verhandlungswege keine Lösung gefunden werden kann (Shirk, 1993, S. 116).

Paroli bieten können wird, wird dem ausländischen Chinareisenden während langer Zug- oder Busreisen immer wieder von chinesischen Mitreisenden vermittelt (eigene Gespräche, 1997-2000).

39 Die Kommunistische Partei förderte den chinesischen Nationalismus und damit das nationale Einheitsgefühl in den 90er Jahren verstärkt durch Regimepropaganda in allen Medien, durch die z.B. rot gekleidete Sänger das kulturelle Erbe Chinas loben, durch Spruchbänder, auf denen zu patriotischer Gesinnung aufgerufen wird *(aiguo zhuyi),* durch Reden, in denen Chinas Bedeutung für die Weltpolitik thematisiert wird und durch Dokumentarfilme, in denen an die Einigung Chinas durch die kommunistische Partei erinnert wird (vgl. z.B. Cousin, 1999).

40 Wie in *Kapitel D.III* gezeigt wurde, versprach sie a) den armen Provinzen höhere Zuwendungen, den reichen Provinzen hingegen sagte sie zu, daß sie sich nicht verschlechtern würden, b) die Beibehaltung der Situation aus dem Basisjahr 1993 als Mindesteinnahmen, c) die Aufteilung der Steuermehreinnahmen zwischen Zentrale und Provinzen, d) die Beibehaltung der vor 1993 von den Lokalitäten erteilten Steuererleichterungen mit Genehmigung der Zentrale bis 1995.

Die Funktion des Bargaining-Prozesses kann jedoch, wie die in diesem Kapitel dargestellten Zusammenhänge gezeigt haben, noch weitergehender interpretiert werden: Es wird deutlich, daß der *Bargaining*-Prozeß offenbar ein Mittel ist, schwierige Entscheidungen so lange hinauszuzögern, bis sich in der Zentralregierung ein Patron findet, der so viel Autorität besitzt, daß er die Entscheidung in den verantwortlichen Gremien durchsetzen kann. Der Patron der Haushaltsreform war in diesem Fall Zhu Rongji, der durch Inspektionstouren auch die letzten Kritiker in der Provinz von den Vorteilen der Haushaltsreform zu überzeugen suchte und aufgrund seines Amtsantritts als Zentralbankchef im Juli 1993 soviel an Autorität gewonnen hatte, daß er in der Lage war, die Haushaltsreform in den politischen Gremien der Zentralregierung durchzudrücken.

Die Zentralregierung machte sich in diesem Entscheidungsprozeß zur Stärkung ihrer Position die Frage der regionalen Ungleichheit zunutze. Da große regionale Disparitäten ein plausibles Argument für eine Stärkung der redistributiven Funktion der Zentrale sind, versuchte die Zentrale 1993 insbesondere die ärmeren Provinzen für das Reformprojekt zu gewinnen, indem sie höhere Zuwendungen in Aussicht stellte. In der Verordnung 1993 verzichtete sie jedoch auf die explizite Zusage einer verstärkten finanziellen Förderung, sondern beließ es bei vagen Aussagen über eine beabsichtigte Unterstützung des Hinterlandes.

Als aufgrund der unbeirrten Skepsis der Provinzen der Entscheidungsprozeß immer noch nicht abgeschlossen schien, traf die Zentrale im Spätsommer 1993 die letzten Entscheidungen über die Details der Reform weitgehend im Alleingang und beendete somit den Diskussionsprozeß über die Ausgestaltung des Finanzausgleichssystems. Zahlreiche regionale und lokale Gebietskörperschaften wurden über die Details der Finanztransfers zum Teil erst im Jahr 1994 in Kenntnis gesetzt (eigene Interviews).

Ähnliches zeigte *Brohm* bei ihrer Analyse der Diskussion um das Drei-Schluchten-Projekt am Yangtse-Fluß. Der Entschluß das Staudammprojekt letztlich durchzuführen, sei im Jahr 1990 auf die politische Autorität von Li Peng zurückgegangen, der ein entschiedener Befürworter des Projekts war und mit gezielten Pressekampagnen und Inspektionsreisen auch die letzten Kritiker von den Vorteilen des Staudamms zu überzeugen suchte (Brohm, 1995, S. 112 ff). Im Lichte der *Prinzipal-Agenten-Theorie* betrachtet, zeigt sich somit, daß das konsensorientierte Konfliktlösungsmodell zwar Entscheidungsfindungsprozesse motiviert, die Verhandlungspartner aber offenbar ohne die Autorität der Zentrale, den *Bargaining*-Prozeß zu einem bestimmten Zeitpunkt abzubrechen, zu keiner konsensualen Entscheidungsfindung fähig sind.

Zu Hypothese 3: Der Entscheidungsfindungsprozeß wurde durch indirekte haushaltspolitische Akteure aktiv unterstützt. Als „unabhängige", außerhalb des Regierungsapparates stehende Gutachter lieferten Wang Shaoguang und Hu Angang der Zentrale Argumente, die der Perzeption einer Krise die nötige Brisanz verliehen (*Gefährdungsthese*). Da wirtschaftspolitische Handlungen perzeptionsgesteuert sind, ist es nicht die objektive Realität, sondern die beeinflußbare Perzeption derselben, die letztlich das Denken der Verantwortlichen bestimmt. Der Einfluß von Wang und Hu im

Entscheidungsprozeß liegt weniger in der Qualität ihrer Argumentationsführung begründet als darin, daß sie das Krisengefühl geschickt wissenschaftlich bedienten. Neben dem Vergleich mit den gefallenen sozialistischen Republiken in Osteuropa, benutzten sie hierzu auch die eigene chinesischen Geschichte mit dem Ziel, bei den zentralen Führungskräften bestimmte Assoziationen hervorzurufen. So bestand im alten China die Vorstellung, daß eine Dynastie durch das Mandat des Himmels (*tianming*) legitimiert war. Das himmlische Mandat konnte jedoch bei ineffizientem Regieren gekoppelt mit einem anhaltenden Vertrauensverlust in der Bevölkerung und in den Provinzen wieder verloren gehen. Daraus leitete sich ein zyklisches Geschichtsbild ab, das durch das Kommen und Gehen von Dynastien gekennzeichnet war (Gernet, 1988, S. 464). Daß eine anhaltende fiskalische Schwäche der Zentrale und die fehlende Solidarität der Provinzen in der Geschichte immer zu einem Verlust des Herrschaftsanspruchs geführt hat, ist der zentralen chinesischen Führung hinreichend bekannt.

Die Unterstützung der Weltbank konnte von der Zentrale innenpolitisch verwertet werden: Sie konnte somit den Provinzen das Reformkonzept als Empfehlung der Weltbank vermitteln. Daß sie das Reformprojekt unterstützt hat, ist jedoch *nicht* als grundsätzlicher Paradigmenwechsel der Weltbank zu werten. Ihre Rückendeckung für die Zentralisierungsinitiative der Zentralregierung steht vielmehr im Einklang mit den Implikationen der fiskalischen Theorie des Föderalismus. Die Dezentralisierung fiskalischer und ökonomischer Kompetenzen ist zwar ein positives Anzeichen für eine fortschreitende Vermarktwirtschaftlichung, darf aber demnach nicht auf Kosten der makroökonomischen Steuerungsfunktion der Zentralregierung gehen, auf die eine funktionierende Marktwirtschaft nicht verzichten kann (Worldbank, 1995).

TEIL III

Umsetzung der Haushaltsreform

F. Analyse der Implementierung der Finanzausgleichsreform

I. Einleitende Bemerkungen

1. Festsetzung des zeitlichen Rahmens

Die Untersuchung des Entscheidungsprozesses zur Haushaltsreform hat gezeigt, daß die Zentrale in der Lage ist, Entscheidungen zu fällen, denen die Provinzen skeptisch gegenüberstehen. Die Fragestellung der vorliegenden Arbeit, inwieweit die Zentrale ihre fiskalischen Zentralisierungsabsichten in der Implementierungsphase auch umsetzen konnte und welche Veränderungen sich daraus für die fiskalischen Beziehungen zwischen Zentrale und Provinzen ergeben, fordert eine detaillierte Analyse der Politikumsetzung. Mit Blick auf die Verfügbarkeit der Daten umfaßt die folgende Untersuchung des Implementierungsprozesses die Zeitspanne von 1994 bis 1997 und basiert neben dem offiziellen Zahlenmaterial auf Interviews, die zwischen 1997 und 1998 in China durchgeführt wurden (*vgl. Kapitel A.IV* und *Anhang 2.III*).

2. Zugrundeliegende Betrachtungsansätze

Die Analyse der Politikumsetzung rückt die untergeordneten, mit der Umsetzung der Reform beauftragten Gebietskörperschaften und ihre Reaktionen auf die zentrale Politik in den Vordergrund der Betrachtung. Nach Jae Ho Chung kann die These von der Machterosion der Zentrale widerlegt werden, wenn es dieser gelänge, die Haushaltsreform „erfolgreich" durchzuführen. Er bezeichnet den Implementierungsprozeß der Haushaltsreform als „crucial indicator of the current balance of power between Beijing and provinces" (Jae Ho Chung, 1994/1995, S. 23). Die folgende Untersuchung berücksichtigt zwei Betrachtungsansätze, die unterschiedliche Erkenntnisgewinne versprechen:

Der erste Ansatz ist der Vergleich zwischen angekündigten Zielen und tatsächlichem Ergebnis (Ziel-Ergebnis-Analyse). Eine hohe Kongruenz läßt auf eine erfolgreiche Umsetzung der Reform schließen. Schwierig wird diese Definition von „Erfolg" allerdings, wenn mit einer Maßnahme divergierende Ziele verfolgt werden, bzw. zwischen expliziten und impliziten Zielen unterschieden werden muß.

So kann nicht davon ausgegangen werden, daß die proklamierten Ziele einer politischen Maßnahme stets der tatsächlichen Absicht entsprechen. Der zweite Ansatz ist die prozessuale Betrachtungsweise. Hier wird nicht das Ergebnis beurteilt, sondern lediglich untersucht, inwiefern die vorgesehenen Maßnahmen plankonform umgesetzt worden sind. Eine plankonforme Umsetzung ist per definitionem erfolgreich. Dieser Ansatz hat den Vorteil, daß er auf eine Ziel-Ergebnis-Analyse verzichtet und damit einfach zu handhaben ist (vgl. hierzu auch Lampton, 1987c, S. 4-7).

II. Reaktionen der Provinzen auf den Reformbeschluß im Jahr 1993

1. Offizielle Stellungnahmen

Die offiziellen Stellungnahmen der Finanzminister (Provinzebene) zur Einführung des neuen Finanzausgleichssystems veröffentlichte die Zeitschrift Caizheng (Finanzen) im Februar 1994. Es handelt sich um Statements, die auf der nationalen Finanzkonferenz im Dezember 1993 abgegeben wurden. Trotz des erwartungsgemäß positiven Grundtenors waren kritische Untertöne jedoch nicht überhörbar.

Leistungsschwache Provinzen verliehen zwar ihrer Erwartung Ausdruck, daß sie im Zuge der verstärkten Umverteilungsmaßnahmen der Zentrale einen größeren Teil des Kuchens abbekommen könnten, äußerten jedoch gleichermaßen Skepsis über die redistributiven Wirkungen des Reformpakets. So betonten die Finanzminister von Jiangxi und Guangxi ihre Hoffnung, daß die Reform das Problem der ungleichen Verteilung lösen werde, da sich viele Lokalregierungen mittlerweile in so ernsthaften finanziellen Schwierigkeiten befänden, daß keine Gehälter an Staatsbedienstete mehr ausbezahlt werden könnten. Henans Finanzminister erklärte indessen, daß die Reform durchaus dazu führen könne, daß sich die Diskrepanzen zwischen den einzelnen Provinzen vergrößern. Auch der Finanzminister von Guangxi machte in seiner Stellungnahme deutlich, daß er von den redistributiven Wirkungen der Reform nicht überzeugt sei und der Finanzminister von Jilin wies darauf hin, daß die Trennsteuerreform einige Provinzen in ernste finanzielle Schwierigkeiten bringen könnte. Bedenken hegten auch die Finanzminister von Heilongjiang und Gansu. Beide wiesen darauf hin, daß Schwierigkeiten und potentielle Risiken für die Lokalitäten im Zuge der Umsetzung der Trennsteuerreform unvermeidlich seien. Es werde aber nicht sehr hilfreich sein, sich auf die Hilfe der Zentrale zu verlassen, vielmehr müßten die Lokalitäten auf ihre eigenen Kräfte bauen, die regionale Wirtschaft entwickeln und neue Finanzquellen erschließen, um die „Finanzlöcher zu stopfen“, die durch die Reform für die Provinzen entstehen könnten (Caizheng, 1994, 2, S. 12-13).

Die Stellungnahmen der reichen Provinzen zum Reformprojekt fielen (auch in den eigenen Interviews) tendenziell positiver aus als die der leistungsschwächeren. So lobte der Finanzminister von Liaoning die Trennsteuerreform als eine milde Reform, die von den Lokalitäten leicht akzeptiert werden könne, und der Shanghaier Finanzminister erklärte, daß er diese Reform seit langem herbeigesehnt habe (Caizheng, 1994, 2, S. 11-13).

2. Strategisches Verhalten: Versuch der Einnahmenmaximierung

Im Sommer 1993 wurden die Provinzregierungen, auch infolge der Rundreise von Zhu Rongji (*Kapitel E.III.c*), über die inhaltlichen Schwerpunkte der Finanzausgleichsreform in Kenntnis gesetzt. Als bekannt wurde, daß das Einkommensniveau von 1993 das Mindesteinkommen der Folgejahre determinieren würde, begannen die Provinzen ihre Steuererhebung zu maximieren: Im September 1993 waren die Steuereinnahmen der Provinzen daher um 52 % höher als im Vorjahr (Wo-lap Lam, 1995, S. 122); im Jahresdurchschnitt stiegen die Einnahmen im Jahr 1993 um 24,8 % (*Abbildung 9*).

Ein Beijinger Finanzwissenschaftler erklärte diese außergewöhnliche Steigerung mit der besonderen „Elastizität (*tanxing*)" der chinesischen Steuererhebungspraxis. Beispielsweise wurden 1993 die Eintreibung ausstehender Steuern aus den Vorjahren intensiviert, zum Teil auch schon die Steuern für das Jahr 1994 eingezogen (eigene Interviews; Huchet und Wang, 1995, S. 17). Guangdongs stellvertretender Finanzminister warnte seine Amtskollegen indessen davor, die Steuereinnahmen künstlich aufzublähen. Alle „säßen im selben Boot" (*tong zhou gong ji*) und müßten am selben Strang ziehen (Caizheng, 1994, 2, S. 13). Dahinter stand die Befürchtung, daß die Steuern in den Folgejahren wieder auf ein normales Niveau sinken würden und dann insbesondere die reichen Provinzen zur Finanzierung der Kompensationszahlungen beitragen müßten.

Abbildung 9

Wachstum des Haushaltsbudgets und des Sozialprodukts, 1980-1997

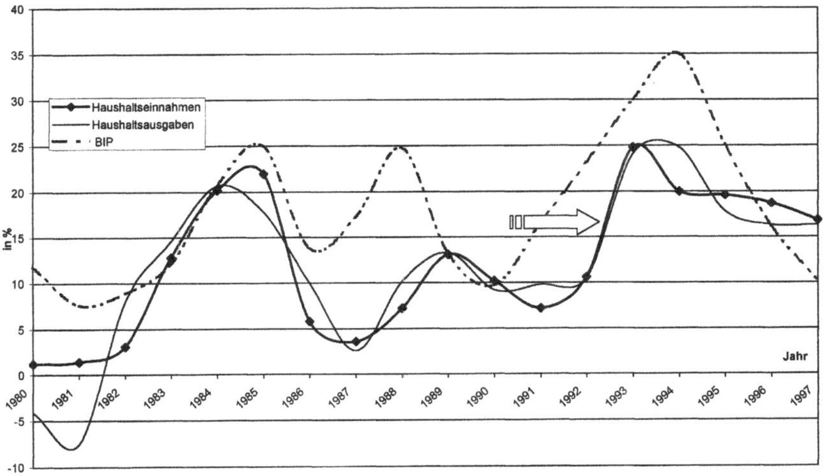

Eigene Darstellung auf der Grundlage von Tabelle A.6.

III. Die Umsetzung der Finanzverwaltungsreform

Die Aufspaltung der Finanzverwaltung in zentrale und dezentrale Steuererhebungsbehörden erfolgte in den einzelnen Provinzen unterschiedlich schnell. In den meisten

Provinzen wurde sie im Laufe des Jahres 1994 abgeschlossen.

In Shanghai, Zhejiang und Hainan soll die Trennung der Steuerbehörden indessen nicht umgesetzt worden sein (eigene Interviews). Die Interviewpartner in Shanghai bestätigten, daß man die administrative Trennung der Steuerbehörden nicht durchgeführt habe. Sie mache keinen Sinn, sondern verursache lediglich zusätzliche Kosten.[1] Es wurde auch berichtet, daß es in Hainan dem Namen nach zwei getrennte Steuerverwaltungen gebe, die aber in einem Haus untergebracht und von der gleichen Person geleitet würden (eigene Interviews). Diese Aussagen werden durch die im finanzstatistischen Jahrbuch veröffentlichten Listen über die Direktoren den Steuerbehörden auf Provinzebene nicht bestätigt,[2] sie deuten jedoch darauf hin, daß die Implementierung nicht allerorts plangemäß erfolgte.

Abbildung 10 zeigt den Aufbau der Haushalts- und Steuerbürokratie seit 1994 und verdeutlicht die Einbindung der zentralen und regionalen/lokalen Steuerbehörden in den Regierungsapparat. Der Direktor der Obersten Steuerverwaltungsbehörde (OSB) wird auf Vorschlag des Ministerpräsidenten vom Nationalen Volkskongreß ernannt. Die nationalen Steuerbüros auf regionaler und lokaler Ebene unterstehen der Zentralregierung. Die OSB ernennt die Direktoren der nationalen Steuerbüros auf Provinzebene, diese wiederum ernennt die Direktoren der Steuerbüros auf der Stadtebene etc.[3] Anders verhält es sich bei den regionalen Steuerbüros. Die Direktoren der regionalen Steuerbüros auf Provinzebene werden vom NVK der Provinzebene auf Vorschlag des Provinzgouverneurs ernannt. Die Nominierung des Kandidaten muß durch die OSB bestätigt werden.[4]

Analog erfolgt die Ernennung der Direktoren der lokalen Steuerbüros unterhalb der Provinzebene: Die Direktoren der lokalen Steuerbehörden auf Kreisebene werden beispielsweise auf Vorschlag des Kreisgouverneurs vom Volkskongreß auf Kreisebene ernannt; die Nominierung wird abgesprochen mit dem Direktor der zentralen Steuerbehörde auf Stadtebene (eigene Interviews; Shuizhengsi, 1996, S. 29-32).

---

[1] Man habe den Finanzämtern bestimmte Steuererhebungskompetenzen zugestanden, die andererorts von den Steuerbüros übernommen werden. So würden die Stempelsteuer, die Agrarsteuer, die Pflugsteuer und die Agrarsondersteuer nicht vom Steuerbüro, sondern vom Finanzamt eingezogen und verwaltet (eigene Interviews).

[2] Für die Zeitspanne von 1995 bis 1997 werden dort für Shanghai, Zhejiang und Hainan als Direktoren der lokalen und zentralen Steuerbehörden auf Provinzebene jeweils zwei verschiedene Namen genannt (CZNJ 1996, S. 800 ff; 1997, S. 801 ff; 1998; S. 764 ff). Für 1994 werden lediglich die Namen der Direktoren der zentralen Steuerbehörden veröffentlicht (CZNJ 1995, S. 674 ff).

[3] In der OSB waren 1996 insgesamt 400 Personen beschäftigt (Shuizhengsi, 1996, S. 30). Sie besteht aus 13 Abteilungen /Sekretariat, Rechtsabteilung, 2 Abteilungen für die Verkehrssteuern, je eine Abteilung für die Einkommensteuern, für die lokalen Steuern, für die Besteuerung ausländischer Unternehmen, für die Außenhandelssteuern, für die Agrarsteuern und für die Steuererhebungsorgane, die internationalen Beziehungen, die Steuerplanung und das Personalwesen) (Shuizhengsi, 1996, S. 30-31).

[4] Im Chinesischen steht *„tichu yijian"*, d.h. die OSB äußert ihre Meinung zum Kandidaten (Shuizhengsi, 1996, S. 29).

Die Aufteilung der Steuerbüros verursachte vielerorts administrative Spannungen. Einer zentralen Direktive zufolge sollte die Aufteilung zugunsten zentraler und regionaler/ lokaler Steuerbüros im Verhältnis von 70:30 erfolgen (Herschler, 1995, S. 242). Die regionalen/ lokalen Steuerbüros forderten mehr Personal, da sie eine weit größere Anzahl von Steuern verwalteten als die zentralen Steuerbehörden (eigene Interviews). Im Jahr 1997 waren in China knapp 1 Million Personen Steuerbeamte, rund 40 % davon arbeiten in der den Regional- oder Lokalregierungen unterstehenden Steuerverwaltung (*Tabelle 7)*. Ein weiteres Problem sehen Steuerkader darin, daß es keine Vertretung der dezentralen Steuerorgane in Beijing gibt. In einem System, in dem vertikale hierarchische Beziehungen (*tiaotiao)* eine große Rolle spielen, führe dies dazu, in Beijing nicht „gehört" zu werden (eigene Interviews).

Tabelle 7

Angestellte in chinesischen Steuer- und Finanzbehörden, 1995-1997

	1995	1996	1997
Zentrales Steuerverwaltungssystem	642.091	564.540	567.928
Dezentrales Steuererhebungssystem	351.754	384.261	400.261
Finanzverwaltungssystem	478.015	491.536	521.644

Quelle: CZNJ 1996, S 807 ff; 1997, S. 810 ff; 1998, S. 772 ff.

Finanzbeamte beklagten, daß auf einer Regierungsebene die drei Finanzverwaltungsorgane Finanzamt, zentrales und regionales/lokales Steuerbüro formal zwar gleichrangig, die Arbeitsbelastung und die Entlohnung jedoch völlig unterschiedlich seien. So seien die Finanzbüros (und –ämter) ungleich mehr belastet als die Steuerbüros; ihre Arbeit umfasse sowohl die Verwaltung der Einnahmen und der Ausgaben als auch die Überprüfung der unternehmerischen Buchhaltung und des staatlichen Vermögens. Für diese Aufgaben stehe zu wenig Personal zur Verfügung. Dies sei auch ein Grund für die existierenden Schwierigkeiten bei der Kontrolle der ABF, die aus Personalmangel durch die Abteilung für budgetäre Fonds verwaltet würden. Die Bezahlung sei so niedrig, daß die Arbeitsmotivation allein deshalb schon gering sei. Für die niedrigen Löhne machen Finanzbeamte im Hubeier Kreis Yimao die Finanzverwaltungsreform von 1994 verantwortlich. Durch die Aufteilung der Finanzorgane seien die Verwaltungskosten so sehr gestiegen, daß die Löhne nicht nach oben angepaßt werden konnten, so daß die Kader der Finanzämter/-büros deshalb in einer Situation eingefrorener Löhne lebten. Die Kader in den Finanzämtern/-büros erhielten monatlich lediglich die Hälfte des Monatslohnes der Steuerkader, welche durch Prämien für gute Steuererhebungsleistung ihre Einkommen erheblich steigern könnten (Chen und Li, 1997, S. 32-33).

Die Effektivität der Haushaltsreform hängt in großem Maße von der Effizienz der Steuererhebung ab. Durch die Interviews wurde jedoch deutlich, daß sich die nationa-

Abbildung 10

Aufbau der Haushalts- und Steuerbürokratie in der VR China seit 1994

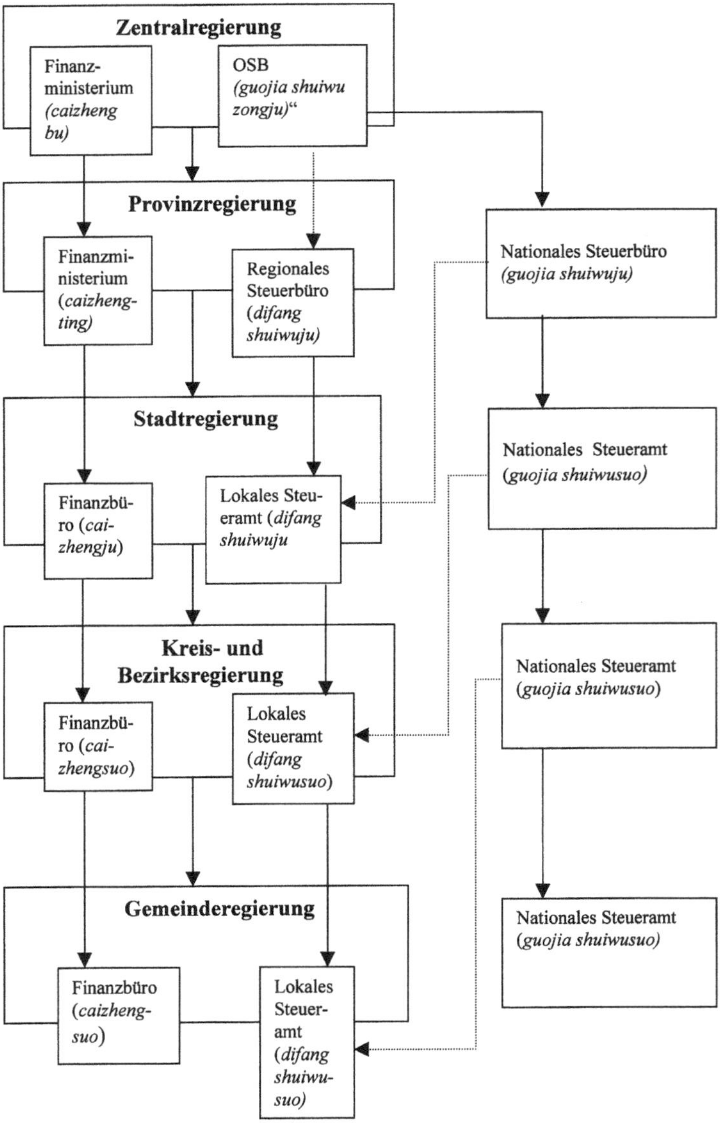

Eigene Darstellung

Annotation: Unmittelbare Unterordnung ⟶; mittelbare Unterordnung ┈►

len Steuerbüros seit 1994 häufig in Loyalitätskonflikten zwischen den Interessen der Zentrale und ihrer eigenen Lokalität befinden. Dies äußert sich z.B. in Steuervergünstigungen, die sie lokaleigenen Unternehmen, die sich in finanziellen Schwierigkeiten befinden, zugestehen (eigene Interviews).

IV. Quantitative und qualitative Entwicklungen im konsolidierten Staatshaushalt

1. Einnahmen- und Ausgaben im budgetinternen Haushalt

Abbildung 9 zeigt, daß sich der Entwicklungspfad der Haushaltseinnahmen und –ausgaben nach Durchführung der Haushaltsreform stabilisierte und insgesamt weniger sprunghaft war. In der Zeitspanne von 1994 bis 1997 wuchsen Haushalts-einkommen und Haushaltsausgaben um durchschnittlich 18,8 %.

Vier Faktoren haben zu den hohen Wachstumsraten des Haushaltseinkommens beigetragen: *erstens*, die besonders gute konjunkturelle Entwicklung in den Jahren 1993 bis 1995 (*Abbildung 9*); *zweitens*, reduzierte Möglichkeiten für Steuererlässe bzw. –nachlässe im neuen Haushaltssystem; *drittens*, Anreize zur Steuererhebung, die für die Lokalitäten durch das Trennsteuersystem entstanden sind; *viertens*, andere wirtschaftspolitische Maßnahmen, die zu höheren Steuereinnahmen geführt haben. Beispielsweise wurde der Ankaufspreis für agrarische Nebenprodukte erhöht, was die Agrarsteuer ansteigen ließ (Caizhengbu, 1995, S. 52). Darüber hinaus wurden 1996 zahlreiche Verwaltungsgebühren vom außerbudgetären in den budgetären Haushalt integriert (*Kapitel D.IV.3*).

Das relativ starke Ausgabenwachstum, insbesondere im Jahr 1994 begründet das Finanzministerium mit Gehaltserhöhungen der Staatsbediensteten, mit Preissteigerungen (die Preise stiegen 1994 um 21,7 %) und den hohen Ausgaben einiger Lokalitäten (Caizhengbu, 1995, S. 52). Das Haushaltsdefizit verdoppelte sich daher in der Zeitspanne von 1993 bis 1998 (von 29,3 Mrd. RMB auf 58,2 Mrd. RMB) (*Tabelle A.6*).

2. Einnahmen- und Ausgaben im budgetexternen Haushalt

Nachdem die außerbudgetären Fonds zwischen 1978 und 1993 massiv angestiegen waren, sanken sie 1993 auf knapp 40 % des 1992 realisierten Volumens (*Abbildung 11*). Der Grund hierfür liegt zum einen in der Ausgliederung der Fonds aus staatseigenen Unternehmen (*Kapitel D.IV.3*), zum anderen in den strategischen Reaktionen der Regionalregierungen auf die Haushaltsreform, die außerbudgetäre Fonds im Jahr 1993 nachlässiger erhoben bzw. in den budgetinternen Haushalt einstellten (eigene Interviews).

Zwischen 1994 und 1996 stiegen die ABF wieder stark an; 1996 erreichten sie erneut das hohe Niveau des Jahres 1992. Die Wachstumsraten der ABF lagen mit rund

Abbildung 11

Wachstum des außerbudgetären Haushalts

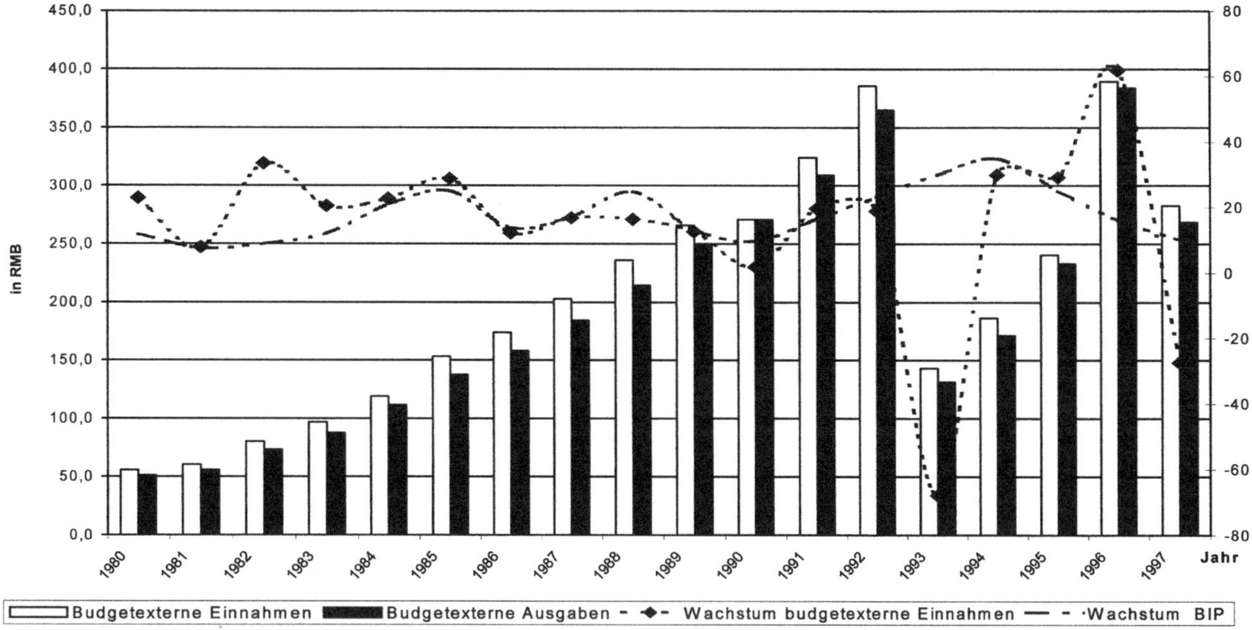

Eigene Darstellung auf der Grundlage von Tabelle A.6

30 % in den Jahren 1994 und 1995 weit über denen der budgetinternen Fonds. 1996 wuchsen die außerbudgetären Einnahmen sogar um 61,8 %, die Ausgaben um 64,6 % (*Abbildung 11*). Diese empirische Entwicklung bestätigt die in *Kapitel E.V* geäußerte Vermutung, daß die Ausklammerung der ABF aus den Reformbestimmungen von 1993 eine wichtige Voraussetzung für die Akzeptanz der Haushaltsreform durch die Lokalregierungen war. Der verbliebene fiskalpolitische Spielraum wurde von den haushaltspolitischen Akteuren aktiv genutzt. Die später ergriffenen Maßnahmen zur Integration der außerbudgetären Mittel in den regulären Haushalt (*fei gai shui)* wirkten sich erst im Jahr 1997 aus: Die ABF sanken auf der Einnahmenseite um 27,4 % und auf der Ausgabenseite um 31,0 % (*Abbildung 11*).

Der Vergleich des Wachstumspfads der ABF mit dem des BIP zeigt ein interessantes Ergebnis: Die Entwicklung der ABF korreliert bis 1992 im Gegensatz zu den budgetären Mitteln positiv mit der Entwicklung des BIP. Die Kurvenverläufe sind bis 1992 fast parallel. Zwischen 1994 und 1996 wachsen die ABF jedoch schneller als das BIP. Damit wird deutlich, daß die Abschöpfung von außerbudgetären Mitteln bis 1996 weit erfolgreicher war als die der budgetinternen Haushaltseinnahmen. Die Veränderungen bei der Entwicklung der beiden Haushaltskategorien wirkten sich auch auf das Verhältnis zwischen außerbudgetären und budgetinternen einnahmen aus. Wie in *Abbildung 12* ersichtlich sank 1993 der Anteil der budgetexternen Fonds an allen verfügbaren Haushaltsmitteln.

Abbildung 12

Verhältnis zwischen budgetären und außerbudgetären Haushaltseinnahmen, 1990-1997

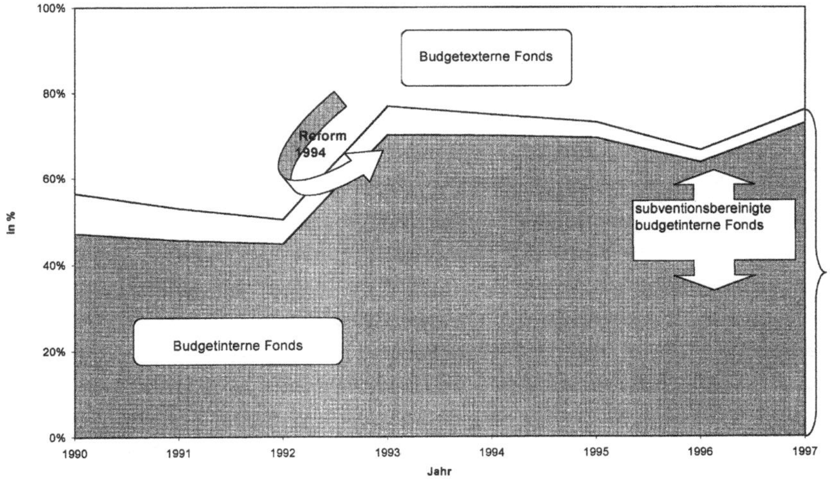

Eigene Darstellung nach Tabelle A.6 und den Annotationen zu Tabelle A.6.

Danach haben die ABF nicht mehr die Bedeutung zurückerlangt, die sie vor der Reform innehatten. Während vor der Reform der Anteil der ABF an den gesamten staatlichen Mitteln fast genauso groß war wie der Anteil der budgetinternen Fonds, betrug er 1997 nur noch 23,8 %.

3. Die Staatsquote

Trotz verbesserter Einnahmenerhebung hat die Haushaltsreform den seit 1978 abnehmenden Anteil der Haushaltseinnahmen am BIP nicht bremsen können. Staatsquote 1 (D1) sank von 12,6 % im Jahr 1993 weiter auf 11,2 % und schließlich auf 10,7 % im Jahr 1995. Erst ab 1996 stieg die Staatsquote auf 10,9 % und 11,6 % (1997) (*Abbildung 13*). Dies hängt mit der verbesserten Einnahmenerhebung im Vergleich zum Wirtschaftswachstum zusammen. Aufgrund der insgesamt gesunkenen Bedeutung der ABF und der Subventionen (*Kapitel F.V.4.b*)weichen die korrigierten Staatsquoten seit 1994 weniger stark von den offiziellen Quoten ab.

Abbildung 13

Entwicklung der Staatsquoten, 1978-1997

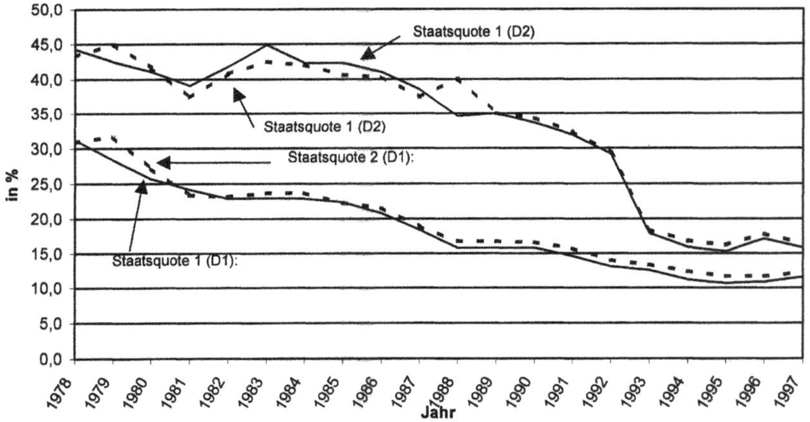

Eigene Darstellung nach Tabelle Anhang A.6.

Annotationen: D1: offizielle Darstellung; D2: korrigierte Darstellung.

Die Erklärung für das Ausbleiben eines durchschlagenden Erfolges bei der Steigerung der Staatsquoten liegt auf der Hand: Das Haushaltswachstum war nicht groß genug, um das Wachstum des BIP überzukompensieren. Dies lag u.a. auch an den Konzessionen, die gemacht wurden, um die Implementierung der Reform zu erleichtern. Dazu gehören z.B. Konzessionen gegenüber Firmen mit ausländischem Investitionskapital. Die VR China mußte versprechen, daß Steuern auf Auslands-unternehmen nicht erhöht werden. Konzessionen wurden auch gegenüber chinesischen Unternehmen gemacht, denen Steuererlässe mit Genehmigung der Zentralregierung in einer Übergangsphase weitergewährt werden konnten. Nachdem sich die finanzielle Situation der

Staatsunternehmen seit 1995 weiter verschlechterte, gab es außerdem eine starke Tendenz, Steuererleichterungen und –moratorien für Staatsunternehmen vorzunehmen (eigene Interviews). 1995 soll der Steuerrückstand bei der Mehrwert- und der Konsumsteuer 23 Mrd. RMB betragen haben (Naughton, 1997, S. 258).

Trotz der zunehmenden Verknüpfung der VR China mit der Weltwirtschaft sanken die im Außenhandel erwirtschafteten Steuern von 0,8 % auf 0,5 % des BIP ab. Das liegt u.a. daran, daß ein großer Teil der chinesischen Importe zollfrei eingeführt wird.[5] Die realen Zolleinnahmen machen daher auch nur ein Sechstel der nominalen Zölle aus. 1996 begann Beijing diesen Trend umzuwandeln, indem der Einzug von Importzöllen verstärkt und die Steuernachlässe für Exportgüter gesenkt wurden (Naughton, 1997, S. 258).

4. Struktur des öffentlichen Haushalts nach Einnahmenarten

Seit 1994 werden auf der Einnahmenseite der Haushaltsbilanz keine Gewinne aus Staatsunternehmen mehr aufgeführt.[6] Die Frage, ob der Staat seitdem völlig auf die Abschöpfung der Gewinne verzichtet, bleibt allerdings offen. Durch diese Veränderung stieg der Anteil der Steuern an den gesamten Haushaltseinnahmen. Im Jahr 1993 machten die Steuereinnahmen 83,6 %, 1997 bereits 91,3 % der Haushaltseinnahmen aus (*Tabelle A.1*). Die Bedeutung indirekter Steuern hat im neuen Steuersystem zugenommen. Während sie 1985 53,7 %, 1992 67 % der gesamten Steuern ausmachten, belief sich ihr Anteil 1997 bereits auf 80 % (*Tabelle 8*).

Die auf Gewinne der Staatsunternehmen erhobenen Steuern sanken nach 1993 anteilsmäßig. Während sie im Jahr 1990 noch fast 21 % der Steuereinnahmen ausmachten, waren es 1997 nur noch 9,0 %. Diese Entwicklung spiegelt nicht nur die Auswirkungen der Steuersatzsenkung für Staatsunternehmen im Zusammenhang mit der Haushaltsreform wieder (33 % anstatt 55 %), sondern auch die schwierige Situation der Staatsunternehmen im allgemeinen.[7] Auch der Anteil der Gewinnsteuern aus Kollektivunternehmen sank zwischen 1992 und 1997.

Unter den indirekten Steuern ist die Mehrwertsteuer, wie im ursprünglichen Plan vorgesehen, mittlerweile die wichtigste Steuer. Sie trug 1997 einen Anteil von knapp 40 % zu den Steuern bei, 1993 waren es 25,4 % gewesen (CZNJ 1998, S. 446). Die persönliche Einkommenssteuer spielt nach wie vor eine verschwindend geringe Rolle; im finanzstatistischen Jahrbuch 1998 wird sie daher nicht als separate Einnahme aufgeführt.

---

[5] Z.B. weil sie als Inputfaktoren für die Exportproduktion genutzt werden und weil Zölle für Investmentprojekte, die von der Regierung genehmigt werden, erlassen werden können.

[6] Dies gilt zumindest insofern. als Gewinnabführungen nicht mehr statistisch nachgewiesen werden können (CZNJ 1998, S. 445).

[7] Die Gewinne der Staatsunternehmen sanken in den ersten elf Monaten des Jahres 1995 um insgesamt 55 % (Naughton, 1997, S. 256)

Tabelle 8

Zusammensetzung der Steuereinnahmen, 1992 und 1997

Jahr	1992	1997
Industrie- und Handelssteuern	67 %	80 %
Zölle	7 %	4 %
Agrarsteuer	4 %	5 %
Gewinnsteuer Staatsunternehmen	19 %	9 %
Gewinnsteuer Kollektivunternehmen	9 %	2 %

Eigene Berechnungen nach Tabelle A.2.

V. Quantitative und qualitative Entwicklungen der Finanzströme im vertikalen Finanzausgleich

1. Erste Runde: Die Erhebung und Verteilung der Einnahmen

Durch die Haushaltsreform von 1994 erhöhte sich der zentrale Anteil bei der Einkommenserhebung. Diesen Trend verdeutlicht *Abbildung 14*: 1994 schnellte der Anteil der von der Zentrale erhobenen Einnahmen von 22,0 % auf 55,3 %. Von 1995 bis 1997 sank dieser Anteil jedoch um rund 6 Prozentpunkte und entfernte sich somit wieder vom 60 %-Ziel. 1997 erhob die Zentrale nur noch 48,9 % der gesamten Steuern.

Abbildung 14

Die Einnahmenerhebung durch Zentrale und Provinzen, 1990-1997

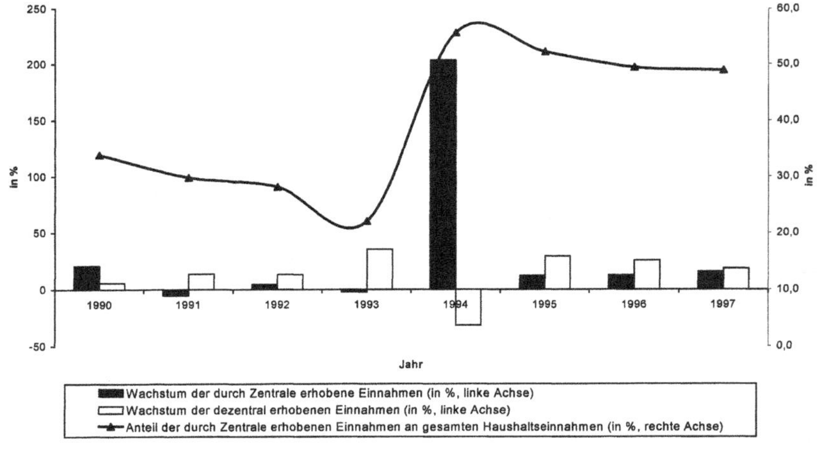

Eigene Darstellung nach Berechnungen auf der Grundlage von Tabelle A.7. Bei der dezentralen Einnahmenerhebung handelt es sich um alle von den Regional- und Lokalregierungen erhobenen Steuern.

Diese Entwicklung hängt damit zusammen, daß die dezentral erhobenen Steuern seit 1995 schneller als die zentralen Steuern wuchsen. Im Haushaltsplan für 1995 war zwar vorgesehen gewesen, daß zentrale und regionale/lokale Steuern jeweils um 11,4 % bzw. 7,9 % steigen sollten (Haushaltsplan vom 6.3.1995, S. 51-52). Die von den zentralen Steuerbüros erhobenen Einnahmen stiegen jedoch um 12,1 %, während die Steuerbüros der Regional- und Lokalregierungen 1995 29,1 % (1996: 25,5 %) mehr Steuern erhoben als im Vorjahr. Die nachgeordneten Regierungen sind offenbar sehr viel effektiver darin, ihre eigenen Steuern zu erheben als die Zentralregierung.

Dies hängt auch mit den Reaktionen der haushaltspolitischen Akteure auf die durch die Haushaltsreform von 1994 geschaffenen neuen Anreizstrukturen zusammen (Kapitel G.II). Durch die neue Organisationsform der Einnahmenerhebung und -verteilung haben sich neue „Spielregeln“ (boyi guanxi) im Verhältnis zwischen Zentrale und Provinzen etabliert, die zu einem veränderten „Spielergebnis“ (boyi jieguo) führten (Hu Angang, 1996a, S. 2-3). Die Regionalregierungen versuchten ihren Autonomieverlust bei der Einnahmenerhebung durch eine Maximierung ihrer festen Steuereinnahmen zu kompensieren, da dadurch ihre fiskalische Unabhängigkeit von der Zentrale steigt.

2. Die zweite Runde: Finanztransfers zwischen Zentrale und Lokalitäten

a) Die Transferströme

Wie bereits in *Kapitel D* ausgeführt, setzen sich die Transferströme seit 1994 aus drei Komponenten zusammen: *zhuanyi zhifu*-Zahlungen, Steuerrückzahlungen der Zentrale (*shuishou fanhuan)* sowie anderen Zuweisungen mit Subventionscharakter (z.B. Subventionen zur Deckung des Haushaltsdefizits einer Provinz). Lediglich die *zhuanyi zhifu*-Zahlungen können statistisch isoliert werden; über die anderen beiden Komponenten liegen nur die aggregierten Transferdaten vor. *Tabelle 9* verdeutlicht, wie groß das Umverteilungsvolumen zwischen Zentrale und Provinzen in dieser zweiten Runde des Finanzausgleichs zwischen 1990 und 1997 insgesamt war.

Im Jahr 1994 flossen 62,5 % der von der Zentrale erhobenen Mittel zurück an die Provinzen (Berechnung: Überweisungen an die Provinzen minus Überweisungen der Provinzen an die Zentrale ausgedrückt als Anteil der von der Zentrale erhobenen Einnahmen). 1995 waren es 59,0 %, 1996 57,8 % und 1997 53,3 %. Setzt man die Transferzahlungen der Zentrale an die Provinzen in Beziehung zu ihren gesamten Ausgaben, so entsteht folgendes Bild: 1990 machten Transferzahlungen an die Lokalitäten lediglich 36,8 %, 1993 29,3 % aller zentralen Ausgaben aus. 1994 waren bereits 57,6 % aller Ausgaben der Zentrale 1994 Transferleistungen, 1997 machte dieser Anteil 53,0 % aus (*berechnet nach Tabelle 9*). Damit sind Anteil und Volumen der Finanztransfers im Vergleich zu den Transferverhältnissen vor 1994 stark gestiegen.

Dieses hohe Maß an Verteilung erlaubt allerdings aufgrund des hohen Anteils an Steuerrückzahlungen keine Aussage darüber, inwiefern die Mittel tatsächlich umverteilt wurden, d.h. von reicheren in ärmere Provinzen flossen. Bei einem großen Teil der

Steuerrückzahlungen, die in den aggregierten Transferstrom miteingehen, handelt es sich lediglich um Steuern, die in einer Provinz durch die Zentralregierung erhoben und dann anteilsmäßig zurücküberwiesen werden (Gemeinschaftssteuern). Aufgrund dieser neuen Konstruktion sind seit 1994 alle Provinzen *de facto* Nettoempfänger der Zentrale.

Tabelle 9

Finanztransfers zwischen Zentrale und Provinzen (in Mrd. RMB), 1990-1997

Jahr	Haushaltseinnahmen national (D1)	Zentrale Haushaltseinnahmen			Haushaltsausgaben national (D1)	Zentrale Haushaltsausgaben		
			Von der Zentrale erhobene Einnahmen	Einnahmen aus Überweisungen der Provinzen			Eigene Ausgaben der Zentrale	Ausgaben in Form von Überweisungen an die Provinzen
1990	293,7	147,5	99,2	48,2	308,3	159,0	100,4	58,5
1991	314,9	142,8	93,8	49,0	338,7	164,5	109,1	55,5
1992	348,3	153,8	97,9	55,9	374,2	176,7	117,0	59,6
1993	434,9	155,8	95,7	60,0	464,2	185,7	131,2	54,5
1994	521,8	347,6	290,6	57,0	579,3	414,3	175,4	238,9
1995	624,2	386,7	325,7	61,0	682,4	452,9	199,5	253,4
1996	740,8	426,5	366,1	60,4	793,7	487,4	215,1	272,2
1997	865,1	483,1	422,7	60,4	923,3	538,9	253,2	285,7

Quelle: CZNJ 1998, S. 462.

b) Die quantitative Bedeutung der„zhuanyi zhifu"- Transferzahlungen

Zhuanyi zhifu-Finanztransfers von der Zentrale an die Lokalitäten zum Ausgleich regionaler Disparitäten flossen erstmals im Jahr 1995. Veröffentlicht wurden die vollständigen Zahlen über die Praxis der *zhuanyi zhifu*-Transfers zwischen 1995 und 1997 im finanzstatistischen Jahrbuch 1998 (CZNJ 1998, S. 461, siehe *Tabelle A.11*).

Insgesamt erhielten 1995 18 Provinzen, 1996 20 Provinzen und 1997 21 Provinzen Mittel aus dem *zhuanyi zhifu*-Fonds. Bis auf Guangxi, Hebei und Hainan (nur 1997) liegen diese Provinzen im Landesinneren. Bis auf zwei Ausnahmen erhielten alle Provinzen im Landesinneren im gesamten Zeitraum 1995-1997 Transferzahlungen aus dem *zhuanyi zhifu*-Fonds.[8] 1995 betrugen diese Transfers 2,07 Mrd. RMB, 1996 waren es 3, 46 Mrd. RMB und 1997 5, 02 Mrd. RMB (*Tabelle 10*).

Die Verteilung der Mittel auf die Empfängerprovinzen korreliert nicht mit ihrem Entwicklungsniveau laut Pro-Kopf-Einkommen (PKE). (Die Entwicklung der PKE in

[8] Tibet und Jilin erhielten 1995 keine Zuwendungen.

den einzelnen Provinzen kann erneut *Tabelle A.10* entnommen werden.) Dies mag daran liegen, daß die *zhuanyi zhifu*-Gelder nach einem komplexen Kriterienkatalog vergeben werden, bei dem die Inzidenz von Armutsproblemen, Bevölkerungszahlen und Ressourcenvorkommen mitberücksichtigt wird (*Kapitel D.IV.1*).

Wie *Tabelle A.11* zeigt, erhielten Guizhou, Xinjiang und die Innere Mongolei im betrachteten Zeitraum die höchsten *zhuanyi zhifu*-Beträge. 1995 flossen 12,5 % der Mittel nach Guizhou (Provinz mit dem niedrigsten PKE) (129,06 Mio RMB), 11,9 % erhielten jedoch jeweils Xinjiang und die Innere Mongolei (245,95 bzw. 247,04 Mio RMB), wobei Xinjiang 1995 und 1996 an 11. Stelle in bezug auf das PKE stand, während die Innere Mongolei Platz 17 einnahm. Die Provinz Gansu hingegen bekam lediglich 3,5 % der Mittel (71,46 Mio RMB), obwohl ihr PKE 1996 an vorletzter Stelle (Platz 28) stand (*Tabelle A.10*). Welches Vergabekriterium die Vergabe der *zhuanyi zhifu*-Gelder mit welcher Gewichtung bestimmt, ist nicht nachvollziehbar. Das PKE ist jedoch offenbar kein wichtiges Kriterium.

Die Zentralregierung stellte trotz der starken Zunahme ihrer Einnahmenanteile in der Zeitspanne zwischen 1995 und 1997 lediglich 0,6 %, 0,9 % und 1,2 % ihrer Einnahmen in den *zhuanyi zhifu*-Fonds ein (*Tabelle 10*). Die quantitative Bedeutung der Fonds für die Ausgabenfinanzierung auf regionaler Ebene ist gering. 1995 erhielten Hebei 3,3 %, Guangxi 5,3 % und Hubei 6,5 % der Mittel aus dem Fonds. Diese Beträge finanzierten 1995 in Hebei 0,4 %, in Guangxi 0,7 % und in Hubei 0,8 % der Ausgaben (*berechnet nach Tabellen 10, A.11,* CZNJ 1996, S. 467 ff).

Tabelle 10

Der zhuanyi zhifu-Fonds, 1995-1997

Jahr	Zhuanyi zhifu-Fonds Insgesamt (in Mrd. RMB)	in % des BIP	in % der budgetinternen Haushaltsausgaben (subventionsbereinigt) der Zentrale	in % der Transferüberweisungen der Zentrale
1995	2,07	0,03	1,0	0,8
1996	3,46	0,05	1,6	1,3
1997	5,02	0,06	1,9	1,8

Eigene Berechnungen auf der Grundlage von Tabelle A.11 und A.6.

Insgesamt wurde von 1995 bis 1997 ein Betrag von 10,55 Mrd. RMB umverteilt. Die jährlichen Steigerungsraten betrugen 67,1 % (1996) bzw. 45 % (1997). 1997 wurden 1,9 % der budgetinternen Haushaltsausgaben der Zentrale für Umverteilungszahlungen im Rahmen des *zhuanyi zhifu*-Fonds verwendet; damit ist der Anteil seit 1995 um 0,9 Prozentpunkte gestiegen. Die *zhuanyi zhifu*-Zahlungen machen einen sehr geringen Anteil der gesamten Transferzahlungen an die Provinzen aus: 1995 waren es 0,8 %, 1997 1,8 %. Gesamtwirtschaftlich gesehen ist die Bedeutung des Fonds ebenfalls sehr gering: 1997 wurden lediglich 0,06 % des Sozialproduktes in Form von *zhuanyi zhifu*-Transfers ausgegeben (*Tabelle 10*).

Wie bereits in *Kapitel D.IV.1* erörtert, existieren in der VR China bei ökonomischen Fachbegriffen häufig Definitionsschwierigkeiten. Dies erschwert die Analyse der Daten. Interviewpartner der Shanghaier Finanzverwaltung bezeichneten ihre Stadt beispielsweise als Nettoempfängerin von *zhuanyi zhifu*-Zahlungen und gaben die Höhe der Zuwendungen im Jahr 1996 mit 0,4 Mrd. RMB an. Später konnte geklärt werden, daß es sich dabei offenbar um andere Zuweisungen der Zentrale (offenbar Preis- bzw Verlustsubventionen) handelte.

Interessanterweise taucht der Begriff „*zhuanyi zhifu*" in den Haushaltsentwürfen von Hubei, Hebei und Guangxi nicht auf. Es ist lediglich von „Subventionseinnahmen" bzw. „-zahlungen" die Rede. In Guangxi wurde berichtet, daß beim Aufstellen des Provinzhaushaltes die Höhe der *zhuanyi zhifu*-Zahlungen seitens der Zentrale nicht bekannt sei. Daher könnten Überweisungen aus dem *zhuanyi zhifu*-Fonds nicht im Haushaltsplan berücksichtigt werden. Erst beim Haushaltsabschluß am Ende des Haushaltsjahres würde ersichtlich, wieviel Geld tatsächlich überwiesen wurde (eigene Interviews, Haushaltsbericht vom 11.4.1996).

3. Die Sekundärverteilung der Haushaltsmittel nach Durchführung des Finanzausgleichs

Durch die verschiedenen Finanzströme zwischen Zentrale und Provinzen werden die Haushaltsmittel neu verteilt; das rechnerische Ergebnis der Umverteilungsaktionen ist *Tabelle 11* zu entnehmen.

Tabelle 11

Verteilung der Haushaltsmittel nach Durchführung des Finanzausgleichs, 1990-1997

Jahr	Der ZR für Umverteilung *und* eigene Ausgaben zur Verfügung stehende Mittel in RMB*	Anteil an nationalen HH-Mitteln in %	Anteil am BIP in %	Einkommensverteilung nach Durchführung des Finanzausgleichs (Sekundärverteilung), (in bezug auf das nationale Haushaltseinkommen)			
				Zentrale in RMB	Provinzen in RMB	Zentrale in %	Provinzen in %
1990	147,5	50,2	7,9	89,0	204,7	30,3	69,7
1991	142,8	45,3	6,6	87,3	227,6	27,7	72,3
1992	153,8	44,1	5,8	94,2	254,1	27,0	73,0
1993	155,8	35,8	4,5	101,3	333,6	23,3	76,7
1994	347,6	66,6	7,4	108,7	413,1	20,8	79,2
1995	386,7	61,9	6,6	133,3	490,9	21,3	78,7
1996	426,5	57,6	6,3	154,3	586,5	20,8	79,2
1997	483,1	55,8	6,5	197,4	667,7	22,8	77,2

Quelle: Eigene Berechnungen auf der Grundlage von Tabellen 9 und A.6.
Anmerkung: * Summe aus eigenen Einnahmen und Überweisungen der Provinzen.

Es zeigt sich deutlich, daß das der Zentrale für Umverteilungsmaßnahmen und eigene Ausgaben zur Verfügung stehende Geldvolumen nach Durchführung der Haushaltsreform 1994 deutlich höher ist als zuvor. Die von den Provinzen an die Zentrale überwiesenen Gelder wuchsen zwischen 1994 und 1997 um 3,4 Mrd. RMB. Im gleichen Zeitraum nahm der Anteil der von der Zentrale an die Provinzen zurücküberwiesenen Gelder um 46,8 Mrd. RMB zu (vgl. auch *Tabelle 9*). Damit bleibt für die Analyse der Haushaltsreform festzuhalten, daß die redistributive Funktion der Zentrale nach 1994 deutlich gestiegen ist.

In *Abbildung 15* werden die Auswirkungen des durch die drei Transferströme gekennzeichneten Finanzausgleichs auf die Verteilung der Haushaltsmittel zwischen Zentrale und Provinzen dargestellt. Abgebildet sind die Einnahmenanteile nach der Primärverteilung (Erhebungskompetenz) und nach der Sekundärverteilung (Ertragskompetenz) in der Zeitspanne von 1990 bis 1997.

Abbildung 15

Auswirkungen des Finanzausgleichs auf die Einnahmenverteilung zwischen Zentrale und Provinzen, 1990-1997

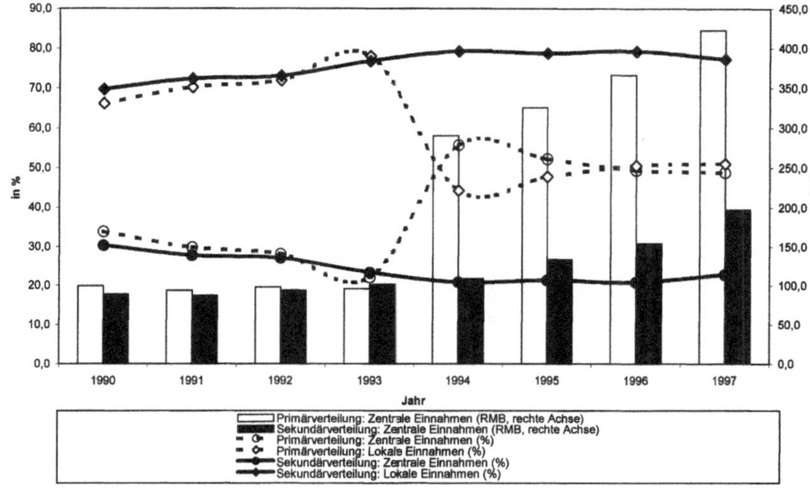

Eigene Darstellung nach Tabelle 11 und Tabelle A.7.

Nach Durchführung des Finanzausgleichs verfügte die Zentrale in den Jahren 1990 bis 1993 über durchschnittlich 27,1 % der Haushaltsmittel. Nach 1994 verringerte sich ihr Anteil auf durchschnittlich 21,4 %. 1997 betrug der Einnahmenanteil der Zentrale 22,8 %. Damit zeigt sich, daß der zentrale Anteil an den Haushaltsmitteln nach Durchführung der Haushaltsreform von 1994 etwas gesunken ist. Nimmt man als Vergleichsjahr das Jahr 1993 (23,3 %), erscheint die Veränderung allerdings geringfügig. Offenbar wurde mit der Konzeption des Reformpakets keine tiefgreifende Veränderung der vertikalen Verteilungsposition (Sekundärverteilung) beabsichtigt; vielmehr scheint die Stärkung der redistributiven Rolle der Zentrale, die im neuen System die Verteilung von über 50 % des öffentlichen Haushaltsvolumens koordiniert, maßgeblich für die Reformentscheidung gewesen zu sein.

4. Die Verteilung der Aufgaben auf Zentrale und Provinzen

a) Verteilung der Kernaufgaben

Daß die Verteilung der Haushaltsausgaben in den Kernbereichen durch die Haushaltsreform von 1994 zu keiner Zunahme der Aufgabenerfüllung durch die Zentralregierung führte, zeigt *Tabelle 12*. Die Lokalitäten tätigten in der gesamten Zeitspanne zwischen 1991 und 1997 unverändert über 99 % der Sozial- und Wohlfahrtsausgaben. Auch die Bildungsausgaben wurden mit ca. 90 % von den Lokalregierungen getragen. Bei den Infrastrukturausgaben ist der Anteil der Provinzen zwischen 1991 und 1997 von 34,7 % auf 57,3 % der Haushaltsausgaben gestiegen. Die empirischen Daten zeigen, daß die Zentrale die Verantwortung für die Finanzierung der wirtschaftlichen Infrastruktur seit Beginn der 90er Jahre in zunehmendem Maße auf die Provinzebene delegiert hat. Dieser Trend geht auch aus der Verordnung 1993 hervor, in der Ausgaben für die Entwicklung der regionalen Infrastruktur eindeutig als Aufgabe der Provinzen beschrieben werden. Im 9. Fünfjahresplan erklärt sich die Zentrale vor allem für überregionale Infrastrukturprojekte zuständig (*Kapitel D.III.2.a*).

Tabelle 12

Ausgabenverteilung zwischen Zentrale und Provinzen (in %)*

	1991		1994		1997	
	Zentrale	Provinzen	Zentrale	Provinzen	Zentrale	Provinzen
Infrastruktur	65,3	34,7	54,2	45,8	42,7	57,3
Kultur, Erziehung, Wissenschaft, öffentliche Hygiene	11,8	88,2	10,0	90,0	9,8	90,2
Wohlfahrt	0,8	99,2	1,0	99,0	0,8	99,2
Verwaltung	9,0	91,0	8,0	92,0	3,7	96,3
Landesverteidigung	100,0	0,0	100,0	0,0	100,0	0,0
Unterstützung der Landwirtschaft	9,4	90,6	11,3	88,7	10,0	90,0
*Ausgabenverteilung insgesamt***	*32,2*	*67,8*	*30,3*	*69,7*	*27,4*	*72,6*

Quelle: Berechnet nach CZNJ 1998, S. 469 ff. Annotation: *Es handelt sich um keine vollständige Auflistung aller Ausgabenposten. ** kein Durchschnitt der hier aufgelisteten Ausgaben, sondern aller Haushaltsausgaben.

b) Die Durchführung der Subventionsaufgabe

Das Subventionssystem der VR China besteht neben den bereits erörterten Haushaltszuweisungen aus Preis- und Verlustsubventionen,[9] die allerdings nicht direkt in den Provinzhaushalt, sondern von der Zentralregierung in die Provinz bzw. von der Provinzregierung in die Provinz fließen. Verlustsubventionen fließen direkt in die Staatsunternehmen. Zentrale und Provinzen überweisen sie direkt an die ihr jeweils unterstehenden Unternehmen. Ähnlich liegt der Fall bei den Preissubventionen, die von Zentrale und Provinzen an bestimmte Unternehmen gezahlt werden, um das Preisniveau stabil halten zu können. Die Verteilung der Subventionslasten läßt sich daher als eine stille Form des Finanzausgleichs interpretieren.

Seit 1991 ist ein kontinuierlicher Rückgang der Verlustsubventionen im Staatshaushalt erkennbar (*Tabelle 13*). Ihr Anteil an den Haushaltsausgaben sank von 13,1 % im Jahr 1991 auf 3,8 % im Jahr 1997. Allerdings stieg das Subventionsvolumen 1996-1997 wieder leicht an, was mit der verschlechterten Situation der Staatsunternehmen zusammenhängt. Die Finanzierungslasten für die Verlustsubventionen werden in steigendem Maße von den Provinzen getragen. Von 1993 bis 1994 nahm der Anteil der Zentrale an den Verlustsubventionen besonders markant ab, 1996-97 stieg er wieder auf 26,1 % an. Bei den Preissubventionen hingegen ist seit 1991 ein kontinuierlich steigender Trend der zentralen Anteile zu beobachten.

Grundsätzlich wird bei den Verlustsubventionen seit 1994 zwischen politisch und wirtschaftlich bedingten Verlusten unterschieden. Verluste, die auf Managementfehler zurückgehen, sollen nicht mehr aus dem Haushalt subventioniert werden. Politisch bedingte Verluste (z.B. durch staatlich eingefrorene Preise) übernimmt das zuständige Finanzministerium.[10]

Der steigende Anteil der Zentrale bei den Preissubventionen deutet darauf hin, daß die Zentrale der Stabilität der Preise zunehmende Bedeutung beimißt und die Preisstabilisierung zur „Chefsache" erklärt hat. Preissubventionen existieren für wichtige Grundnahrungsmittel und Energieträger und dienen zum einen der Inflationsvermeidung bzw. der Preisstabilisierung dieser lebenswichtigen Produkte, damit zum anderen dem Ziel, der Stadtbevölkerung, insbesondere den ärmeren Bevölkerungsteilen, einen gesicherten Zugang zu Grundnahrungsmitteln zu ermöglichen. Die größte Bedeutung haben in diesem Zusammenhang die Subventionen für Getreide, Baumwolle und Öl; sie machten 1997 74,9 % aller Preissubventionen aus (CZNJ 1998, S. 460).[11]

---

[9] Dies wird auch durch die unterschiedlichen sprachlichen Bezeichnungen der Preis- und Verlustsubventionen (*butie)* im Gegensatz zu den Zuweisungen (*buzhu*) verdeutlicht.

[10] Politisch bedingte Verluste (*zhengzhixing de sunshi*) und wirtschaftlich bedingte Verluste (*jingjixing de sunshi).*

[11] An diesen Subventionen ist die Zentrale beteiligt (insbesondere bei Getreideprodukten). Quantitativ weniger bedeutsam sind die Preissubventionen für Fleischprodukte, die von den lokalen Regierungen bezahlt werden. Nach Aussage der Interviewpartner in Shanghai subventioniert die Stadt ne-

Tabelle 13

Subventionszahlungen, 1991-1997

Jahr	**Verlustsub-ventionen (Mrd. RMB) (1)**	Anteil Zen-trale (in %)	Anteil von (1) an nationalen Haushalts-ausgaben* (in %)	**Preissub-ventionen (Mrd. RMB) (2)**	Anteil Zen-trale (in %)	Anteil von (2) an na-tionalen Haushaltsaus-gaben* (in %)
1991	51,0	46,3	13,1	37,4	13,4	9,6
1992	44,5	37,7	10,6	32,2	16,9	7,7
1993	41,1	24,8	8,1	30,0	25,8	5,9
1994	36,6	15,8	5,9	31,4	29,5	5,1
1995	32,8	18,0	4,6	36,5	33,2	5,1
1996	33,7	21,4	4,1	45,4	27,2	5,5
1997	36,8	26,1	3,8	55,2	40,4	5,7

Quelle: CZNJ 1998, S. 460, S. 467 ff, Annotation zu Tabelle A.6; Annotation: * subventionsbereinigt

VI. Quantitative und qualitative Entwicklungen im außerbudgetären Haushalt

1. Die Anteile von Zentrale und Provinzen an den außerbudgetären Fonds

Daß sich die Haushaltsreform auch auf die quantitative Entwicklung der ABF auswirkte, illustriert *Abbildung 16.* Zwischen 1982 und 1992 erhoben die Zentrale durchschnittlich 39,5 % und die Provinzen 60,5 % der ABF. Ab 1993 änderte sich die Verteilung der ABF auf die beiden Regierungsebenen. Der Anteil der Provinzen stieg erheblich an; ihr durchschnittlicher Anteil an den ABF zwischen 1993 und 1996 belief sich auf 83,3 %. 1997 erhoben die Provinzen 94,9 % aller ABF. Der Rückgang der ABF im Jahr 1993 betraf sowohl Provinzen als auch Zentrale, allerdings sanken die ABF der Provinzen schwächer als die der Zentrale. Während die Bestimmungen über die Verbuchung von ABF aus Staatsunternehmen vom Juli 1993 der Hauptgrund für den Rückgang der ABF der Zentrale gewesen zu sein scheinen (*Kapitel D.IV.3)*, scheint die Abnahme der ABF in den Provinzen in einem stärkeren Zusammenhang mit deren strategischen Reaktionen auf die Festsetzung des Jahres 1993 als Referenzjahr für die Einnahmenverteilung zu stehen (*Kapitel F.II.2)*.

Bei der quantitativen Betrachtung der ABF muß berücksichtigt werden, daß die Daten an die jeweils übergeordneten Instanzen gemeldet werden, die Lokalitäten aber verstärktes Interesse daran haben, der Zentrale nicht das volle Ausmaß ihrer ABF zu übermitteln. In Realität sind die ABF umfangreicher als offiziell ausgewiesen. Dies liegt nicht zuletzt an der Verwaltungsstruktur dieser Fonds: Sie entstehen u.a. als Gebühren, die für staatliche Dienstleistungen erhoben werden (*Kapitel B.III.2*). Wenn-

ben Fleischprodukten weitere fünf Arten von Gütern: Kohle, Gemüse, Gas, Wasser, öffentliche Verkehrsmittel (eigene Interviews, 1997).

gleich die Entwicklung dahin geht, daß diese Gebühren nunmehr durch die dem regionalen/lokalen Finanzamt/-büro unterstellten Gebührenämter (*shoufeiju*) verwaltet werden sollen (eigene Interviews), verschwinden viele Fonds in unübersichtlichen Konten einzelner Ämter, Büros und Ministerien und tauchen in offiziellen Statistiken nicht mehr auf.

2. Zur Bedeutung der budgetexternen Fonds auf lokaler Ebene

Die aggregierte Betrachtungsweise der ABF bringt mögliche Unterschiede im Hinblick auf ihre regionale Bedeutung nicht zum Ausdruck. *Tabelle 14* zeigt die fiskalpolitische Rolle der außerbudgetären Fonds in fünf Provinzen. Bemerkenswert ist, daß in den fünf betrachteten Provinzen der Anteil der ABF am gesamten lokalen Haushaltsvolumen (Sekundärverteilung) gesunken ist.

Deutlich wird außerdem, daß der Anteil der ABF an den Budgeteinnahmen (Erhebungskompetenz) bei den leistungsstärkeren Provinzen Hebei, Shanghai und Guangdong zwischen 1992 und 1997 abgenommen, bei den schwächeren Provinzen Hubei und Guangxi hingegen zugenommen hat (Reihe 4).

Eine Korrelation zwischen Entwicklungsniveau einer Provinz und Anteil der ABF läßt sich jedoch nicht nachweisen.[12] Die Bereitschaft der einzelnen Provinzen, restriktive zentrale Vorgaben umzusetzen, scheint ausschlaggebender für die regionale Bedeutung der ABF zu sein als wirtschaftliche Daten.

Die wirtschaftspolitische Rolle der ABF wächst unterhalb der Provinzebene. An einigen Orten sollen die ABF den Aussagen der Finanzbeamten zufolge größer sein als die budgetinternen Fonds. Außerbudgetäre Fonds werden auf der lokalen Ebene insbesondere in industriell geprägten Gegenden, in denen *Service*-Gebühren verlangt und Gewinne aus ländlichen Unternehmen abgeschöpft werden, aufgebaut (*Kapitel B.III.2*); in Armutsgebieten spielen sie hingegen keine fiskalpolitische Rolle.[13]

Wie bereits erwähnt, tragen die Lokalregierungen bei der Erfüllung von Aufgaben der sozialen Sicherung die Hauptlast. Die administrativen Rahmenbedingungen werden zwar durch die Zentrale und die Provinzen vorgegeben, die Bezahlung der sozialen

---

[12] So beanspruchte Shanghai, die leistungsstärkste Stadt mit dem größten PKE, 1997 mit 3,3 % den niedrigsten Anteil an den lokalen außerbudgetären Fonds, die ebenfalls leistungsstarke Provinz Guangdong hingegen mit 10.2 % den größten (Zeile 6). Somit scheint die Bereitschaft der einzelnen Provinzen, die restriktiven zentralen Vorgaben umzusetzen, mehr als die wirtschaftliche Situation in einer bestimmten Provinz ausschlaggebend für die regionale Bedeutung der ABF zu sein. Die offiziellen Zahlen unterzeichnen auch hier das wahre Ausmaß der ABF. So berichteten Finanzbeamte im Gegensatz zu den obengenannte Zahlen, daß in Shanghai die außerbudgetären Fonds 30 % des Provinzhaushaltes ausmachten, für Guangxi wurde der Umfang der außerbudgetären Fonds mit 50 % des Haushalts angegeben (eigene Interviews).

[13] Finanzbeamte aus einer kleinen Gemeinde in Guangxi, die nur durch Subventionen des Kreises überleben kann, berichteten zum Beispiel, daß praktisch keine Möglichkeit bestünde, außerbudgetäre Mittel zu erheben, da die Gemeinde keine Industriebetriebe besitze und die Bevölkerung arm sei (eigene Interviews).

Leistungen obliegt hingegen schwerpunktmäßig den Lokalregierungen, die sich mit dieser Aufgaben nicht selten finanziell überfordert fühlen. Die steigenden Sozialausgaben seien mit dem ersten Haushalt kaum zu bewältigen, sagte ein Interviewpartner, daher sei die Bildung ausreichender außerbudgetärer Fonds aus eigenen Mitteln zwingend notwendig (*eigene Interviews*).

Tabelle 14

Aufteilung der Haushaltseinnahmen in budgetäre und außerbudgetäre Fonds in ausgewählten Provinzen, 1997 (1992)

	Hebei	Shanghai	Guangdong	Guangxi	Hubei
(1)Budgetäre Fonds*	17,61	33,25	54,39	9,91	13,99
in Mrd. RMB	(9,97)	(17,6)	(22,26)	(6,12)	(9,41)
(2)Budgetäre Fonds**	35,62	56,26	73,25	21,47	31,31
in Mrd. RMB	(12,36)	(19,29)	(26,23)	(7,68)	(12,38)
(3) ABF	13,81	8,38	26,02	10,2	12,41
in Mrd. RMB	(10,26)	(8,59)	(15,15)	(5,14)	(7,35)
(4) Anteil (3) an (1),	78,4	25,2	47,8	102,9	88,7
in %	(102,9)	(48,8)	(68,1)	(84,0)	(78,1)
(5) Anteil (3) an (2)	38,8	14,9	35,5	47,5	39,6
in %	(83,0)	(44,5)	(57.8)	(66,9)	(59,4)
(6) Anteil (3) an Σ der	5,4	3,3	10,2	4,0	4,9
lokalen ABF	(3,2)	(2,2)	(3,9)	(1,3)	(1,9)

Quelle: CZNJ 1998. S.359 ff, 474; CZNJ 1993,S. 599 ff, 681.
Annotation: * Primärverteilung (Erhebungskompetenz) ** Sekundärverteilung; das Jahr 1993 eignet sich nicht für diese komparativ-statische Betrachtung (vgl. *Abbildung 11*).

Tabelle A.12 zeigt am Beispiel der außerbudgetären Haushaltsbilanz der Stadt Xingtai (Provinz Hebei), aus welchen Arten von Gebühren sich die ABF speisen können. Erstaunlicherweise werden einige staatliche Zweckzuweisungen sowie Abgaben an die Zentralregierung im außerbudgetären Haushalt verbucht. Eine plausible Erklärung dafür hatten die Lokalbeamten nicht.

VII. Auswirkungen der Haushaltsreform auf die subprovinziellen Finanzbeziehungen

1. Zur Übertragung der Reform auf die Finanzbeziehungen zwischen Provinzen und nachgeordneten Gebietskörperschaften

Das Haushaltssystem unterhalb der Provinzebene ist in der VR China bislang nicht einheitlich durch die Zentralregierung geregelt worden. Im Beschluß 1993 wird die Ausgestaltung der subprovinziellen Haushaltsbeziehungen grundsätzlich den Regierungen auf Provinzebene überlassen:

Abbildung 16

Die Verteilung der ABF auf Zentrale und Provinzen, 1982-1997

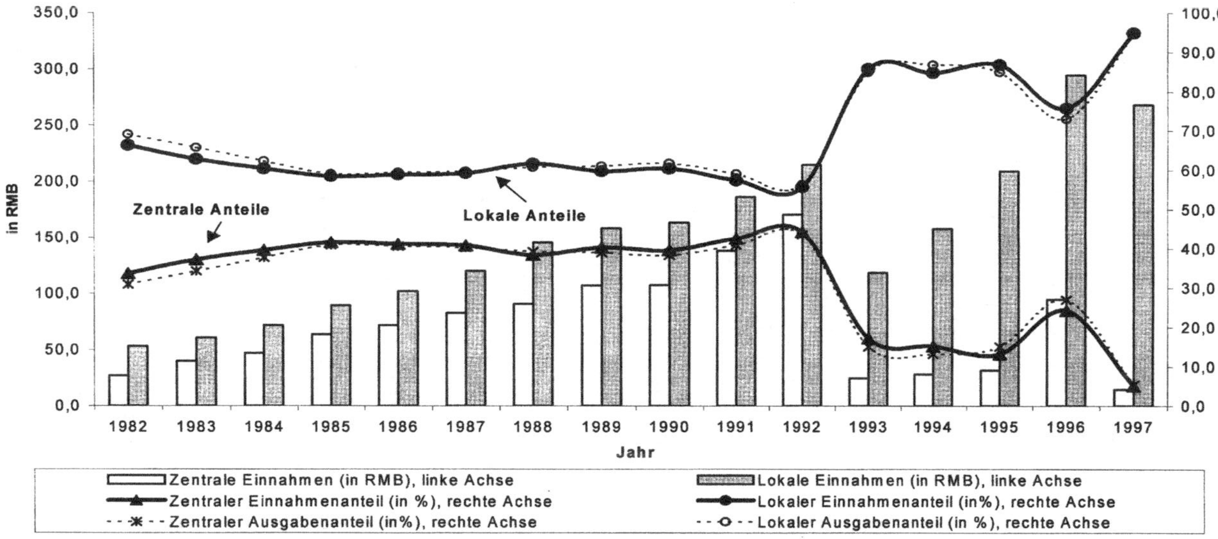

Eigene Darstellung nach Tabelle A.8

„Alle Volksregierungen der Provinzen, autonomen Regionen, regierungsunmittelbaren Städte und Linienstädte müssen gegenüber den ihnen unterstehenden Städten und Kreisen ein dieser Verordnung entsprechendes Haushaltsverwaltungssystem errichten." (Verordnung 1993, IV, Abs. 7)

Dies betrifft allerdings nur die konkrete Regelung der Einnahmenverteilung innerhalb der Provinzen;[14] die institutionelle Struktur, d.h. die Regelungen des Trennsteuersystems und die Zweiteilung der Steuerverwaltung müssen auch hier den von der Zentrale vorgegebenen Standards entsprechend umgesetzt werden. Die Steuerobjektkompetenz liegt ausschließlich bei der Zentrale. Dies gilt auch für die Gebühren: Lokalregierungen dürfen nur Gebühren erheben, die von der Zentralregierung zuvor genehmigt wurden.

Aufgrund des in der Verordnung 1993 verbliebenen Spielraums entstand unterhalb der Provinzebene ein buntes Bild an finanzpolitischen Lösungen, das zwar empirisch nicht abzudecken ist, dessen Bandbreite aber im folgenden anhand von Fallstudien illustriert werden soll (vgl. hierzu *Kapitel A.IV; Anhang 2.III*). Dabei steht die institutionelle Gestaltung der subprovinziellen Finanzbeziehungen im Vordergrund, eine statistische Analyse der Finanzausgleichsströme unterhalb der Provinzebene erfolgt im Rahmen dieser Arbeit nicht.[15]

Die meisten Provinzen reagierten sehr schnell auf die zentralen Beschlüsse zur Haushaltsreform und erließen bereits im ersten Halbjahr 1994 Verordnungen über die Neuregelung des Finanzausgleichs.

Die *Provinz Hebei* setzte das national vorgegebene Trennsteuersystem mit der Bestimmung vom 8.1.1994 in Provinzrecht um. Damit wurde das Trennsteuersystem Grundlage für die Regelung der Finanzausgleichsbeziehungen der Provinz mit den Städten. Die *regierungsunmittelbare Stadt Shanghai* reagierte am 1. Januar 1994 mit der Einführung eines Trennsteuersystems in ihren Kreisen und Bezirken (Shanghai shi caizheng ju, 1997, S. 2, 8).[16] In der *autonomen Region Guangxi* wurde mit einem Erlaß vom 1.2.1994 rückwirkend das Trennsteuersystem zwischen autonomer Region und Städten bzw. Bezirken ab 1. Januar eingeführt (Bestimmung vom 1.2.1994).[17] Mit Einführung der Trennsteuerreform paßte auch die *Provinz Hubei* im Frühjahr 1994 ihr

---

[14] Unterhalb der Provinzebene bestimmt jede Stadt selbst über das Finanzausgleichssystem mit den untergeordneten Bezirken und Kreisen.

[15] Vgl. für die Situation der subprovinziellen Finanzen und Finanzbeziehungen bis 1993 Wong (1997) [Hg.]; West und Wong, 1995, S. 77 ff. Die Finanzkraftunterschiede auf lokaler Ebene untersuchte West, 1999.

[16] Die konkreten Regelungen wurden im „Beschluß über die Durchführung des Trennsteuerverwaltungssystems zwischen Stadt und Bezirken bzw. Kreisen" niedergelegt (Shanghai shi caizhengju he shuiwuju, 1995/12, S, 136).

[17] Zuvor hatten das Finanzministerium, die Guangxier Niederlassung der chinesischen Volksbank und das Steuerbüro der autonomen Region Guangxi am 27.12.1993 eine Mitteilung herausgegeben, in der den Städten und Bezirken in der Provinz die baldige Einführung der Trennsteuerreform angekündigt und im Zusammenhang damit stehende Fragen beim Haushaltsentwurf erörtert werden (Bestimmung 27.12.1993).

provinzinternes Finanzausgleichssystem an die nationalen Regelungen an. Während die Provinz bis 1993 nicht nur mit den Städten, sondern auch mit der darunter liegenden Ebene der Kreise in einem direkten Finanzausgleichsverhältnis stand, wurden die Finanzbeziehungen nunmehr auf die Ebene der Städte eingeschränkt, welche seitdem selbst ihre Finanzbeziehungen zu den Kreisen regeln. Die Jahre 1994 bis 1996 wurden als Übergangsphase definiert, in der das Finanzministerium unterschiedliche Varianten für ein provinzinternes Trennsteuersystem erprobte (eigene Interviews). Die *Provinz Guangdong* folgte mit Neuregelungen erst in der zweiten Jahreshälfte 1994 (eigene Interviews; Xu und Cai, 1997, S. 443). 1994 bis 1995 wurde eine Übergangsregelung für die Regelung der Finanzausgleichsbeziehungen zwischen Provinz und Städten in Kraft gesetzt.

2. Verteilung der Aufgabenkompetenzen zwischen Provinzen und nachgeordneten Gebietskörperschaften

In den untersuchten Provinzen erfolgte nach dem Vorbild der *Verordnung 1993* der Versuch einer Klarstellung der Aufgabenzuständigkeiten von Provinzregierung und nachgeordneten Regierungsebenen. In Hebei übernimmt die Provinzregierung die Ausgaben für die provinzeigene Verwaltung, die Umstrukturierung ihrer Staatsunternehmen und für die Organe der öffentlichen Sicherheit. Die Städte sind für die Ausgabenlasten ihrer stadteigenen Verwaltung, ihrer Organe der öffentlichen Sicherheit, die Unterstützungszahlungen für Bauern, die Kosten für Aufbau und Erhalt der Städte und die Entwicklung der lokalen Wirtschaft verantwortlich. Ausgaben für Kultur, Erziehung, öffentliche Hygiene, Wissenschaft und Preissubventionen fallen in Haushalten beider Haushaltsebenen an (Bestimmung 8.1.1994, III, Abs. 1). Die Shanghaier Stadtregierung erklärte sich zuständig für die Sektor- und Strukturpolitik, die städtische Aufbaupolitik und die stadteigenen Verwaltungsausgaben. Die Bezirke und Kreise sollen für die Unterstützung der Bauern, die Ausgaben für (Aus-) Bildung, Hygiene, Kultur, soziale Wohlfahrt und öffentliche Sicherheit sowie die jeweiligen Verwaltungsaufgaben und die Preissubventionen aufkommen (Shanghai shi caizhengju he shuiwuju, 1995/12, S, 137). Auch in Guangdong, Guangxi und Hubei wurden die Unterstützung der Bauern, Wohlfahrtsausgaben und eigene Verwaltungsausgaben sowie die Kosten für die Schulen im Interview als Aufgaben der nachgeordneten Gebietskörperschaften bezeichnet (eigene Interviews). Auch unterhalb der Provinzebene wurden im Zusammenhang mit der Trennsteuerreform an einigen Orten die Aufgabenkompetenzen explizit gemacht: Im *Kreis Longyao (Provinz Hebei)* beispielsweise wurden am 8.2.1996 die Aufgabenzuständigkeiten zwischen Kreis und Gemeinde abgegrenzt. Kultur, Landwirtschaft, Wasserwirtschaft und Geburtenplanung gehören demnach in den Zuständigkeitsbereich der Gemeinden, während der Kreis sich für die regionale Wirtschaftsentwicklung und die eigenen Verwaltungsaufgaben verantwortlich erklärt. Die Ausgaben für den Bildungssektor werden von Kreis und Gemeinden gemeinsam bestritten (Beschluß 8.2.1996, S. 6).

3. Aufteilung der lokalen Einnahmen auf Provinzen und nachgeordnete Gebietskörperschaften

Aufgrund des Spielraums für die Aufteilung der Einnahmen sind bei der Aufteilung der festen Einnahmen der Provinzen und der Anteile der Lokalitäten an den Gemeinschaftssteuern große Unterschiede zu erkennen. Die in Hebei, Shanghai, Guangdong, Guangxi und Hubei angewandten Aufteilungsmechanismen werden in *Tabelle A.13* vorgestellt. Alle Gebietskörperschaften haben die die national vorgegebene Struktur auf ihre Verteilungskonzeption übertragen;[18] feste Provinzsteuern, feste Steuern der Städte bzw. der Kreise und Gemeinschaftssteuern kennzeichnen somit auch das Verteilungssystem in den Provinzen, wobei die jeweils quantitativ unbedeutenderen, „kleineren" Steuern in der Regel den nachgeordneten lokalen Gebietskörperschaften überlassen wurden. In manchen Provinzen (wie Hebei und Shanghai) dominiert das Instrument der festen Steuern, in anderen (z.B. Guangxi) bediente man sich stärker des Instruments der Gemeinschaftssteuern. In Hubei basierte das Einnahmenverteilungssystem bis 1996 ebenfalls sehr stark auf Gemeinschaftssteuern. 1997 wurde dieses Aufteilungssystem jedoch reformiert, da sich herausgestellt hatte, daß die lokalen Steuerbüros die Gemeinschaftssteuern mit mangelhafter Effizienz erhoben hatten. Daher wurden die zuvor prozentual aufzuteilenden Steuern fortan den Lokalregierungen zugeteilt. Diese müssen allerdings auf der Grundlage eines aus den Jahren 1994 bis 1996 ermittelten Durchschnittswertes einen jährlich um 10 % steigenden Betrag an die Provinz abführen (eigene Interviews).

In der Regel werden die Unternehmenssteuern nach dem Eigentumsprinzip (*lishu guanxi)* verteilt. Das heißt, Steuern aus provinzeigenen Staatsunternehmen fließen in die Provinzkasse, Steuereinnahmen aus kreiseigenen Staatsunternehmen in die Kasse der Kreisregierungen etc. Die Provinzregierungen von Hebei und Guangdong variierten dieses Prinzip, indem sie sich Steuern aus lukrativeren Branchen als feste Provinzeinnahmen sicherten.

Die Rückerstattung des Mehrwertsteuerzuwachses (30 %) durch die zentralen Steuerbüros fließt nicht in allen Fällen zur Gänze an den Entstehungsort, da manche Provinzregierungen einen Teil einbehalten. Dies ist z.B. in Guangdong der Fall. Der Stadt Guangzhou wird seit 1996 lediglich ihr Anteil von 25 % an der Mehrwertsteuer ausbezahlt. Der lokale Anteil am Mehrwertsteuerzuwachs (30 %) hingegen wird komplett von der Provinz einbehalten (eigene Interviews in Guangdong, 1998). Mit dieser Maßnahme wollte die Provinz die Aufblähung der Basiswerte durch die Städte vermeiden. In Hubei wird der Mehrwertsteuerzuwachs hingegen komplett an den Entstehungsort zurückgeführt (Haushaltsentwurf 14.1.1998, S. 6).

---

[18] Analog verhält es sich z.B. mit den Verteilungssystemen zwischen Städten und Kreisen: Auch hier existieren unterschiedliche Lösungen. Der Gestaltungsspielraum sinkt, desto niedriger die Regierungsebene ist.

4. Zur Einführung des zhuanyi zhifu-Systems durch die Provinzregierungen

Auch unterhalb der Provinzebene wurden seit 1995 allmählich *zhuanyi zhifu*-Fonds etabliert. Im Kreis Qingpu in Shanghai existiert ein solches System seit 1995. Finanzbeamte des Kreises gaben an, daß 1995 durch die Stadtregierung *zhuanyi zhifu*-Transferzahlungen in Höhe von 3 Mio. RMB, 1996 in Höhe von 17 Mio RMB vorgenommen wurden. In Hubei gibt es ein „*zhuanyi zhifu*"-System erst seit 1997. Ein Zehntel der Haushaltseinnahmen der Provinz werden dort von der Provinzregierung als Finanztransfers an bedürftige Regionen und Kreise umverteilt. In Guangxi war (bis 1998) unterhalb der Provinzebene noch kein *zhuanyi zhifu*-System eingeführt worden. In Hebei wurde es 1995 etabliert. Innerhalb der Provinz Guangdong wurde 1996 ein *zhuanyi zhifu*-Transfersystem eingerichtet (eigene Interviews).

5. Zur Umsetzung der Reform in den Kreisen und Gemeinden

Die Zweiteilung der Finanzverwaltung wurde 1994 nicht überall bis auf die Gemeindeebene ausgedehnt. Vielerorts werden die Einnahmen mehrerer Gemeinden durch ein gemeinsames Steuerbüro bzw. durch das Finanzamt der übergeordneten Kreisebene verwaltet. Dies ist insbesondere in leistungsschwachen Kreisen der Fall (eigene Interviews). In der Provinz Hebei wurde das neue Steuerverwaltungssystem zwar bis zur Kreisebene eingeführt, in den Gemeinden beließ man es jedoch beim alten, da es weder personell noch finanziell ratsam schien, die Reform auf diese unterste Regierungsebene auszudehnen (Qi und Li, 1997, S. 3).[19]

Dies gilt auch für die Aufteilung der Steuerarten. Insbesondere in den ärmeren Gemeinden beließ man es beim zuvor praktizierten Kontraktsystem. Die Wirtschaftsstruktur im Kreis Yongning (Guangxi) ist z.B. auf den Zuckerrohranbau ausgerichtet. Die meisten Gemeinden können ohne Subventionen des Kreises nicht überleben. Das Finanzausgleichssystem zwischen dem Kreis und seinen Gemeinden hat sich daher durch die Reform von 1994 kaum verändert. Die Finanzbeziehungen basieren weiter auf einem Kontraktsystem, welches für drei Jahre die Subventionen festschreibt (*san nian guding butie)* (eigene Interviews). In der Gemeinde Liuwei, in der es nicht ein einziges Industrieunternehmen, sondern lediglich drei ländliche Unternehmen gibt, die Agrarprodukte vermarkten, kann die Gemeinde 70 % ihres Haushaltes selbst finanzieren. Dieser Betrag reicht gerade aus, um die Erziehungs- und Ausbildungsausgaben zu decken, die übrigen Ausgaben müssen vom Kreis subventioniert werden *(Tabelle 15)*. *Zhuanyi zhifu*-Transferzahlungen erhält die Gemeinde nicht, da ein systematisches Umverteilungssystem in der Provinz Guangxi bislang nicht eingeführt worden ist (eigene Interviews).

---

[19] Im Kreis Longyao beispielsweise erheben die 3 bis 5 Mitarbeiter dieses Steuerbüros sämtliche Steuern der jeweiligen Gemeinde (*yi xiang yi suo* – ein Steuerbüro für eine Gemeinde*)* Die Gelder werden in Konten bei der ländlichen Kreditgenossenschaft (*nonghang xingyongshe)* geführt (Beschluß vom 8.2.1996).

Die Markt- und Landgemeinden (*xiangzhen*) sind innerhalb des lokalen Finanzverwaltungssystems das schwächste Glied. Als unterste Finanzverwaltungs-ebene können die *xiangzhen*-Regierungen öffentliche Aufgaben und Ausgaben nicht mehr weiter nach unten delegieren. Deshalb wird in den Gemeinden immer wieder die Instabilität der Gemeindefinanzen beklagt (eigene Interviews).

Tabelle 15

Haushalt der Gemeinde Liuwei (Guangxi), 1997

Ausgaben für	Anteil	Einnahmen	Anteil
Bildung	70 %	Mehrwertsteuer	20 %
Verwaltung	15 %	Agrarsteuer	50 %
Landwirtschaft	5 %	Subventionen	30 %

Quelle: Finanzbüro der Gemeinde Liuwei, 1998.

VIII. Fazit

Aus den von Lampton herausgegebenen Studien über Politikimplementierung in der VR China ist bekannt, daß die Umsetzung politischer Maßnahmen in starkem Maße von der Berücksichtigung regionaler und lokaler Interessen im Prozeß der Entscheidungsfindung abhängt und daß Maßnahmen redistributiven Charakters im chinesischen Politiksystem besonders schwer umzusetzen sind (Lampton, 1987c, S. 10 ff). Dies hängt unter anderem mit der Wirksamkeit traditioneller, informeller Regelungs- und Koordinationsmechanismen und Erwartungshaltungen zusammen (*Kapitel C.IV*). Folgende aus der Analyse des Implementierungsprozesses der Haushaltsreform von 1994 gewonnenen Ergebnisse sind festzuhalten:

Erstens, zur Plankonformität der Reform (*prozessualer Ansatz*): Die Zweiteilung der Steuerverwaltung erfolgte in der überwiegenden Mehrheit der Provinzen im Laufe des Jahres 1994. In den Provinzen wurde die Zweiteilung i.d.R. bis hin zur Kreisebene vollzogen. Aufgrund von Widersprüchen zwischen Angaben in der Literatur und der Interviewpartner aus der Finanz- und Steuerverwaltung existieren jedoch auch Anhaltspunkte dafür, daß einige Gebietskörperschaften die Steuerverwaltungsreform offenbar nicht plankonform durchgeführt haben, sondern das alte System in neuer Verpackung weiterführten. In der *Verordnung 1993* erfolgte keine Neuordnung der Aufgabenverteilung zwischen Zentrale und Provinzen, sondern lediglich erstmalig eine explizite Nennung existierender Aufgabenverantwortlichkeiten. Die Provinzregierungen folgten in ihren Verordnungen über die Einführung des Trennsteuersystems ebenfalls mit einer „Klarstellung" der Aufgabenverteilung zwischen Provinzen und den ihnen untergeordneten lokalen Regierungsebenen deutlicher zu machen. Die redistributive Funktion der Zentrale wurde aufgrund der neuen Mechanismen der Einnahmenverteilung plangemäß gestärkt. Der ihr für eigene Einnahmen und Umverteilungsmaßnahmen zur Verfügung stehende Haushaltsanteil ist von 35,8 % im Jahr 1993 auf 55,8 % im Jahr 1997 angestiegen. Damit koordiniert die Zentrale jetzt mehr als die Hälfte der öffentlichen Haushaltsgelder. Der *zhuanyi zhifu*-Fonds für die Unterstützung leistungsschwacher Regionen wurde im Jahr 1995 eingeführt; das für Transfers zur Verfügung stehende Finanzvolumen war jedoch mit 1,8 % aller Transferzahlungen der Zentrale im Jahr 1997 außerordentlich gering. Nach dem Vorbild der Zentrale wurden *zhuanyi zhifu*-Fonds auch von einigen Provinzregierungen errichtet.

Die in bezug auf die ABF erlassene Maßnahme „*fei gai shui*" (Gebühren werden zu Steuern) wurde im Jahr 1997 wirksam; es herrschen jedoch berechtigte Zweifel daran, daß sie auf lokaler Ebene wirklich flächendeckend umgesetzt wurde, da der Rückgang der ABF im Jahr 1997 auf der zentralen Ebene deutlich stärker ausfiel als auf regionaler und lokaler Ebene. 1997 wurden 94,6 % aller ABF dezentral erhoben.

Zweitens, die Ziel-Ergebnis-Beurteilung: Die von der Zentrale angestrebte Erhöhung ihrer Haushaltsanteile auf 60 % wurde nicht erreicht. 1994 erhob die Zentrale zwar 55,7 % der Steuern, nach 1995 sank dieser Anteil allerdings kontinuierlich und betrug 1997 nur noch 48,9 %.[20] Die Schwierigkeiten der Zentralregierung, ihr Einnahmeziel zu erreichen bzw. die 1994 bereits realisierte Einnahmeposition zu halten, hängen eng mit *Implementierungsproblemen* bei der Umsetzung der Reform zusammen. Der Grund für diese Probleme liegt weniger in eventuellen Abweichungen von den Reformbestimmungen (*prozessualer Ansatz*); als in den Reaktionen der Regional- und Lokalregierungen auf die Anreizstrukturen des neuen Finanzausgleichssystems und ihrer *negativen Erwartungshaltung* hinsichtlich der Kontinuität des existierenden Systems und der Zuverlässigkeit der gemachten Zusagen der Zentrale. Dieser Pessimismus der Lokalitäten geht auf negative Erfahrungen in der Vergangenheit zurück (*Kapitel C*).

Insgesamt zeigte die Untersuchung, daß die Umsetzung des durch die Haushaltsreform von 1994 politisch verordneten, institutionellen Wandels der Finanzverfassung von der Wirksamkeit traditioneller Regelungsmechanismen nicht zu trennen ist. Auf die Bedeutung informeller Beschränkungen für den institutionellen Wandel wies *North* 1992 hin:[21]

> „Im Unterschied zu formgebundenen Regeln, die infolge von politischen oder gerichtlichen Entscheidungen über Nacht geändert werden können, sind formlose Beschränkungen, wie sie in Sitten und Gebräuchen, Überlieferungen und Gepflogenheiten verkörpert sind, durch eine vorsätzliche Politik viel weniger leicht zu beeinflussen." (North, 1992, S. 7)

Das fiskalpolitische System der VR China war traditionellerweise nie durch eine

---

[20] *Le-yin Zhang* kommt zu einem anderen Zahlenergebnis, nach dem sich die Einnahmeposition der Zentrale in den Jahren 1996 und 1997 auf 55,6 % bzw. 56,5 % verbessert haben soll (Zhang, 1999, S. 134). Die in diesem Kapitel durchgeführten Berechnungen nach Daten des finanzstatistischen Jahrbuch 1998 bestätigen ihre Analyse jedoch nicht.

[21] „Institutionen sind die Spielregeln einer Gesellschaft", bzw. „jede Art von Beschränkung, die Menschen zur Gestaltung menschlicher Interaktion ersinnen." (North, 1992, S. 2-3).

objektive, juristisch bindende Regelung der Verfahrensweisen gekennzeichnet, sondern durch die *Gewohnheit,* Entscheidungen auf individueller Verhandlungsbasis zwischen Zentrale und einzelnen Provinzen zu fällen („rule of man“ anstatt „rule of law“). Eine „Rationalisierung“ der Finanzausgleichspolitik, so wie in der Verordnung 1993 proklamiert, und die damit verbundene Distribution der Mittel nach standardisierten Verteilungsregeln, dürfte somit nicht der tradionellen Mentalität in der Finanzbürokratie entsprechen.

Die Staatsquoten (D1) erhöhten sich erst ab 1996 geringfügig, nachdem sie 1994 und 1995 auf ihren absoluten Tiefpunkt gesunken waren. Seit 1996 partizipierte der Staat somit in etwas höherem Maße an der Verwendung des Sozialprodukts. Möglicherweise handelt es sich dabei jedoch lediglich um eine temporäre Verbesserung, die auf Umbuchungstechniken zurückgeht. Einerseits wurden zwar Maßnahmen zur Verbesserung der Einnahmenerhebung wie die Computerisierung der Steuererfassung und reduzierte Rückerstattungsmöglichkeiten im Exportgeschäft durchgeführt (Zhang, 1999, S. 136-137). Andererseits war die Erhöhung der Staatsquoten aber auch eine Folge der fortschreitenden Integration der ABF in die budgetären Fonds. Dadurch gleichen sich die nach den offiziellen Daten berechneten und die korrigierten Quoten allmählich an. Eine Prognose über die weitere Entwicklung der Staatsquoten in den nächsten Jahren ist daher schwierig. Ein eher pessimistisches Bild der Steuererhebungssituation und ihrer Perspektiven zeichnete jedenfalls Chinas Finanzminister Liu Zhongli auf dem 9. Plenum des Volkskongresses am 6.3.1998:

> „[Im Jahr 1998] müssen sich alle Lokalitäten streng an die Steuergesetze halten, eigenmächtige Steuererlässe oder –nachlässe sind ebensowenig gestattet wie die Steuerverwaltungskompetenz überschreitende Anpassungen der nationalen Steuergesetze und der Steuerpolitik. Die Überwachung der Steuer- und Finanzarbeit muß verstärkt werden. Jede Form von Steuerhinterziehung und Steuerbetrug ist zu ahnden, alle Steuereinnahmen aus Unternehmen müssen streng überprüft werden, [...] jede Art der Steuererosion muß streng verfolgt werden. Die Kontrolle und Überwachung verborgener Einnahmen muß verstärkt, die Besteuerung von Branchen mit hohen Einnahmen und der Einnahmen von Spitzenverdienern mit der persönlichen Einkommensteuer forciert werden. [...] Die Verwaltung der Gebühren und der Fonds muß verstärkt werden, [...] die unvernünftigen Lasten der Betriebe und der Bauern müssen reduziert, das Verteilungssystem konsolidiert werden. Verwaltungsgebühren, Fonds und Wechsel müssen streng verwaltet, die Überwachung der außerbudgetären Fonds weiterhin verstärkt und ihre Verwaltung allmählich vervollkommnet werden. Die Finanzkraft der budgetinternen und –externen Fonds muß zusammengefaßt, die Effizienz des Einsatzes fiskalischer Mittel erhöht werden.“ (Haushaltsbericht 6.3.1998, S. 39-40)

Trotz ihrer erneut sinkenden Anteile bei der Einnahmenerhebung läßt sich als Ergebnis dieser Untersuchung festhalten, daß die Zentrale ihr Ziel, durch die fiskalische Zentralisierung ihre redistributive Rolle zu stärken, erreicht hat, denn durch das Instrument der Steuerrückerstattung sind im neuen System letztlich alle Provinzen als Nettoempfänger abhängig von Finanztransfers der Zentrale. Dadurch hat diese die Möglichkeit, ihre eigenen Schwächen bei der Einnahmengenerierung durch *ad hoc*-Korrekturen bei der Berechnung der Steuerrückerstattungsbeträge oder der Zuweisungen auszugleichen. Diese Möglichkeit nutzt die Zentrale als Drohpotential; im Dezember 1995 kündigte sie beispielsweise an, daß die *shuishou fanhuan*-Transfers reduziert würden, wenn die Steuererhebung durch die nationalen Steuerorgane weiterhin unmotiviert erfolge (Renmin Ribao, 6.12.1995, S. 1).[22]

Nach Auffassung von *Wang Shaoguang* versucht die Zentralregierung die Regionalregierungen mit Argumenten in bezug auf das Gemeinwohl bzw. die übergeordneten Interessen des Gesamtstaates von der Notwendigkeit einer kooperativen Zusammenarbeit bei der Umsetzung von politischen Maßnahmen zu überzeugen (*shoufu*). Es habe sich jedoch gezeigt, daß die Erfolgsrate „weicher" Kooperationsstile in China sehr niedrig sei. Mittels Überredung oder Überzeugung nach einer einvernehmlichen Lösung in der Auseinandersetzung zwischen Zentrale und Lokalitäten suchen zu wollen, käme einem „auf Bäume klettern, um nach Fischen zu suchen" gleich. Eine erfolgreiche Umsetzung zentraler Anordnungen bedürfe daher effizienter Sanktions- und Kontrollmechanismen (Wang Shaoguang, 1997a, S. 34), und daran ermangelt es dem neuen Haushaltssystem.

In *Kapitel D.V* wurde die Hypothese aufgestellt, daß das Reformpaket nicht primär durch redistributive Intentionen der Zentrale bestimmt wurde. Diese These findet durch die empirischen Befunde in diesem Kapitel eine erste Bestätigung: Die Verteilung von Ausgaben und Einnahmen auf Zentrale und Lokalitäten hat sich zwischen 1993 und 1997 im Ergebnis nur geringfügig verändert. Die zentralen Ausgabenanteile (ohne Umverteilungsausgaben) sanken zwar zwischen 1991 und 1997 von 32,2 % auf 27,4 %; Ausgabenentlastungen der Zentrale fanden vor allem bei der Infrastrukturfinanzierung statt. Es gibt allerdings keine Anhaltspunkte dafür, daß diese Veränderung in einem unmittelbaren Zusammenhang mit der Haushaltsreform steht, da dieser Trend bereits vor 1994 einsetzte Die Einnahmenanteile der Zentrale nach Durchführung des Finanzausgleichs stabilisierten sich 1997 hingegen bei 22,8 % (im Vergleich zu 23,3 % im Jahr 1993). Die Diskrepanz entspricht in etwa dem Volumen der *zhuanyi zhifu*-Fonds. Damit steht fest, daß die Provinzen insgesamt.infolge der Haushaltsreform von 1994 keine finanziellen Einbußen erlitten haben. Welche interregional distributiven Wirkungen indessen eintraten, ist Gegenstand der Untersuchungen in *Kapitel G.I.*

---

[22] Die Schwierigkeiten der Zentrale, ihre Einnahmenerhebung effizient durchzuführen, belegt auch ein Zeitungskommentar der *Renmin Ribao* vom November 1994, in dem die zentralen Steuerbüros auf lokaler Ebene aufgefordert werden, die Mehrwert- und Konsumsteuer frist- und regelgerecht zu erheben und nach oben abzuführen (Renmin Ribao, 25.11.1994, S. 1).

G. Wirkungszusammenhänge der Haushaltsreform von 1994

Die in der *Resolution 1993* niedergelegten Prinzipien für die Errichtung einer „Sozialistischen Marktwirtschaft“ waren Teil der fortgesetzten Bemühungen der Zentralregierung, ihre makroökonomischen Steuerungsmöglichkeiten und damit die Umsetzungschancen zentralstaatlicher Ziele zu verbessern. Mit der Errichtung eines Finanzausgleichssystems allein kann zwar noch keine Wirtschaftspolitik betrieben werden, das Vorhandensein eines bestimmten Ausgleichssystems kann jedoch verschiedene wirtschaftspolitische Teilbereiche wirkungsvoll unterstützen. Dies wird im folgenden anhand von drei größeren makroökonomischen Kontexten aufgezeigt: die regionale Entwicklungs- und Verteilungspolitik, die Sektor- und Strukturpolitik sowie die Politik der gesamtwirtschaftlichen Finanzierungsstrukturen. Der Leser möge jedoch beachten, daß die Darstellung in diesem Kapitel nicht den Anspruch einer vollständigen Abhandlung der drei wirtschaftspolitischen Teilbereiche erhebt, vielmehr geht es darum aufzuzeigen, inwiefern die Einführung des neuen Finanzausgleichssystems in einem Wirkungszusammenhang mit anderen Politikbereichen gesehen werden kann.

I. Die Haushaltsreform von 1994 im Kontext der regionalen Entwicklungs- und Verteilungspolitik

Die verstärkte Unterstützung leistungsschwacher Gebiete durch fiskalpolitische Umverteilungsmaßnahmen sowie die Standardisierung des Finanzausgleichverfahrens waren zentrale Argumente für die Legitimierung der fiskalischen Zentralisierungspolitik von 1993 (*Kapitel E.I.1*). Bei der Analyse der Reformkonzeption kamen jedoch Zweifel an diesen Intentionen der Zentrale auf (*Kapitel D.V*). Die folgende Untersuchung soll klären, inwiefern die proklamierten Intentionen der Haushaltsreform mit den regionalpolitischen Ziele der Zentrale korrespondieren, welche Wirkungen die Reform auf die interregionale Ressourcendistribution ausübte, und welche Verteilungsprinzipien sich daraus ableiten lassen.

1. Neue regionalpolitische Entwicklungsschwerpunkte

a) Der 9. Fünfjahresplan (1996-2000)

In der entwicklungspolitischen Strategieplanung der VR China erfolgte erst mit dem im Jahr 1995 verabschiedeten 9. Fünfjahresplan ein Umschwung, durch welchen die Förderung der Regionen im Landesinnneren erhöhte Aufmerksamkeit erhielt. Aufgrund der steigenden Disparitäten zwischen den verschiedenen Landesteilen wurde eine insgesamt negative Bilanz bzgl. der regionalen Entwicklung während der Laufzeit des 8. Fünfjahresplans gezogen. Während im 8. Fünfjahresplan (1991-1995) noch die

Entwicklung der Küstengebiete im Vordergrund stand, wurden im 9. Fünfjahresplan (*Kapitel E.I.5.b)* Maßnahmen zum Abbau der Einkommensdisparitäten angekündigt:

> „Während sich die Wirtschaft entwickelt und [sich] der Lebensstandard der Bevölkerung verbessert [hat], hat sich der Abstand zwischen den Einkommen vergrößert." [...] Der Abstand zwischen verschiedenen Regionen bei der Entwicklung [soll] schrittweise verringert werden." (ZK der KPCh, 1995, S. 14-15, 16-17)

Fünf Maßnahmen sollten für eine solchermaßen koordinierte wirtschaftliche Entwicklung aller Landesteile ergriffen werden (Li Peng, 1995, S. 22):

1. Die zentralen und westlichen Landesteile sollen finanziell besser unterstützt werden, und es sollen verstärkt Aufbauinvestitionen (z.B. zum Bau von infrastrukturellen Einrichtungen) finanziert werden;
2. Die regionale Standortverteilung der Industrie soll readjustiert werden, insbesondere sollen die verarbeitende und arbeitsintensive Industriezweige zum Umzug nach Zentral- und Westchina ermutigt werden;
3. Die Rohstoffpreise sollen stabil gehalten werden;
4. Mehr ausländische Investitionen sollen im Landesinnere getätigt werden;
5. Die wirtschaftliche Kooperation zwischen den entwickelten östlichen Gebieten an der Küste und den leistungsschwachen Regionen im Landesinneren sollen verstärkt werden. Insbesondere sollen die Küstenregionen zu Investitionen im landesinneren ermutigt werden.

Die regionalpolitische Umorientierung in der Zentralregierung koinzierte mit der Publikation eines weiteren Buches von Hu Angang und Wang Shaoguang, die 1995 zusammen mit Kang Xiaoguang in ihrer Studie „Regional Disparities in China (*zhongguo diqu chaju baogao)*" erneut ihr Krisenszenario der Öffentlichkeit vorstellten. Wachsende regionale Diskrepanzen schwächen ihrer Meinung nach die Solidarität der Provinzen untereinander. Die Armen fühlten sich ungerecht behandelt, die Reichen ausgebeutet und unterdrückt durch die Zentralregierung. Sie seien daher immer weniger bereit, Gelder zur Unterstützung der armen Provinzen abzuführen. Die Erfahrungen in Jugoslawien hätten gezeigt, daß dort aufgrund der fiskalischen Schwäche der Zentrale die regionalen Disparitäten nicht abgebaut werden konnten. Dies habe den Zerfall des Landes begünstigt (Hu, Wang und Kang, 1995, S. 27 ff). Die Aufgabe der Zentrale müsse daher darin bestehen, durch ein Finanztransfersystem die Unterschiede bei der Bereitstellung öffentlicher Güter abzubauen und die wirtschaftliche Entwicklung in den rückständigen Gebieten gezielt zu fördern. Minderheitsgebiete sollten besonders unterstützt werden (Hu, Wang und Kang, 1995, S. 38 ff).

b) Zur Politik der Armutsbekämpfung

Nachdem seit Mitte der 80er bis in die frühen 90er Jahre die Entwicklung der Küstengebiete im Vordergrund gestanden hatte, erhielt die Armutsbekämpfung erst Mitte der 90er Jahre wieder einen höheren wirtschaftspolitischen Stellenwert. So wurde nach 1986 erst im Jahr 1994 wieder ein nationales Symposium über Armutsbekämpfung abgehalten. 1994 wurde auch der 8. Siebenjahresplan zur Armutsbekämpfung verabschiedet, im der der Staatsrat 592 Armutskreise benannte und Fördermaßnahmen für die Verbesserung der Lebensbedingungen der armen Bevölkerung ankündigte (Chen Junsheng, 1997, S. 8).

Armutsgebiete lassen sich in der Volksrepublik China nicht auf eine bestimmte geographische Region im Westen oder Zentrum des Landes beschränken. „Armutskreise" *(pinkun xian)* sind in allen Landesteilen zu finden, liegen aber in der Regel in ländlichen Regionen (Larsen, 1992). Die meisten armen Gebiete liegen im Süd- und Nordwesten, in kargen Berg- und Wüstengebieten und abgelegenen Regionen. Aber auch in den Küstenregionen gibt es Armutskreise.

Als Indikator für die Identifikation von Armutskreisen dient das Pro-Kopf-Einkommen (PKE):[1] In Armutskreisen unterschreitet das PKE die Grenze von 530 RMB. Ist das PKE niedriger als 300 RMB, handelt es sich um Kreise, in denen absolute Armut herrscht. Von den insgesamt 592 Armutskreisen, die der Staatsrat 1994 benannt hatte, lag in 185 Kreisen das PKE der Bauern unter 300 RMB (Werte für 1994). 257 Armutskreise werden zum Großteil von Minderheiten bewohnt, 105 Kreise sind „alte Revolutionsgebiete" *(geming lao qu)*. Etwa 40 % der armen Bevölkerung lebt in Minderheitsgebieten (Wen Jing, 1997, S. 16-17; Chen Junsheng, 1997, S. 8-9).

Für die Armutsbekämpfung sind zentrale, regionale und lokale Regierungen gemeinsam verantwortlich. Seit 1995 stellt die Zentralregierung den Provinzen im Rahmen der *„zhuanyi zhifu"*-Transfers zweckgebundene Mittel für die Armutsbekämpfung zur Verfügung. Der Umfang der in den einzelnen Provinzen für Armutsbekämpfung eingesetzten Finanzmittel ist den statistischen Jahrbüchern jedoch nicht zu entnehmen. Der Sekundärliteratur zufolge wurde in der Zeitspanne von 1978 bis 1990 ein Betrag von 7,1 Mrd. RMB für die Armutsbekämpfung ausgegeben, der 8. Fünfjahresplan (1991-1995) sah 10 Mrd. RMB für die Armutshilfe vor (Li Yanling, 1997, S. 11). Zusätzlich wurden noch weitere Förderprogramme aufgelegt (z.B. zur speziellen Unterstützung der Armutskreise in Minderheitsgebieten) (Jiang Yonghua, 1997, S. 21). Neben diesen fiskalpolitischen Maßnahmen finden auch zahlreiche andere Fördermaßnahmen für die Bekämpfung der Armut Anwendung, auf die hier nicht im Detail eingegangen werden kann (vgl. hierzu z.B. Chen Junsheng, 1997, S. 8; Yan Ruizhen, 1997).[2]

---

[1] Im Chinesischen lautet die Bezeichnung für die arme Bevölkerung: „Personen, die nicht genügend anzuziehen und zu essen haben" *(wenbao wenti hai mei you jiejue de ren)*.

[2] Nach dem 8. Siebenjahresplan zur Armutsbekämpfung sind z.B. Umsiedelungsmaßnahmen möglich, wenn sich eine Region aufgrund klimatischer und topographischer Ursachen wirtschaftlich nicht entwickeln kann. Beamte im öffentlichen Dienst können des weiteren verpflichtet werden, für ein bis zwei Jahre in einem Armutsgebiet tätig zu werden und dort Aufbauarbeit zu leisten. Zur Armutsbekämpfung gehört neuerdings auch in steigendem Maße das Instrument der Mikrofinanzierung. Aufgrund der schlechten Effizienz staatlich gelenkter Armutsbekämpfungsmaßnahmen und des mangelnden Zugangs von (ländlichen) Kleinunternehmern zu formalen Krediten wurde unter Mitwirkung der Ford-Stiftung, des Grameen Trusts und der Akademie für Sozialwissenschaften zunächst in Hebei, Henan und Shaanxi ein Mikrokreditsystem auf Kreisebene errichtet, das so positiv evaluiert wurde, daß die UDP, die UNICEF und die GTZ begannen, ähnliche Projekte zu fördern. Das Ziel besteht darin, Kleinstunternehmern in armen Gebieten den Zugang zu Krediten zu erleichtern. In der Regel

Die Weltbank unterstützt die 1994 ergriffene Initiative der Zentralregierung zur Armutsbekämpfung. Infolge der neuen regionalpolitischen Strategie seit Mitte der 90er Jahre werden die Kredite der Weltbank mittlerweile fast ausschließlich für Aufbauprojekte in den strukturschwachen Gebieten im Hinterland verwendet (Gespräch mit Li Yong, chinesischer Gesandter bei der Weltbank, 1998). Nach 31 anderen Förderprogrammen zur Linderung der Armutsproblematik ist seit 1994 ein Schwerpunkt der von ihr geförderten Projekte die Bekämpfung der Armut in Westchina.[3] Im Rahmen des sog. „China Western Poverty Reduction Project", für das eine Laufzeit von 6 Jahren und eine Projektsumme von 311 Mio. US $ vorgesehen sind, gewährte sie der VR China einen Kredit über 160 Mio. US $, der für die wirtschaftliche Förderung der Armutsgebiete in der Inneren Mongolei, Gansu und Qinghai sowie für Umsiedlungsmaßnahmen der Bevölkerung (z.B. in Qinghai) eingesetzt werden soll.[4] Die Kredite werden über die Zentralregierung in Beijing an die Empfängerlokalitäten weitergeleitet. Verantwortliche auf chinesischer Seite für die Implementierung des Projekts (implementing agency) sind die „Leading Group for Poverty Reduction and Development of the State Council" sowie die Provinz- und Lokalregierungen (Weltbank, 2000a).

Nach Schätzungen der Weltbank sank die absolute Armut in der VR China begünstigt durch das Wirtschaftswachstums in den ländlichen Gebieten zwischen 1978 und 1985 von 265 Mio. auf 97 Mio., d.h. von 28 % auf weniger als ein Zehntel der Bevölkerung. In der zweiten Hälfte der 80er Jahre jedoch erfolgten keine weiteren Fortschritte bei der Armutsbekämpfung, der Anteil der in absoluter Armut lebenden Bevölkerung blieb mehr oder weniger konstant (Weltbank, 1992, S. 3). Möglicherweise steht die Stagnation bei der Armutsbekämpfung in einem kausalen Zusammenhang mit der seit 1985 im 7. Fünfjahresplan institutionalisierten Entwicklungsstrategie der Zentralregierung, einige Regionen zuerst reich werden zu lassen. Nach chinesischen Angaben umfaßte 1994 die offiziell als „arm" (*pinkun)* ausgewiesene Bevölkerung Chinas ca. 80 Mio. Menschen, 1996 soll die Zahl der in absoluter Armut Lebenden infolge der seit 1994 forcierten Armutsbekämpfungsmaßnahmen auf 58 Mio. gefallen sein (das entspricht 4,7 % der Gesamtbevölkerung) (Wen Jing, 1997, S. 16-17; Chen Junsheng, 1997, S. 8-9). Nach dem 8. Siebenjahresplan sollte die absolute Armut innerhalb von 7 Jahren beseitigt werden. Realistischerweise dürfte das Ziel, bis zum Jahr 2000 die absolute Armut beseitigt zu haben, jedoch nicht erreichbar sein.

---

wurden diese Mikrokredite in den von der Zentralregierung benannten Armutskreisen aufgelegt (Cheng Enjiang, 1998, S. 19-20).

3 Eine Übersicht aller in den 90er Jahren durchgeführten Entwicklungsprojekte, die von der Weltbank mit Krediten unterstützt wurden, befindet sich auf der Homepage der Weltbankniederlassung in Beijing (Worldbank, 2000b).

4 Die Kreditsumme wurde wie folgt verteilt: Gansu: 70 Mio US $, Innere Mongolei: 50 Mio US $, Qinghai: 40 Mio US $ (Worldbank, 2000a).

2. Interregionale Verteilungswirkungen im neuen Finanzausgleichsystem

Für die Beurteilung des 1994 errichteten Finanzausgleichssystems unter verteilungspolitischem Gesichtspunkt ist es erforderlich, das Endergebnis sämtlicher Verteilungsvorgänge in den einzelnen Provinzen zu betrachten. Dafür erscheint es sinnvoll, den Anteil der fiskalischen Nettotransfers (Transfers der Zentrale an die Provinzen *minus* Transfers der Provinzen an die Zentrale) an den Haushaltseinnahmen zu ermitteln und in eine Beziehung zur Finanzkraft pro Einwohner zu setzen.

In *Tabelle 16* befinden sich die Ergebnisse dieser umfangreichen Berechnungen. Ausgewiesen werden die den einzelnen Provinzen vor und nach Durchführung des Finanzausgleichs zur Verfügung stehende Finanzkraft pro Einwohner sowie die Anteile der fiskalischen Nettotransfers der Zentrale an den erhobenen Einnahmen (1. Runde, Spalte D) und der verfügbaren Einnahmen (2. Runde, Spalte E). Es ist deutlich zu sehen, daß die Abhängigkeit der Provinzen von Zuweisungen der Zentrale mit sinkendem wirtschaftlichen Entwicklungsniveau zunimmt. Dennoch läßt sich aus der Finanzkraft einer Provinz keine generelle Verteilungsregel ableiten. Es sind zwar einige Grundregeln der Verteilung zu erkennen, andererseits existieren aber auch zahlreiche Sonderfälle, die sich nicht eindeutig erklären lassen.

Erwartungsgemäß erhalten die Küstenregionen (außer Guangxi und Hebei) sowie die regierungsunmittelbaren Städte die geringsten Transferanteile. Vergleicht man jedoch Finanzkraft mit Transferanteil, so wird deutlich, daß diese nicht korrespondieren: Jiangsu und Zhejiang besitzen beispielsweise in der ersten Runde eine fast identische Finanzkraft, auch ihre Pro-Kopf-Einkommen liegen nahe beieinander (Zhejiang liegt vor Jiangsu); dennoch erhält Zhejiang höhere Transferanteile.

Graphisch dargestellt in *Abbildung 17* zeigen die Finanzkraftverschiebungen in den Provinzen und die Transferquote überraschend deutlich, daß die autonomen Regionen mit ihren bedeutsamen Anteilen nationaler Minderheiten weit höhere Zuweisungen erhalten als Provinzen vergleichbarer oder sogar schwächerer Finanzkraft und wirtschaftlicher Kennziffern. Zum Beispiel erhält Qinghai Nettotransfers der Zentrale, die rund 70 % der nach der zweiten Runde verfügbaren Einnahmen Qinghais ausmachen. Die Provinz Anhui, die in der ersten Verteilungsrunde eine deutlich schwächere Finanzkraft als Qinghai besaß, erhielt lediglich Transfers in Höhe von 23 %. Ähnliches gilt für Xinjiang: Die autonome Region, die sowohl in bezug auf die Finanzkraft pro Einwohner als auch hinsichtlich ihres Pro-Kopf-Einkommens im guten Mittelfeld liegt, kommt in den Genuß von weitaus höheren Finanzzuweisungen als z.B. Hebei. Die chinesische Provinz Guizhou, die sowohl nach Pro-Kopf-Einkommen als auch nach Finanzkraft vor Tibet an vorletzter Stelle steht, erhält hingegen im Verhältnis deutlich niedrigere Transferanteile. Nach Durchführung des Finanzausgleichs verschlechterte sich Guizhou sogar von Platz 30 auf Platz 31.

In der ersten Verteilungsrunde lag Anhui 1997 sowohl nach dem Pro-Kopf-Einkommen als auch nach der Finanzkraft an 20. Stelle. Im Hinblick auf die ärztliche Versorgungsdichte mit medizinischem Personal und Krankenhausbetten liegt Anhui im

Tabelle 16

Finanzkraft und Transferanteile der chinesischen Provinzen, 1997

Provinz	A	Rang (A)	B	Rang (B)	C	Rang (C)	D	E	Rang (E)
				Küste					
Fujian	496,4	6	683,6	10	752,6	16	46,5	23,3	11
Guang-dong	771,4	4	968,2	5	1039,0	5	25,6	19,0	5
Guangxi	214,0	23	368,8	24	463,7	27	75,6	34,9	22
Hainan	415,5	7	643,9	11	855,9	11	51,1	24,9	14
Hebei	269,8	17	414,5	21	545,9	20	46,9	28,5	18
Jiangsu	357,5	10	509,7	17	833,6	12	36,6	15,7	3
Liaoning	551,4	5	823,2	6	1037,6	6	40,7	21,6	7
Shandong	330,5	12	464,2	18	519,0	22	37,5	23,9	13
Zhejiang	354,7	11	541,5	16	764,4	15	41,8	19,4	6
				Städte					
Shanghai	2281,9	1	2805,8	1	3853,6	1	23,7	14,0	1
Beijing	1470,3	2	1906,4	2	3085,2	2	31,2	14,9	2
Tianjin	943,4	3	1288,3	4	2137,6	3	36,0	15,9	4
Chong-qing	194,9	28	332,0	28	550,4	19	64,6	22,9	8
				Landesinneres					
Anhui	229,3	20	338,2	27	467,3	26	46,8	23,0	9
Gansu	188,1	29	418,2	20	484,3	24	122,3	47,6	28
Guizhou	155,0	30	310,2	30	384,1	31	104,3	42,0	26
Heilong-jiang	393,0	9	587,5	15	897,6	8	63,5	25,7	16
Henan	200,9	27	307,7	31	409,7	29	51,6	25,3	15
Hubei	238,2	19	380,9	23	533,5	21	52,0	23,2	10
Hunan	212,2	25	357,0	26	451,3	28	62,2	29,3	19
Innere Mongolei	284,1	16	614,4	14	775,2	14	119,2	43,6	27
Jiangxi	213,1	24	361,8	25	502,1	23	65,6	27,8	17
Jilin	315,3	14	638,4	12	868,3	10	101,5	36,8	23
Ningxia	265,5	18	634,5	13	879,9	9	138,8	41,9	25
Qinghai	220,2	21	735,3	8	706,2	17	227,3	70,3	30
Shaanxi	214,4	22	385,8	19	475,0	25	77,4	34,8	21
Shanxi	295,5	15	456,9	23	644,6	18	51,7	23,7	12
Sichuan	205,1	26	326,3	29	406,3	30	60,0	30,3	20
Yunnan	367,4	8	765,0	7	904,0	7	96,6	39,3	24
Xinjiang	317,3	13	718,0	9	786,9	13	121,0	48,7	29
Tibet	121,0	31	1540,7	3	1523,2	4	1172,6	91,0	31

Erläuterung: Spalte A: Finanzeinnahmen pro Kopf in RMB (Primärverteilung); Spalte B: Finanzausgaben pro Kopf in RMB (Primärverteilung); Spalte C: Finanzkraft pro Kopf (Sekundärverteilung; Einnahmen entsprechen Ausgaben); Spalte D: Anteil der Nettotransfers der Zentrale an den dezentral erhobenen Einnahmen (Primärverteilung); Spalte E: Anteil der Nettotransfers an den gesamten Einnahmen (Sekundärverteilung), Rang (A) und Rang (B) absteigend, Rang (D) aufsteigend.

Eigene Berechnungen auf der Grundlage von CZNJ 1998, S. 363, S. 364-403.

Landesdurchschnitt auf einem der hintersten Plätze (TJNJ 1997, S. 728). Dennoch erscheint die Provinz als Verliererin im Umverteilungsprozeß, ihr Zuweisungsanteil ist nicht einmal so hoch wie der der Küstenprovinzen Shandong und Fujian, so daß sie nach dem Finanzausgleich mit ihrer Finanzkraft pro Kopf an 27. Stelle liegt. Ähnlich verhält es sich im Falle von Henan und Hunan: Die Provinzen erhalten im Vergleich zu den autonomen Regionen deutlich niedrigere Transferanteile. Im Ergebnis haben die ärmeren Provinzen im Hinterland von der zweiten Verteilungsrunde überraschend wenig profitiert.

Betrachtet man in *Tabelle 16* die Finanzkraftverschiebungen in den einzelnen Provinzen, zeigt sich, daß markante Veränderungen in der relativen Finanzkraftreihenfolge vor allem bei den autonomen Regionen und bei einigen Küstenregionen entstanden. Tibet profitierte am stärksten vom Finanzausgleich, die Finanzkraft Tibets verbesserte sich nach Durchführung des Finanzausgleichs von Platz 31 auf Platz 4. Nennenswerte Verbesserungen in der Finanzkraftreihenfolge traten darüber hinaus z.B. für die autonome Region Ningxia ein. Shanghai, Beijing und Tianjin hielten ihre Position an der Spitze, während sich die Situation der übrigen Küstengebiete hinsichtlich der Finanzkraftreihenfolge verschlechterte (beispielsweise rutschte Shandong von Platz 12 auf Platz 22 ab).

Nach Meinung von *Hu Angang* haben sich die Einkommensdifferenzen zwischen den Provinzen seit Einführung des Finanzausgleichssystems sogar vergrößert. Die Diskrepanzen *zwischen der reichsten Provinz (Shanghai) und der in den entsprechenden Jahren jeweils ärmsten Provinz in bezug auf die Pro-Kopf-Ausgaben* seien gestiegen. Im Jahr 1993 habe Shanghai beispielsweise das 7,8fache von Anhui an Pro-Kopf-Haushaltsausgaben getätigt; 1994 habe Shanghai indessen bereits das 9,2-fache von Sichuan ausgegeben (Hu Angang, 1996a, S. 5). Die Berechnungen in *Tabelle 16* bestätigen diesen Trend. Im Jahr 1997 betrugen die Pro-Kopf-Ausgaben von Shanghai vor Durchführung des Finanzausgleichs das 9,1fache von Henan. Nach Durchführung des Finanzausgleichs waren sie etwa zehnmal so hoch wie in Guizhou. Im Vergleich zur Situation in der ersten Verteilungsrunde hat der Finanzausgleich sogar zu einer Verschärfung der Diskrepanzen in bezug auf die Finanzkraft geführt. Die Streuung um den Mittelwert (Standardabweichung) hat nach Durchführung der zweiten Verteilungsrunde sogar noch zugenommen.[5]

---

[5] Berechnet für Spalte A in *Tabelle 16* beträgt die Standardabweichung 460,7, berechnet für Spalte C beträgt sie 761,8.

Ma Jun kam bei seiner Analyse des Zuweisungssystems der VR China auf der Grundlage von Daten aus dem Jahr 1994 zu folgendem Ergebnis: „Statistical evidence suggests that China's current fiscal transfer system performs almost no redistributive function“ (Ma, 1997b, S. 58). Diese Aussage trifft, wie gezeigt werden konnte, nicht generell zu. Es finden Finanzkraftverschiebungen statt, allerdings führt der Finanzausgleich zu keiner landesweiten Angleichung der Finanzkraftunterschiede.

Das Ergebnis ist somit überraschend klar: Dem Finanzausgleichsgeschehen in der VR China liegt keine standardisierte Regel zugrunde, die Umverteilungsmaßnahmen der Zentrale tragen zu keiner Verringerung der Einkommenskluft zwischen den Provinzen bei. Der chinesischen Finanzausgleichspolitik scheint ein dem amerikanischen Modell ähnlicher, kompetitiver Ansatz des fiskalischen Föderalismus zugrunde zu liegen, durch den keine Angleichung der Lebensverhältnisse, sondern lediglich die absoluten Mindeststandards für die Bereitstellung öffentlicher Leistungen garantiert werden soll. Die regionale Verteilungspolitik scheint in China in starkem Maße von politischen Argumenten abhängig, die das Kriterium der relativen wirtschaftlichen Rückständigkeit überlagern. Somit ist Herrmann-Pillath und Zhu grundsätzlich zuzustimmen, daß das Argument, eine Zentralisierung der Steuereinnahmen sei aus Umverteilungsgründen erforderlich gewesen, kaum plausibel erscheint (Herrmann-Pillath und Zhu 1998, S. 23).

Ihre dieser Schlußfolgerung zugrundeliegenden Berechnungen für das Jahr 1996 erscheinen jedoch aufgrund der Darstellung der Provinzen als Nettozahler und -empfänger nicht plausibel (Herrmann-Pillath und Zhu, 1998, S. 22). Provinzen, die im alten System Nettozahler waren, stehen ab 1994 in der Regel in geringer Abhängigkeit von zentralen Transfers *et vice versa*, aber alle Provinzen sind Nettoempfänger der Zentrale (vgl. *Tabelle A.14*). Da die Datenlage keinen quantitativen Vergleich des Verteilungsgeschehens vor und nach 1993 erlaubt,[6] wurden in *Tabelle A.14* die lokal erhobenen Einnahmen, die realisierten lokalen Ausgaben sowie der Abhängigkeitsgrad von Finanztransfers der Zentrale definiert als prozentualer Anteil der Transferzahlungen an den Ausgaben für den Zeitraum 1992 bis 1997 dargestellt. Seit 1994 sind die Nettotransfers der Zentrale an die Provinzen *per definitionem* allesamt positiv. Im bis 1993 gültigen Finanzausgleichssystem führten die drei Stadtprovinzen sowie Jiangsu, Zhejiang, Guangdong und Liaoning hingegen netto große Summen an die Zentralregierung ab, während die Abhängigkeit der Provinzen im Hinterland von fiskalischen Transfers groß war.

In der Mao-Ära spielten interregionale Einkommentransfers durch die Zentrale eine außerordentlich wichtige Rolle in der regionalen Wirtschaftspolitik. *Lardy* wies nach, daß die Zentrale selbst in politisch turbulenten Zeiten umfangreiche Finanzvolumina

---

[6] Aufgrund des Systemwechsels ist ein direkter Vergleich der Transferquoten vor und nach 1994 nicht möglich. Dies liegt vor allem daran, daß eine Aufsplittung der Transferströme in ihre Einzelbestandteile nicht möglich ist und im neuen System ein Teil der Transfers (die Steuerrückerstattungen) in den Provinzen selbst erwirtschaftet wurde.

Abbildung 17

Finanzkraft pro Kopf vor und nach Durchführung des Finanzausgleichs und fiskalische Transferquote nach Provinzen, 1997

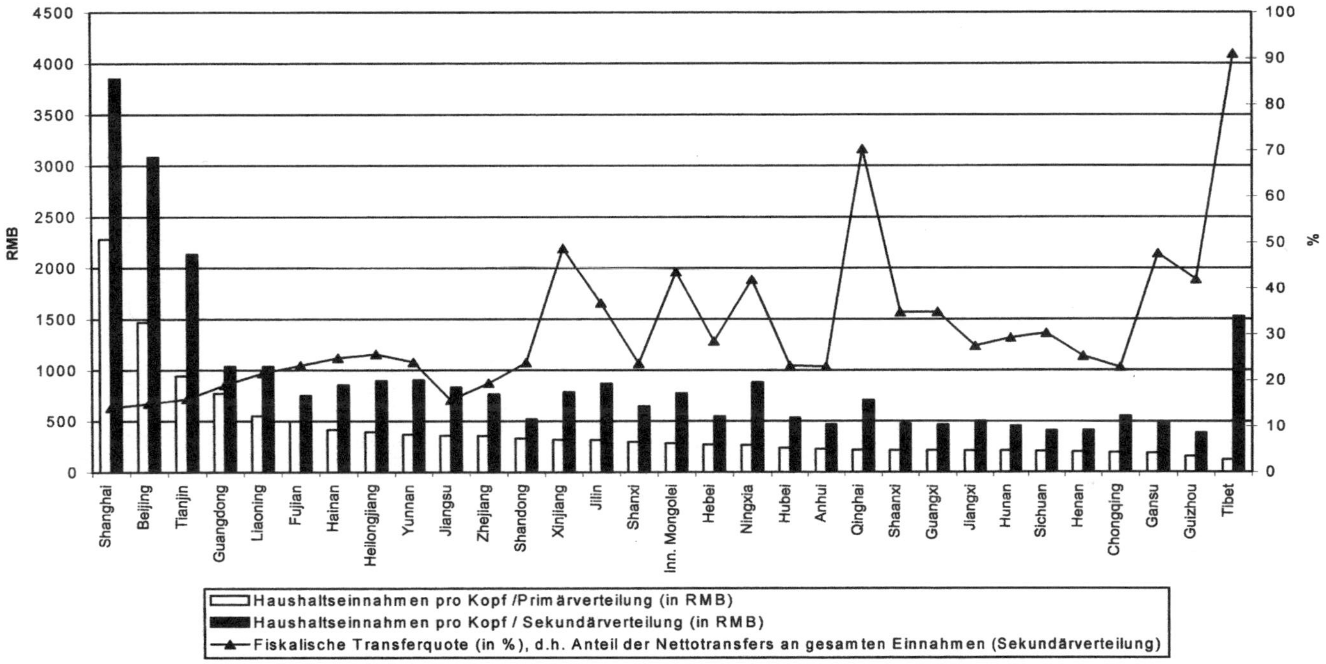

Eigene Darstellung

zwischen den Regionen umschichtete (Lardy, 1975a und b). Mit Beginn der fiskalischen Dezentralisierungspolitik zu Beginn der 80er Jahre und der damit verbundenen Fokussierung auf die fiskalische Eigenverantwortlichkeit der regionalen Gebietskörperschaften nahm der Umfang der interregionalen Ressourcenumverteilung jedoch allmählich ab.

Raiser zeigte, daß im Jahr 1983 Shanghai 88 %, Beijing 51 %, Tianjin 47 %, Shandong 37 %, Zhejiang 47 % und Jiangsu 57 % ihrer Einnahmen an die Zentrale abführten, und im Gegenzug die Ausgaben der Inneren Mongolei, Ningxia, Xinjiang und Qinghai mit einem Budget finanziert wurden, das zu 50-70 % transferfinanziert war (Raiser, 1998, S. 17).[7] *Tabelle A.14* zeigt, daß 1993 über den Finanzausgleich zwar immer noch beachtliche Volumina an Geldern zwischen den einzelnen Provinzen umgeschichtet wurden, von denen insbesondere die autonomen Regionen profitierten. Jedoch waren der Anteil, den die Zahler-Provinzen von ihren Einnahmen abführten und der durch Transfers finanzierte Anteil der regionalen Haushaltsausgaben in den ärmeren Provinzen geringer. 1993 überwiesen die drei Stadtprovinzen im Durchschnitt 28 % ihrer Haushaltseinnahmen an die Zentrale, während die Provinzen des Landesinneren durchschnittlich 17,34 % ihrer Haushaltsausgaben transferfinanzierten. Shanghai führte nur noch knapp die Hälfte seiner Einnahmen an die Zentrale ab (48,6 %).

II. Die Haushaltsreform von 1994 im Kontext der Sektor- und Strukturpolitik

In der Resolution von 1993 wurde die ungesunde sektorale Struktur der chinesischen Volkswirtschaft, insbesondere das auf schnelle Renditen abstellende Investitionsverhalten der lokalen Regierungen mit seinen negativen Auswirkungen auf die chinesische Industriestruktur kritisiert (*Kapitel E.I.5.c*). Im folgenden soll untersucht werden, welche sektor- und strukturpolitischen Ziele der Zentralregierung die Wirtschaftspolitik um das Jahr 1994 bestimmten, und inwiefern sich im neuen Finanzausgleichssystem Anreizstrukturen finden lassen, die das investive Verhalten der Lokalregierungen bzw. der Regionalregierungen entsprechend beeinflussen.

1. Die strukturpolitischen Pläne der Zentralregierung

a) Neue agrarpolitische Orientierung: Schutz der Landwirtschaft zur Sicherung einer autarken Versorgung mit Nahrungsmitteln

Der Agrarsektor spielt in der chinesischen Volkswirtschaft nicht nur aus wirtschaftlichen, sondern auch aus sozialen Gründen eine besondere Rolle. Er beschäftigte 1997

[7] Bezogen auf das GDP bedeutet das, daß Shanghai 38,3 %, Zhejiang 20 %, Jiangsu 11 % und Beijing 10 % ihrer Sozialprodukte an die Zentrale abführten, während beispielsweise Qinghai und Ningxia Transfers in Höhe von ca. 25 % ihrer Sozialprodukte erhielten (Raiser, 1998, S. 17).

49,9 % aller Erwerbspersonen (*Tabelle 17*). Aus haushaltspolitischer Sicht ist der Agrarsektor von geringer Bedeutung. Er erwirtschaftete 1997 zwar 18,7 % des Bruttoinlandprodukts, generierte aber nur 4,8 % der Haushaltseinnahmen (*Tabelle 17; Tabelle A.2*).

Tabelle 17

Sektoraler Wandel in der VR China, 1975-1997

Jahr	Erwerbstätige (in Mio.)	davon 1. Sektor (in %)	davon 2. Sektor (in %)	davon 3. Sektor (in %)	BIP (Mrd. RMB)	davon 1. Sektor (%)	davon 2. Sektor (%)	davon 3. Sektor (%)
1975	381,7	77,1	13,3	9,6	299,7	32,4	45,7	21,9
1980	423,6	68,7	18,2	13,1	451,8	30,0	48,5	21,3
1985	498,7	62,4	20,8	16,8	896,4	28,4	43,1	28,5
1990	639,1	60,1	21,4	18,5	1.854,8	27,0	41,6	31,3
1991	648,0	59,7	21,4	18,9	2.161,8	24,5	42,1	33,4
1992	655,5	58,5	21,7	19,8	2.663,8	21,7	43,9	34,3
1993	663,7	56,4	22,4	21,2	3.463,4	19,9	47,4	32,6
1994	672,0	54,3	22,7	23,0	4.675,9	20,2	47,8	31,9
1995	679,5	52,2	23,0	24,8	5.847,8	20,5	48,8	30,7
1996	688,5	50,5	23,5	26,0	6.788,4	20,4	49,5	30,1
1997	696,0	49,9	23,7	26,4	7.477,2	18,7	49,2	32,1

Eigene Darstellung nach TJNJ 1998 S. 55-56, 128.

Ein Ausbau des sekundären und tertiären Sektors auf Kosten der Landwirtschaft steht im Widerspruch zum Ziel der Zentralregierung, die chinesische Bevölkerung möglichst autark zu ernähren. Dies gilt insbesondere für die Produktion von Getreide. Sinken die Einkommen der Bauern im Vergleich zur städtischen Bevölkerung zu stark, befürchtet die Regierung soziale Unruhen. Ein Bedeutungsverlust der Landwirtschaft verstärkt außerdem die Arbeitslosigkeit auf dem Lande und die Migration der erwerbslosen Bauern in die Städte.

Auf der nationalen Landwirtschaftskonferenz im Januar 1994 wurde auf die schwache Einkommenssituation der Bauern im Verhältnis zur städtischen Bevölkerung und die abnehmende agrarische Anbaufläche durch Nutzung von Land für industrielle Projekte aufmerksam gemacht. Chen Yaobang, der stellvertretende Minister der Staatlichen Planungskommission, forderte die Lokalregierungen auf, ab sofort der landwirtschaftlichen Entwicklung Priorität einzuräumen (Renmin Ribao, 19.1.1994, S. 2). Anlaß für die neue Politik war die Verschlechterung zentraler Kennziffern im Agrarsektor: Das bebaute Agrarland ging sowohl in absoluten Zahlen als auch als Pro-Kopf-Fläche zurück. Als besonders gravierend wurde der Rückgang der Pro-Kopf-Getreideproduktion beurteilt.[8] 1994/95 erreichte die Getreideeinfuhr mit 17,90 Mio. t

[8] Die Pro-Kopf-Getreideproduktion war von 390 kg im Jahr 1984 auf 338 kg im Jahr 1992 gesunken. Die chinesische Regierung strebt Getreidereserven in Höhe von 400 Kg pro Person an (Yabuki, 1995, S. 91 ff).

ein historisches Hoch, und Prognosen deuteten auf eine steigende Importabhängigkeit Chinas in den kommenden Jahren hin (Crook, 1997-1998, S. 99 und 1997, S. 131). Durch die stetig weiterwachsende Bevölkerung und die zunehmende Nachfrage von Getreide als Inputfaktor war daher mit einem weiteren Anstieg der Getreidenachfrage zu rechnen (Ash, 1997, S. 145).

Indessen nahmen Investitionen im Agrarsektor aufgrund der hohen Opportunitätskosten stetig ab. Lokalregierungen und Kollektive waren immer weniger daran interessiert, in den Agrarsektor zu investieren, die fiskalischen Erträge wurden als zu gering beurteilt. Häufig wurden von der Zentralregierung für den Agrarbereich vorgesehene Mittel auch zweckentfremdet für Industrieprojekte eingesetzt, die höhere Renditen versprachen (Liu Yunhua, 1995, S. 11).

Die Zentralregierung zeigte sich sehr besorgt über das langsame Wachstum der Getreideproduktion und die rasante Abnahme der landwirtschaftlichen Anbauflächen als Folge der Errichtung industrieller Entwicklungszonen und des Wohnungsbaus. Als besonders gravierend wurde das Problem in den südlichen Provinzen, z.B. in Guangdong und in Fujian, beschrieben. Die dortigen Produktionseinbrüche bei Getreide wurden für eine landesweite Preissteigerungswelle für Getreideprodukte verantwortlich gemacht (China aktuell, 1994, Mai, S. 471).

Eine wichtige Maßnahme der Zentralregierung zur Förderung der Getreideproduktion war die Einführung des sog. „Verantwortungssystem für das Wachstum des Reis-[bzw. Getreide-]sacks" (*mi daizi shengzhang fuzezhi)* im Mai 1994 (Guowuyuan yanjiushi, 1997, S. 18). Mit diesem System erhoffte sich die Regierung eine Stabilisierung der Getreideproduktion und eine Stabilisierung der Getreidepreise in Stadt und Land. Den Provinzgouverneuren wurde die Verantwortung für die Pflege dieser „Getreidesäcke" überlassen (Crook, 1997-1998, S. 87-88).[9] Provinzen, deren landwirtschaftliche Anbauflächen besonders stark geschrumpft waren, wurden strenge Auflagen für die Landnutzung gemacht und Genehmigungen für die Errichtung wirtschaftlicher Entwicklungszonen wieder zurückgenommen (China aktuell, 1994, Mai, S. 471).[10] Ebenfalls im Mai 1994 legte der Staatsrat ein besonderes Kreditprogramm für die Landwirtschaft auf, durch das der Anteil der Kredite für die Landwirtschaft von 6 % im Jahr 1993 auf 10 % 1994 erhöht werden sollte. Weiterhin sollten auf den Anbau von Getreide und Baumwolle spezialisierte Kreise durch besonders zinsgünstige Kredite ge-

---

[9] Ihre Aufgabe ist demzufolge (a) der Schutz der Getreideanbauflächen, (b) die Lenkung von Investitionen in agrarische Inputfaktoren wie chemische Düngemittel zur Stimulierung der Getreideproduktion, (c) die Garantie dafür, daß bestimmte Getreidemengen auf Lager genommen werden, (d) der reibungslose Ablauf von intraprovinziellen Getreidetransfers, (f) die Kontrolle von 70-80% des Getreidehandels, (g) die Erhöhung des Selbstversorgungsgrades bei Getreide. Ein auf Provinzebene etabliertes Getreideverwaltungsbüro schätzt und plant die Getreidetransfers zwischen Getreideüberschuß- und Defizitkreisen (Crook, 1997-1998, S. 87-88).

[10] In Fujian wurden 1994 die Genehmigungen für 20 Entwicklungszonen, die eine Fläche von 102 qkm umfaßten, zurückgenommen und Schutzzonen für landwirtschaftliche Nutzungsflächen für drei Viertel der Anbauflächen errichtet (China aktuell, 1994, Mai, S. 471).

fördert werden. Als weitere zentralstaatliche Maßnahme für die Entwicklung der Landwirtschaft wurden verstärkte Investitionen in den Agrarsektor angekündigt (China aktuell, 1994, Juni, S. 573 ff).

Ihren Höhepunkt erreichte die Diskussion um die Zukunft der chinesischen Landwirtschaft im Jahr 1995. Der Direktor des Washingtoner *Worldwatch Institutes* Lester Brown stellte die Fähigkeit der VR China, ihre Bevölkerung langfristig nachhaltig ernähren zu können, in Frage und prophezeite, daß China zunehmend von Getreideimporten abhängig sein und arme Länder Afrikas und Südostasiens von den internationalen Märkten verdrängen, somit die Welt „aushungern“ werde (Brown, 1995). Diese These wurden in China heftig diskutiert.[11] Die Diskussionen um Browns These führten zu einer Aufwertung des Agrarsektors im 9. Fünfjahresplan (1996-2000):[12]

> „Die Landwirtschaft kann mit ihrer schwachen Basis die Bedürfnisse des Bevölkerungswachstums, des verbesserten Lebensstandards und der wirtschaftlichen Entwicklung nach Agrarprodukten nicht decken“...daher „[wird] die Verstärkung der Landwirtschaft an die erste Stelle der volkswirtschaftlichen Entwicklung [ge]setz[t]“. (ZK der KPCh, 1995, S. 14 f)

b) Neue industriepolitische Orientierung:
Förderung einer rationalen Industriestruktur

Der Industriesektor leistet seit 1980 den größten Beitrag zum chinesischen Sozialprodukt (*Tabelle 17)*. Die hohen Anteile des Industriesektors verschleiern die großen wirtschaftlichen Schwierigkeiten, in denen viele Industriebetriebe der VR China seit Beginn der 90er Jahre stecken. Ein Blick auf die Industriestruktur kann dies verdeutlichen: Der Großteil der industriellen Produktion wurde 1992 in den meisten Provinzen noch in staatlichen Betrieben hergestellt. Sie erwirtschafteten in Shanghai, Hubei, Liaoning, Guangxi 1992 jeweils 57 %, 62,7 %, 56,7 % und 65,6 % der Industrieproduktion. In Regionen, in denen die ländlichen Unternehmen besonders bedeutsam sind, ist dieser Anteil kleiner. In Jiangsu beispielsweise betrug er im selben Jahr lediglich 28,2 %, in Zhejiang 26,1 % und in Guangdong 34,6 % (TJNJ 1993, S. 415-416).

Ein Merkmal der chinesischen Industrielandschaft ist ihre duplikative Struktur. Sie findet ihren Ursprung zwar bereits in der 3. Front-Politik der 60er Jahre, als aus militärstrategischen Gründen Industrien aus der Küstenregion ins Hinterland verlagert wurden, der Trend zu duplikativen Industriestrukturen setzte sich jedoch mit zunehmender fiskalischer Eigenverantwortung der Lokalregierungen in den 80er Jahren fort,

---

[11] Vgl. zu diesen Auseinandersetzungen den von Liang Ying 1996 herausgegebenen Diskussionsband „Kann sich China selbst ernähren?“ (Zhongguo neng yanghuo ziji ma?).

[12] Konkret werden im 9. Fünfjahresplan als Schlüsselaufgaben für die Entwicklung der Landwirtschaft vier Bereiche genannt (ZK der KPCh, 1995, S. 14 ff): 1. der stabile Produktionszuwachs von grundlegenden Agrarprodukten wie Getreide, Baumwolle und Speiseöl, 2. Schnellerer Anstieg der bäuerlichen Einkommen und bessere Lebensstandards für Bauern, 3. Lösung des Armutsproblems auf dem Lande, 4. Bessere Verwendung von Agrartechnologien und Beschleunigung der agrarnahen Industrien, die Agrarprodukte als Inputfaktoren verwenden.

da die Lokalregierungen meist auf kurzfristig abschöpfbare Renditen setzten und Industrien mit geringen Anfangsinvestitionen förderten (Zhao Shengyu, 1995, S. 270).

In den industriepolitischen *Richtlinien für die 90er Jahre* vom März 1994 wurde diese Entwicklung kritisiert. Es wird darauf hingewiesen, daß die Industriepolitik in einem engen, koordinierten Zusammenhang mit der Entwicklung der Landwirtschaft und des Dienstleistungssektors gesehen wird. Als wichtigste Herausforderungen für die Industriepolitik wurden die Förderung der Landwirtschaft, der Rohstoffindustrien, der Infrastruktur, der Schlüsselindustrien sowie die Verbesserung der internationalen Wettbewerbsfähigkeit, der technologischen Entwicklung und des tertiären Sektors genannt. Eine expansive industrielle Strategien sollen nicht erlaubt sein, solange sie auf Kosten der Agrarwirtschaft stattfinden.

Für die Stärkung der Rohstoffindustrien und der Infrastruktur wird das Prinzip der umfassenden Planung und der rationalen geographischen Verteilung hervorgehoben. Besondere Priorität sollen die Entwicklung des Transportsektors, der Telekommunikationsindustrie, des Energiesektors, der Kohle-, Erdöl- und Elektrizi- tätsindustrie erhalten. Als industrielle Schlüsselsektoren sollen die Elektronik- und Maschinenbauindustrie, die Petrochemie sowie die Auto- und Bauindustrie gefördert werden (China aktuell, 1994, Juni, S. 573-574). Für die Erhöhung der Wettbewerbsfähigkeit der Industrieunternehmen soll abgesehen von einigen „*infant industries*", die vor ausländischer Konkurrenz geschützt werden sollen, der Wettbewerb zwischen bislang monopolistischen Regionalindustrien erhöht und regionale Marktbarrieren abgebaut werden. Insgesamt ist ein schrittweiser Übergang zu einer Wirtschaftspolitik vorgesehen, die Vorzugsbedingungen bei Investitionen, Krediten und bei der Verteilung von Projekten und Auslandskapital nicht mehr an Regionen, sondern an Industrien bindet (China aktuell, 1994, Juni, S. 574).

Die Richtlinien zeigen den deutlichen Versuch, die wirtschaftspolitischen Kompetenzen der Lokalregierungen zu beschränken. Dies kann am Beispiel der Automobil- und der Textilindustrie gezeigt werden.

Für die Entwicklung der Autoindustrie wurden die neuen Richtlinien schon im Juli 1994 bekannt. Danach soll die Automobilindustrie schrittweise umstrukturiert und konkurrenzfähig gemacht werden, indem die Produktion für 90 % des inländischen Marktes bis zum Jahr 2000 auf drei große Unternehmensgruppen reduziert wird. Der Anteil der Pkws am Gesamtoutput soll über 50 % betragen und im wesentlichen die private Gesamtnachfrage decken. Damit reagiert die chinesische Regierung auf die schlechte Qualität chinesischer Autos im internationalen Vergleich und die schlechte wirtschaftliche Situation von staatlichen Unternehmen im Autosektor (Renmin Ribao, 4.7.1994; Interview in chinesischer Autofabrik, Oktober 1997). Von einer Konzentration der Investitionsmittel für Forschung und Entwicklung in den wenigen Betrieben, die einen höherwertigen Output produzieren, verspricht sich der Zentralstaat eine Effizienzverbesserung. Die aufzubauende Autoindustrie soll als „*infant industry*" vor ausländischer Konkurrenz geschützt werden, indem bis 1996 keine neuen Genehmigungen für Auslandsinvestitionen, die den Aufbau von Kfz-Montagekapazitäten zum Ziel haben, erteilt werden (China aktuell, 1994, Juli, S. 681).

Bei der Textilindustrie sieht die Situation ähnlich dramatisch aus. Die zunehmende Konkurrenz aus Südostasien bei sinkenden Qualitätsstandards und veralteten Produktionstechniken im Inland führte zu einem Kapazitätsüberhang, der ein Viertel der Anlagen umfaßt. Auf der vom Staatsrat Ende August 1994 durchgeführten nationalen Textilkonferenz wurde ein Maßnahmenkatalog ausgearbeitet, der im wesentlichen ebenfalls auf eine starke Konzentration der Investitionsmittel auf weniger Betriebe sowie auf eine Verlagerung einfacher Verarbeitungsprozesse in die rohstofferzeugenden Regionen im Hinterland abzielt. Um die Überkapazitäten abzubauen, sollen bis 1998 nach den Vorgaben dieser Konferenz des weiteren 10 Mio. Baumwollspindeln abgeschafft werden (China aktuell, 1994, September, S. 931). Die im Industrieplan von 1994 vorgesehenen Ziele wurden im 9. Fünfjahresplan der VR China als Hauptaufgaben des Wirtschaftsaufbaus und der strategischen Planung aufgenommen (ZK der KPCh, 1995, S. 16). Dabei gilt jedoch, daß die Entwicklung der genannten Schwerpunktbereiche nicht durch Ausdehnung der in Angriff genommenen Projekte, sondern durch Optimierung der vorhandenen Industrien erreicht werden soll (ZK der KPCh, 1995, S. 17).

c) Unterstützung der Tertialisierung in den entwickelten Gebieten Chinas

Im Juni 1992 kündigten das Zentralkomitee und der Staatsrat eine Politik der beschleunigten Entwicklung der Tertiärwirtschaft an. In einem dazu erlassenen Dokument forderten sie eine höhere Wachstumsrate des Tertiärsektors im Vergleich zu Primär- und Sekundärsektor sowie seinen höheren Anteil am BIP und an der Beschäftigung, der das durchschnittliche Niveau der Industriestaaten erreicht. In einer Situation, in der die Landwirtschaft immer weniger in der Lage ist, Arbeitsplätze zu schaffen, soll der Dienstleistungssektor zusätzliche Beschäftigung bieten (ZK der KPCh und Staatsrat, 16.6.1992, S. 299 ff). Der Anteil des Dienstleistungssektors am BIP betrug 1997 32,1 %, 1978 hatte dieser Anteil 21,3 % betragen. Durch diese Entwicklung hat sich das Verhältnis von Agrar- zu Dienstleistungssektor gerade umgedreht (*Tabelle 17*). Allerdings zeigt eine landesweite Untersuchung des Tertiärsektors eine regional stark divergierende Entwicklung. So wird deutlich, daß in den südlichen Provinzen Guangdong und Fujian sowie in den östlichen Provinzen Shandong und Zhejiang der Tertiärsektor mit über 16 % die höchsten Wachstumszahlen realisierte; Hebei, Jilin, Guangxi, Guizhou und Xinjiang sowie Yunnan erreichten Wachstumszahlen zwischen 13,3 % und 16 % (*Tabelle A.15*).

2. Der Einfluß der Finanzausgleichsreform auf die wirtschaftspolitischen Strategien der Regional- und Lokalregierungen

Die Reform von 1994 veränderte die Zusammensetzung der regionalen und lokalen Budgets. Von den auf industrielle Erzeugnisse erhobenen Steuern (Konsum- und Mehrwertsteuer) profitiert im neuen System hauptsächlich die Zentralregierung. Hingegen gehören die Agrarsteuern und eine Vielzahl von im Dienstleistungssektor anfallenden Steuern (z.B. Gewerbesteuer) sowie die persönliche Einkommensteuer nach der Verordnung 1993 zu den autonomen Einnahmequellen der Provinzebene. Im subprovinziellen Finanzausgleich werden die meisten Steuern nach den Eigentumsverhältnissen (*lishu guanxi*) zugeteilt, die Agrarsteuer verbleibt i.d.R. auf lokaler Ebene (*Kapitel F.VII*).

Die wirtschaftspolitischen Erfahrungen im alten Haushaltssystem haben gezeigt, daß insbesondere die chinesischen Lokalregierungen sehr elastisch auf finanzielle Anreizstrukturen reagieren (vgl. z.B. Oi, 1999, S. 55). So führten die fiskalpolitischen Strukturen der 80er Jahre zu einer einseitigen Förderung der Leichtindustrie, weil sich den Lokalregierungen auf Gemeinde- und Kreisebene dadurch die Möglichkeit eines direkten fiskalpolitischen Zugriffs in Form von Gewinnabschöpfungen, Gebühren und Steuern bot. Besonders stark wurde in Industriebranchen investiert, die wenig kapitalintensiv waren und keine hohen Anfangsinvestitionen erforderten (z.T. Textilindustrie) (Hauff, 1999, S. 79 ff). Wenn sich die Lokalregierungen als Budgetmaximierer verhalten, existieren somit unter den neuen Bedingungen Anreize, auf die Entwicklung der Sektoren zu setzen, deren fiskalischen Erträge vor Ort bleiben und nicht mit der Zentrale geteilt werden müssen.

Die hohen Wachstumsraten bei den lokalen Steuern zeugen von der Initiativkraft der Lokalregierungen bei der Generierung lokaler Steuereinnahmen (*Kapitel F.V*). Viele politische Akteure setzten nach 1994 ihre Energien darauf, alternative Einnahmequellen zu erschließen, um die lokalen Finanzen zu stabilisieren. Sie setzen v.a. auf Sektoren und Branchen, deren Steuerabgaben direkt in die lokalen Haushalte fließen. Manche Lokalitäten begannen auch, Ressourcen aus den Branchen und Aktivitäten wieder abzuziehen, die ihnen keine autonomen Steuereinnahmen bringen würden (z.B. Produktion von Zigaretten und Wein) (Wo-lap Lam, 1995, S. 122).

In Shanghai beispielsweise überrundete das Wachstum der dezentral erhobenen Einnahmen bereits 1995 das der Mehrwert- und Konsumsteuer. 1994 fielen die lokalen Einnahmen aufgrund der neuen Erhebungsmechanismen um 27,6 %, während die zentralen Steuern und die Gemeinschaftssteuern um 40,4 % zunahmen. 1995 stiegen die dezentral erhobenen Steuern jedoch schon bereits viel stärker als die zentralen Einnahmen. Das von der Zentrale erhobene Mehrwert- und Konsumsteueraufkommen stieg im Zeitraum 1994 bis 1996 um durchschnittlich 16,9 % pro Jahr (Shanghai jingji nianjian , 1997, S. 500).

Das hohe Wachstum der autonomen regionalen/lokalen Steuern hatte zwei Gründe: *Erstens* führte die Einführung des Trennsteuersystems zu verstärkten Anstrengungen der Stadtregierung bei der Entwicklung der Dienstleistungsindustrie. Die Stadt hat landesweit den geringsten Anteil des Primärsektors am BIP sowie einen weit über dem

Landesdurchschnitt liegenden Anteil des Dienstleistungssektors (*Tabelle A.15*).[13] Eine besonders große Rolle spielen die Bank- und Versicherungsbranche sowie der Tourismus. Die Förderung der Dienstleistungsbranche war eine Entwicklungsstrategie, die eine Lösung für zwei Probleme darstellt: Sie generiert eigene Steuereinnahmen und stellte neue Entwicklungsperspektiven angesichts der maroden Staatsbetriebe dar (eigene Interviews in Shanghai, 1997). *Zweitens* trugen der zunehmende Wohlstand der Shanghaier Bürger und die in Shanghai besonders strenge Erhebung der persönlichen Einkommensteuer zum Wachstum des lokalen Budgets bei. Die jährlichen Wachstumsraten des Einkommensteueraufkommens lagen 1994-96 mit durchschnittlich 66,75% weit über dem Landesdurchschnitt (Shanghai jingji nianjian, 1997, S. 500).

Während das neue Finanzausgleichssystem für industrialisierte Regionen Anreize zu einer Tertialisierung der Wirtschaft schuf, berichteten Finanzbeamte in wirtschaftlich rückständigen, agrarisch geprägten Gebieten, daß seit 1994 verstärkt die Modernisierung des Agrarsektors gefördert werde. Einige Kreise und Gemeinden mittleren Entwicklungsniveaus, die vor 1994 eine ländliche Industrialisierungsstrategie verfolgt hatten, berichteten, daß sie nach 1994 auf eine verstärkte Förderung landwirtschaftlicher Produkte umgeschwenkt seien (eigene Interviews, *ähnliche Beobachtungen machte Oi*, 1999, S. 56). Sie verzichteten auf Reinvestitionen in kollektive ländliche Unternehmen bzw. investierten die dort erwirtschafteten Nettogewinne z.T. in die Landwirtschaft. Für die Entwicklung des Industriesektors gebe es keine Anreize, lautete die Begründung („*mei you dongli*"). Sie biete keine nennenswerten Vorteile für die Stärkung des lokalen Haushaltes, und für den Aufbau eines Dienstleistungssektors seien die Voraussetzungen noch nicht gegeben. Arme Gemeinden wollten daher an der agrarischen Wirtschaftsstruktur festhalten.[14]

III. Die Haushaltsreform von 1994 im Kontext einer umfassenden Veränderung der volkswirtschaftlichen Finanzierungsstrukturen

Die Resolution 1993 hatte nicht nur Veränderungen der Finanzverfassung zur Folge, sondern war auch der Auftakt für umfangreiche Reformen im Bankwesen. Die Darstellung der Situation im Bankensektor kann mit Blick auf die Komplexität der Thematik nicht vollständig sein und erhebt auch nicht diesen Anspruch, vielmehr geht es im folgenden darum, eventuelle Verbindungslinien zwischen diesen beiden Reformbereichen aufzuzeigen und zu erörtern, inwiefern Veränderungen in den gesamtwirtschaftlichen Finanzierungsstrukturen in einem Wirkungszusammenhang mit der Haushaltsreform von 1994 gesehen werden können (*Kapitel G.III*).

---

13 Zwischen 1991 und 1996 stieg der Anteil des Tertiärsektors am BIP um 11,2 % auf 43,0 %, während die Beiträge des Industriesektors um 9,8 % und die des Primärsektors um 1,4 % zurückgingen (*Tabelle A.15*).

14 *Difang qu zhua nongye:* d.h. etwa die Lokalitäten machen sich dran, die Landwirtschaft „anzupacken" (eigene Interviews in Guangxi).

1. Die Grundzüge der Bankenreform von 1994

In einem engen Zusammenhang mit der makroökonomischen Stabilisierungspolitik von Zhu Rongji steht die 1994 begonnene Reform des Bankwesens. Mit diesem Schritt reagierte die chinesische Zentralregierung auf die erkannte Krisenanfälligkeit des Bankensektors. Ein substantieller Anteil der Kredite besteht (auch heute noch) aus Krediten, bei denen die Tilgung ein Risiko darstellt. Dabei handelt es sich in starkem Maße um dem staatlichen Unternehmenssektor gewährte Kredite. Daher heißt es in der Resolution 1993: „Bei der Entwicklung und Vervollkommnung des Finanzmarktes soll man besonderes Gewicht auf die Bankkredite legen." (Resolution 1993, S. 37). Mindestens ein Drittel der fälligen Kredite soll Schätzungen zufolge überfällig sein.[15] Eine Vielzahl der lokalen Filialen hatte 1994 Liquiditätsprobleme. 1993 war die Bargeldreservequote vieler Bankfilialen unter die 5 %-Marge gesunken. Irreguläre Interbankgeschäfte waren ein ernstes Problem, da viele Geschäftsbanken auf kurzfristige Mittel für die Verlängerung langfristiger Kredite zurückgriffen (Tsang, 1995, S. 3 ff).

Die strukturellen Änderungen im Bankensektor bestanden zum einen in der Neudefinition der Zentralbankfunktionen, zum anderen in der Aufgliederung der Staatsbanken in Geschäftsbanken *(shangye yinhang)* und in sog. „policy banks" *(zhengzhi yinhang)* (Resolution 1993, S. 37). Die Geldpolitik der Zentralbank sollte nach der Resolution 1993 strengeren Regelungsprinzipien unterworfen werden. Die Zentralbank sollte ihre Geld-und Kreditpolitik nicht mehr wie zuvor hauptsächlich auf die Kontrolle des Kreditumfangs stützen, sondern das Kredit- und Geldvolumen über indirekte geldpolitische Instrumente wie die Reservesätze für Spareinlagen, Offenmarktgeschäfte und Zinssätze steuern (Resolution 1993, S. 39 ff; vgl. auch Cheng, Fong und Mayer, 1997, S. 211 ff).

Geschäftsbanken und *Policy Banks* sollen streng voneinander getrennt tätig werden. Die Agrarbank *(nongye yinhang)*, die Industrie- und Handelsbank *(gongshang yinhang)*, die Aufbaubank *(jianshe yinhang)* und die Bank of China *(zhongguo yinhang)* sollen nach der Resolution schrittweise in rein kommerzielle Banken verwandelt werden und dadurch ihre quasi-fiskalischen Funktionen, z.B. die Kreditvergabe an marode Staatsunternehmen, abwerfen. Sie sollen selbst die Verantwortung für Gewinne und Verluste tragen und dadurch gezwungen werden, ein angemessenes Risikomanagement zu praktizieren (Resolution 1993, S. 39-40). Zu *Policy Banks* wurden die Nationale Entwicklungsbank *(fazhan yinhang)*, die Import- und Exportkreditbank *(jinchukou yinhang)* sowie die Chinesische Agrarentwicklungsbank *(zhongguo nongye fazhan yinhang)* erklärt. Diese Banken sollen wichtige staatliche Projekte finanziell alimentieren und außerdem die Lasten der regierungsgesteuerten Kreditvergabe übernehmen (Naughton, 1997, S. 268).

---

[15] Aufgrund der vagen Datenlage und der undurchsichtigen Verbuchungstechniken in den chinesischen Banken ist eine exaktere Einschätzung der Situation schwierig.

2. Die Bedeutung von Haushalts- und Bankensystem für die Finanzierung von Investitionen

a) Die Entwicklung der vier Finanzquellen für Anlageinvestitionen

Die chinesische Statistik unterscheidet zwischen vier Quellen zur Finanzierung von Anlageinvestitionen: 1. Öffentliche Mittel (Staatshaushalt), 2. Inländische Kredite (Bankensystem), 3. Ausländische Investoren, 4. Eigenmittel. Welche Bedeutung diese Mittel in der VR China in der Zeitspanne von 1981 bis 1997 innehatten, illustriert *Abbildung 18.*

Deutlich zu sehen ist, daß der Großteil der Investitionen durch Eigenkapital finanziert wird, und daß dieser Anteil wächst. Zwischen 1981 und 1997 ist der Eigenkapitalanteil von 55,4 % auf 68 % gestiegen. *Der Anteil der fiskalisch alimentierten Investitionen ist indessen stark gesunken* (Kurve A). Mehr als ein Viertel der Anlageinvestitionen wurde 1981 noch aus dem Staatshaushalt bezahlt (28,1 %), 1997 belief sich dieser Anteil nur noch auf 2,8 %.

Abbildung 18

Die Finanzierungsstruktur von Anlageinvestitionen, 1981-1997

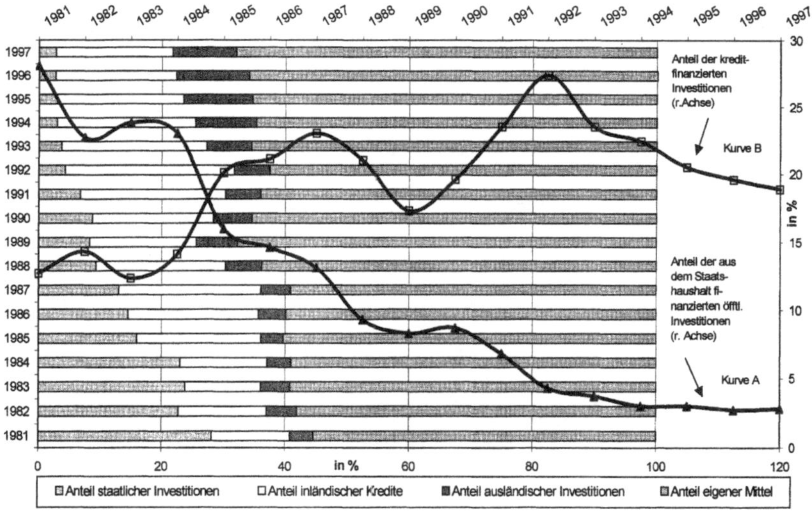

Eigene Darstellung nach TJNJ 1998, S. 187.

Der Anteil der kreditfinanzierten Investitionen ist bis 1992 kräftig angestiegen (Kurve B): Während der Bankensektor 1981 lediglich 12,7 % der Anlageinvestitionen finanzierte, war er 1992 Kapitalgeber für einen Anteil von 27,4 %. Zwischen 1992 und

1997 ist der Anteil kreditfinanzierter Investitionen allerdings wieder um knapp 10 Prozentpunkte auf 18,9 % gesunken. Damit einher ging ein deutlicher Anstieg der auslandsfinanzierten Investitionen von 5,8 % auf 10,3 % sowie des Eigenkapitalanteils.

Die in *Abbildung 18* dargestellten Zusammenhänge machen klar, daß Haushaltsmittel für die Finanzierung von Anlageinvestitionen kaum noch eine Rolle spielen. Die gestiegene Rolle der Banken zeigt die wachsende Bedeutung des Kapitalmarktes für die Investitionsfinanzierung. Seit 1992 spielt das Ausland in der VR China eine deutlich wachsende Rolle als Kapitalgeber.

b) Investitionsfinanzierung von Staatsunternehmen

Ein ähnlicher Trend läßt sich bezüglich der Finanzierung von Anlageinvestitionen in Staatsbetrieben zeigen (*Abbildung 19*). Auch hier sank der öffentliche Anteil an den Investitionen (Kurve B). Nur noch knapp 5 % der Anlageinvestitionen werden aus dem Staatshaushalt finanziert. Unverändert hoch blieb hingegen die Rolle der Bankkredite. Der Anteil der kreditfinanzierten Investitionen liegt bei rund 24 %. Lediglich im Jahr 1992 lag er infolge des Investitionsbooms nach Deng Xiaopings Reise in den Süden bei 30,4 %. Ausländisches Kapital spielt für die Finanzierung von Anlageinvestitionen in Staatsunternehmen eine geringe Rolle. Der größten Anteil hat auch hier die Selbstfinanzierung durch Eigenkapital.

Abbildung 19

Finanzquellen für Anlageinvestitionen in Staatsunternehmen, 1985-1997

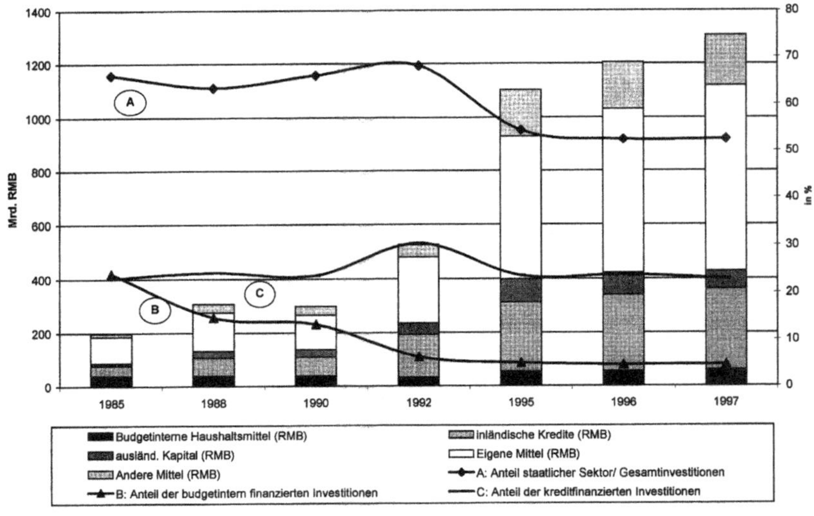

Eigene Darstellung nach TJNJ 1998, S. 186, 190; TJNJ 1993, S. 150.

Subventionen an Staatsbetriebe machen mittlerweile nur noch einen sehr geringen Anteil an den Haushaltsausgaben aus. Während 1991 13,1 % der Haushaltsausgaben als Subventionen für Staatsunternehmen ausgegeben wurden, waren es 1997 nur noch 3,8 % (*Kapitel F.V.4.b)*. Dennoch ist die Anzahl der staatlichen Unternehmen, die aufgrund von Liquiditätsproblemen bankrott gehen, nach wie vor relativ gering. Da gesamtwirtschaftlich betrachtet der Beitrag der Banken als Kapitalgeber seit 1992 abgenommen hat, ihr Beitrag als Kapitalgeber für Investitionen in Staatsunternehmen jedoch unverändert hoch blieb, wird deutlich, daß innerhalb des Kreditportfolios der Banken der Anteil der Staatsunternehmen gestiegen sein muß.

3. Die Verbindungslinien zwischen Haushalts- und Bankenreform

Fiskal- und Geldpolitik hängen in China sehr eng zusammen, da die Zentralbank keine unabhängige Institution, sondern Teil des zentralstaatlichen Regierungsapparates ist. Obwohl die institutionelle Trennung von Fiskal- und Geldpolitik bereits 1982 mit der Gründung der chinesischen Zentralbank erfolgte, nahm die Zentralbank weiterhin quasi-fiskalische Aufgaben wahr. Dies läßt sich anhand der Statistiken leicht nachweisen: Der nach der externen Kreditaufnahme verbleibende Haushaltssaldo wurde bis einschließlich 1993 durch Kontoüberziehungen des Staates beim Finanzministerium gedeckt (CZNJ 1994, S. 352).

Dies wird im Zentralbankgesetz 1995 explizit untersagt. Das Gesetz schreibt in Art. 29 vor, daß die Zentralbank nicht zur Finanzierung von Staatsdefiziten herangezogen werden darf: „Die chinesische Zentralbank darf keine Kredite an Lokalregierungen oder Regierungsabteilungen der verschiedenen Ebenen vergeben.“ Sie darf von Beamten anderer Regierungsorgane nach Art. 48 nicht gezwungen werden, entgegen Art. 29 dieses Gesetzes Kredite bereitzustellen oder Bürgschaften zu leisten (Zentralbankgesetz vom 18.3.1995). Nach dem Geschäftsbankengesetz vom 10.5.1995 sollen auch die Geschäftsbanken eigenverantwortlich über die Vergabe von Krediten entscheiden können: „A commercial bank shall conduct its business in accordance with the law, free from interference by any department or individual.“ (Art. 4). Ob diese Kreditvergabe den Regeln entsprechend durchgeführt wird, überprüft die Zentralbank als zuständige Instanz der Bankenaufsicht (Gesetz vom 18.3.1995, Abschn. 5).

Das neue Haushaltssystem unterscheidet im Umgang mit Verlusten aus Staatsunternehmen zwischen politisch und kommerziell bedingten Verlusten. In *Kapitel F.V.4.b* wurde gezeigt, daß die Lokalregierungen den größten Anteil an den Verlustsubventionen für defizitäre Staatsunternehmen tätigen und daß dieser Anteil seit 1991 gestiegen ist. Befragt danach, inwiefern die Staatsunternehmen auf lokaler Ebene seit 1994 vom Staat subventioniert würden, erklärten die meisten Interviewpartner, daß Staatsunternehmen mittlerweile keine nennenswerte Last mehr für den Staatshaushalt seien.[16]

---

[16] Sinkende Subventionsausgaben auf lokaler Ebene bestätigt z.B. auch der Haushaltsbericht von Guangxi für das Jahr 1995: Von 1994 bis 1995 fand ein Subventionsabbau für Staatsunternehmen um

Damit stellt sich die unvermeidbare Frage nach dem Schicksal der großen Anzahl an Staatsunternehmen, die nach wie vor Verluste erwirtschaften.[17] Wenn aus dem Staatshaushalt kaum noch Subventionen fließen, müßten diese Betriebe bei Wirksamkeit ökonomischer Gesetze bankrott gehen. In der Realität war jedoch zwischen 1994 und 1997 keine auffällige Zunahme der Konkurse zu beobachten.[18] Alle Interviewpartner verneinten klar die Frage, ob in Folge der neuen Subventionspolitik mehr Betriebe Konkurs angemeldet hätten. In der Begründung hieß es meist, daß man bislang Bankrotte vermieden habe, um die Arbeitslosenzahl nicht emporzutreiben und die soziale Stabilität zu bewahren (eigene Interviews).

Trotz ihrer gesetzlich verbürgten Unabhängigkeit von politischer Einflußnahme bei Entscheidungen über die Kreditvergabe wird immer wieder von Einmischungen der Lokalregierungen in Entscheidungen der Banken berichtet (Ma Jun, 1996, S. 167). Im Frühjahr 1999 interviewte Bankmanager von chinesischen Geschäftsbanken in Shanghai betonten zwar, daß es längst keine politischen Einflüsse auf Kreditentscheidungen mehr gebe. Kredite würden allein auf der Grundlage objektiver Kriterien vergeben, Staatsunternehmen erhielten keine Sonderbehandlung mehr. Es wurde der Eindruck vermittelt, als ob man auf dem besten Wege sei, ein Bankensystem, in dem die Vergabe neuer Kredite objektiven ökonomischen Kriterien folgt, zu errichten, und anders als in den südostasiatischen Ländern eine „chinesische Bankenkrise" nicht zu erwarten sei (eigene Interviews, 1999). In Gesprächen mit Finanzbeamten aus lokalen Regierungsorganen aus dem Vorjahr hingegen war vielerorts zu erfahren, daß die Staatsunternehmen kaum noch aus der Staatskasse subventioniert werden, sondern die Banken vor Ort Überbrückungskredite gewährten. Die Lokalregierungen setzten sich gegenüber den Banken für günstige Kredite an ihre Staatsunternehmen ein und übernähmen die Bürgschaft für die Kredite. Das Unternehmen muß in diesem Kreditvergabemodell den Kredit zwar selbst tilgen, die Garantie für die Kreditrückzahlung und z.T. auch die Zinsen übernimmt jedoch die Finanzverwaltung (eigene Interviews, 1997-1998). Da die insolventen staatlichen Betriebe voraussichtlich ihre Kredite niemals zurückbezahlen werden, müssen diese Forderungen von den Banken abgeschrieben werden. Die Zinsen werden ihnen allerdings aus der Kasse der Bürgen bezahlt. Dies deutet stark darauf hin, daß die Entlastung des Staatshaushaltes von Subventionen auf Kosten des Bankwesens durchgeführt wurde. Die Aussagen der Bankmanager über die Kreditvergabe geben zwar die Absicht der Zentrale wieder, die auf die Asienkrise mit Sorge reagiert hat und im Hinblick auf ihre makroökonomische Steuerungsaufgabe ein be-

---

29,8 % statt. Für das Jahr 1996 allerdings prognostiziert der Haushaltsentwurf wieder eine Zunahme um 15,4 % (Haushaltsbericht 1996 von Guangxi, 11.4.1996).

[17] In Shanghai erwirtschaftet beispielsweise lediglich ein Drittel aller Staatsunternehmen Gewinne. Es handelt sich dabei um sechs große Staatsunternehmen, die 52 % des Shanghaier BIP produzieren. Von den restlichen zwei Dritteln befindet sich die Hälfte bereits in der Verlustzone, die andere Hälfte steht kurz davor (eigene Interviews, Shanghai, 1997).

[18] Seit dem am 1.11.1988 in Kraft getretenen Konkursgesetz der VR China können insolvente Unternehmen bankrott gehen.

rechtigtes Interesse daran hat, ein krisensichereres Bankensystem zu etablieren. Bei der Umsetzung kollidieren diese gesamtwirtschaftlichen Ziele jedoch einerseits mit den lokalpolitischen Interessen (Schutz der örtlichen Wirtschaft) und andererseits mit der noch planwirtschaftlich geprägten Gewohnheit der Lokalregierungen, selbst als wirtschaftlicher Akteur tätig zu werden (vgl. hierzu Hauff, 1999, S. 92 ff).

IV. Fazit

Ziel dieses Kapitels war es, die Haushaltsreform von 1994 in den weiteren makroökonomischen Reformkontext einzuordnen und ihre Wirkungen auf die regionale Ressourcendistribution, die sektorale Ressourcenallokation und die gesamtwirtschaftlichen Finanzierungsstrukturen zu untersuchen. Folgende Ergebnisse sind festzuhalten:

Erstens, die aus der Konzeption der Reform abgeleitete Vermutung, daß eine Standardisierung des Finanzausgleichgeschehens und die Ausweitung der fiskalischen Transferzahlungen an die leistungsschwachen Gebiete trotz der politischen Rhetorik keine prioritären Ziele bei der Verabschiedung der Haushaltsreform gewesen sind, wurde durch die Untersuchungen weitgehend bestätigt. Zum einen trat erst 1995 mit Verabschiedung des 9. Fünfjahresplans ein Kurswechsel der Zentralregierung in der regionalen Entwicklungsstrategie zugunsten einer verstärkten Förderung der Gebiete in Zentral- und Westchina ein. Zum anderen spielt die Inzidenz von Armut in einer Provinz (bemessen nach dem PKE) eine untergeordnete Rolle bei der Durchführung des Finanzausgleichs, sie ist allerdings als Kriterium von Bedeutung bei der Bemessung der *zhuanyi zhifu*-Transfers.

Das Ergebnis der empirischen Untersuchungen zu den redistributiven Wirkungen der Reform war überraschend eindeutig: Der Finanzausgleich trägt nicht zu einer Angleichung der Finanzkraftunterschiede in der VR China bei, die Diskrepanzen haben nach Durchführung der zweiten Verteilungsrunde zugenommen. Eine klare Verteilungsregel läßt sich aus dem Umverteilungsgeschehen nicht ableiten. Es tritt jedoch deutlich zutage, daß politische Kriterien ökonomische Maßstäbe der Verteilung überlagern und Minderheitsregionen in fiskalischer Hinsicht eine Sonderbehandlung genießen.[19]

Der Finanzausgleich in der VR China erfüllt kaum die Funktion, der Bevölkerung in den verschiedenen Landesteilen ein vergleichbares Grundangebot an öffentlichen Gütern zu garantieren; vielmehr scheint ein dem amerikanischen Modell ähnlicher, kompetitiver Ansatz des fiskalischen Föderalismus, durch den lediglich die absoluten Mindeststandards für die Bereitstellung öffentlicher Leistungen garantiert werden sollen, die Finanzausgleichspolitik zu bestimmen. Interpretiert man dies mit der Theorie des

---

[19] Ob der Finanzausgleich während der Restlaufzeit des 9. Fünfjahresplans bis 2000 zu einer gleichmäßigeren Förderung des Hinterlands geführt hat, wird bei Verfügbarkeit neuerer Daten zu prüfen sein.

institutionellen Wandels nach *North* (1990), zeigt sich jedoch, daß die fehlende Standardisierung der Umverteilungsregel im Finanzausgleich im chinesischen Kontext durchaus der inneren Logik des Systems entspricht: Sie steht im Einklang mit der langen Tradition der Provinzen, Entscheidungen über die Verteilung von Ressourcen auf individueller Verhandlungsbasis mit der Zentrale herbeizuführen (vgl. hierzu *Kapitel F.VIII*).

Zweitens, auch wenn die Finanzausgleichsreform zu keiner Angleichung der Finanzkraftunterschiede führte, war sie doch im Sinne einer indirekten Steuerung des investiven Verhaltens der Regional- und Lokalregierungen erfolgreich. In der Strukturpolitik der Zentralregierung sind ab 1994 deutlich neue Akzente zu erkennen. Der Agrarsektor erhielt aufgrund seiner Bedeutung für eine autarke Lebensmittelversorgung und für soziale Stabilität einen prioritären Stellenwert. Die Nutzung von Agrarland für nichtagrarische Zwecke sollte eingedämmt, in den entwickelten Regionen im Westen des Landes der Dienstleistungssektor (z.B. Finanz- und Versicherungssektor) ausgebaut und damit der Modernisierungsprozeß forciert werden. Der Industriesektor sollte in verstärktem Maße rationalisiert, die Lokalregierungen von der Gründung kleiner, nicht wettbewerbsfähiger Unternehmen, die nur durch Abschottung überlebensfähig sind, abgebracht werden.

Die neuen Strukturen der Einnahmenverteilung führten zu Anreizveränderungen, die mit den struktur- und sektorpolitischen Zielen der Zentralregierung konform sind. Sie schufen im Hinblick auf das Einnahmenmaximierungsziel der dezentralen Regierungen eindeutige Anreize für Investitionen im Agrar- und Dienstleistungssektor, demotivierten hingegen Investitionen im Industriesektor. Aufgrund ihrer hohen Elastizität des wirtschaftspolitischen Verhaltens auf finanzielle Anreize änderten zahlreiche Lokalregierungen ihre lokale Entwicklungsstrategie.

Drittens, betrachtet man die Haushaltsreform vor dem Hintergrund der gesamtwirtschaftlichen Finanzierungsstrukturen, so zeigt sich, daß sie insgesamt zu einer Entlastung des Haushaltswesens auf Kosten des Bankensektors geführt hat. Mit der Bankenreform von 1993 wurde der Versuch gemacht, die „politischen Kredite" an marode Staatsunternehmen aus dem kommerziellen Bankensektor auszulagern. Anhand der gesamtwirtschaftlichen Finanzierungsstrukturen zeigt sich, daß seit 1992 der Anteil von Bankkrediten für Anlageinvestitionen zwar ingesamt gesunken ist, im staatlichen Unternehmenssektor jedoch gleich blieb. Gleichzeitig sank der aus dem Staatshaushalt finanzierte Anteil. Befragungen auf lokaler Ebene bestätigten den anhand der aggregierten Daten gezeigten Trend, daß defizitäre Staatsunternehmen seit der im Zuge der Haushaltsreform von 1994 geforderten Haushaltsdisziplin kaum noch vom Fiskus subventioniert werden. Sie zeigten jedoch auch, daß staatliche Unternehmen häufig durch Kredite finanziert werden, für die Lokalregierungen bürgen und die Zinsschuld bezahlen. Ob ähnliche Phänomene auch auf regionaler und zentraler Ebene auftreten, ist der Autorin allerdings nicht bekannt.

H. Resümee

Wenn die Haushaltsreform von 1994 in der chinesischen Forschung als „Durchbruch“ (Xiang, 1994, S. 5), als „erfolgreichste Haushaltsreform seit Gründung der VR China“ (Zhang, 1997, Bd. 1, S. 202; Shi und Song, 1994, S. 1; Yang, 1995, S. 1) charakterisiert wird, so ist zu fragen, ob dieser Anspruch gemessen an den aus der Theorie des fiskalischen Föderalismus abgeleiteten Kriterien für ein „rationales“ Finanzausgleichssystem und den Ergebnissen des Implementierungsprozesses nicht als gescheitert gelten muß.

Die Architekten der Reform haben sich intensiv mit der Theorie des fiskalischen Föderalismus auseinandergesetzt und wurden durch Gutachten der Weltbank und chinesischer Ökonomen bei der Konzeption der Reform beraten. Das Ergebnis zeugt jedoch von einem nur halbherzigen Schritt hin zu einem „rationalen“ Haushaltssystem. Durch die Unschärfe der Aufgabenverteilung existiert keine verläßliche Grundlage für die Zuteilung der Einnahmen; Aufgaben- und Einnahmenverteilung sind kaum aneinander gekoppelt. Wichtige öffentliche Aufgaben, wie z.B. im Sozial- und Wohlfahrtswesen, werden dezentral wahrgenommen; im Trennsteuerbeschluß finden sie jedoch keine Erwähnung, obwohl durch die steigende Arbeitslosigkeit ihre wirtschaftliche und politische Bedeutung ständig zunimmt. Auch bei der vertikalen Einnahmenverteilung scheinen öffentliche Aufgaben kaum angemessen berücksichtigt zu werden.

Eine Begrenzung der willkürlichen Dezentralisierung von Finanzierungszuständigkeiten durch die Zentralregierung erfolgte nicht. Die außerbudgetären Fonds (ABF), die ein wesentliches Instrument für strategisches finanzpolitisches Verhalten der Lokalregierungen darstellen, wurden durch die Reform entgegen der Einschätzung von Oi, die das Hauptziel der Haushaltsreform von 1994 in der Begrenzung der ABF vermutete (Oi, 1999, S. 54), nicht tangiert. Durch die ABF, die mancherorts ein größeres Volumen als die budgetinternen Fonds haben, werden geplante Wirkungen zentraler Fiskalpolitik konterkariert. Der größte Schwachpunkt der Haushaltsreform besteht jedoch in der Intransparenz des Umverteilungsprozesses: Trotz des in der Diskussionsphase der Reform verkündeten und in der Implementierungsphase für realisiert erklärten Ziels (vgl. z.B. Sun, 1994, S. 167), eine Vereinfachung und Standardisierung des Finanzausgleichgeschehens vorzunehmen, wurden in der verabschiedeten Fassung letztlich die Verteilungsnormen des alten Systems (Kontraktsystem) lediglich mit neuen institutionellen Regelungen der Steuererhebung und –zuteilung kombiniert. Dem auf dem 3. Plenum im November 1993 bekannt gegebenen Ziel, ein wissenschaftlich fundiertes, die internationalen Erfahrungen berücksichtigendes System des Finanzausgleichs zu entwickeln, entspricht jene Praxis freilich nicht, die „alten Wein in neue Schläuche“ gießt. Das dadurch entstandene Hybrid ist gekennzeichnet durch eine hohe Intransparenz der Finanzflüsse. Auch statistisch läßt sich die Aufgliederung der vertikalen Finanztransfers in seine Einzelbestandteile kaum bewerkstelligen. Ein Zuweisungssystem, das auf die Interessen der leistungsschwachen Gebiete abstellt, wurde erst 1995 in Form des zhuanyi zhifu-Systems auf experimenteller Basis und mit sehr kleinem finanziellem Volumen errichtet.

Durch die Neuordnung der Finanzausgleichsbeziehungen zwischen Zentrale und Provinzebene versuchte die Zentralregierung, eine Konzentration der fiskalischen Kompetenzen auf zentraler Ebene zu erreichen. Die Notwendigkeit einer solchen Zentralisierung hatte sie mit dem Verlust an makroökonomischer Kontrolle und der dadurch bedingten Erosion zentraler Staatsgewalt in dem fiskalisch de facto fragmentierten chinesischen Staatsgebilde begründet. Die Zentralregierung hatte insbesondere beklagt, durch ihre fiskalische Schwäche ihre redistributive Funktion im Sinne einer interregionalen Umverteilung zum Abbau regionaler Disparitäten nicht in ausreichendem Maße wahrnehmen zu können (Resolution 1993, IV). Betrachtet man die Reformkonzeption und nicht die politische Rhetorik, müssen jedoch an etwaigen redistributiven Zielen berechtigte Zweifel aufkommen. Die Zentrale ging zwar formal gestärkt aus dem Reformprozeß hervor, da sie durch die Errichtung zentraler Steuererhebungsorgane kaum noch auf Abgaben durch die Lokalitäten angewiesen ist und selbst die reichen Provinzen im neuen System von Transferzahlungen der Zentrale (shuishou fanhuan) abhängig sind. Indem jedoch allen Provinzen ein pareto-optimales Verteilungsergebnis der Reform zugesichert wurde (ihnen wurde versprochen, daß sie sich unter den neuen Verteilungsbedingungen finanziell nicht verschlechtern würden) und da das zhuanyi zhifu-System noch nicht ausreichend entwickelt ist, lag es nahe zu vermuten, daß das neue System eine Perpetuierung der Verteilungssituation von 1993 zur Folge haben würde. Das in der Inkubationsphase verkündete und im 9. 5-Jahres-Plan zur regionalpolitischen Priorität erklärte Ziel, die Ungleichheit zwischen den einzelnen Provinzen zu reduzieren, erscheint somit freilich als ein recht aussichtsloses Unterfangen.

Trotz dieser konzeptionellen Schwächen sind jedoch progressive Elemente der 1994 errichteten Finanzverfassungsordnung nicht zu übersehen. Das neue Finanzausgleichssystem ist in seiner Grundkonzeption nach 1994 nicht mehr verändert worden und gehört somit zu den stabilsten Systemen, die seit Gründung der VR China angewandt wurden. Es wurde ausgerichtet an den Anforderungen eines Wirtschaftssystems, das sich deutlich mehr marktwirtschaftlicher Koordinationsmechanismen bedient. Ob das Perpetuum mobile eines ständigen Hin- und Herschwankens zwischen verschiedenen Finanzausgleichsmodellen der Vergangenheit und die damit verbundenen Transaktionskosten damit ein Ende hat, wird die Zukunft zeigen. Die Einführung einer dualen Steuerverwaltung (Errichtung zentraler und lokaler Steuererhebungsorgane) war ein wichtiger Schritt hin zur Rationalisierung der Steuererhebung. Eine steuerpolitische Präsenz der Zentrale in der Peripherie ist, man bedenke die Größe des Landes, zwingend notwendig, wenn die aus Konflikten zwischen den Regierungsebenen resultierenden potentiellen Kontrollverluste der Zentrale begrenzt werden sollen. Wie Shaw hervorhob, sind diese Konflikte gerade in Entwicklungs- und Transformationsländern, deren Verwaltungsstrukturen häufig unausgereift sind, von eklatanter Bedeutung (Shaw, 1994, S. 2, S. 18 ff). Die Zuordnung der Steuern (Ertragskompetenz) korrespondiert weitgehend mit der Erhebungskompetenz und den aus der Effizienzregel sowie dem fiskalischem Äquivalenzprinzip abgeleiteten Postulaten. Während im alten System Zuweisungen prinzipiell Gegenstand der individuellen Verhandlungspraxis zwischen einzelnen Provinzen und der Zentrale waren, wurden durch das im Trennsteuerbeschluß angekündigte und 1995 eingeführte zhuanyi zhifu-System, wenn auch in kleinem Umfang, Ansätze eines auf Normen beruhenden Zuweisungssystems verwirklicht. Die sukzessive Verfeinerung dieses Systems wird eine der wichtigsten Aufgaben weiterer Reformbemühungen sein müssen, wenn eine systematische fiskalische Unterstützung der leistungsschwachen Gebiete durchgeführt werden soll. Ein wichtiger Schritt hin zu einem marktwirtschaftlich ausgerichteten Steuersystem war die Abschaffung der eigentumsformabhängigen Unternehmensgewinnbesteuerung. Die einheitliche Besteuerung aller Unternehmen wird zu Recht als Fortschritt im Hinblick auf den Aufbau einer wettbewerbsorientierten Wirtschaftsverfassung interpretiert (Yang, 1995, S. 362). Ebenfalls positiv zu bewerten ist die 1994 durchgeführte Abkoppelung des Staatshaushaltes von zentralbankfinanziertem „deficit spending“. Sie wurde 1995 im Zentralbankgesetz verankert (Art. 29) und war, insbesondere angesichts der bekannten inflationsfördernden Wirkungen, eine wichtige Maßnahme zur institutionellen Begrenzung des geld- (und fiskal-)politischen Spielraums der Zentrale.

Wie erklärt sich diese Architektur des Reformpakets? Bei näherer Betrachtung drängte sich schnell die Vermutung auf, daß die Gründe in einem weiteren Kontext als der fiskalpolitischen Debatte zu suchen sein müssen. Es zeigte sich, daß die Konzeption des Reformpakets erst verstanden werden kann, wenn der Finanzausgleich als ein Teil der übergeordneten Thematik der Beziehungen zwischen Zentrale und Peripherie interpretiert, also nicht nur auf der wirtschaftlichen, sondern auch auf der politischen und historisch-kulturellen Ebene gesehen wird.

Daß wichtige Elemente der chinesischen Finanzverfassungsordnung wie der Haushaltskreislauf, das zhuanyi zhifu-Zuweisungssystem und die ABF erst nach 1994 vom Sog der Haushaltsreform erfaßt wurden, darf z.B. nicht leichtfertig als ein Zeichen wirtschaftspolitischer Achtlosigkeit, fehlender Einsicht oder unzureichenden Reformwillens interpretiert werden, wie einige Studien suggerieren (vgl. z.B. Wang, 1997c, S. 805 ff; Herrmann-Pillath, 1996, S. 33 ff). Dahinter stehen vielmehr Grenzen der Reformfähigkeit in der VR China, die auf historische Erfahrungen einerseits und auf politische Realitäten andererseits zurückgehen. So führte die „Schocktherapie“ der fiskalischen Dezentralisierung von 1958 im Zusammenhang mit dem „Großen Sprung nach Vorn“ zu katastrophalen wirtschaftlichen Ergebnissen. Der gradualistische Ansatz der Reformpolitik, der von Anfang an den Reformkurs der VR China prägte und ihn von den Transformationsstrategien der ehemaligen Ostblockstaaten („Schocktherapie“) abhob, will hingegen die mit abrupten Einschnitten verbundenen Unwägbarkeiten begrenzen. Auch die 1994er Reform ist Ausdruck dieser „trial-and-error“-Philosophie. Hinzu kommt, daß sowohl die Architekten als auch die umsetzenden Organe der Reform mit weitreichenderen Veränderungen vermutlich überfordert gewesen wären. Auf die Grenzen der Reformfähigkeit wiesen auch viele Interviewpartner hin, die bereits die Kombination aus Steuerreform, Verwaltungsreform und Finanzausgleichsreform für zu komplex hielten, als daß die Implementierung reibungslos erfolgen könnte. Die Realisierbarkeit wirtschaftspolitischer Maßnahmen wird letztlich nicht durch die Theorie bestimmt, sondern durch die wirtschaftspolitische Realität.

Berücksichtigt man weiterhin die Rolle der Akteure auf Provinzebene im politischen Entscheidungsprozeß, wird erst deutlich, warum das letztlich verabschiedete Reformkonzept von den ursprünglichen weitreichenderen Vorstellungen der Zentrale abwich. Die Zentrale hatte ursprünglich die Absicht einer weit stärkeren vertikalen Umschichtung der Mittel proklamiert. Zu Recht werden die das Reformvorhaben stark amputierenden Kompromißelemente (insbesondere der Bezug auf das Referenzjahr 1993) als Zugeständnis der Zentrale interpretiert, um die Unterstützung der Provinzen zu gewinnen (vgl. Zhang, 1999, S. 132; Jae Ho Chung,1994/1995, S. 16; Tsang und Cheng, 1994, S. 770). Es leuchtet ein, daß sich die Zentrale die Kooperation der Provinzen im Implementierungsprozeß besser zu sichern vermag, wenn sie deren Interessen im Entscheidungsprozeß berücksichtigt bzw. vorgibt, sie zu berücksichtigen!

In der polit-ökonomischen Forschung hat sich als Erklärungsmodell für Entscheidungsprozesse in der VR China die sog. „Bargaining-Theorie" durchgesetzt (Shirk, 1993; Lieberthal und Lampton, 1992; Goodman, 1994). Mit dieser Entscheidungstheorie korrespondieren die sechsjährige Dauer des Entscheidungsprozesses und die Aufnahme von Kompromißelementen in das letztlich verabschiedete Reformkonzept. Ein wirtschaftspolitisches Programm, das eine Realität zu konstruieren suchte, die allzu einseitig die Interessen von Zentrale oder Peripherie berücksichtigt, brächte die Zentrale in erhebliche Schwierigkeiten, muß sich diese doch für die Umsetzung auf die regionalen und lokalen Akteure verlassen können. Daher ist der Bargaining-Prozeß durch eine kreative Spannung gekennzeichnet, die zu einem Abweichen der Verhandlungspartner von extremen Positionen führt (Goodman, 1994, S. 15 f).

Wenn Entscheidungen ins Herzstück der Interessenkonflikte zwischen Zentrale und Provinzen treffen, dann reicht dieser Erklärungsrahmen der „Bargaining-Theorie" jedoch nicht mehr aus. Im Lichte der Prinzipal-Agenten-Theorie betrachtet, zeigte sich, daß das konsensorientierte Konfliktlösungsmodell zwar Entscheidungsfindungsprozesse motiviert, die Verhandlungspartner aber offenbar ohne die Autorität der Zentrale, den Bargaining-Prozeß zu einem bestimmten Zeitpunkt mit einer autoritativen Entscheidung abzubrechen, zu keiner konsensualen Entscheidungsfindung fähig sind.

Trotz der weit verbreiteten Perzeption, daß mit dem Zerfall der fiskalischen Dominanz der Zentrale auch die zentrale Orientierung des Staatsgebildes verbliche (z.B. Hu und Wang, 1993), ist die Zentralregierung immer noch in der Lage, wichtige politische Entscheidungen auch gegen den Widerstand der Lokalitäten zu fällen. Wie der Entscheidungsprozeß im Jahr 1993 verdeutlichte, wurde die Entscheidung einerseits dadurch begünstigt, daß sich Zhu Rongji in der Zentralregierung als „Patron" für die Verabschiedung der Haushaltsreform einsetzte. Andererseits war es hilfreich, daß sich unter den Entscheidungsträgern das Gefühl von einer bevorstehenden nationalen Krise, das Schreckgespenst einer imminenten Desintegration Chinas mit daraus resultierendem internationalen Bedeutungsverlust, ausweitete (Gefährdungsthese).

Der Einfluß von Wang Shaoguang und Hu Angang im Entscheidungsprozeß liegt weniger in der Qualität ihrer Argumentationsführung begründet als darin, daß sie das Krisengefühl in der Zentrale geschickt wissenschaftlich bedienten. Die Haushaltspolitik eignete sich als Spielplatz für diese Debatte um die Leistungsfähigkeit des chinesischen Staates besonders, weil in keinem anderen Gebiet der Konfliktstoff so eng mit der politischen Handlungsfähigkeit verbunden ist. Deutet man die von Donnithorne (1972a) und Lardy (1975a und b) erzählte Geschichte der ewigen wirtschaftspolitischen Kontrahenten auch im Kontext des chinesischen Nationalismus und den weltpolitischen Ambitionen der VR China, so verliert sie, wie gezeigt wurde, an Dramatik, da Zentrale und Peripherie in der Außenorientierung, der Positionierung Chinas auf der Weltbühne, offenbar doch wieder zueinanderfinden.

Welche distributiven Auswirkungen hatte die Reform? Durch die neuen Erhebungsprinzipien fällt in der ersten Verteilungsrunde ein deutlich größerer Anteil an die Zentrale: Ihre Haushaltsanteile erhöhten sich 1994 auf knapp 56 %, folgten allerdings aufgrund der höheren Effizienz der dezentralen Einnahmenerhebung einem ab 1995 wieder sinkenden Entwicklungsverlauf. Berücksichtigt man jedoch die Ausgleichszahlungen in der zweiten Verteilungsrunde, so zeigt sich, daß sich die Sekundärverteilung im Vergleich zur Situation vor Durchführung der Haushaltsreform nur geringfügig veränderte (Anteil der Zentrale 1993: 23,3 %;1997: 22,8 %). Auch die Aufgabenverteilung ist mit Ausnahme der Infrastrukturfinanzierung, die stark dezentralisiert wurde, durch die Haushaltsreform praktisch nicht tangiert worden.

Die aus der Konzeption der Reformmaßnahme abgeleitete Hypothese, daß redistributive Wirkungen der Reform offenbar nicht beabsichtigt waren, möglicherweise aber implizite Ziele der Reform maßgebend gewesen sind, wird durch die empirischen Entwicklungen im Implementierungsprozeß bestätigt. Ma Jun war bei seiner 1997 vorgelegten Untersuchung des chinesischen Zuweisungssystems (Zahlen für 1994) zu dem Ergebnis gekommen: „China's current fiscal transfer system performs almost no redistributive function“ (Ma, 1997b, S. 58). Diese Aussage stimmt wohl, wenn man die Diskrepanzen der relativen Finanzkraft (Haushaltsmittel pro Kopf) in den Provinzen betrachtet und dabei feststellt, daß die Streuung um den Mittelwert (Standardabweichung) nach Durchführung des Finanzausgleichs sogar zugenommen hat. Ma Jun übersieht allerdings, daß einige Lokalitäten stärker vom Finanzausgleich profitieren als andere, manche unerwartet als Verlierer aus der zweiten Verteilungsrunde hervorgehen. Dadurch wird deutlich, daß von einer Standardisierung der Finanzausgleichspraxis durch die Haushaltsreform von 1994 keine Rede sein kann. Die entsprechende politische Rhetorik bewahrheitet sich lediglich für die Organisation der Steuererhebung und die Technik der Steuerrückerstattung. Betrachtet man den Versuch, ein effektiveres Systems der Steuererhebung zu etablieren, auch vor dem Hintergrund der chinesischen Geschichte, insbesondere der fehlenden Traditionen effizienter Steuererhebung in der maoistischen Phase, erscheint die Steuerverwaltungsreform allerdings schon als ein gewaltiger Schritt nach vorn, der für den Aufbau einer marktwirtschaftlichen Wirtschaftsordnung unverzichtbar ist.

Zweifellos steht die Ausgestaltung der Finanzausgleichspolitik allerorts in Abhängigkeit von politischen Erwägungen. In der VR China scheint die Zuteilung von Finanzzuweisungen jedoch hauptsächlich auf politischen Kriterien zu beruhen, die in keinem direkten Zusammenhang mit der wirtschaftlichen Entwicklung in den Regionen stehen. Somit ist Herrmann-Pillath und Zhu zuzustimmen, daß das Argument, eine Zentralisierung der Steuereinnahmen sei aus Umverteilungsgründen erforderlich gewesen, kaum plausibel erscheint (Herrmann-Pillath und Zhu, 1998, S. 23).

Vom Ergebnis her betrachtet, läßt sich sagen, daß der Finanzausgleich in der VR China nicht mit der Zielsetzung einer Angleichung der Lebensverhältnisse in den verschiedenen Landesteilen durchgeführt wird. Dahinter scheint vielmehr eine kompetitive Einstellung der Regierung zur Aufgabe des Finanzausgleichs zu stehen: Es geht nicht um „Gleichmacherei“, sondern lediglich um die Garantie von Mindeststandards beim Angebot öffentlicher Leistungen.[1] Daß Finanzausgleichspolitik in der VR kompetitiv ist, zeigten auch die vagen Formulierungen in der Verordnung 1993, in der von einer Verringerung der Finanzkraftunterschiede nicht die Rede ist. Der Appell von Hu, Wang und Kang aus dem Jahr 1995, die regionalen Disparitäten bei der Finanzkraft dringend im Hinblick auf die Gefahr wirtschaftlicher und ihrer Meinung nach daraus resultierender politischer Desintegration abzubauen, hat zumindest bis 1997 keine sichtbare Wirkung gezeigt. Der Schlüssel für den wirtschaftlichen Fortschritt in den Regionen liegt somit in der Eigeninitiative der lokalen und regionalen wirtschaftlichen Akteure.

Dennoch fehlt es der Reform nicht an langfristiger politischer Rationalität. Im Sinne des übergeordneten Ziels des politischen Zusammenhalts des Gesamtstaates, von dem die Legitimation und die Existenz der Kommunistischen Partei abzuhängen scheinen, war es für die zentralen Entscheidungsträger rational, sich für eine institutionelle Zentralisierung des Verteilungsprozesses zu entscheiden (Rational-Choice-Theorie). Der Zentrale war längst klar geworden, daß sie im Verteilungskampf keine deutlich größeren Anteile erlangen konnte und daß die Steuer- und Haushaltsreform ohne die Kooperation der Lokalitäten nicht erfolgreich sein würde. Es ging ihr daher in erster Linie um eine Stärkung ihrer politischen Funktion im chinesischen Staatsgebilde und darum, die Abhängigkeit der Provinzen von der Zentrale zu erhöhen. Durch ihre gestärkte Rolle in der Einnahmenerhebungsphase und ihr vergrößertes fiskalisches Extraktionsvolumen wurde die Zentralregierung zur „zentralen“ redistributiven Instanz, von deren Trans-

[1] Die Philosophie des Finanzausgleichs ähnelt in China mehr dem amerikanischen als dem deutschen Modell. Parallelen zur Sozialversicherung, die den Leistungsempfängern in China keine Rundumabsicherung, sondern in der Regel lediglich die Erfüllung der Mindestbedürfnisse garantieren soll, sind erkennbar. Bei der Konstruktion des Sozialversicherungssystems wird in China die Eigenverantwortung der Individuen und ihrer Familien für die Risikoabsicherung unterstellt.

ferzahlungen alle Gebietskörperschaften in mehr oder weniger großem Umfange abhängig sind. Ihre Steuerungsmöglichkeiten haben sich dadurch verstärkt. Die in Kapitel A.II formulierte Arbeitshypothese, eine Zentralisierung der fiskalischen Kompetenzen sei der Zentrale aufgrund des zu erwartenden Widerstandes der Lokalitäten nicht gelungen, hat sich somit nicht bestätigt. Auf der institutionellen Ebene war die fiskalische Zentralisierung erfolgreich.

Wenngleich die Finanzausgleichsreform nur ansatzweise zu einer Rationalisierung des Finanzausgleichs geführt hat, war sie doch im Sinne einer indirekten Steuerung des Investitionsverhaltens der Lokalregierungen erfolgreich und dokumentiert das fortgesetzte Interesse der Zentrale, von direkten Steuerungsmechanismen abzurücken. Durch die hohe Elastizität des Investitionsverhaltens der Lokalregierungen führten die neuen Strukturen der Einnahmenverteilung zu Anreizveränderungen, die konform mit den struktur- und sektorpolitischen Zielen der Zentralregierung sind. Sie schufen im Hinblick auf das Einnahmenmaximierungsziel der Lokalregierungen eindeutige Anreize für Investitionen im Agrar- und Dienstleistungssektor, demotivierten hingegen Investitionen im Industriebereich. Dies war eine Reaktion der Zentrale auf die blinden, auf kurzfristig fließende ROI-Flows abstellenden Investitionsstrategien der Lokalregierungen und die daraus entstandenen unvernünftigen Industriestrukturen.[2] Wie auch von Oi beobachtet (Oi, 1999, S. 55), strukturierten viele Lokalregierungen auf dem Land nach 1994 ihre Investitionsbudgets zugunsten der Landwirtschaft um. Die Städte reagierten, sofern die Voraussetzungen gegeben waren, vielerorts mit verstärkter Förderung des Tertiärsektors.

Betrachtet man die Haushaltsreform vor dem Hintergrund der gesamtwirtschaftlichen Finanzierungssituation, so zeigt sich, daß sie zudem zu einer Entlastung des Haushaltswesens auf Kosten des Bankensektors führte. Untersuchungen auf lokaler Ebene verdeutlichten, daß defizitäre Staatsunternehmen seit 1994 kaum noch vom Fiskus subventioniert, sondern stärker durch Kredite finanziert werden, für die Lokalregierungen bürgen. Diese Politik ist bedenklich, verschärft sie doch die Krisenhaftigkeit, in der sich der chinesische Bankensektor derzeit befindet (vgl. zur aktuellen Situation des Bankensektors Chen und Thomas, 1999, S. 19 ff). Der Bankensektor erscheint somit sowohl im Hinblick auf die Reform der Staatsunternehmen als auch des Haushaltswesens quasi als „Bauernopfer".

Betrachtet man die Haushaltsreform von 1994 in ihrem Implementierungsprozeß, so scheint das ehrgeizige Ziel der Zentrale, ihre faktische Dominanz im chinesischen Staatswesen wiederherzustellen, dem Auseinanderklaffen zwischen Anspruch und Wirklichkeit freilich nicht entrinnen zu können. Die Zentralregierung ist de iure die einzige politische Instanz, die originäre staatliche Macht verkörpert. Ihre Beschlüsse sind für alle bindend, staatliche Macht auf dezentraler Ebene ist lediglich von oben delegiert, kann also jederzeit wieder zurückgenommen werden. Dagegen steht die po-

---

[2] ROI steht für „Return on Investment".

litische Realität: Die Regionalregierungen haben sich seit Beginn der Reformen so stark gegenüber der Zentrale emanzipiert, daß eine autoritäre Form der Staatsführung durch die Zentrale, wie etwa von Barnett oder Schurmann beschrieben (Barnett, 1967; Schurmann, 1966), nicht mehr möglich ist. Zu den wichtigsten Gründen für diese Entwicklung gehört die in der Peripherie konzentrierte wirtschaftliche Macht, die den Niedergang der Staatsindustrie und das Aufblühen der privaten und kollektiven Wirtschaft verkörpert: Die wahren Wachstumsmotoren der chinesischen Volkswirtschaft liegen in den Provinzen. Hinzu kommt, daß eine wirtschaftlich erfolgreiche Politik der Regional- und Lokalregierungen im Grunde unverzichtbar ist für den wirtschaftlichen Erfolg des Gesamtsstaates.

Das vertikale Beziehungsgeflecht zwischen Zentrale und Peripherie ist, wie von Wiethoff bereits für das alte China beschrieben (Wiethoff, 1971, S. 101) und von Herrmann-Pillath als „Dilemma des chinesischen Steuerstaates" (Herrmann-Pillath, 1992, Titel) bezeichnet, auch nach 1994 durch eine harte Konkurrenzbeziehung um Steuergelder gekennzeichnet. Dahinter steht eine Auffassung, die an merkantilistisches Herrschaftsgebaren erinnert („Le revenue c'est l'Etat"), politische Macht wird demnach als Funktion von finanzieller Macht begriffen. Was die Finanzausgleichsbeziehungen zwischen Zentrale und Gebietskörperschaften auf Provinzebene dabei von den meisten entwickelten Industriestaaten unterscheidet, ist die konsequente Applikation einer auf Macht (gleich Einnahmenmaximierung) abgestellten Politik aller Beteiligten, ohne daß dabei eine formale Beschränkung der Zentrale existierte. Eine unabhängige juristische Instanz (ähnlich dem Bundesverfassungsgericht), an die sich die Lokalitäten bei Verteilungsstreitigkeiten oder Regelwidrigkeiten der Zentrale wenden könnten, existiert im chinesischen Einheitsstaat nicht.3

Hier liegt die klare Schwäche des politischen Systems der VR China: Scheint die formale Dominanz der Zentrale auf den ersten Blick hilfreich für die Durchsetzung politischer Maßnahmen zu sein, schwächt gleichzeitig ihre historisch verwurzelte Regelungebundenheit bei genauerer Betrachtung deren Implementierung auf regionaler und lokaler Ebene. Willkürliche Strategieänderungen der Zentrale antizipierend, verhalten sich die Regional- und Lokalregierungen im Hinblick auf ihre eigenen politischen Ziele rational, wenn sie versuchen, ihre Haushaltsmittel durch die verstärkte Erhebung von ABF oder durch die Intensivierung der Erhebung fester lokaler Einnahmen von der Austauschbeziehung mit der Zentrale abzukoppeln. In der Implementierungsphase der Haushaltsreform von 1994 ließ sich das antizipatorische Verhalten der Regionalregierungen sehr deutlich anhand der Wachstumspfade von ABF und dezentral erhobenen Steuern nachweisen. Die im Zusammenhang mit der Implementierung der Haushaltsreform von 1994 gewonnenen Erfahrungen zeigen, daß institutioneller Wandel kaum in der Form realisierbar ist, wie er „von oben" verordnet wird, wenn, wie

---

[3] In der chinesischen Literatur wird die Rechtsstaatlichkeit der Finanzausgleichsbeziehungen in den Industriestaaten zwar erwähnt (vgl. z.B. Zhu Ling, 1997, S. 29), ein Vergleich mit China oder die Forderung nach mehr Rechtsbindung unterbleibt jedoch aus ideologischen Gründen.

North in seiner Theorie des institutionellen Wandels zeigte (North, 1992, S. 7), die involvierten Akteure weiter glauben Anlaß zu haben, nach alten informellen Spielregeln zu verfahren.

Die durch diese Arbeit gewonnenen Einsichten in das chinesische Haushaltswesen zeigen, daß die Beziehungen zwischen Zentrale und Peripherie, und damit letztlich der Finanzausgleich, in ihrer Komplexität nur verstanden werden können, wenn sie in die Vielfalt ihrer Interpretationen gesprengt werden, aus denen sie sich wieder zum Ganzen fügen. Wie man den Charakter der Beziehungen beurteilt, ist letztlich eine Frage des Standpunktes. Wenn z.B. Goodman (1994) die Beziehungen zwischen Zentrale und Peripherie als komplementär, Donnithorne (1972a) als kontradiktorisch und Weigelin-Schwiedrzik (1999a) als distanziert einschätzen, dann erscheinen diese unterschiedlichen Interpretationen lediglich als verschiedene Aspekte dieses vielschichtigen Beziehungsgeflechts. Komplementär erscheinen die Beziehungen dann, wenn man z.B. den passiven Finanzausgleich betrachtet. Zentrale und Peripherie ergänzen sich bei der Erfüllung der staatlichen Aufgaben, für die sie, wie Oates in seiner Theorie des fiskalischen Föderalismus nachwies (Oates, 1972, S. 33 ff), in unterschiedlicher Art und Weise geeignet sind. Sie sind widersprüchlich, wenn man die Interessenkonflikte zwischen den beiden thematisiert wie z.B. die Konkurrenzbeziehung um Steuergelder. Und sie sind distanziert, wenn man die Warte der Bevölkerung in der Peripherie einnimmt, die die Lokalregierung vor Ort für die Lösung ihrer Alltagsprobleme verantwortlich macht und das Wirken der Zentrale lediglich durch das Sprachrohr der Funktionäre vor Ort übermittelt bekommt.[4] Die in China weit verbreitete, rein fiskalische Definition der Beziehungen (Nullsummenspiel-Ansatz) (z.B. Wong, 1990; Hu und Wang, 1993) ist, wie in dieser Arbeit demonstriert wurde, eine wenig aussagefähige Sichtweise des Verhältnisses zwischen den Gebietskörperschaften. Die „beiden Quoten" eignen sich auch nicht, um die Funktionsfähigkeit des chinesischen Haushaltssystems zu beurteilen. Wie Ma Jun hervorhob, können für unterschiedliche Länder unterschiedliche Quoten ideal sein; relevant ist vielmehr die Frage, ob der Staat in der Lage ist, seine makroökonomischen Steuerungsfunktionen effektiv wahrzunehmen (Ma, 1995a, S. 9).

Das Reformwerk von 1994 stellt sich dar als Ringen um Aussöhnung der Gegensätze zwischen Zentrale und Peripherie. Jedes Bestreben, diesen Grundwiderspruch durch weitere haushaltspolitische Reformschritte zu überwinden, muß jedoch Makulatur bleiben, solange es nicht von politischen Reformen begleitet wird. Herrmann-Pillath schlägt als Lösung für die fiskalischen Schwierigkeiten der VR China eine Föderalisierung des chinesischen Staatsgebildes vor (Herrmann-Pillath, 1996, S. 55 ff). Auch wenn man diesen Vorschlag derzeit für politisch nicht realisierbar halten muß, so ver-

---

[4] Die Transmission der politischen Linie der Zentrale und der damit verbundenen „offiziellen" Argumentationsmuster erfolgt, z.B. nach Parteikongressen oder Tagungen des Nationalen Volkskongresses, vertikal innerhalb der sog. „*xitong*" (Systeme) der Partei- und Regierungsorgane und horizontal in den verschiedenen Provinzen. Die Übermittlung erfolgt in der Regel äußerst schnell und effizient.

deutlicht er doch, daß eine wirkliche Lösung der Probleme unter den existierenden politischen Bedingungen nicht möglich ist. Eine dauerhafte Stabilisierung der Beziehungen zwischen Zentrale und Peripherie kann nur erfolgen, wenn parallel dazu die Rechtsstaatlichkeit des Landes verbessert und dadurch die Rechte und Pflichten aller Gebietskörperschaften, also auch der Zentrale, juristisch bindend festgelegt werden.

ENDE

Anhang 1

Abbildung A.1

Der Staatsaufbau der VR China

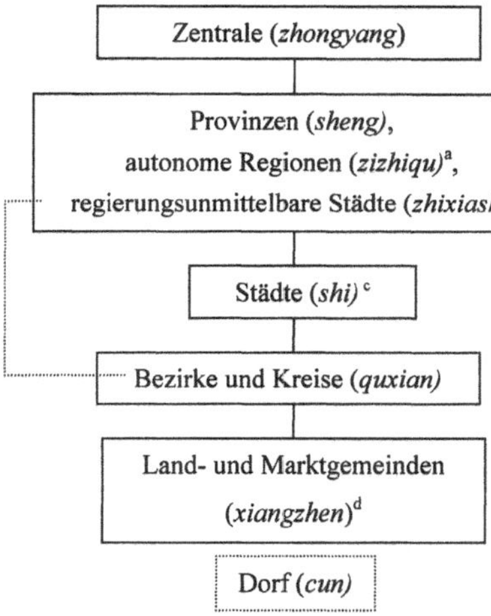

a umfaßt Tibet, Guangxi, Xinjiang, Innere Mongolei, Ningxia

b umfaßt Beijing, Shanghai, Tianjin und Chongqing (seit 1997)

c in den regierungsunmittelbaren Städten entfällt diese Ebene

d aufgelöst 1958, wieder eingerichtet 1984

e politisch existent, aber keine formale Regierungsebene[1]

Eigene Darstellung

[1] Da das Dorf (*cun*) zwar im Sinne der vertikalen Arbeitsteilung öffentliche Aufgaben wahrnimmt, jedoch keine eigenständige Regierungsebene ist, besitzt es keinen eigenen Haushalt. Es erfüllt allerdings fiskalische Aufgaben wie die Steuererhebung und bekommt von der Gemeinde ein Budget zugewiesen, das von Dorfbewohnerkomitees verwaltet wird. Die Dorfbewohnerkomitees werden seit 1988 zunächst probeweise, seit 1998 institutionell verankert, von den Dorfbewohnern gewählt (vgl. hierzu die Regelungen in den Gesetzen vom 24.11.1987 und vom 4.11.1998).

Anhang 2

I. Statistiken: Tabellen und Abbildungen

Tabelle A.1

Die Zusammensetzung der Haushaltseinnahmen der VR China (in Mrd. RMB)

Jahr	*Steuer-einnahmen*	*UN-Gewinn-abführungen*	*Einnahmen aus den Fonds für Aufbau-Arbeiten im Bereich Energie und Verkehr*	*Einnahmen aus dem HH-Anpassungs-fonds*	*Zusatzabgabe für Erziehung*	*Sonstige*	*Gesamt-einnahmen (*)*
1978	51,9	57,2	-	-	-	4,1	125,8
1979	53,8	49,3	-	-	-	11,3	126,3
1980	57,2	43,5	-	-	-	15,3	130,1
1981	63,0	35,7	-	-	-	19,2	130,2
1982	70,0	29,6	-	-	-	21,6	140,9
1983	77,5	24,0	9,3	-	-	25,8	169,7
1984	94,7	27,7	12,2	-	-	29,6	184,3
1985	204,1	4,4	14,7	-	-	28,0	251,2
1986	209,1	4,2	15,7	-	-	15,7	244,4
1987	214,1	4,3	18,0	-	-	21,2	257,5
1988	239,0	5,1	18,6	-	-	17,6	280,3
1989	272,7	6,4	20,2	9,1	-	17,9	326,4
1990	282,2	7,8	18,5	13,1	-	29,9	351,6
1991	299,0	7,5	18,8	13,8	2,8	24,0	365,9
1992	312,1	6,0	15,7	11,7	3,2	26,5	329,8
1993	425,5	4,9	11,8	10,2	4,4	19,1	476,0
1994	512,7	-	5,4	5,9	6,4	28,0	558,4
1995	603,8	-	1,7	3,5	8,3	39,6	657,0
1996	691,0	-	0,4	1,1	9,6	72,5	774,5
1997	823,4	-	-	-	10,3	68,2	901,9

Quelle: CZNJ 1998, S. 445.
Anmerkung: * Die Zahlen sind subventionsbereinigt (vgl. Erklärung in *Anhang 2.II*).

Tabelle A.2

Zusammensetzung der Steuereinnahmen der VR China (in Mrd. RMB)

Jahr	*Industrie- und Handelssteuer*	*Zoll*	*Agrarsteuer*	*Gewinnsteuer der Staats-unternehmen*	*Gewinnsteuer der Kollektivunternehmen*	*Summe*
1978	46,2	2,9	2,8	----------------	------------------	51,9
1979	48,2	2,6	2,9	----------------	------------------	53,8
1980	51,1	3,3	2,8	----------------	------------------	57,2
1981	54,8	5,4	2,8	----------------	------------------	63,0
1982	62,3	4,7	2,9	----------------	------------------	70,0
1983	68,9	5,3	3,3	----------------	------------------	77,6
1984	80,9	10,3	3,5	----------------	------------------	94,7
1985	109,7	20,5	4,2	59,6	10,2	204,1
1986	120,2	15,2	4,4	59,5	9,7	209,1
1987	128,2	14,2	5,1	56,3	10,1	214,0
1988	148,5	15,5	7,4	57,1	10,5	239,0
1989	176,0	18,1	8,5	58,3	11,7	272,7
1990	185,9	15,9	8,8	60,4	11,2	282,2
1991	198,1	18,7	9,1	62,7	10,3	299,1
1992	224,4	21,8	11,9	62,5	9,6	329,7
1993	319,5	25,6	12,6	58,3	9,6	425,5
1994	391,4	27,3	23,1	61,0	9,9	512,7
1995	459,0	29,2	27,8	60,0	11,9	603,8
1996	527,0	30,2	36,9	82,2	14,6	690,9
1997	662,7	31,9	39,7	72,1	16,9	823,4

Quelle: CZNJ 1998, S. 446.

Zusammensetzung der Steuereinnahmen (in %)

Jahr	*Industrie- und Handelssteuer*	*Zoll*	*Agrarsteuer*	*Gewinnsteuer der Staats-unternehmen*	*Gewinnsteuer der Kollektivunternehmen*	*Summe*
1978	89,0	5,6	5,4	----------------	------------------	100
1979	89,5	4,8	5,4	----------------	------------------	100
1980	89,3	5,7	4,8	----------------	------------------	100
1981	87,0	8,6	4,4	----------------	------------------	100
1982	89,0	6,7	4,1	----------------	------------------	100
1983	88,8	6,8	4,2	----------------	------------------	100
1984	85,4	10,9	3,7	----------------	------------------	100
1985	53,7	10,0	2,1	29,2	5,0	100
1986	57,4	7,3	2,1	28,4	4,6	100
1987	59,9	2,4	2,4	26,3	4,7	100
1988	62,1	6,5	3,1	23,9	4,4	100
1989	64,5	6,6	3,1	21,4	4,4	100
1990	65,8	5,6	3,1	21,4	4,0	100
1991	66,2	6,3	3,0	20,9	3,4	100
1992	68,1	6,6	3,6	18,9	2,9	100
1993	75,0	6,0	3,0	13,7	2,6	100
1994	76,3	5,3	4,5	11,9	1,9	100
1995	76,0	4,8	4,6	9,9	2,0	100
1996	76,3	5,3	5,3	11,9	2,1	100
1997	80,5	4,8	4,8	8,7	2,0	100

Eigene Berechnungen.

Tabelle A.3

Die Einbehaltungsquoten ausgewählter Provinzen, 1980 und 1983

Jahr / Provinz	1980 a_1	a_2	1983 b
1. Anhui	1	0,581	0,762
2. Gansu	1	0,532	1,000
3. Hebei	<1	-	0,635
4. Henan	1	0,759	0,778
5. Hubei	1	0,447	0,638
6. Hunan	1	0,420	0,703
7. Jilin	<1	0,990	n.a.
8. Liaoning	1	0	0,342
9. Shaanxi	1	0,881	1,000
10. Shandong	1	0,100	0,515
11. Shanxi	1	0,579	0,826
12. Sichuan	1	0,720	0,837
13. Zhejiang	1	0,130	0,518

Annotation:
a1 = Einbehaltungsquote der Provinz bei den festen Einnahmen
a2 = Einbehaltungsquote der Provinz bei Gemeinschaftseinnahmen
b = Einbehaltungsquote in bezug auf die gesamten Einnahmen

Quelle: Wong, Woo und Heady, 1995, S. 245.

Tabelle A.4

Finanzflüsse zwischen Zentrale und Provinzen (in Mrd. RMB): 1985-1990

	Abführungen von Provinzebene zur Zentrale laut Vertrag (contracted transfers, Local to Centre)						Vorgesehene Transferzahlungen von Zentrale an Provinzen (Earmarked Transfers, Centre to Local)					
Provinz/ Region/ Stadt[1]	**1985**	**1986**	**1987**	**1988**	**1989**	**1990**	**1985**	**1986**	**1987**	**1988**	**1989**	**1990**
Shanghai	13,81	13,37	12,41	10,5	10,5	10,5	0,29	0,30	0,54	0,66	0,72	0,77
Jiangsu	5,08	5,51	5,92	6,20	6,51	6,59	1,01	1,45	1,44	1,34	1,29	1,31
Liaoning	3,89	1,95	3,08	2,26	2,34	2,42	0,92	0,85	1,12	1,27	1,54	1,47
Tianjin	2,67	3,01	3,10	2,16	2,01	1,89	0,61	0,60	0,30	0,34	0,37	0,40
Shandong	2,62	1,29	0,08	0,29	029	0,29	0,93	1,36	1,41	1,47	1,60	1,63
Zhejiang	2,52	2,95	2,85	2,42	2,58	2,75	0,52	0,76	0,86	0,79	0,83	0,89
Beijing	2,52	2,88	3,03	2,9	3,01	3,13	0,64	0,77	0,97	1,04	1,46	1,3
Hubei	1,51	1,67					0,93	1,24	1,09	1,04	1,19	1,28
Hebei	1,32	1,35	1,51	1,59	1,66	1,73	0,71	0,96	1,11	1,13	1,20	1,29
Henan	0,89	0,99	0,73	1,21	1,27	1,33	0,98	1,50	1,26	1,23	12,3	1,36
Guang-dong	0,78	0,78	0,78	1,64	1,78	1,72	0,72	1,39	1,62	1,37	1,38	1,24
Sichuan	0,62	0,67					1,20	1,74	1,79	1,70	1,77	1,92
Anhui	0,57	0,66	0,7	0,86	0,98	1,01	0,84	1,31	1,16	1,13	1,03	1,08
Hunan	0,45	0,54	0,61	0,86	0,92	0,98	10,63	1,06	1,04	0,98	1,04	1,15
Heilong-jiang	0,31	0,34	0,14	0,30	0,30	0,30	0,87	1,45	1,32	1,30	1,35	1,39
Shanxi	0,06	0,07	0,08	0,43	0,50	0,53	0,82	0,85	0,86	0,75	0,77	0,83
Fujian	-0,24	-0,24	-0,24		-0,05	-0,05	0,32	0,49	0,61	0,61	0,59	0,70
Jiangxi	-0,24	-0,24	-0,24	-0,05	-0,05	-0,05	0,55	0,87	0,92	0,83	0,87	0,98
Gansu	-0,25	-0,25	-0,25	-0,13	-0,13	-0,13	0,54	0,62	0,72	0,63	0,65	0,74
Shaanxi	-0,27	-0,27	-0,27	-0,12	-0,12	-0,12	0,56	0,75	0,74	0,72	0,68	0,76
Hainan	-0,28	-0,44	-0,59							0,18	0,33	0,30
Jilin	-0,40	-0,40	-0,40	-0,11	-0,11	-0,11	0,69	1,14	1,46	1,44	1,38	1,20
Ningxia	-0,49	-0,54	-0,57	-0,53	-0,53	-053	0,19	0,24	0,29	0,26	0,26	0,26
Qinghai	-0,61	-0,67	-0,71	-0,66	-0,66	-0,66	0,17	0,21	0,26	0,22	0,23	0,28

- Fortsetzung nächste Seite -

- Fortsetzung von voriger Seite -

Yunnan	-0,64	0,93	-0,97	-0,67	-0,67	-0,67	0,52	0,80	0,81	0,88	0,93	0,88
Guangxi	-0,72	-0,79	-0,83	-0,61	-0,61	-0,61	0,49	0,82	0,94	0,91	0,79	0,78
Guizhou	-0,74	-0,82	-0,86	-0,74	-0,74	-0,74	0,34	0,48	0,52	0,50	0,51	0,53
Tibet	-0,75	-0,83	-0,87	-0,90	-0,97	-99	0,28	0,13	0,14	0,12	0,24	0,24
Xinjiang	-1,45	-16,0	-1,66	-1,53	-1,53	-1,53	0,49	0,65	0,68	0,72	0,71	0,74
Innere Mongolei	-1,78	-19,6	-2,06	-1,84	-1,84	-1,84	0,52	0,65	0,86	0,83	0,84	0,82
Linienstädte	n.a.	6,13	5,18	8,48	8,72	n.a.	n.a.	0,97	0,96	0,96	1,03	n.a.
ΣAbgaben	**n.a.**	**45,09**	**40,22**	**42,08**	**43,36**	**n.a.**						
ΣSub-ventionen	**-8,57**	**-8,59**	**-9,90**	**-8,16**	**-8,44**	**-8,61**						
Netto-transfers[2]	n.a.	36,5	30,32	33,92	34,93	n.a.	n.a.	26,4	27,78	27,73	28,80	n.a.

Annotation:
[1] In absteigender Ordnung nach den im Jahr 1985 vertraglich vereinbarten Abführungsbeträgen.
[2] Positive Werte stehen hier für positive Nettoabführungen von den Regionalregierungen zur Zentralregierung.
Quelle: Wong, Heady und Woo, 1995, S. 92 -93.

Tabelle A.5

Die Aufteilung der Einnahmen auf Zentrale und Provinzen im Finanzausgleichssystem von 1994

Zentralsteuern

- Zölle
- Von den der Zentralregierung unterstehenden Unternehmen gezahlte Gewinnsteuer
- Konsumsteuer
- Mehrwertsteueranteile, die von den Zollämtern erhoben werden
- Einkommensteuer, die im Eisenbahnsektor, von Banken und Versicherungsgesellschaften gezahlt wird
- Einkommensteuer von Finanzunternehmen, die ihre Geschäftslizenzen von der chinesischen Volksbank erhalten haben
- Erdölsteuer auf "offshore oil"

Provinzsteuern

- Gewerbesteuer (exkl. die vom Eisenbahnsektor, von Banken und Versicherungsgesellschaften gezahlten Beträge)
- Von den den Provinzregierungen unterstehenden Unternehmen gezahlte Gewinnsteuer
- Persönliche Einkommensteuer
- Kapitalertragsteuer auf Land und Landveräußerung
- Grundsteuer
- Stempelsteuer
- Schlachtsteuer
- Immobiliensteuer
- Viehsteuer
- Pflugsteuer
- Vertragsteuer
- Kfz- und Schiffsteuer
- Erb- und Schenkungssteuer
- Agrarsteuer auf besondere Agrarprodukte
- Bodenbenutzungssteuer in Städten und Kleinstädten

Gemeinschaftssteuern

- Mehrwertsteuer
  Zentralregierung (75%) und Provinzregierungen (25%)
- Börsensteuer
  Zentralregierung (50%) und Provinzregierungen (50%)
- Ressourcensteuer (excl. Erdölsteuer)
  geht meist an die Provinzregierungen

Quelle: Eigene Zusammenstellung nach Xiang, 1994, S. 32 ff; Tsang und Cheng, 1994, S. 769 und Verordnung 1993.

Tabelle A.6

Basisdaten zur fiskalischen Situation der VR China (Mrd. RMB), 1978-1997[1]

Jahr	BIP[2]	Staatseinnahmen[3]		Staatsquote 1: Anteil der Staatseinnahmen am BIP		Staatsausgaben		Staatsquote 2: Anteil der Staatsausgaben am BIP		Budget-Saldo ("—"→ Defizit "+" → Überschuß		Staatsquote 3: Anteil des HH-Saldos am BIP	
	(1)	(2)	(3)	(4)	(5)	(6)	(7)	(8)	(9)	(10)	(11)	(12)	(13)
		VRCh Definition D1	Korrigierte Definition D2	VRCh Definition D1	Korrigierte Definition D2	VRCh Definition D1	Korrigierte Definition[4] D2	VRCh Definition D1	Korrigierte Definition D2	VRCh Definition D1	Korrigierte Definition D2	VRCh Definition D1	Korrigierte Definition D2
1978	362,4	113,2	125,8	31,2	44,3	112,2	156,9*	30,9	43,3*	1,2	3,6*	0,3	1,0*
1979	403,8	114,6	126,3	28,4	42,5	128,2	181,7*	31,7	45,0*	-13,5	-10,1*	-3,4	-2,5*
1980	451,8	116,0	130,1	25,7	41,1	122,9	188,5*	27,2	41,7*	-6,9	-2,7*	-1,5	-0,6*
1981	486,2	117,6	130,2	24,2	39,1	113,8	181,9*	23,4	37,4*	3,7	8,4*	0,8	1,7*
1982	529,5	121,2	221,2	22,9	41,8	123,0	216,1	23,2	40,8	-1,8	5,1	-0,3	1,0
1983	593,4	136,7	266,5	23,0	44,9	140,9	252,5	23,7	42,5	-4,2	14,0	-0,7	2,4
1984	717,1	164,3	303,1	22,9	42,3	170,1	301,6	23,7	42,0	-5,8	+1,5	-0,8	0,2
1985	896,4	200,5	404,2 (379,4)	22,4	45,0 (42,3)	200,4	388,6 (363,8)	22,3	43,3 (40,6)	0,05	15,6 (15,6)	-0,005	1,7
1986	1020,2	212,2	418,4	20,8	41,0	220,5	410,8	21,6	40,3	-8,3	7,6	-0,8	0,7
1987	1196,2	219,9	460,4	18,4	38,5	226,2	447,9	18,9	37,4	-6,3	12,5	-0,5	1,0
1988	1492,8	235,7	516,4	15,8	34,6	249,1	508,2	16,7	40,1	-13,4	8,2	-0,9	0,5
1989	1690,9	266,5	592,3	15,8	35,0	282,4	592,6	16,7	35,0	-15,9	-0,3	-0,9	-0,02
1990	1854,8	293,7	622,5	15,8	33,6	308,4	637,0	16,6	34,3	-14,6	-14,5	-0,8	′0,8

- Fortsetzung nächste Seite -

- Fortsetzung von voriger Seite -

Jahr	BIP	Staatseinnahmen		Staatsquote 1 Anteil der Staats-einnahmen am BIP		Staatsausgaben		Staatsquote 2 Anteil der Staats-ausgaben am BIP		Budget-Saldo ("—"→ Defizit "+" → Überschuß		Staatsquote 3 Anteil des HH-Saldos am BIP	
	(1)	(2)	(3)	(4)	(5)	(6)	(7)	(8)	(9)	(10)	(11)	(12)	(13)
		VRCh Definition D1	Korrigierte Definition D2	VRCh Definition D1	Korrigierte Definition D2	VRCh Definition D1	Korrigierte Definition D2	VRCh Definition D1	Korrigierte Definition D2	VRCh Definition D1	Korrigierte Definition D2	VRCh Definition D1	Korrigierte Definition D2
1991	2161,8	314,9	690,2	14,6	31,9	338,7	698,9	15,7	32,3	-23,7	-8,7	-1,1	-0,4
1992	2663,8	348,3	778,3	13,1	29,2	374,2	783,7	14,0	29,4	-25,9	-5,4	-1,0	-0,2
1993	3463,4	434,9	619,2	12,6	17,9	464,2	636,7	13,4	18,4	-29,3	-17,5	-0,8	-0,5
1994	4675,9	521,8	744,6	11,2	15,9	579,3	786,9	12,4	16,8	-57,4	-42,3	-1,2	-0,9
1995	5847,8	624,2	897,6	10,7	15,3	682,4	948,3	11,7	16,2	-58,1	-50,7	-1,0	-0,9
1996	6788,4	740,8	1163,8	10,9	17,1	793,7	1211,2	11,7	17,8	-52,9	-47,4	-0,8	-0,7
1997	7477,2	865,1	1184,5	11,6	15,8	923,3	1228,6	12,3	16,4	-58,2	-44,1	-0,8	-0,6

Eigene Berechnungen (vgl. Annotationen zu Tabelle A.5)

---

[1] Datenquellen: CZNJ 1988, S. 443-445; CZNJ 1994, S. 404, 438, 418, Berechnungen siehe Annotationen zu Tabelle A.6.

[2] Es handelt sich hier um das BIP in laufenden Preisen. Es kann nicht nachvollzogen werden, wie Produkte, für die (besonders in den 80er Jahren) zwei oder mehr Preissetzungen angewandt wurden (Staatlicher Festpreis, staatlicher Leitpreis, Marktpreis), bewertet werden. Es könnte sich um Durchschnittspreise handeln.

[3] Die Haushaltseinnahmen werden seit 1995 auch in der offiziellen chinesischen Statistik ohne die Krediteinnahmen ausgewiesen; die Haushaltszahlen wurden rückwirkend entsprechend korrigiert.

[4] Bei den korrigierten Werten von 1978-1981 handelt es sich um Schätzwerte (vgl. Annotationen zu Tabelle A.6. unter (7)).

Erklärungen zur Berechnung der Zahlen in Tabelle A.6

(1) BIP:
Quelle: CZNJ 1998, S. 444.

(2) und (6) Staatseinnahmen und Staatsausgaben nach der offiziellen VRCh-Definition (D1)
entspricht den seit 1995 in der offiziellen chinesischen Haushaltsstatistik ausgewiesenen Daten. Seit 1995 werden die Haushaltseinnahmen (im Gegensatz zu früher) ohne Krediteinnahmen ausgewiesen; auch die Haushaltsdaten bis 1994 werden seitdem entsprechend korrigiert ausgewiesen. Quelle: CZNJ 1998, S. 343-344.

(3) Staatseinnahmen nach der korrigierten Definition (D2)
Die offiziellen Daten der VR China wurden aufgrund der in Anhang 2.II dargestellten Plausibilitätsüberlegungen der offiziellen Haushaltsstatistik korrigiert. Für die Haushaltsdaten nach der *internationalen Standarddefinition* werden die Subventionszahlungen den internationalen Gepflogenheiten entsprechend umgebucht.

Berechnungsformel 1

Staatseinnahmen (D2) = Staatseinnahmen (Standard-Definition) + außerbudgetäre Einnahmen

wobei gilt:
Staatseinnahmen (Standard-Definition) = Staatseinnahmen (D1) + Subventionen
Subventionen = Preissubventionen + Verlustsubventionen

Zu den außerbudgetären Einnahmen: Das CZNJ 1998 veröffentlichte erstmals Daten für den Zeitraum 1952-1982 (CZNJ 1998, S. 472-73).
Zu den Verlustsubventionen: Sie werden im chinesischen Haushalt als negative Einnahmen verbucht (CZNJ 1998, S. 445 und CZNJ 1994, S. 404, 438).
Zu den Preissubventionen: Sie wurden in der offiziellen Haushaltsstatistik bis einschließlich 1985 als negativer Einnahmeposten verbucht. Seit 1986 zählen die Preissubventionen jedoch zu den Ausgaben. Im CZNJ 1998 wurden für den Zeitraum 1979 bis 1985 die Preissubventionen bereits herausgerechnet, sie müssen daher nicht mehr für die Korrektur berücksichtigt werden (CZNJ 1994, S. 418).

(4) und (5) Staatsquote 1

$$\text{Staatsquote 1} = \frac{(2)\ \textit{bzw.}\ (3)}{(1)}$$

(7) Staatsausgaben nach der korrigierten Definition (D2)

Die offiziellen Daten der VR China wurden aufgrund der in Anhang 2.II dargestellten Plausibilitätsüberlegungen der offiziellen Haushaltsstatistik korrigiert.

Berechnungsformel 2

Staatsausgaben (D2) = Staatsausgaben (Standard-Definition) + außerbudgetäre Ausgaben

wobei gilt:
Staatsausgaben (Standard-Definition) = Staatsausgaben (D1) + Subventionen

Zu den außerbudgetären Ausgaben: Hierfür fehlen für den Zeitraum 1978-1981 Angaben. Daher wurden die Werte für 1978-1981 geschätzt (Quelle: CZNJ 1998, S. 472-473).

(8) und (9) Staatsquote 2

$$\text{Staatsquote 2} = \frac{(6)\ \textit{bzw.}\ (7)}{(1)}$$

(10) und (11) Budgetsaldo

Budgetsaldo = Staatseinnahmen minus Staatsausgaben
(10) = (2) minus (6)
(11) = (3) minus (7)

(12) und (13) Staatsquote 3

$$\text{Staatsquote 3} = \frac{\textit{Budgetsaldo}}{\textit{BIP}}$$

Berechnungsformel 1

Ermittlung der korrigierten Werte für die Staatseinnahmen (D2) (Mrd. RMB)

Jahr	Staatseinnahmen D1	Verlustsubventionen für Staats-Unternehmen	Preissubventionen	Staatseinnahmen (internationale Standard-Definition)	Außerbudgetäre Einnahmen	Staatseinnahmen D2
	[1]	[2]	[3]	[4] = [1]+[2]+[3]	[5]	[6] = [4]+[5]
1978	113,2	11,5	1,1	125,8	34,7	160,5
1979	114,6	11,7	-	126,3	45,3	171,6
1980	116,0	14,1	-	130,1	55,7	185,8
1981	117,6	12,6	-	130,2	60,1	190,3
1982	121,2	19,7	-	140,9	80,3	221,2
1983	136,7	24,0	-	169,7	96,8	266,5
1984	164,3	20,0	-	184,3	118,8	303,1
1985	200,5	50,7 (25,9)	-	251,2	153,0	404,2 (379,4)
1986	212,2	32,5	-	244,4	173,7	418,4
1987	219,9	37,6	-	257,5	202,9	460,4
1988	235,7	44,6	-	280,3	236,1	516,4
1989	266,5	59,9	-	326,4	265,9	592,3
1990	293,7	57,9	-	351,6	270,9	622,5
1991	314,9	51,0	-	365,9	324,3	690,2
1992	348,3	44,5	-	329,8	385,5	778,3
1993	434,9	41,1	-	476,0	143,2	619,2
1994	521,8	36,6	-	558,4	186,2	744,6
1995	624,2	32,8	-	657,0	240,6	897,6
1996	740,8	33,7	-	774,5	389,3	1163,8
1997	865,1	36,8	-	901,9	282,6	1184,5

Berechnungsformel 2

Ermittlung der korrigierten Werte für die Staatsausgaben (D2) (Mrd. RMB)

Jahr	Staatsaus-gaben D1	Verlustsub-ventionen für Staats-Unternehmen	Preissub-ventionen	Staatsausgaben (internationale Standard-Definition)	Außer-budgetäre Ausgaben	Staatsaus-gaben (D2)
	[1]	[2]	[3]	[4] = [1]+[2]+[3]	[5]	[6] [4] + [5]
1978	112,2	11,5	1,1	124,8	32,1*	**156,9***
1979	128,2	11,7		139,9	41,8*	181,7*
1980	122,9	14,1		137,0	51,1*	188,5*
1981	113,8	12,6		126,4	55,5*	181,9*
1982	123,0	19,7		142,7	73,4	216,1
1983	140,9	24,0		164,9	87,6	252,5
1984	170,1	20,0		190,1	111,5	301,6
1985	200,4	50,7 (25,9)		251,1 (226,3)	137,5	388,6 (363,8)
1986	220,5	32,5		253,0	157,8	410,8
1987	226,2	37,6		263,8	184,1	447,9
1988	249,1	44,6		293,7	214,5	508,2
1989	282,4	59,9		342,3	250,3	592,6
1990	308,4	57,9		366,3	270,7	637,0
1991	338,7	51,0		389,7	309,2	698,9
1992	374,2	44,5		418,7	365,0	783,7
1993	464,2	41,1		505,3	131,4	636,7
1994	579,3	36,6		615,9	171,0	786,9
1995	682,4	32,8		715,2	233,1	948,3
1996	793,7	33,7		827,4	383,8	1211,2
1997	923,3	36,8		960,1	268,5	1228,6

Tabelle A.7

Die Aufteilung der budgetinternen Haushaltsmittel auf Zentrale und Provinzen (in %)

Jahr	Einnahmenanteile nach D1 von		Ausgabenanteile nach D1 von	
	Zentrale	Provinzen	Zentrale	Provinzen
1957	43,2	56,8	71,8	28,2
1962	29,7	70,3	62,9	37,1
1965	33,0	67,0	62,2	37,8
1970	27,6	72,4	58,9	41,1
1975	11,8	88,2	49,9	50,1
1976	12,7	87,3	46,8	53,2
1977	13,0	87,0	46,7	53,3
1978	15,5	84,5	47,4	52,6
1979	20,2	79,8	51,1	48,9
1980	24,5	75,5	54,3	45,7
1981	26,5	73,5	55,0	45,0
1982	28,6	71,4	53,0	47,0
1983	35,8	64,2	53,9	46,1
1984	40,5	59,5	52,5	47,5
1985	38,4	61,6	39,7	60,3
1986	36,7	63,3	37,9	62,1
1987	33,5	66,5	37,4	62,6
1988	32,9	67,1	33,9	66,1
1989	30,9	69,1	31,5	68,5
1990	33,8	66,2	32,6	67,4
1991	29,8	70,2	32,2	67,8
1992	28,1	71,9	31,3	68,7
1993	22,0	78,0	28,3	71,7
1994	55,7	44,3	30,3	69,7
1995	52,2	47,8	29,2	70,8
1996	49,4	50,6	27,1	72,9
1997	48,9	51,1	27,4	72,6

Quelle: CZNJ 1996, S. 535-536; CZNJ 1998, S. 463-464.

Tabelle A.8

Die Aufteilung der außerbudgetären Fonds auf Zentrale und Provinzen (in %), 1982-1997

Jahr	Einnahmenanteile von		Ausgabenanteile von	
	Zentrale	Provinzen	Zentrale	Provinzen
1982	33,7	66,3	30,9	69,1
1983	37,2	62,8	34,3	65,7
1984	39,6	60,4	37,7	62,3
1985	41,6	58,4	40,9	59,1
1986	41,2	58,8	40,6	59,4

1987	40,8	59,2	40,3	59,7
1988	38,4	61,6	39,3	60,7
1989	40,3	59,7	39,0	61,0
1990	39,6	60,4	38,3	61,7
1991	42,6	57,4	40,9	59,1
1992	44,3	55,7	43,6	56,4
1993	17,2	85,8	15,1	84,9
1994	15,2	84,8	13,2	86,8
1995	13,2	86,8	15,1	84,9
1996	24,3	75,7	27,0	73,0
1997	5,1	94,9	5,4	94,6

Quelle: CZNJ 1998, S. 473.

Tabelle A.9

Die Subventionen an Staatsunternehmen, Ausgaben von Zentrale und Provinzen, 1990-1997

	in Mrd. RMB			in %	
Jahr	Gesamt	Zentrale	Provinzen	Zentrale	Provinzen
1990	57,9	21,0	36,9	36,3	63,7
1991	51,0	23,6	27,4	46,3	53,7
1992	44,5	16,8	27,7	37,7	62,3
1993	41,1	10,2	30,9	24,8	75,2
1994	36,6	5,8	30,8	15,8	84,1
1995	32,8	5,9	26,9	18,0	82,0
1996	33,7	7,2	26,5	21,4	78,9
1997	36,8	9,5	27,3	26,1	74,2

Quelle: CZNJ 1995, S. 416; CZNJ 1998, S. 467-468.

Tabelle A.10

Die Pro-Kopf-Einkommen-Entwicklung in den verschiedenen Provinzen, 1983-1996[1] in laufenden RMB

Provinz	1983	R	1991	R	1992	R	1993	R	1994	R	1995	R	1996	R
Küste	B	C	D	E	F	G	H	I	J	K	L	M	N	O
Fujian	995	15	2034	11	2543	11	3618	9	5322	8	6854	8	8136	7
Guang-dong	990	16	2785	5	3538	5	4912	5	6379	4	8027	4	9513	4
Guangxi	649	26	1208	25	1486	23	2027	21	2798	19	3709	16	4081	19
Hainan	-	-	1803	13	2672	8	3721	8	4688	9	5310	12	5500	11
Hebei	987	17	1732	14	2046	14	2682	14	3376	14	4439	14	5345	12
Jiangsu	1259	8	2353	7	3106	7	4321	7	5801	7	7312	7	8447	6
Liaoning	1896	5	3016	4	3680	4	4991	4	6374	5	7462	6	7730	8
Shandong	1163	11	2122	10	2557	10	3222	11	4473	10	5757	9	6834	9
Zhejiang	1613	6	2585	6	3235	6	4492	6	6231	6	8011	5	9455	5
< ø >	1194		2182		2762		3776		5049		6320		7227	
Städte														
Beijing	2899	2	5494	2	6458	2	7801	2	9691	2	11659	2	15.044	2
Shanghai	4212	1	6677	1	8300	1	11222	1	14578	1	17775	1	22.275	1
Tianjin	2588	3	3823	3	4497	3	5802	3	7784	3	9896	3	12.270	3
< ø >	3233		5331		19909		8275		10684		13110		16.529,7	
Landes-inneres														
Anhui	832	22	1161	28	1382	28	1824	27	2512	23	3426	21	3881	21
Gansu	979	18	1196	27	1382	27	1598	28	1913	28	2292	28	2901	28
Guizhou	611	27	899	29	1018	29	1229	29	1518	29	1845	29	2093	29
Heilong-jiang	1993	4	2316	8	2406	12	3320	10	4427	11	5479	10	6468	10
Henan	894	19	1201	26	1452	25	1867	25	2446,1	27	3243	24	4032	20
Hubei	1091	13	1338	22	1962	15	2536	15	3304	15	4162	15	5122	15
Hunan	831	23	1351	21	1599	21	2033	20	2675	21	3445	20	4130	18
Innere Mongolei	1102	12	1655	16	1921	17	2400	16	3036	16	3695	17	4259	16
Jiangxi	856	20	1249	24	1472	24	1835	26	2586	22	3342	23	3715*	25
Jilin	1513	7	1857	12	2214	13	2823	13	3778	13	4665	13	5163	14
Ningxia	1083	14	1511	18	1719	19	2114	19	2683	20	3343	22	3731	24
Qinghai	1256	9	1665	15	1913	18	2362	17	2937	17	3459	19	3748	23
Shaanxi	847	21	1398	19	1597	22	1961	23	2446,7	26	2939	27	3313	27
Shanxi	1245	10	1604	17	1925	16	2352	18	2819	18	3557	18	4220	17
Sichuan	699	24	1275	23	1439	26	1897	24	2489	25	3136	25	3763	22
Xinjiang	374	28	2178	9	2566	9	3174	12	4162	12	5344	11	5167	13
Yunnan	675	25	1377	20	1625	20	2019	22	2490	24	3027	26	3715*	25
< ø >	993		1484		1772		2197		2836		3553		4083,59	
Mittel-wert	1290		2099		5242		3316		4335		5400		6347	
S.D.	796		1269		1557		2075		2697		3282		4167	
COV	0,62		0,6		0,3		0,63		0,62		0,61		0,66	

[1] Vgl. zur Eingruppierung in Küste, Landesinneres und Städte *Anhang II.3*

Quelle: Zahlen für 1983, Raiser, Martin, 1998, S. 17; CZNJ 1996, S. 566; TJNJ 1997, S. 42.

Tabelle A.11

Die Verteilung der *zhuanyi zhifu*-Transfers nach Provinzen, 1995-1997 (in Mio. RMB)

	1995	Anteil in %	1996	Anteil in %	1997	Anteil in %
Insgesamt	2.070,59		3.464,88		5.020,93	
Küste						
Fujian						
Guangdong						
Guangxi	108,79	5,3	184,2	5,3	251,71	5,0
Hainan					62,63	1,2
Hebei	68,91	3,3	103,28	3,0	158,11	3,1
Jiangsu						
Liaoning						
Shandong						
Zhejiang						
Städte						
Beijing						
Shanghai						
Tianjin						
Chongqing						
Landesinneres						
Anhui	81,45	3,9	109,52	3,2	159,53	3,2
Gansu	71,46	3,5	132,41	3,8	206,06	4,1
Guizhou	259,06	12,5	369,09	10,7	425,84	8,5
Heilongjiang	50,29	2,4	78,75	2,3	179,49	3,6
Henan	140,66	6,8	195,28	5,6	365,16	7,3
Hubei	133,73	6,5	174,79	5,0	266,42	5,3
Hunan	95,47	4,6	151,19	4,4	203,91	4,1
Inn. Mongolei	247,04	11,9	371,37	10,7	497,41	9,9
Jiangxi	77,1	3,7	144,11	4,2	198,12	3,9
Jilin			46,76	1,3	96,25	1,9
Ningxia	103,60	5,0	159,08	4,6	192,71	3,8
Qinghai	103,72	5,0	191,35	5,5	294,37	5,9
Shaanxi	54,62	2,6	161,73	4,7	245,46	4,9
Shanxi	35,41	1,7	96,48	2,8	159,1	3,2
Sichuan	181,47	8,8	294,82	8,5	362,53	7,2
Tibet			100,00	2,9	176,59	3,5
Xinjiang	245,95	11,9	380,66	11,0	499,76	10,0
Yunnan	11,85	0,6	20,00	0,6	19,80	0,4

Quelle: CZNJ 1998, S. 461.

Tabelle A.12

Zusammensetzung der außerbudgetären Fonds in der Stadt Xingtai (1996), in Mio. RMB*

Einnahmen	Ausgaben
Städtische Erhaltungs- und Aufbausteuer (44,05) Städtische Zusatzgebühr für öffentliche Einrichtungen (18,15) Staatliche Zweckzuweisungen (1,85) **	Ausgaben für die Erhaltung und den Aufbau der Infrastruktur (68,51) • Straßen (33,39) • Brücken und Durchlässe (0,04) • Abwasserversorgung (8,45) • Stadtreinigung (10,33) • Parks und Wäldern, Begrünung (6,77) • Hochwasserschutz (0,56)
Gebühren eingezogen von der Städtischen Behörde für Immobilienverwaltung (0,96) Gebühren eingezogen von der Umweltschutzbehörde für Parks und Wälder (1,46)	Ausgaben für Aufbau und Erhaltung der städtischen öffentlichen Einrichtungen (11,35) • Leitungswasser (7,61) • Öffentliche Heizung (1,5)
Gebühren eingezogen von der Umweltschutzbehörde für die Stadtreinigung (0,55)	Ausgaben für Aufbau und Erhaltung der städtischen Wohnungen (3,23) • Kosten für Aufbau und Erhaltung öffentlicher Wohnungen (0,23) • Subventionsausgaben für die Renovierung von Schulgebäuden (2,83)
Gebühren eingezogen von der Umweltschutzbehörde für die Abwasserentsorgung (7,09)	Subventionsausgaben für Umweltschutz (5,65)
Wassergebühren (7,69)	Ausgaben für Einrichtungen der Wasserversorgung (6,97)
Gebühr für die Veräußerung von staatlichen Bodennutzungsrechten („state land use rights") (3,06)	Ausgaben für nichtstädtische Aufbaumaßnahmen (4,15) • Beitrag zur Zentralregierung (2,5)** • Abführung der städtischen Erhaltungs- und Aufbausteuer nach oben (1,19)*** • Beitrag zum Fonds für Schwerpunktaufbaumaßnahmen (0,46)
Gebühr für die Restaurierung der Altstadt (7,19)	
Gebühr für die Benutzung von städtischen Einrichtungen (5,47)	Überschuß (16,03)
Gebühren für den Fonds zur Errichtung einer neuer Wasserversorgungsanlage (4,69)	
Sonstige (1,73)	
Überschuß vom Vorjahr (12,00)	
Summe (115,89)	**Summe (115,89)**

Quelle: Eigene Interviews

Annotationen: *Realisierte Werte nach Haushaltsabschluß, ** Erstaunlich ist, daß staatliche Zweckzuweisungen sowie ein Beitrag zur Zentralregierung im außerbudgetären Haushalt verbucht werden. *** Die Städtische Erhaltungs- und Aufbausteuer ist eine feste lokale Steuer, sie wird nicht mit der Zentrale geteilt; die Anteile der Provinzen müssen jedoch von der Stadt nach oben abgeführt werden.

Tabelle A.13

Zuordnung der Steuern unterhalb der Provinzebene (1994 bis 1998)

	Steuereinnahmen der Provinz bzw. der unmittelbaren Stadt	Steuereinnahmen der untergeordneten GB
Hebei	• Die Gewerbesteuer und die lokalen Anteile an der Mehrwertsteuer (25 % plus Rückzahlung) aus Betrieben, die den Ministerien für Elektrizität, Erdöl und metallverarbeitende Industrie unterstehen, Betriebe im Elektrizitätssektor, an denen die Provinz Investitionsanteile hält sowie aus den 6 großen Industriefirmen der Provinz. • die Gewerbesteuer aus dem Finanz-, Banken- und Versicherungssektor • die Gewinnsteuer und Gewinne aus provinzeigenen Staatsunternehmen • 50 % der Ressourcensteuer und Grundnutzungssteuer	• die Gewerbesteuer und die lokalen Anteile an der Mehrwertsteuer (25% plus Rückzahlung) in den nicht von der Provinz beanspruchten Branchen • die Gewinnsteuer der Unternehmen (außer in von der Provinz beanspruchten Bereichen) • die individuelle Einkommensteuer • die verbleibenden kleinen Steuern wie die Agrarsteuer, die Pflugsteuer, die Schlachtsteuer, Erbschafts- und Schenkungssteuer etc. • 50 % der Ressourcensteuer und Grundnutzungssteuer
Shanghai	• die Gewerbesteuer und die lokalen Anteile an der Mehrwertsteuer (25 % plus Rückzahlung) aus den Staatsbetrieben der Stadtregierung • die städtische Grundnutzungssteuer • die Pflugsteuer	• die Gewerbesteuer und die lokalen Anteile an der Mehrwertsteuer (25% plus Rückzahlung) aus den Staatsbetrieben der Kreise • die individuelle Einkommensteuer • die Gewinnsteuer und Gewinne ihrer Unternehmen, die Koordinationssteuer für Anlageinvestitionen • eine Vielzahl kleiner Steuern wie die Schlachtsteuer, Stempelsteuer, Grund- und Gebäudesteuer sowie Agrarsteuer etc.
Guangdong	• Gewerbesteuern aus dem Eisenbahn- und Flugsektor sowie aus dem Banken- und Versicherungssektor. • 40 % aller anderen Gewerbesteuereinnahmen und die Einkommensteuer • x % der Rückerstattung des Mehrwertsteuerzuwachses (von Stadt zu Stadt unterschiedlich) • 40 % der Ressourcensteuer	• 60 % der Ressourcensteuer • Grundnutzungssteuer, Bodenwertsteigerungssteuer • Stempelsteuer, Pflugsteuer, Gebäude- und Grundsteuer und Agrarsteuer

Guangxi	• Die Anteile der Provinz an der Mehrwertsteuer (25 % plus Rückerstattung) und die übrigen betrieblichen Steuern (Gewerbesteuer, Gewinnsteuer etc.) aus den Staatsbetrieben der Provinz • 60 % der Ressourcensteuer, der Grundnutzungssteuer und der Bodenwertsteigerungssteuer	• die lokalen Anteile an der Mehrwertsteuer (25 % plus Anteil an Rückerstattung) und die übrigen betrieblichen Steuern (Gewerbesteuer, Gewinnsteuer etc.) aus den Staatsbetrieben der Städte • die individuelle Einkommensteuer und eine Vielzahl kleinerer Steuern wie Schlachtsteuer, Stempelsteuer, Grund- und Gebäudesteuer, Agrarsteuer etc. • 40 % der Ressourcensteuer, der Grundnutzungssteuer, der Bodenwertsteigerungssteuer
Hubei*	• Unternehmenssteuern aus dem Finanz- und Versicherungssektor, dem Elektrizitäts-, Öl- und Metallsektor sowie Steuern aus provinzeigenen Unternehmen • Abführungen der nachgeordneten GB aus Bodennutzungssteuer, städtischer Erhaltungs- und Aufbausteuer, Pflugsteuer, Ressourcensteuer, Erziehungszusatzsteuer, Koordinierungssteuer für Anlageinvestitionen (jährlich um 10 % steigender Betrag auf der Grundlage des Durchschnittswertes aus den Jahren 1994 bis 1996	• übrige Gewerbesteuern, 25 % der Mehrwertsteuer • individuelle Einkommensteuer • Steuern aus Unternehmen der lokalen Gebietskörperschaften • Übrige lokale Steuern wie Agrarsteuern • Bodennutzungssteuer, städtische Erhaltungs- und Aufbausteuer, Pflugsteuer, Ressourcensteuer, Erziehungszusatzsteuer, Koordinierungssteuer für Anlageinvestitionen • die komplette Mehrwertsteuerrückerstattung

Quelle: Eigene Erhebungen, 1997-1998; Annotation: GB: Gebietskörperschaft, * das 1997 reformierte neue System.

Tabelle A.14

Haushaltseinnahmen und -ausgaben der Provinzen (ohne Tibet), in Mio. RMB

	Realisierte, lokal erhobene Einnahmen					Realisierte lokale Ausgaben					Fiskalische Transferquote[1]				
	1992	1993	1994	1995	1997	1992	1993	1994	1995	1997	1992	1993	1994	1995	1997
Fujian	7535	11058	9194	11737	16291	8450	11388	13773	17158	22436	10,8%	2,9%	33,2%	31,6%	27,4%
Guang-dong	22264	34656	29870	38234	54394	21961	33127	41683	52562	68266	-1,4%	-4,4%	28,3%	27,3%	20,3%
Guangxi	6119	9593	6226	7944	9916	7847	10748	12493	14059	17083	22,0%	10,7%	50,2%	43,5%	42,0%
Hainan	1498	2912	2753	2853	3087	2536	3852	4001	4235	4784	40,9%	24,4%	31,2%	32,6%	35,5%
Hebei	9967	14421	9522	11995	17607	9969	14226	16084	19118	27046	0,0%	-1,3%	40,8%	37,3%	34,9%
Jiangsu	15230	22130	13662	17263	25558	12586	16387	20017	25349	36436	-17,4%	-25,9%	31,7%	31,9%	29,9%
Liaoning	15157	21371	15367	18437	22816	14851	18109	22358	27383	34063	-2,0%	-15,3%	31,3%	32,7%	33,0%
Shan-dong	13932	19440	13466	17900	29039	14570	18836	21877	27586	40779	4,4%	-3,1%	38,4%	35,1%	28,8%
Zhejiang	11836	16663	9463	11682	15733	9531	12504	15303	18029	24016	-19,5%	-25,0%	38,2%	35,2%	34,5%
Beijing	8165	8620	4585	11526	18231	7280	8280	9853	15440	23639	-10,8%	-3,9%	53,5%	25,3%	22,9%
Shanghai	17600	23277	16.962	21956	33247	8553	11966	19084	26000	40881	-32,0%	-48,6%	11,1%	15,6%	18,7%
Tianjin	6305	7496	5015	6190	8991	4652	5127	7232	9333	12278	-18,7%	-31,6%	30,7%	33,7%	26,8%
Anhui	5514	7321	5468	8382	14052	7411	7201	9327	13588	20724	25,6%	-1,6%	41,4%	38,3%	32,2%
Gansu	3973	5211	2908	3392	4691	5348	6317	7238	8139	10430	25,7%	17,5%	59,8%	58,3%	55,0%
Guizhou	4728	5650	3124	3880	5588	6063	6739	7423	8533	11183	22,0%	16,2%	57,9%	54,5%	50,0%
Heilong-jiang	8455	10812	8466	10130	13615	10246	12493	14240	17461	22038	17,5%	13,5%	40,5%	42,0%	38,2%
Henan	10403	13920	9335	12493	18573	11649	14773	16962	20727	28437	10,7%	5,8%	45,0%	39,7%	34,7%
Hubei	9413	11507	7746	9969	13989	9896	11458	13720	16243	22370	4,9%	-0,4%	43,5%	38,6%	37,5%
Hunan	9278	12756	8589	10816	13716	9910	13203	15149	17394	23081	6,4%	3,4%	43,3%	37,8%	40,6%
Inn. Mongolei	3908	5612	3630	4370	6608	7207	8828	9282	10218	14291	45,8%	36,4%	60,9%	57,2%	53,8%
Jiangxi	4939	6567	4929	6413	8844	6838	8190	9203	11034	15016	27,8%	19,8%	46,4%	41,9%	41,1%
Jilin	5699	7982	5127	6328	8285	8002	10311	10459	12090	16775	28,8%	22,6%	51,0%	47,7%	50,6%
Ningxia	772	1085	717	898	1407	1586	1939	1938	2210	3363	51,3%	44,0%	63,0%	59,4%	58,2%
Qinghai	815	1137	701	860	1092	1862	2254	2536	2880	3647	56,2%	49,6%	72,4%	70,1%	70,1%
Shaanxi	5095	6290	4259	5130	7655	6526	7540	8552	10269	13772	21,9%	16,6%	50,2%	50,0%	44,4%
Shanxi	5797	7242	5382	7221	9281	6429	7571	8923	11289	14351	9,8%	4,3%	39,7%	36,0%	35,3%
Sichuan	14136	20251	13599	16707	17290	15985	20960	23739	27772	27510	11,6%	3,4%	42,7%	39,8%	37,2%
Xinjiang	2607	3513	2870	3828	5452	5609	6471	7110	9640	12335	53,5%	45,7%	59,6%	60,3%	55,8%
Yunnan	10932	20494	7670	9835	15042	12159	20062	20373	23510	31320	10,1%	-2,1%	62,4%	58,2%	52,0%

Tabelle A.15

Sektorale Anteilsveränderungen am BIP zwischen 1991 und 1996

	Anteil am BIP: in 1996 *Primär* *Sekundär* *Tertiär*	Veränderung seit 1991		Anteil am BIP: in 1996 *Primär* *Sekundär* *Tertiär*	Veränderung seit 1991		Anteil am BIP: in 1996 *Primär* *Sekundär* *Tertiär*	Veränderung seit 1991
Beijing	5,2 42,3 52,5	-2,4 -6,4 +8,8	Zhejiang	14,7 53,1 32,2	-10,2 +2,9 +7,4	Hainan	36,8 20,9 42,3	-9,7 -1,9 +11,7
Tianjin	6,4 53,0 40,6	-2,1 -3,7 +5,9	Anhui	28,5 46,9 24,6	-3,2 +0,2 +3,0	Sichuan	27,9 42,1 30,0	-7,4 +3,6 +3,8
Hebei	20,3 48,2 31,5	-4,4 +0,3 +4,1	Fujian	21,5 41,8 36,7	-9,7 +2,0 +7,7	Guizhou	36,2 35,8 28,0	-3,7 +0,6 +3,1
Shanxi	15,2 51,3 33,5	-0,7 -3,4 +4,2	Jiangxi	29,0 38,8 32,2	-10,4 +5,7 +4,9	Yunnan	24,4 45,1 30,5	-14,7 +3,6 +11,1
Innere Mongolei	31,8 39,3 28,9	-4,7 +0,7 +4,1	Shandong	20,1 47,2 32,7	-12,6 +0,5 +12,1	Shaanxi	22,4 40,4 37,2	-4,9 -3,0 +8,0
Liaoning	15,0 48,7 36,3	-1,8 -6,3 +8,1	Henan	26,0 46,7 27,3	-7,7 +7,6 +0,2	Gansu	26,3 44,1 29,6	+0,3 +0,3 -0,5
Jilin	28,1 40,6 31,3	-0,3 -7,3 +7,6	Hubei	24,1 45,3 30,6	-8,5 -3,3 +5,2	Qinghai	21,5 39,0 39,5	-3,2 -2,1 +5,4
Heilongjiang	19,4 53,3 27,3	-1,0 -3,0 +4,0	Hunan	30,0 38,1 31,9	-8,3 +2,2 +6,1	Ningxia	22,3 41,2 36,5	-3,8 +0,7 +3,2
Shanghai	2,5 54,5 43,0	-1,4 -9,8 +11,2	Guangdong	14,4 50,2 35,4	-9,0 +8,1 +0,9	Xinjiang	27,3 36,9 35,8	-8,6 +2,3 +6,3
Jiangsu	16,1 51,2 32,7	-7,4 -2,8 +10,1	Guangxi	31,0 38,0 31,0	-11,5 +6,9 +4,7	ganz China	20,5 49,7 31,2	-5,6 +4,8 +2,6

Quelle: TJNJ 1997, S. 44-45 und TJNJ 1993, S. 31, S. 38.

Anhang 2

II. Zu den Problemen der chinesischen Haushaltsstatistik

Die Erhebung der Haushaltsdaten in der VR China ist häufig problematisch. Gerade auf den untersten Regierungsebenen werden Daten meist handschriftlich festgehalten, die Ausbildung der verantwortlichen Kader ist oft mangelhaft, und bei der Datenübertragung an die zentralen Behörden treten häufig Fehler auf. Da die Statistikämter auf lokaler Ebene keine unabhängigen Organe, sondern den jeweiligen Regierungen unterstellt sind, unterliegen sie deren Einfluß und Kontrolle (Statistikgesetz vom 15.5.1996, Art. 16 ff).[1] Datenreihen sind nicht immer vollständig. Häufige Änderungen der statistischen Berechnungsmethoden erschweren die Datenanalyse. Für die autonome Provinz Tibet ist das Datenmaterial aufgrund von Datenlücken besonders problematisch.

Die Zentralregierung ist daran interessiert, die Datenqualität zu verbessern, da sie ihre Politik an diesen Zahlen orientiert. Ihre makroökonomischen Kontrollmöglichkeiten hängen von der Informationsvermittlung durch die lokalen Regierungen ab. Allerdings sind die lokalen Regierungsbehörden nicht immer daran interessiert, die Daten wahrheitsgemäß an die Zentrale weiterzuleiten. Beförderungen von Kadern werden von den erzielten wirtschaftlichen Erfolgen abhängig gemacht; je besser die Zahlen, die eine lokale Regierung an die übergeordnete Instanz meldet, um so besser die politischen Karrierechancen der lokalen Politiker (Inside Mainland China, 1999, S. 11-13). Dies führt dazu, daß lokale Gebietskörperschaften Daten gelegentlich manipulieren.[2]

Eine aufmerksame Lektüre der Erklärungen zu den einzelnen statistischen Größen ist zwingend notwendig, um Fehlinterpretationen zu vermeiden. So führt beispielsweise die Analyse des Finanzausgleichs ins Leere, wenn man die Verteilung der Haushaltseinnahmen, wie bei einigen Autoren der Fall, als die den einzelnen Regierungsebenen tatsächlich zur Verfügung stehenden Einnahmen interpretiert (Ertragskompetenz) oder die Erklärung der Daten offen läßt, *während es sich tatsächlich lediglich um die von den jeweiligen Regierungen erhobenen Einnahmen (Erhebungskompetenz) handelt* (vgl. hierzu z.B. CZNJ 1995, S. 414 und

---

[1] Statistikbüros gibt es innerhalb aller Regierungsebenen von der Kreisebene aufwärts; unterhalb der Kreisebene wird die statistische Arbeit durch Beamte der Gemeinderegierung (sog. Statistikbeamte *tongjiyuan)* wahrgenommen (Statistikgesetz 15.5.1996, Art. 16).

[2] Daß sich die Zentralregierung kritisch mit den statistischen Zahlen auseinandersetzt, zeigt die Handhabung der offiziellen Wachstumsrate des Produktionswertes (1998 im Vergleich zum Vorjahr). Als offizielle Wachstumsrate wurde am 30.12.1998 der Wert 7,8 % bekanntgegeben, obwohl der Durchschnitt aus den Wachstumsraten der einzelnen Provinzen weit darüber liegt. (Lediglich Hubei und Jilin meldeten ein Wachstum von 7,7 % bzw. 7,2 %; alle anderen Provinzen ein Wachstum, das oberhalb 8 % lag. 8 Provinzen und regierungsunmittelbare Städte – Shanghai, Tianjin, Guangdong, Fujian, Jiangsu, Shandong, Liaoning und Hebei - gaben Wachstumsraten an, die zwischen 10 % und 14 % lagen.) Der Grund hierfür liegt darin, daß das Nationale Statistikbüro die sog. *„shuifen"* (wörtlich: wässrige Bestandteile, d.h. künstlich aufgeblähte Teile) aus den von unteren Ebenen gemeldeten Zahlen herauszurechnen versucht (Luo Bing, 1999, S. 12). Zhu Rongji soll einem Bericht der Hongkonger Zeitschrift *Zhengming* zufolge auch diese Zahl angezweifelt haben. Seiner Meinung nach liegt das Wachstum für 1998 lediglich zwischen 7,2 % und 7,5 %. Die Wachstumsrate soll am 6.1.1999 intern (unveröffentlicht) auf 7,5 % herunterkorrigiert worden sein (Luo Bing, 1999, S. 11).

Yang, 1994, S. 63 f). In bezug auf die bis 1993 praktizierte chinesische Haushaltsstatistik sind drei wichtige Besonderheiten bemerkenswert, die bei der Interpretation der Daten berücksichtigt werden müssen:

Erstens weichen die finanzstatistischen Daten von der international üblichen Darstellungsweise ab, so daß Umrechnungen der Daten erforderlich sind. 1995 hat das Staatliche Statistikbüro *(guojia tongji ju)* in Beijing zwar Korrekturen mit dem Ziel der Anpassung an die internationalen Standards vorgenommen; dennoch müssen weiterhin statistische Korrekturen vorgenommen werden, um die Zahlen angemessen interpretieren zu können (*Tabelle A.6* und *Annotationen zu Tabelle A.6*).

So zählten in der VR China bis zum Jahr 1994 Krediteinnahmen *(zhaiwu shouru)* zu den Haushaltseinnahmen.[3] Seit 1995 werden die Krediteinnahmen zwar den internationalen Konventionen entsprechend in einer separaten Bilanz aufgeführt (CZNJ 1995, S. 414); Verlustsubventionen *(qiye kuisun butie)* für defizitäre Staatsunternehmen werden jedoch weiterhin als negative Einnahmeposten verbucht (CZNJ 1995, S. 399). Bis einschließlich 1985 galt dies auch für die Preissubventionen *(jiage butie)*.

Zweitens werden die öffentlichen Einnahmen und Ausgaben seit 1982 getrennt nach *budgetinternen* und *-externen Mitteln* ausgewiesen (Kapitel B.III). Für die Jahre bis 1982 liegen keine vollständigen Angaben zu den außerbudgetären Mitteln (ABF) vor. Chinesische Finanzbeamte berichteten, daß die Ermittlung budgetexterner Haushaltsdaten weitaus schwieriger sei als die der haushaltsinternen Daten. Die Lokalregierungen gäben oft zu niedrige Werte an (eigene Interviews).

Drittens fassen die veröffentlichten Haushaltsdaten über die vertikale Verteilung der Finanzausstattung die Einnahmen und Ausgaben aller subzentralen Regierungen von der regionalen Regierungsebene bis zur Ebene der Gemeinderegierungen zusammen. Dies entspricht der Denkweise, die sich mit dem chinesischen Terminus *„difang"(*Peripherie*)* verbindet (z.B. CZNJ 1998, S. 473). Über die Verteilung der Anteile innerhalb der Provinzen geben diese Daten keine Auskunft. Der Finanzausgleichspolitik der Zentrale liegen diese auf die Provinzebene aggregierten Haushaltsdaten zugrunde.

III. Empirische Grundlage eigener Primärforschung

Die vorliegende Arbeit greift neben veröffentlichtem Zahlen- und Informationsmaterial auf eigene empirische Untersuchungen zurück, die zwischen 1997 und 1998 in der Volksrepublik China durchgeführt wurden.

Während eines insgesamt 6-monatigen Forschungsaufenthaltes in der VR China wurden chinesische Finanzwissenschaftler aus namhaften Universitäten und außeruniversitären Forschungsinstituten sowie Beamte aus der chinesischen Finanzverwaltung zur Finanzaus-

---

[3] Krediteinnahmen setzen sich aus Auslandskrediten *(guowai zhaiwu)* und Inlandskrediten *(guonei zhaiwu)* zusammen. Die Inlandskredite wiederum umfassen Schatzbriefe *(guokujuan)* und Staatsschuldverschreibungen *(guonei gongzhai)*.

gleichspolitik in der VR China befragt. Gespräche wurden auf allen Ebenen der Finanz- und Steuerverwaltung von der Zentralregierung (Zentrales Finanzministerium in Beijing) bis hin zur Gemeinderegierung geführt (Abbildung A.1). Die Befragungen in der Provinz wurden in Hebei, Shanghai, Hubei, Guangxi und Guangdong durchgeführt (vgl. S. 238 f). Die dafür nötigen Kontakte wurden von wenigen Ausnahmen abgesehen nach dem Prinzip „cong shang dao xia" (d.h. von oben nach unten) etabliert. Gespräche wurden in der Regel erst durch die Empfehlung der jeweils übergeordneten Finanzbehörde – vereinzelt auch durch die Vermittlung chinesischer Freunde – möglich. die Gesprächspartner auf der Provinzebene vermittelte mir das zentrale Finanzministerium in Beijing.

Ein vom DAAD geförderter Studienaufenthalt der People's University of China (Zhongguo Renmin Daxue) in den Jahren 1990 bis 1991, den ich für wirtschaftswissenschaftliche Studien an den Fakultäten für Weltwirtschaft nutzte, legte für diese empirischen Studien die Grundlage. Der feste Standort, von dem aus ich meine Forschungen in Beijing und in der Provinz durchführte, war die Renmin Daxue, die mich als Gastuniversität sehr konstruktiv bei der Anbahnung und Durchführung meiner Recherchen unterstützt hat.

Die Auswahl der besuchten Regionen erfolgte mit dem Ziel, die fiskalische Situation von Provinzen unterschiedlicher wirtschaftlicher, politischer und geostrategischer Rahmenbedingungen kennenzulernen und die Meinung der Finanzbehörden zu Hintergründen, Umsetzung und Wirkungen der Haushaltsreform von 1994 zu erfragen.4

Shanghai und Guangdong gehören zu den reichsten regionalen Gebietskörperschaften auf Provinzebene (vgl. Tabelle A.10.). In den 80er Jahren hatten sie in fiskalischer Hinsicht stets einen Sonderstatus: Während Guangdong besonders günstige fiskalische Bedingungen erhielt, wurde Shanghai besonders stark belastet. Guangdong ist bekannt für seine Renitenz gegenüber der Zentrale, Shanghai gilt hingegen als „gehorsame" Stadt. Eine Untersuchung der Finanzausgleichspolitik in China sollte daher auf Shanghai und Guangdong nicht verzichten.

Südwestlich neben Guangdong liegt die autonome Region Guangxi, in der das Zhuang-Volk als nationale Minderheit lebt. Die Entwicklungsunterschiede zwischen Guangdong und Guangxi sind gravierend. Guangdong zählt zu den reichsten, Guangxi zu den ärmsten Provinzen (siehe hierzu auch Tabelle A.10). Im Zusammenhang mit Guangxi stellte sich mir die Frage, inwiefern Minderheitsgebiete in der VR China eine fiskalische Sonderbehandlung erhalten.

Die Provinzen Hubei und Hebei haben ein in etwa vergleichbares mittleres Entwicklungsniveau. Während Hebei zu den ärmeren Küstenprovinzen zählt, liegt Hubei im Landesinneren, ist aber durch die industrielle Bedeutung der Provinzhauptstadt Wuhan und ihrer Rolle als „Linienstadt" fiskalisch exponierter als Hebei. So war der Haushalt der Stadt Wuhan bis zum Jahr 1993 von der Provinz abgekoppelt; ein Finanzausgleichsverhältnis existierte nicht mit der Provinz, sondern mit der Zentrale. Hebei ist im Gegensatz zu den vier anderen Forschungsgebieten eine eher unauffällige Provinz, die keine besonderen fiskalischen Merkmale aufweist.

---

4 Die gewünschten Kontakte konnten mit einer einzigen Ausnahme geknüpft werden.

In einigen Tabellen werden die Provinzdaten nach Küste, Landesinneres und Städte gegliedert aufgelistet und berechnet. Diese Aufteilung geht auf drei Überlegungen zurück: Erstens, seit dem 8. Fünfjahresplan wird der chinesische Wirtschaftsraum in Küstengebiete und Hinterland eingeteilt. Die Dreiteilung in Küste, Zentral- und Westchina wurde aufgegeben (ZK der KPCh, 1991, S. 1-4; Merkle, 1997, S. 98-100). Zweitens, diese geographische Darstellung verdeutlicht das Leistungsgefälle zwischen und innerhalb der Wirtschaftsgroßräume. Beispielsweise zeigt sie, daß die Provinz Guangxi von der Förderung der Küstengebiete in den 80er Jahren kaum profitiert hat, sondern daß es sich hierbei lediglich um die westlichen Küstenregionen handelte. Drittens, die Städte werden separat dargestellt, da eine Zuordnung Shanghais und Tianjins zu den Küstengebieten und Beijings zum Hinterland nicht sehr sinnvoll wäre und ihrer volkswirtschaftlichen Bedeutung nicht gerecht würde, die neben der geographischen Lage auf politische und administrative Privilegien zurückgeht.

Die Befragung als wissenschaftliche Erhebungsmethode sollte, so die Theorie, durch die „Kontrolliertheit der einzelnen Befragungsphasen" gekennzeichnet sein. Idealiter werden die Bedingungen, unter denen die Informationen erhoben werden, einheitlich festgelegt (Roth, 1984, S. 146 f). Daß sich gerade in der politischen Realität der VR China eine solche Laborsituation nicht herstellen läßt und im übrigen auch nicht wünschenswert ist, zeigte sich während der Forschungsaufenthalte vor Ort sehr schnell. Daher war die angewandte Befragungsmethode das freie Interview, das zwar auf der Basis eines vorgefertigten Fragebogens durchgeführt wurde, jedoch im Gegensatz zum strukturierten Interview einen flexibleren Umgang mit den unterschiedlichen Rahmenbedingungen vor Ort erlaubte. Meist begannen die Gespräche in formellem Rahmen und wurden anschließend auf Empfängen und festlichen Banketten, häufig auch zwischen Karaoke-Einlagen, fortgeführt.[5] Von Tonbandaufnahmen wurde bei der Durchführung der Interviews grundsätzlich abgesehen.

In die Analysen in dieser Arbeit flossen darüber hinaus Erkenntnisse aus zwei weiteren Forschungsaufenthalten in der VR China ein. Es handelt sich zum einen um eine vom Sinologischen Seminar der Universität Heidelberg im Jahre 1996 im Kreis Qingpu in Shanghai zur Frage der ländlichen Unternehmen durchgeführte Exkursion mit Fallstudien (vgl. Weigelin-Schwiedrzik und Hauff, 1999; Hauff, 1999, S. 79 ff). Zum anderen um eine von der Wirtschaftswissenschaftlichen Fakultät und dem Sinologischen Seminar der Universität Heidelberg im Jahr 1999 zur aktuellen Situation im chinesischen Bankwesen durchgeführte Exkursion nach Shanghai.

---

[5] So variierten die Anzahl der Interviewpartner, die zur Verfügung stehende Zeit und der Rahmen der Gespräche von Ort zu Ort. Viele wertvolle Informationen wurden gerade außerhalb der offiziellen Befragung beim informellen Teil der Begegnung gesammelt.

Anhang 3

Verordnung des Staatsrats betreffend die Einführung der Haushaltsverwaltungsordnung des Trennsteuersystems vom 15.12.1993

Dokument des Staatsrats Nr. 85 [1993],
(im Text als Verordnung 1993 zitiert)

An alle Volksregierungen der Provinzen, der autonomen Regionen und der regierungsunmittelbaren Städte, an alle Ministerien und Kommissionen sowie die nachgeordneten Institutionen des Staatsrats:

Gemäß dem Beschluß des Dritten Plenums des 14. Parteitages der Kommunistischen Partei Chinas beschließt der Staatsrat, ab dem 1. Januar 1994 das bestehende Finanzkontraktsystem mit den Lokalitäten[1] zu reformieren und gegenüber den Provinzen, autonomen Regionen, unmittelbaren Städten und Linienstädten[2] als Haushaltsverwaltungssystem das Trennsteuersystem einzuführen. Ziel ist es, die Finanzausgleichsbeziehungen zwischen Zentrale[3] und Lokalitäten Schritt für Schritt zu rationalisieren, die finanzpolitische Funktion der Zentrale zu einer besseren Entfaltung zu bringen, die makroökonomische Steuerungskapazität der Zentrale zu stärken, die Errichtung des Systems der Sozialistischen Marktwirtschaft und die kontinuierliche, schnelle und gesunde Entwicklung der Volkswirtschaft zu fördern.

I. Das Trennsteuersystem ist eine objektive Voraussetzung für die Entwicklung der Sozialistischen Marktwirtschaft

Die Reform der Finanzverfassungsordnung ist ein wichtiger Inhalt der Wirtschaftsreformen. Das bestehende Finanzkontraktsystem hat in der Vergangenheit eine positive Rolle für die wirtschaftliche Entwicklung gespielt. Mit der ständig wachsenden Bedeutung des Marktes bei der Ressourcenallokation treten seine Nachteile jedoch immer deutlicher zutage. Sie manifestieren sich in

- der schwachen Koordinierungsfunktion der Steuern. Dadurch wird die Bildung eines einheitlichen Marktes und die Optimierung der sektoralen Wirtschaftsstruktur beeinträchtigt,
- der Zersplitterung der Haushaltseinnahmen. Dies führt zu einem irrationalen Wachstum der Haushaltseinnahmen, v.a aber zu einer kontinuierlichen Abnahme der zentralen Haushaltsanteile,
- der zu großen Vielfalt und fehlenden Standardisierung der Finanzausgleichsmodelle.

Insgesamt gesehen läßt sich feststellen, daß die derzeitige Finanzverfassungsordnung den Anforderungen an die Entwicklung der Sozialistischen Marktwirtschaft nicht mehr entspricht und so schnell wie möglich reformiert werden muß.

Als Grundvoraussetzung für die Errichtung der Sozialistischen Marktwirtschaft müssen die Verteilungsbeziehungen zwischen Zentrale und Lokalitäten rationalisiert und die Reform des Trennsteuersystems durchgeführt werden. Dies wird auch deutlich, wenn man ausländische Erfahrungen heranzieht. Die Prinzipien und die wichtigsten Inhalte der Trennsteuerreform sind

- die rationale Festlegung der Ausgabenbereiche der einzelnen Regierungsebenen auf der Grundlage der Aufgabenverteilung zwischen Zentrale und Lokalitäten,

- die einheitliche Einteilung der Steuern in zentrale Steuern, Steuern der Lokalitäten [Provinzsteuern] und Gemeinschaftsteuern gemäß dem Konnexitätsprinzip und die Bildung von zwei separaten Steuerhebungssystemen durch Aufbau von zentralen und dezentralen Steuerorganen,
- die wissenschaftliche Bestimmung des Umfangs von Einnahmen und Ausgaben der Lokalitäten, die schrittweise Standardisierung der Steuerrückerstattungen und der Finanzzuweisungen durch die Zentrale an die Lokalitäten,
- die Errichtung und Vervollkommnung eines hierarchisch strukturierten Haushaltsverwaltungssystems und Verhärtung der Budgetrestriktionen für alle Haushaltsebenen.

II. Leitgedanken für die Haushaltsstrukturreform des Trennsteuersystems

1. Die Verteilungsbeziehungen zwischen Zentrale und Lokalitäten müssen neu geregelt, die Initiativkraft von Zentrale und Lokalitäten zur Entfaltung gebracht und ein vernünftiges Wachstum der staatlichen Finanzeinnahmen angeregt werden. Dabei müssen sowohl die lokalen Interessen berücksichtigt und die Lokalitäten zur Entwicklung ihrer Wirtschaft mobilisiert werden, um die eigene Einnahmensituation zu verbessern und die Ausgaben zu reduzieren, als auch der Anteil der Zentralregierung an den Haushaltseinnahmen und damit die Finanzkraft der Zentrale erhöht sowie ihre makroökonomische Steuerungsfähigkeit verbessert werden. Dafür muß die Zentrale ab sofort vom Einnahmenzuwachs einen größeren Anteil erhalten, um ein stabiles Wachstum ihrer Haushaltseinnahmen zu garantieren.
2. Es muß eine vernünftige Regulierung der Finanzkraftverteilung zwischen den Regionen geschaffen werden, die einerseits die schnelle Weiterentwicklung der wirtschaftlich entwickelten Regionen fördert, andererseits aber auch die Entwicklung der wirtschaftlich unterentwickelten Regionen und die Umstrukturierung der alten Industriestandorte durch Steuerrückerstattungen und Zuweisungen der Zentralregierung unterstützt. Gleichzeitig soll die Beschränkung der Provinzen in bezug auf ihre Haushaltsausgaben verstärkt werden.
3. Das Prinzip der Verbindung von einer einheitlicher Politik mit einer hierarchisch gegliederten Verwaltung soll aufrechterhalten werden. Bei der Zuordnung der Steuern soll nicht nur die Einnahmenverteilung zwischen Zentrale und Lokalitäten beachtet, sondern auch die Regulierungsfunktion der Steuern bezüglich der wirtschaftlichen Entwicklung und sozialen Verteilung berücksichtigt werden. Die Gesetzgebungskompetenz in bezug auf zentrale Steuern, Gemeinschaftsteuern und Steuern der Lokalitäten muß bei der Zentrale liegen, um die Einheitlichkeit der Gesetzgebung aufrechtzuerhalten und die Einheitlichkeit des Binnenmarktes sowie den gerechten Wettbewerb zwischen den Unternehmen zu schützen. Die Steuern werden nach Ebenen getrennt erhoben und verwaltet. Die zentralen Steuern und die Gemeinschaftsteuern sind von den zentralen Steuerbehörden zu erheben, der Anteil der Lokalitäten an den Gemeinschaftsteuern wird von den zentralen Steuerbehörden direkt an die Lokalitäten überwiesen. Die Steuern der Lokalitäten [Provinzsteuern] werden von den dezentralen Steuerbehörden eingezogen.
4. Das Prinzip der Verbindung einer umfassenden Reform mit graduierlichem Fortschritt soll aufrechterhalten werden. Die Trennsteuerreform berücksichtigt sowohl ausländische Erfahrungen als auch die Realität in China. Auf der Grundlage klarer Reformziele soll die Verfahrensweise nach Kräften standardisiert werden, während an den Schwerpunkten, die stufenweise umzusetzen und zu vervollkommnen sind, festgehalten wird. Im Augenblick muß das ernste Problem der Sickerverluste bei den Einnahmen gelöst und durch die Aufteilung der Steuern und die Trennung der Steuererhebung und -verwaltung ein vernünftiges Wachstum der Haushaltseinnahmen garantiert werden. Nach der Verteilung der wichtigsten Steuern muß allmählich auch die Aufteilung der anderen Steuern standardisiert

werden. Es handelt sich um eine Übergangsmaßnahme. Die gegenwärtigen Subventionen und Abführungen sowie einige Bestimmungen des Haushaltsabschlusses werden weiterhin nach dem altem System durchgeführt.

5. Der Anteil der Einnahmen der Zentrale an den gesamten Haushaltseinnahmen muß Schritt für Schritt erhöht werden, die Ausrichtung an den Interessen der Lokalitäten muß ebenfalls schrittweise erfolgen. Insgesamt läßt sich sagen, daß durch die graduelle Vorgehensweise der Reform zunächst der grundlegende Rahmen für das Trennsteuersystem errichtet wird, der danach im Stadium der Durchführung allmählich zu vervollkommnen ist.

III. Konkrete Inhalte der Finanzverfassungsordnung des Trennsteuersystems

1. Die Verteilung der staatlichen Aufgaben und Ausgaben zwischen Zentrale und Lokalitäten

Gemäß der derzeitigen Verteilung der Aufgabenkompetenzen von Zentralregierung und Provinzen trägt die Zentrale hauptsächlich die Finanzierungslasten für die nationale Sicherheit, die internationalen Beziehungen und die zentralen Verwaltungsbehörden, für die Readjustierung der volkswirtschaftlichen Struktur, die Koordination der Regionalentwicklung, die makroökonomische Steuerung und für die Entwicklung der zentralverwalteten Institutionen. Darunter fallen im einzelnen: die Finanzierungslasten für die Landesverteidigung, die Polizei, die auswärtigen Beziehungen und die Entwicklungshilfe, die Verwaltung der zentralen Verwaltungsorgane, die technische Umstrukturierung der zentralverwalteten Betriebe, die Entwicklung neuer Produkte, geologische Erschließungen, für Unterstützungsleistungen an die Bauern, Schuldentilgung und Zinszahlung für Kredite aus dem In- und Ausland und Ausgaben im Bereich der Kultur, Bildung, Wissenschaft und öffentlichen Hygiene.

Die Provinzen tragen hauptsächlich die Finanzierungslasten für die Geschäftigstätigkeit ihrer lokalen Verwaltungsorgane und für die Entwicklung der lokalen Wirtschaft und Institutionen. Darunter fallen im einzelnen: die Finanzierungslasten für die lokale Verwaltung, die Organe der öffentlichen Sicherheit, Staatsanwaltschaften und Volksgerichte sowie für einen Teil der Ausgaben für die Polizei. Die Finanzierungsverantwortlichkeit für den lokalen Grundaufbau, die technische Umstrukturierung der lokalen Unternehmen und die Entwicklung neuer Produkte, für Unterstützungsleistungen an die Bauern, den Schutz und Aufbau der Städte, für Ausgaben im Bereich der lokalen Kultur, Bildung, öffentlichen Hygiene sowie für Preissubventionen etc.

2. Die Verteilung der Einnahmen zwischen Zentrale und Lokalitäten

Die Aufteilung der Steuereinnahmen zwischen Zentrale und Lokalitäten erfolgt nach der grundsätzlichen Konnexität von Verwaltungskompetenz und Finanzierungskompetenz. Der Zentrale fest zugeordnet werden die Steuern, die dem Schutz der staatlichen Interessen und der makroökonomischen Steuerung dienen. Als Gemeinschaftsteuern von Zentrale und Lokalitäten werden die Steuern festgesetzt, die in einem direkten Zusammenhang mit der wirtschaftlichen Entwicklung stehen. Den Lokalitäten fest zugeordnet werden die Steuern, die für die Erhebung durch die Lokalitäten geeignet sind, so daß die Lokalitäten mit ausreichenden Steuerarten ausgestattet sind und sich das lokale Einkommen der Lokalitäten erhöht. Konkret erfolgt die Verteilung wie folgt:

Feste Einnahmen der Zentrale: Zölle, durch die Zollbehörden kommissarisch erhobene Konsum- und Mehrwertsteuern, Konsumsteuer, Steuern auf Gewinne der zentraleigenen Unternehmen, Steuern auf Gewinne der lokalen und ausländischen Banken sowie der Finanzinstitute, die keine Banken sind; die Einnahmen (incl. Gewerbesteuer, Einkommensteuer, Gewinne und Städtischer Erhaltungs- und Aufbausteuer) aus dem Eisenbahnsektor, aus allen

Bankzentralen, aus allen Zentralen von Versicherungsunternehmen sowie die abgeführten Gewinne der zentraleigenen Unternehmen. Die Steuern auf Exporte von Außenhandelsunternehmen werden zurückerstattet; außer den im Jahr 1993 von den Lokalitäten bereits übernommen Finanzierungslasten in Höhe von 20 % übernimmt die Zentrale ab sofort die gesamte Finanzierungslast der Rückerstattung.

Feste Einnahmen der Lokalitäten [kurz: Provinzeinnahmen oder -steuern]: Gewerbesteuer (mit Ausnahme der Gewerbesteuer aus dem Eisenbahnsektor, den Banken und den Versicherungsgesellschaften), Steuern auf Gewinne der eigenen Unternehmen der Lokalitäten [provinzeigene Unternehmen] (mit Ausnahme der obengenannten, von den regionalen/lokalen und ausländischen Banken sowie den Finanzinstituten, die keine Banken sind, gezahlten Gewinnsteuern), die abgeführten Gewinne der provinzeigenen Unternehmen, die individuelle Einkommensteuer, die städtische Grundnutzungssteuer, die Richtungsanpassungssteuer für Anlageinvestitionen, die städtische Erhaltungs- und Aufbausteuer (mit Ausnahme der vom Eisenbahnsektor, von allen Bankzentralen und allen Zentralen von Versicherungsunternehmen gezahlten Anteile), die Gebäudesteuer, Kraftfahrzeug- und Schiffssteuer, die Stempelsteuer, die Schlachtsteuer, die Agrar- und Viehzuchtsteuer, die Agrarsondersteuer, die Steuer für die nichtagrarische Nutzung von Ackerland, die Vertragssteuer [bei Eigentümerwechsel von Immobilien], die Erbschafts- und Schenkungssteuer, die Bodenwertsteigerungssteuer [bei Nutzerwechsel],[4] Einnahmen aus der Benutzung staatlichen Bodens etc.

Die Gemeinschaftsteuern von Zentrale und Lokalitäten: die Mehrwertsteuer, die Ressourcensteuer, die Börsensteuer.

- Mehrwertsteuer: Zentrale 75 v.H.; Lokalitäten 25 v.H.
- Ressourcensteuer: Unterschiedliche Aufteilungsquoten je nach Art der Ressource, ein Großteil des Aufkommens steht als Einnahme den Lokalitäten zu. Die Ressourcensteuer auf Meereserdöl ist eine zentrale Einnahme.
- Börsensteuer: Zentrale: 50 v.H.; Lokalitäten 50 v.H.

3. Die Festsetzung der Steuerrückerstattungssumme an die Lokalitäten durch die Zentrale

Um die bestehenden Ansprüche der Lokalitäten beizubehalten und schrittweise die Ziele der Reform zu erreichen, setzt die Zentralregierung als Referenzjahr für die Steuerrückerstattung das Jahr 1993 fest. Gemäß den 1993 realisierten Einnahmen und der Situation der Einnahmenverteilung zwischen Zentrale und Lokalitäten wird der Nettobetrag errechnet, den die Lokalitäten 1993 an die Zentrale abgeführt haben (entspricht Konsumsteuer + 75 % der Mehrwertsteuer – Transferzahlungen der Zentrale). Der so berechnete Nettobetrag aus dem Jahr 1993 wird zur Gänze an die Lokalitäten zurücküberwiesen, damit ihre derzeitige Finanzkraft gewahrt bleibt. Er dient als Basiszahl für spätere Steuerrückerstattungen der Zentrale an die Lokalitäten. Nach 1994 wird die Steuerrückerstattung auf der Basis des Jahres 1993 von Jahr zu Jahr allmählich steigen. Die Steigerungsrate wird aus der durchschnittlichen Wachstumsrate von Mehrwertsteuer und Konsumsteuer im Verhältnis 1: 0,3 berechnet, d.h. wenn die beiden Steuern landesweit im Durchschnitt um 1 % pro Jahr wachsen, wachsen die Steuerrückerstattungen der Zentralregierung an die Lokalitäten um 0,3 %.[5] Wenn nach 1994 das Nettoeinkommen der Zentrale die Basiszahl von 1993 unterschreitet, wird diese Differenz entsprechend von der Steuerrückerstattungssumme abgezogen.

4. Zur künftigen Regelung der im alten System gezahlten Subventionen der Zentrale, der Abführungen der Lokalitäten an die Zentrale und entsprechender Haushaltsabschlußverfahren

Um die Trennsteuerreform zügig durchführen zu können, wird nach Einführung des Trennsteuersystems im Jahr 1994 das alte Verteilungssystem vorläufig nicht verändert. In einer Übergangsphase wird es dann nach und nach standardisiert werden. Die den Lokalitäten im alten System durch die Zentrale gewährten Subventionen werden beibehalten. Die Abführungen der Lokalitäten an die Zentrale im alten System werden entsprechend den jeweils zugrundeliegenden Finanzausgleichsmodellen ebenfalls beibehalten: In den Regionen, in denen das Modell „Abführung mit jährlicher Zuwachsrate" galt, wird weiter nach diesem Prinzip verfahren. Regionen, in denen das Pauschsummenmodell galt, führen weiterhin Pauschbeträge ab. In Regionen, die prozentuale Abführungen von der Gesamtsumme vornahmen, und in den Experimentierzonen für das Trennsteuersystem wird vorübergehend das Modell „Abführung mit jährlicher Zuwachsrate" eingeführt, d.h. die Abführungssummen werden nach den 1993 abgeführten Nettobeträgen und einer festzusetzenden Wachstumsrate berechnet. Die Zweckzuweisungen der Zentrale im alten System sollen weitergeführt werden. Anhand des von den Lokalitäten im Jahr 1993 übernommenen Anteils der Steuerrückerstattung für Exporte in Höhe von 20 % und den anderen Transfersalden ergibt sich, ob eine Lokalität dem Regelungsmechanismus einer Zahler- oder Empfängerregion unterliegt. Entsprechend wird der Saldo später verrechnet.

IV. Komplementäre Reformen und andere politische Maßnahmen

1. Die Reform des Systems der Verteilung von Gewinnen aus Staatsunternehmen

Gemäß den Grundanforderungen für die Errichtung eines modernen Unternehmenssystems wird die Steuerreform mit der Implementierung der „Regeln für das betriebliche Rechnungswesen" und den „Regeln für die Unternehmensbuchhaltung" verbunden und das Verhältnis zwischen Staat und Unternehmen in bezug auf die Verteilung der Gewinne vernünftig neugeregelt. Seit dem 1. Januar 1994 zahlen Staatsunternehmen entsprechend den staatlichen Bestimmungen einen einheitlichen Gewinnsteuersatz von 33 %, sämtliche vertraglich festgesetzten Steuerregelungen werden abgeschafft. Mit Rücksicht auf die Unternehmen, die relativ niedrige Gewinne erwirtschaften, wird eine Übergangsbestimmung in Kraft gesetzt, nach der zwei Sondersteuersätze von 27 % und 18 % angewendet werden können.

Die Zinszahlungen für kreditfinanziertes betriebliches Anlagevermögen werden als Kosten verbucht. Die Kredittilgung erfolgt ausnahmslos aus den Gewinnen. Die Abgaben der Staatsunternehmen für den Energie- und Transportaufbaufonds sowie den Haushaltsanpassungsfonds werden eingestellt. Allmählich soll ein System errichtet werden, in dem die Nettogewinne als Aktiendividenden ausgeschüttet, nach Kapitalanteilen verteilt oder nach oben abgeführt werden. Als Übergangsmaßnahme kann vorerst bei vor 1993 registrierten alten hundertprozentigen Staatsunternehmen auf eine Abführung der Nettogewinne verzichtet werden. Unternehmen mit sehr kleinen Gewinnen müssen darüber hinaus keine Gewinnsteuer zahlen.

2. Die parallele Durchführung einer Reform der Steuerverwaltung

Es wird ein System von Verkehrssteuern errichtet, in dem die Mehrwertsteuer die wichtigste Steuerart darstellt, das Gewinnsteuersystem wird vereinheitlicht. Ab dem 1.1.1994 werden ausgehend von den derzeit existierenden Organen der Steuerverwaltung getrennte zentrale und dezentrale [regionale und lokale] Steuerbehörden errichtet. Währenddessen müssen die Kontinuität der Arbeit und die rechtzeitige Erhebung der Steuern durch eine stabile Arbeitsorganisation gewahrt bleiben.

3. Verbesserung der Regeln zum Entwurf des Haushaltes, Verhärtung der Budgetbeschränkungen

Nach der Einführung des Trennsteuersystems werden die Steuerrückerstattungen bei der Zentralregierung als Ausgaben, bei den Lokalitäten als Einnahmen verbucht. Die Abführungen der Lokalitäten an die Zentrale werden bei der Zentralregierung als Einnahmen, bei den Lokalitäten als Ausgaben verbucht. Weder Zentrale noch Lokalitäten sollten sich gegenseitig Gelder vorenthalten. Die derzeitige Praxis, nach der die Zentrale die Haushalte (stellvertretend) für die Lokalitäten aufstellt, wird geändert. Der Staatsrat muß den Lokalitäten jedes Jahr im voraus die Anforderungen für den Haushaltsentwurf bekanntgeben. Nach dem Entwurf des Haushaltes durch die Lokalitäten teilen sie diesen Entwurf dem Finanzministerium mit, damit dieses den konsolidierten Haushaltsentwurf aufstellen kann.

4. Errichtung eines Staatskassensystems und eines Steuerrückerstattungssystems, das den Anforderungen des Trennsteuersystems entspricht

Gemäß den Anforderungen des Trennsteuersystems gilt das Prinzip, daß jede Regierungsebene eine Haushaltsebene und entsprechend auch eine Verwaltungsebene der Staatskasse ist. Die zentrale und dezentrale [regionale und lokale] Staatskasse sind unter der Bedingung, daß die Politik des Staates einheitlich ist, jeweils separat verantwortlich für die zentralen und die dezentralen Finanzen. Nach Durchführung des Trennsteuersystems wird ein Teil der dezentralen Haushaltsausgaben aus den Steuerrückerstattungen der Zentrale finanziert. Um eine ausgabengerechte Finanzausstattung der Lokalitäten zu garantieren, muß ein Rückerstattungs- und Transfersystem errichtet und allmählich standardisiert werden.

5. Errichtung eines standardisierten Marktes für Staatsschuldverschreibungen

Um die zügige Durchführung der Steuer- und Haushaltsreform zu garantieren, wird im Jahr 1994 die Ausgabe der Staatsschuldverschreibungen erhöht. Dafür muß die Zentralbank den Markt für Staatsschuldverschreibungen zur Entfaltung bringen, den staatlichen Handelsbanken erlauben, in den Markt für Staatsschuldverschreibungen einzutreten sowie den Banken und anderen Finanzinstituten gestatten, mit der Zentralbank Diskontgeschäfte zur Kapitalbeschaffung zu tätigen. Die Emission der Staatsschuldverschreibungen soll normalisiert, der Zins für Staatsschuldverschreibungen soll auf dem Markt gebildet und der zweite Markt für Staatsschuldverschreibungen durch die entsprechenden Ministerien und Behörden koordiniert und verwaltet werden.

6. Angemessene Handhabung des Problems der Steuererlasse oder –nachlässe durch die Regierungen auf Provinzebene im alten System

Mit Rücksicht auf die Regierungen von Provinzen, autonomen Regionen und regierungsunmittelbaren Städten, die für einige Projekte und Betriebe bereits Steuernachlässe oder -erlässe beschlossen haben, und um diesen Betrieben eine Übergangsphase zu ermöglichen, gilt für die Betriebe, denen die Regierungen auf Provinzebene vor dem 30.6.1993 Steuern nachgelassen oder erlassen haben, daß sie sich einer neuen Prüfung durch das Finanzministerium und das zentrale Steuerbüro unterwerfen müssen, wobei die kompetenzüberschreitende Politik der Steuererlässe und –nachlässe gleichzeitig verboten wird. Erst nach der erneuten Genehmigung kann für die Projekte und Betriebe, bei denen die Laufzeit von Vereinbarungen für Steuernachlässe oder –erlässe noch nicht zu Ende ist, eine Steuerrückerstattung erfolgen. Der Anteil der Zentralregierung wird den Provinzen, autonomen Regionen und regierungsunmittelbaren Städten einheitlich von der Zentrale zurückerstattet. Entsprechend wird der lokale Anteil an den Steuerzahlungen gemäß den politischen Verordnungen einheitlich an die Betriebe zurükkerstattet, damit diese ihre Produktion entwickeln können. Diese Regelung gilt bis zum Jahr 1995.

7. *Die Durchführung von komplementären Reformen zur Trennsteuerreform durch alle Regionen*

Alle Volksregierungen der Provinzen, autonomen Regionen, regierungsunmittelbaren Städte und Linienstädte müssen gegenüber den ihnen unterstehenden Städten und Kreisen ein dieser Verordnung entsprechendes Haushaltsverwaltungssystem errichten. Zentrale Einnahmen dürfen keinesfalls als lokale Einnahmen verbucht werden. Während der Durchführung der Trennsteuerreform sollen alle Regionen Forschungsarbeiten durchführen, die Erfahrungen rechtzeitig zusammenfassen und die aufgetretenen Probleme lösen, um allmählich die Voraussetzungen für die Verbesserung und Vervollkommnung der Finanzverwaltung des Trennsteuersystems zu schaffen.

(Eigene Übersetzung)

Anmerkungen zur Übersetzung:

[1] Der im Originaltext verwendete Begriff „*difang*" bezeichnet im weiteren Sinne alle Gebietskörperschaften unterhalb der zentralen Ebene. In dieser Verordnung bezeichnet er jedoch alle regionalen Gebietskörperschaften, die in einem direkten Finanzausgleichsverhältnis mit der Zentralregierung stehen, d.h. alle Gebietskörperschaften auf Provinzebene (Provinzen, autonome Regionen und regierungsunmittelbare Städte) sowie die Linienstädte. Daher wird der Begriff *difang* hier einheitlich als Lokalitäten übersetzt. Im Gesetzestext wird synonym das Wort„*diqu*" (Regionen) verwendet. Da der Begriff „*difang shui*wuju" Steuerbüros auf regionaler und lokaler Ebene umfaßt, wurde hier die Übersetzung „dezentrale Steuerbüros" gewählt.

[2] Linienstädte (*jihua danlie shi*) sind leistungsstarke Städte, die einerseits in einem direkten Finanzausgleichsverhältnis mit der Zentralregierung stehen (und nicht mit der Provinz, zu der sie gehören), andererseits im Vergleich zu normalen Städten erweiterte wirtschaftspolitische Kompetenzen besitzen (allerdings geringer als Gebietskörperschaften auf Provinzebene). Zwischen 1983 und 1987 gab es 9 Linienstädte (Chongqing, Dalian, Ningbo, Guangzhou, Xian, Shenyang, Harbin, Qingdao, und Wuhan). Bis 1991 kamen noch Xiamen, Shenzhen, Nanjing, Chengdu und Changchun dazu (vgl. Shirk, 1993, S. 180). Im Sommer 1993 wurden die Provinzhauptstädte (Z.B. Wuhan) fiskalisch wieder in ihre Provinzen eingegliedert, somit ihr Status als Linienstädte abgeschafft (Jae Ho Chung, 1995, S. 22-23). Chongqing erhielt 1997 den Provinzstatus.

[3] Der Begriff „zhongyang" (Zentrale) ist abstrakter als der Begriff „zhongyang zhengfu" (Zentralregierung).

[4] Es handelt sich nicht um eine Grunderwerbssteuer, da der Boden in der VR China grundsätzlich in staatlichem Besitz ist.

[5] Eine neue Regelung vom August 1994 sieht vor, daß die in jeder Region realisierte Steigerung der beiden Steuern und nicht der nationale Durchschnittswert Ausgangspunkt für die Aufteilung des zusätzlichen Steuervolumens ist (Bestimmung vom 24.8.1994).

Anhang 4

Zeichenglossar chinesischsprachiger Begriffe mit Übersetzung

aiguo zhuyi	爱国主义	Patriotismus
boyi guanxi / jieguo	博艺关係，结果	Spielregeln, Spielergebnis
butie	补贴	Subventionen
buzhu	补助	Zuweisungen, Subventionen
caizhengbu	财政部	Finanzministerium
caizheng chengbao zhi	财政承包制	Haushaltsverantwortungssystem auf Vertragsbasis
caizhengju /suo	财政局，财政所	Finanzbüro bzw. –amt
caizhengting	财政厅	Finanzministerium der Provinzebene
chi da guo fan	吃大锅饭	Essen aus einem Topf
chongfu jianshe	重复建设	doppelter Aufbau
chu	处	Referat
cong shang dao xia	从上到下	von oben nach unten
cun	村	Dorf
da xingzheng qu	大行政区	große Verwaltungsregionen
difang	地方	Peripherie, Lokalitäten
difang qu zhua nongye	地方去抓农业	die Lokalitäten machen sich dran, die Landwirtschaft „anzupacken“
difang shuiwuju / shuiwusuo	地方税务局 / 地方税务所	dezentrale Steuerverwaltungsbüros- und ämter
ding'e buzhu (baogan)	定额补助（包干）	(vertragliche Vereinbarung einer) Pauschsubvention [durch die übergeordnete Regierungsebene]
ding'e shangjiao	定额上缴	Abführung von Pauschsummen [an die übergeordnete Regierungsebene]
ding'e shangjie baogan	定额上解包干	vertraglich festgelegte Abführung von Pauschsummen [an die übergeordnete Regierungsebene]
ding shou ding zhi, shouzhi baogan	定收定支，收支包干	vertragliche Festlegung der Einnahmen und Ausgaben
ding shou ding zhi, shouzhi guagou, zong 'e fencheng, yi nian yi ding	定收定支，收支挂钩，总额分成，一年一定	Festlegung der Einnahmen und Ausgaben, Verknüpfung der Einnahmen und Ausgaben, Aufteilung der Gesamtsumme, jährliche Neufestlegung der Quote

fazhan yinhang	发展银行	Nationale Entwicklungsbank
fei gai shui	费改税	Umwandlung der Gebühren in Steuern
fen lei fen cheng banfa	分类分成办法	Aufteilung der Einnahmen nach Einnahmenart und nach Quoten
fenshuizhi	分税制	Trennsteuersystem
fen zao chi fan	分灶吃饭	Essen in getrennten Küchen
gaige nian	改革年	Reformjahr
gaodu jizhong tongshou tongzhi de caizheng tizhi	高度集中统收统支的财政体制	Hochzentralisiertes Haushaltssystem mit einheitlicher Einnahmen- und Ausgabenverwaltung
geming lao qu	革命老区	alte Revolutionsgebiete
gongjian nian	功建年	Jahr, in dem die Festung im Sturm genommen wurde
gongshang shui	工商税	Industrie- und Handelssteuer
gongshang yinhang	工商银行	Industrie- und Handelsbank
gongsire	公司热	Firmengründungsfieber
guanjian nian	关键年	kritisches Jahr
guding bili baogan de caizheng guanli tizhi	固定比例包干的财政管理体制	Haushaltsvertragssystem mit fester Aufteiliungsquote
guding shengji shouru	固定省级收入	feste Einnahmen der Provinzregierungen
guding zhongyang shouru	固定中央收入	feste Einnahmen der Zentralregierung
guiding	规定	Verordnung, Bestimmung
guoduqi zhuanyi zhifu banfa	过渡期转移支付办法	Übergangsverordnung über Finanztransfers
guojia	国家	Staat
guojia nengli baogao	国家能力报告	Bericht über die staatliche Leistungsfähigkeit
guojia shuiwuju	国家税务局	Staatliche Steuerbehörde (SSB)
guojia shuiwuju / shuiwusuo	国家税务局，税务所	Nationale Steuerverwaltungsämter und –büros [unterstehen der Zentralregierung]
guojia shuiwu zongju	国家税务总局	Oberste Steuerverwaltungsbehörde der nationalen Steuerorgane (OSB)
guojia tongji ju	国家统计局	Nationale Statistikbehörde
guokujuan	国库券	Schatzbriefe
guonei gongzhai	国内公债	Staatsschuldverschreibungen

guonei zhaiwu	国内债务	Auslandskredite
guowai zhaiwu	国外债务	Inlandskredite
guowuyuan	国务院	Staatsrat
hongguan shikong	宏观失控	Verlust der makroökonomischen Kontrolle
huafen shouzhi, fenji baogan	划分收支，分级包干	vertragliche Aufteilung von Einnahmen und Ausgaben zwischen den Regierungsebenen
huafen shuizhong, heding shouzhi, fenji baogan	划分税种，核定收支，分级包干	Aufteilung der Steuerarten, Festlegung der Einnahmen und Ausgaben, Verträge zwischen den Regierungsebenen
hukou	户口	eingetragener ständiger Wohnsitz
jiage butie	价格补贴	Preissubventionen
jiankang	健康	gesund
jianshe yinhang	建设银行	Aufbaubank
jianshexing zhuanyi zhifu	建设性转移支付	Aufbauzuweisungen
jie fu ji pin	劫富给贫	die Reichen ausrauben, um den Armen zu helfen
jihua danlie shi	计划单列市	Linienstadt
jinchukou yinhang	进出口银行	Import- und Exportkreditbank
jingjixing de sunshi	经济性的损失	wirtschaftlich [bedingte] Verluste
ke	科	Unterabteilung
ke xuanzexing zhuanyi zhifu	可选择性转移支付	Unbschränkte Zweckzuweisungen
kuaikuai	块块	horizontaler Verwaltungsstil
liang ge bizhong	两个比重	die beiden Quoten
lianhe qiye	联合企业	Gemeinschaftsunternehmen
ligaishui	利改税	Ersetzung der Gewinnabführung durch Steuernzahlungen
lishu guanxi	隶属关係	Unterordnungsverhältnis [von Staatsunternehmen]
luan shou fei	乱收费	chaotisch erhobene Gebühren
lun shi da guanxi	论十大关係	[Rede] über die zehn großen Beziehungen
mei you dongli	没有动力	es gibt keine Anreize
mi daizi shengzhang fuzezhi	米袋子生长负责制	Verantwortungssystem für das Wachstum des Reis- [bzw. Getreide]sacks
neizi qiye	内资企业	inländische Unternehmen

niao long jingji lun	鸟笼经济论	„Wirtschaftstheorie des Vogelkäfigs“ , Vogelkäfigtheorie
nonghang xinyongshe	农行信用社	ländliche Kreditgenossenschaft
nongye yinghang	农业银行	Agrarbank
pinkun xian	贫困县	Armutskreis
qiye kuisun butie	企业亏损补贴	Verlustsubventionen
quanzi	圈子	Kreis
qu (zhengfu)	区县（政府）	Bezirks (-regierung)
renda changweihui	人大常委会	Ständiger Ausschuß des Volkskongresses
san nian guding butie	三年固定补贴	auf drei Jahre fixierte Pauschsubventionen
shangjie'e dizeng baogan	上解额递增包干	Abführung von [jährlich] steigenden Beträgen [an die übergeordnete Regierungsebene]
shangye yinhang	商业银行	Geschäftsbanken
shehuizhuyi shichang jingji	社会主义市场经济	Sozialistische Marktwirtschaft
sheng (zhengfu)	省(政府)	Provinz (-regierung)
shenji bumen	审计部门	externe Finanzkontrollorgane
shenji jiguan	审计机关	Oberrechnungskammer
shi zhengfu	市(政府)	Stadt (-regierung)
shoufei / shoufeiju	收费，收费局	Gebühren, Gebührenämter
shouru an guding bili fencheng, chaoshou ling ding fen cheng bili, zhichu an zhibiao baogan.	收入按固定比例分成，超收零定分成比例，支出按指标包干	Aufteilung der Solleinnahmen nach fester Quote, Aufteilung der Überschüsse nach anderer Quote, Festsetzung des Ausgabensolls
shouru dizeng baogan	收入递增包干	vertragliche Aufteilung der Einnahmen mit Wachstumsfaktor
shou zhi liang tiao xian	收支两条线	die zwei Linien von Einnahmen und Ausgaben
shou zhi pingheng	收支平衡	Ausgeglichenheit zwischen Einnahmen und Ausgaben
shuifen	水分	wörtlich: wässrige Bestandteile
shuishou fanhuan	税收返还	Steuerrückerstattung
shuiwuju	税务局	Steuerbüro
shuiwusuo	税务所	Steueramt
shuiwu zongju	税务总局	Zentralabteilung für Steuern
shuizheng si	税政司	Referat für Steuerangelegen-

		heiten
si	司	Abteilung
tanxing	弹性	Elastizität, elastisch
teshuxing zhuanyi zhifu	特殊性转移支付	Sonderzuweisungen
tiaoli	条例	Verordnung, Bestimmung
tiaotiao	条条	Vertikaler Verwaltungsstil
tichu yijian	提出意见	wörtlich: seine Meinung äußern
tigaiwei	体改委	Wirtschaftsreformkommission
tongjiyuan	统计员	Steuerbeamter
tong shou tong zhi, yi zhi ding shou	统收统支，以支定收	einheitliche Verwaltung der Einnahmen und Ausgaben, die Ausgaben determinieren die Einnahmen
tongyi	统一	Einheitlichkeit, Einheit
tongyi guojia caizheng jingji gongzuo de jueding	统一国家财政经济工作的决定	Beschluß über die Vereinheitlichung der finanziellen und wirtschaftlichen Arbeit des Landes
tong zhou gong ji	同舟共济	im selben Boot sitzen
touzire	投资热	Investitionsfieber
wai qiang zhong gan	外强中干	äußerlich stark, aber innerlich schwach
wenbao wenti hai mei you jiejue de ren	温饱问题还没有解决的人	Personen, die nicht genügend anzuziehen und zu essen haben
wending	稳定	stabil
wu nian bu bian	五年不变	für fünf Jahre keine Änderungen
xian (zhengfu)	县(政府)	Kreis (-regierung)
xian rang yi xie diqu fu qi lai	先让一些地区富起来	Laßt einige Regionen zuerst reich werden
xiangzhen (zhengfu)	乡镇(政府)	Gemeinde (-regierung)
xiaofeishui	消费说	Konsumsteuer
xitong	系统	System
yang feng yinwei	阳奉阴违	sich äußerlich fügen, sich aber insgeheim widersetzen
yibanxing zhuanyi zhifu	一半性转移支付	Allgemeine Zuweisungen
yi di yi bao	一地一包	für jede Region ein Vertrag
yi shou ding zhi	以收定支	die Einnahmen determinieren die Ausgaben

yi tong jiu si, yi fang jiu luan	一统就死，一放就乱	Sobald man zentralisiert, stirbt alles; dezentralisiert man, entsteht Chaos
yi xiang yi suo	一乡一所	ein Steuerbüro für eine Gemeinde
you tiaojianxing zhuanyi zhifu	有跳间性转移支付	Beschränkte Zweckzuweisungen
yuan	元	Einheit der chinesischen Währung
yusuan bianzhi	预算编制	Aufstellung der öffentlichen Haushalte
yusuan cao'an	预算草案	Haushaltsentwurf
yusuan jiandu	预算监督	Haushaltskontrolle
yusuan juesuan	预算决算	Ratifizierung des Haushalts
yusuan zhixing	预算决算	Haushaltsvollzug
yusuannei zijin	预算内资金	budgetinterner Etat
yusuanwai zijin	预算外资金	budgetexterner (außerbudgetärer) Etat
zanshi kunan	暂时苦难	temporäre Schwierigkeiten
zhaiwu shouru	债务收入	Krediteinnahmen
zhengwuyuan	政务院	Staatsverwaltungsrat
zhengzhi yinhang	政治银行	sog. Policy Banks
zhengzhixing de sunshi	政治性的损失	politisch [bedingte] Verluste
zhiduwai shouru	制度外收入	systemexterne Einnahmen
zhixiashi	直辖市	regierungsunmittelbare Städte
zhongguo hongguan jingji guanli yantaohui	中国宏观经济管理研讨会	Konferenz über makroökonomisches Management in der VR China
zhongguo nongye fazhan yinhang	中国农业发展银行	Chinesische Agrarentwicklungsbank
zhongguo renmin daibiao dahui	中国人民代表大会	Nationaler Volkskongreß
zhongguo renmin yinhang	中国人民银行	Chinesische Volksbank
zhongguo yinhang	中国银行	Bank of China
zhongyang	中央	Zentrale
zhongyang difang caizheng guanxi	中央地方财政关係	Finanzbeziehungen zwischen Zentrale und Lokalitäten
zhongyang gongzuo huiyi	中央工作会议	Arbeitssitzung der Zentrale
zhongyang yu difang gongxiang shouru	中央与地方共享收入	Gemeinschaftseinnahmen von Zentrale und Lokalitäten
zhongyang zhengfu	中央政府	Zentralregierung

zhouzhuan jin	周转金	Zirkulationsfonds
zhuanxiangxing zhuanyi zhifu	转向性转移支付	Zweckzuweisungen
zhuanyi zhifu	转移支付	Zuweisungen, Finanztransfers
zi fu yingkui	自负盈亏	Jeder ist selbst für Gewinne und Verluste verantwortlich
zizhiqu	自治区	autonome Regionen
zong'e fencheng (bao-gan)	总额分成(包干)	(vertragliche) Aufteilung des Gesamtbetrags
zong'e fencheng jia zengzhang fencheng baogan	总额分成加增长分成包干	vertragliche Aufteilung des Gesamtbetrags kombiniert mit einer gesonderten Aufteilung des [im Vergleich zum Vorjahr] gewachsenen Haushaltsanteils
zong'e fencheng, yi nian yi bian	总额分成，一年一变	Methode der jährlichen Aufteilung des Gesamtbetrags

Anhang 5

Literaturverzeichnis

1. Offizielle chinesische Dokumente und Statistische Jahrbücher

(die Dokumente sind nach dem im Text zitierten Datum aufgeführt)

19.8.1951: Yusuan juesuan zanxing tiaoli (Vorläufige Verordnung über den Haushaltsabschluß), Mimeo.

22.12.1978: Zhongguo gongchandang di shiyi jie zhongyang weiyuanhui di san ci quanti huiyi gongbao (Kommuniqué des Dritten Plenums des 11. Zentralkomitees der Kommunistischen Partei Chinas), in: Shiyi jie san zhong quanhui yi lai zhongyao wenxian xuanbian (Sammlung wichtiger Dokumente seit dem 3. Plenum (1981), Beijing, S. 1-14. Englische Fassung des Kommuniqués in Beijing Review, 29.12.1978, S. 6-16.

10..9.1980: Zhonghua renmin gongheguo geren suodeshuifa (Persönliches Einkommensteuergesetz der VR China), verabschiedet vom 5. NVK, abgedruckt in RMRB vom 16.9.1980, zitiert als EKStG 1980.

10..9.1980: Zhonghua renmin gongheguo zhongwai hezi jingying qiye suodeshuifa (Gesetz über die Einkommenbesteuerung von chinesisch-ausländischen Joint Ventures), abgedruckt in: RMRB vom 6.9.1980 und in Xinhua yuebao, 9, 1980, S. 63-64, zitiert als JVEKStG.

4.12.1982: Zhonghua renmin gongheguo xianfa (Constitution of the People's Republic of China), amended 12.4.1988, abgedruckt in: CCH International, China Laws for Foreign Business – Business Regulation, Nr. 4-500.

*15.*12.1982: Guojia nengyuan jiaotong zhongdian jianshe jijin zhengji banfa (Maßnahme über die Abgaben zum Energie- und Schlüsseltransportfonds), vgl. CZNJ 1992, S. 634.

18.9.1984: Zhonghua renmin gongheguo chanpinshui tiaoli [cao'an] (Verordnung zur Produktsteuer der VR China [Entwurf], vgl. CZNJ 1992, S. 640, zitiert als PStV.

*18.*9.1984: Zhonghua renmin gongheguo zengzhishui tiaoli [cao'an] (Verordnung zur Mehrwertsteuer der VR China [Entwurf], vgl. CZNJ 1992, S. 640, zitiert als MWStV.

*18.*9.1984: Zhonghua renmin gongheguo yingheshui tiaoli [cao'an] (Verordnung zur Gewerbesteuer der VR China [Entwurf], vgl. CZNJ 1992, S. 640, zitiert als GStV.

18.9.1984: Guoying qiye tiaojieshui zhengshou banfa (Maßnahme zur Einziehung der Anpassungssteuer für Staatsunternehmen), vgl. CZNJ 1992, S. 640.

11.4.1985: Zhonghua renmin gongheguo jiti qiye suodeshui zanxing tiaoli (Vorläufige Verordnung zur Einkommenbesteuerung der Kollektivunternehmen in der VR China), vgl. CZNJ 1992, S. 640.

25.9.1986: Zhonghua renmin gongheguo geren shouru tiaojieshui zanxing tiaoli (Vorläufige Verordnung zur persönlichen Einkommenanpassungssteuer der VR China), abgedruckt in RMRB vom 12.12.1986 und in Xinhua yuebao 12, 1986, S. 119-120, zitiert als EKAStG 1986.

2.12.1986: Zhonghua renmin gongheguo qiye pochanfa (Konkursgesetz der VR China), Beijing.

24.11.1987: Gesetz der Volksrepublik China über die Organisation der Komitees der Dorfbewohner (zur probeweisen Einführung), Kommuniqué des Ständigen Ausschusses des NVK in der Übersetzung von Sabine Jakobi.

25.6.1988: Zhonghua renmin gongheguo siying qiye suodeshui zanxing tiaoli (Vorläufige Verordnung zur Besteuerung chinesischer Privatunternehmen), abgedruckt in RMRB vom 29.6.1988 und in Xinhua yuebao, 6, 1988, S. 115-116, zitiert als PrUNEKStV.

17.2.1989: Guojia yusuan tiaojie jijin zhengji banfa (Maßnahme über die Abgaben zum Haushaltsanpassungsfonds), vgl. CZNJ 1992, S. 634.

2.4.1991: Zhonghua renmin gongheguo waishang touzi qiye he waiguo qiye suodeshui fa (Erklärung zum Gesetz für ausländische Unternehmensgewinnbesteuerung), in: Xinhua yuebao, 1991 Nr. 10, S. 76-78.

21.10.1991: Guojia yusuan guanli tiaoli (Verordnung über die staatliche Budgetverwaltung), abgedruckt in: RMRB vom 3.11.1991.

16.6.1992: Chinese Communist Party Central Committee Document No. 5 (1992): Decision to Speed Up Tertiary Industry, in: Yabuki, Susumu (1995), S. 299-304.

13.2.1993: Zhongguo jiaoyu gaige he fazhan gangyao (Abriß der Reformen und Entwicklungen im Bildungswesen), in: Law Yearbook of China 1994, S. 492.

31.10.1993: Zhonghua renmin gongheguo geren suodeshuifa (Persönliches Einkommensteuergesetz der VR China), abgedruckt in: CZNJ (1994), S. 520-52, zitiert als EKStG (1993).

14.11.1993: Resolution des ZK der KP Chinas über einige Fragen zur Errichtung eines sozialistischen Marktwirtschaftssystems, in: Beijing Rundschau 48/1993, S. 31-50.

15.12.1993: Guowuyuan guanyu shixing fenshuizhi caizheng guanli tizhi de jueding (Verordnung des Staatsrats bzgl. der Durchführung des Trennsteuersystems), in: Caizheng 1994, Nr. 2, S. 18-20.

27.12.1993: Zizhiqu caizhengting, renmin yinhang Guangxiqu fenhang, zizhiqu suiwuju shixing fenshuizhi caizheng tizhi hou zizhiqu de dishi liangji caizheng yusuan guanli you guan wenti de zanxing guiding (Bestimmung des Finanzministeriums der autonomen Region Guangxi, der Branche der Chinesischen Volksbank in der autonomen Region Guangxi und des Steuerbüros der autonomen Region Guangxi über relevante Fragen im Zusammenhang mit dem Haushaltsentwurf nach Einführung des Trennsteuersystems für die beiden Ebenen der autonomen Region und der Städte und Bezirke, in: Guangxi caizheng nianjian, 1990-1994, S. 67-72.

8.1.1994: Hebei sheng renmin zhengfu guanyu shixing fenshuizhi caizheng guanli tizhi de jueding (Bestimmung der Volksregierung der Provinz Hebei über die Einführung des Trennsteuer-Finanzverwaltungssystems), Mimeo.

1.2.1994: Zizhiqu renmin zhengfu guanyu shixing fenshuizi caizheng guanli tizhi de jueding (Beschluß der Volksregierung autonomen Region [Guangxi] über die Einführung des Trennsteuerverwaltungssystems, in: Guangxi caizheng nianjian, 1990-1994, S. 72-75.

15.3.1994: Guanyu „Zhonghua renmin gongheguo yusuanfa <cao'an> de shuoming (Erklärung zum Entwurf des Haushaltsgesetzes), abgedruckt in: Guowuyuan gongbao, S. 145-152.

22.3.1994: Zhonghua renmin gongheguo yusuanfa (Haushaltsgesetz der VR China), verabschiedet vom NVK als Gesetz Nr. 21, abgedruckt in Guowuyuan gongbao, S. 135-*145*.

24.8.1994: Guowuyuan guanyu fenshuizhi caizheng guanli tizhi shuishou fanhuan gai wei yu ben diqu zengzhishui he xiaofeishui zengchanglu guagou de tongzhi (Mitteilung des Staatsrates über die Änderung der Steuerrückerstattung im Rahmen des Trennsteuersystems, Verknüpfung der Steuerrückerstattung mit der Wachstumsrate von Mehrwertsteuer- und Konsumsteuer in der jeweiligen Lokalität), abgedruckt in: CTNJ, 1995, S. 544.

18.3.1995: Zhonghua renmin gongheguo zhongguo renmin yinhang fa (Law of the People's Republic of China on the People's Bank of China), chinesische und englische Version, 1996, Beijing.

10.5.1995: Zhongguo renmin gongheguo shangye yinhangfa (Commercial Banking Law of the People's Republic of China), chinesische und englische Version, Beijing.

6.3.1995*:* Guanyu 1994 nian guojia yusuan zhixing qingkuang he 1995 nian zhongyang ji difang yusuan cao'an de baogao (Bericht über den Haushaltsvollzug des Jahres 1994 und den Haushaltsplan für 1995), in: CZNJ 1995, S. 49-54.

18.3.1995: Gesetz über die Chinesische Volksbank der Volksrepublik China, übersetzt in China aktuell, 1995, Juli, S. 500-503

2.11.1995: Zhonghua renmin gongheguo yusuanfa shishi tiaoli (Durchführungsverordnung zum Haushaltsgesetz der VR China), verabschiedet vom Staatsrat als Gesetz Nr. 186, Guowuyuan Gongbao vom 14.12.1995, S. 1237-1249.

8.2.1996: Zhonggong Longyao xian wei Longyao xian renmin zhengfu guanyu jin yi bu jiaqiang xiangzhen caizheng jianshe de yijian (Mitteilung des Parteikomitees und der Volksregierung des Kreises Longyao bzgl. der schrittweisen Verstärkung des Aufbaus der Gemeindefinanzen), Gesetz Nr. 9 /1996, Mimeo.

7.4.1996: Guanyu qingli jiancha qusuanwai zijin de yijian, in: Zhongguo Falü Nianjian 1997 (Lawyer Book of China), Beijing, S. 398-399.

11.4.1996*:* Guanyu Guangxi quan qu yu zizhiqu ben ji 1995 nian yusuan zhixing qingkuang he 1996 nian yusuan cao'an de baogao (Bericht über den Haushalt der Provinz Guangdong im Jahr 1995 und den Haushaltsentwurf für 1996), in: Guangxi Ribao, 11.4.1996, S. 3.

15.5.1996: Zhongguo renmin gongheguo tongjifa (Statistikgesetz der VR China) [revidierte Fassung des entsprechenden Gesetzes vom 8.12.1983 mit Durchführungsverordnung], Beijing.

6.7.1996: Guowuyuan guanyu jiaqiang qusuanwai zijin guanli de jueding (Beschluß über die Verstärkung der Verwaltung außerbudgetärer Fonds), in: Guowuyuan Gongbao, Nr. 12, S. 461-463.

23.12.1996: Guojia jiwei, caizheng bu guanyu quxiao bufen jianshe xiangmu shoufei jin yi bu jiaqiang jianshe xiangmu shoufei guanli de tongzhi (Mitteilung der staatlichen Planungskommission und das Finanzministeriums über die Abschaffung sowie die graduierliche Verstärkung der Verwaltung einiger Aufbaugebühren, in: Guowuyuan gongbao vom 24.1.1997, S. 10-14.

9.5.1997: Guanyu tiaozheng ben shi jinrong baoxianye shuishou zhengce you guan wenti de tongzhi [Lu cai ban](Mitteilung [des Shanghaier Finanzministeriums] über relevante Fragen bzgl. der Anpassung der Steuerpolitik bzgl. des Finanz- und Versicherungssektors in Shanghai), in: Shanghai caishui, 1997, Nr. 8, S. 41-42.

14.1.1998*:* Guanyu Hubei sheng 1997 nian caizheng yusuan zhixing qingkuang he 1998 nian caizheng yusuan cao'an de baogao (Haushaltsbericht der Provinz Hubei für 1997 und Haushaltsentwurf für 1998), in: Hubei Caizheng, 1998, Nr. 2, S. 5-8.

6.3.1998: Guanyu 1997 nian zhongyang he difang yusuan zhixing qingkuang ji 1998 nian zhongyang he difang yusuan cao'an de baogao (Bericht über den Vollzug zentralen Haushalte und der Haushalte der Lokalitäten im Jahr 1997 und Entwurf der zentralen Haushalte und der Haushalte der Lokalitäten im Jahr 1998), in: CZNJ 1998, S. 36-40.

4.11.1998: Gesetz der Volksrepublik China über die Organisation der Komitees der Dorfbewohner, in: RMRB vom 5.11.1998, S. 3, in der Übersetzung von Sabine Jakobi.

Guangxi caizheng nianjian bianji shi (1995) [Hg]: Guangxi caizheng nianjian (Finanzjahrbuch Guangxi), 1990-1994, Nanning (Guangxi).

Liu Zhongli (1993): Zwischendurchführungsbericht zum Staatshaushalt (bis Juli 1993) (Guojia yusuan zhixing qingkuang de baogao), abgedruckt in: RMRB, 31.8.1993 und Xinhua yuebao (1993), 9, S. 9 - 10.

Shanghai Jingji Nianjian (Shanghai Economic Yearbook (1997), Shanghai.

Shanghai shi caizheng ju he shuiwu ju (1995/12) [Hg]: Shanghai caizheng shuiwu nianjian, 1991-1994 (Finanz- und Steuerjahrbuch Shanghai, 1991-1994), Shanghai.

Zhongguo Caizheng Nianjian (1992, 1993, 1994, 1995, 1996, 1997, 1998), Beijing.

Zhongguo Tongji Nianjian (1993, 1996, 1997, 1998), Beijing.

ZK der KPCh (1991): Zhonghua renmin gongheguo guomin jingji he shehui fazhan shinian guihua he di ba ge wu nian jihua gongyao (Der Grundriß für den Zehnjahresplan und den 8. Fünfjahresplan für die volkswirtschaftliche und die gesellschaftliche Entwicklung der VR China), in: RMRB 16.4.1991, S. 1-4.

ZK der KPCh (1995): Vorschläge des ZK der KPCh über die Ausarbeitung des 9. Fünfjahresplans für die volkswirtschaftliche Entwicklung und des Perspektivplans bis 2010 (Auszüge), in: Beijing Rundschau, Nr. 46, S. 14-19.

2. Monographien und Zeitschriftenartikel

Agarwala, Ramgopal (1992): China: Reforming Intergovernmental Fiscal Relations, World Bank Discussion Papers, Nr. 178.

Ahmad, Ehtisham/ *Gao*, Qiang/ *Tanzi*, Vito (1995) [Hg.]: Reforming China's Public Finances (Papers presented at a symposium held in Shanghai, China, October 25-28, 1993), International Monetary Fund, Washington.

Ahmad, Ehtisham/ *Kennedy*, Maurice/ *Klering*, Ingrid (1995): Budget Laws, Control, Review, and Management in China, in: Ahmad, Ehtisham/ Gao, Qiang/ Tanzi, Vito (1995) [Hg.], S. 49-73.

Albers, W. et al (1980) [Hg.]: Handbuch der Wirtschaftswissenschaft, Band 2, Göttingen u.a.

Alexandrov (1964): The Principles of the Distribution of Revenue and Expenditure between the USSR Budget, the Budgets of the Constituent republics, and Local Budgets in the Soviet Union, in: Institut International de Finances Publiques (1964) [Hg.], S. 51-73.

Arbeitsgruppe der Finanzministerien der Provinzen Anhui, Hubei, Hunan und Jiangxi (1997): Jiaqiang xiangzhen yusuanwai zijin guanli yanjiu (Studie über die Verstärkung des Management der kommunalen außerbudgetären Fonds), in: Caizheng yanjiu, Nr. 7, S. 40-45.

Ash, Robert F.(1997): The Grain Issue in China: Domestic and International Perspectives, in: Brosseau, Maurice/ Hsin-chi, Kuan/ Kueh, Y.Y. (1997) [Hg.], S. 135-160.

Aubert, Claude (1996): The Chinese Rural Economy in 1995, in: Brosseau, Maurice/ Pepper, Suzanne/ Tsang, Shu-ki (1996) [Hg.], S. 315-341.

Bachman, David M (1988): Implementing Chinese Tax Policy, in: Lampton, David M. (1987) [Hg.], S. 119-153.

— (1989): The Ministry of Finance and Chinese Politics, in: Pacific Affairs, Vol. 62, Nr. 2, S. 167-187.

— (1991): Bureaucracy, Economy and Leadership in China: The Institutional Origins of the Great Leap Forward, Cambridge.

Barnett, A.D. (1967): Cadres, Bureaucracy, and Political Power in Communist China, New York and London.

Bartke, Wolfgang (1985): Die großen Chinesen der Gegenwart, Frankfurt am Main.

Baum, Richard (1994): Burying Mao, Chinese Politics in the Age of Deng Xiaoping, Princeton, New Jersey.

Beer, Samuel H. (1976): A Political Scientists View of Fiscal Federalism, in: Oates, Wallace E. (1976) [Hg.], S. 21-46.

Beijing Review, 24.3.1978, S. 12.

Bernholz, Peter/ *Breyer*, Friedrich (1984): Grundlagen der politischen Ökonomie, Tübingen.

Bird, Richard M. (1993): Threading the Fiscal Labyrinth: Some Issues in Fiscal Decentralization, in: National Tax Journal, 1993, Vo. XLVI, Nr. 2, S. 207-227.

Blass, Bronislaw/ *Kurowski*, Leon (1964): La Centralisation et la Décentralisation financières dans la République Populaire de Pologne, in: Institut International de Finances Publiques (1964) [Hg.], S. 74-101.

Bo, Zhiyue (1996): Economic Performance and Political Mobility: Chinese provincial leaders, in: Journal of Contemporary China, Nr. 5 (12), S. 135-154, [Autor wird als Zhiyue Bo angegeben].

Brohm, Eva (1995): Das Sanxia-Projekt: Der Staudamm in den Yangtse-Schluchten und der politische Entscheidungsfindungsprozeß in der Volksrepublik China, unveröfftl. Magisterarbeit, Universität Heidelberg.

Brosseau, Maurice/ *Lo*, Chi Kin (1994) [Hg.]: China Review 1994, Hong Kong.

Brosseau, Maurice/ *Pepper*, Suzanne/ *Tsang*, Shu-ki (1996) [Hg.]: China Review 1996, Hong Kong.

Brosseau, Maurice/ *Hsin-chi*, Kuan/ *Kueh*, Y.Y. (1997) [Hg.]: China Review 1997, Hong Kong.

Brown, Lester (1997): Wer ernährt China? Alarm für einen kleinen Planeten, Holm (englische Ausgabe 1995: Who Will Feed China? Wake Up Call for a Small Planet, New York and London).

Brümmerhoff, Dieter (1992): Finanzwissenschaft, München, Wien.

Bryson, Phillip. J (1989): Soviet Economic and Social Reform (Perestroika and Glasnost): Claim and Reality, in: Cassel, Dieter (1989) [Hg.], S. 123-152.

Buchanan, James M. (1987): Zur Verfassung der Wirtschaftspolitik, in: Zeitschrift für Wirtschaftspolitik, Jg. 36, S. 101-112.

Bundesrechnungshof (BRH)/ China National Audit Office (CNAO) (1997): Externe Finanzkontrolle in China und in Deutschland: Inhalt und Verfahren – ein Vergleich, 2 Bände (Bericht und Anhang), Beijing, Nanjing, Berlin, Frankfurt am Main.

Caizheng, 1994, Nr. 2, Caizhengting (ju) zhang tan fenshuizhi gaige (Die Chefs der [lokalen] Finanzministerien und –ämter sprechen über die Trennsteuerreform), S. 11-13.

Caizhengbu (Finanzministerium) (1995): Quanguo caizheng gongzuo zongshu (Zusammenfassung der nationalen Finanzarbeit), in: Caizheng tongji nianjian, 1995, S. 51-53.

Caizhengbu (Finanzministerium) (1996): Zhongguo shuishou zhidu (Chinas Steuersystem), Beijing.

Cassel, Dieter (1989) [Hg.]: Wirtschaftssysteme im Umbruch, München.

Cassel, Dieter/ *Thieme*, Jörg H. (1992): Stabilitätspolitik, in: Vahlens Kompendium der Wirtschaftstheorie und Wirtschaftspolitik, 2. Bd. S. 303-369.

Chan, Kam Wing/ *Zhang*, Li (1999): The *Hukou*-System and Rural-Urban Migration in China, in: China quarterly Nr. 160, S. 818-855.

Chao, Chien-min (1991): T'iao-t'iao vs. K'uai-k'uai: A Perennial Dispute Between the Central and Local Governments in Mainland China, in: Issues and Studies, Nr. 8, S. 31-46.

— (1994): The Procedure for Local Legislation in Mainland China and Legislation in National Autonomous Areas, in: Issues and Studies, Nr. 9, S. 95-116.

Chao, Haosheng (1989): Yao Yilin on the Economic Situation in China, in: FBIS vom 26.12.1989, S. 24-26.

Chen, Ji/ *Thomas*, Stephen C. (1999): Banking on China, in: The Chinese Business Review, November-December, S. 16-22.

Chen, Junsheng (1997): Caizheng bumen yao wei fupin gongjian zuo chu geng da de gongxian (die Finanzabteilungen sollen einen noch größeren Beitrag zum Kampf gegen die Armut leisten), in: Difang caizheng (Lokale Finanzen), Sondernummer Nr. 31, S. 8-10.

Chen, Xuwang/ *Li*, Zhixue (1997): Xiangzhen tuixing zonghe caizheng gaige de sikao (Überlegungen über eine umfassende Reform der Gemeindefinanzen), in: Hubei Cai- shui, Nr. 6, S. 32-33.

Chen, Yongliang/ *Shen*, Zhaozhang (1994) [Hg.]: Caizhengxue (Public Finance), Guangzhou.

Cheng, Enjiang (1998): Micro-Finance, in: China Review, Spring, S. 19-20.

Cheng, Hang-Sheng/ *Fong*, Gifford H./ *Mayer*, Thomas (1997) [Hg.]: China's Financial Reform and Monetary Policy: Issues and Strategies, in: Joint Economic Committee, Congress of the United States (1997) [Hg.], S. 203-220.

Cheung, Peter T.Y. (1998): The Guangdong Advantage: Provincial Leadership and Strategy Toward Resource Allocation since 1979, in: Cheung, Peter T.Y./ Chung, Jae Ho/ Lin, Zhimin (1998) [Hg,], S. 89-144.

Cheung, Peter T.Y./ *Chung*, Jae Ho /*Lin*, Zhimin (1998) [Hg.]: Provincial Strategies of Economic Reform in Post-Mao China, New York.

China aktuell, 1992, Oktober, S. 701-702.

China aktuell, 1994, Januar, S. 24-25.

China aktuell, 1994, Mai, S. 471.

China aktuell, 1994, Juni, S. 562-573, 576.

China aktuell, 1994, Juli, S. 677, 681.

China aktuell, 1994, September, S. 931.

China aktuell, 1995, März, S. 195.

China aktuell, 1996, August, S. 754-755.

Cong, Shuhai (1994): Zhongguo caizheng tansuo (Untersuchung der chinesischen Staatsfinanzen), Shanghai.

— (1998): Zhongguo hongguan caizheng zhengce yanjiu (Studie über die makroökonomische Fiskalpolitik der VR China), Shanghai.

Crook, Frederick W. (1997): An Assessment of China's Agricultural Economy, 1980-2005, in: Joint Economic Committee, Congress of the United States (1997) [Hg.], S. 124-138.

— (1997-1998): China's Governor's Grain Bag Policy: Concerns about Food Security, in: China information, Vol. 12, Nr. 3, S. 87-103.

Cousin, Violaine (1999): Die Rolle des Nationalismus für den Sozialismus in der Volksrepublik China während der Reformära, unveröfftl. Magisterarbeit, Universität Heidelberg.

Cui, Zhiyuan (1994): Guojia nengli, bianzheng guan (Different Aspects of „State Capacity"), in: Ershiyi shiji (21. Jahrhundert), Nr. 21, S. 19-21.

Dahl, Henrik/ *Mitra*, Pradeep (1991): Applying Tax Policy Models in Country Economic Work: Bangladesh, China, and India, in: The World Bank Economic Review, Vol. 5, Nr. 3, S. 553-572.

Deng, Yingtao/ *Tao*, Gang/ *Xu*, Xiaobo/ *Ci*, Yuwei (1990) [Hg.]: Zhongguo yusuanwai zijin fenxi (Analyse der außerbudgetären Fonds in der VR China), Beijing.

Directorate of Intelligence (Juni 1992): China: Evolution of its Ministries and Commissions, 1949-1992, Washington: Library of Congress.

Dong, Fureng (1997): Jingji fazhan yanjiu (Studien über wirtschaftliche Entwicklung), zwei Bände, Beijing.

— (1996) [Hg.]: Jiquan yu fenquan- zhongyang yu difang guanxi de goujian (Zentralisierung versus Dezentralisierung – Entwurf der Beziehungen zwischen Zentrale und Lokalitäten), Beijing.

Dong, Zhangzhi/ *Ma*, Dongyu (1997): Minguo caizheng jingji shi (Finanz- und Wirtschaftsgeschichte der Republik), Liaoning.

Donnithorne, Audrey (1967): China's Economic System, London.

— (1972a): China's Cellular Economy: Some Economic Trends Since the Cultural Revolution, in: China quarterly, Nr. 52, S. 605-619.

— (1972b): The Budget and the Plan in China: Central-local economic relations, Australian National University Press Canberra, Contemporary China Papers Nr. 3.

— (1982): Control of Investment in China, in: Australian Journal of Chinese Affairs, nr. 8, S. 173-1980.

— (1983): New Light on Central-Provincial Relations, in: Australian Journal of Chinese Affairs, Nr. 10, S. 97-104.

Engerman, Stanley (1965): Regional Aspects of Stabilization Policy, in: Musgrave, Richard A. (1965) [Hg.], S. 7-60.

Fang, Weiting/ *Wen*, Zifang (1958): Tantan shixing xin caizheng tizhi hou difang yusuan zijin de yunyong wenti (Einige Überlegungen über die Frage der Verwendung lokaler Haushaltsmittel nach der Einführung des neuen Haushaltssystems), in: Caizheng, Nr. 1, S. 5-6.

FAZ (12.11.1999), Länderfinanzausgleich muß neugeregelt werden, Fristen bis Ende 2004, S. 1-2.

Fischer-Menshausen, Herbert (1980): Finanzausgleich II: Grundzüge des Finanzausgleichsrechts, in: Albers, W. et al (1980) [Hg.], S. 636-662.

Forster, Keith (1998): The Political Economy of Post-Mao Zhejiang: Rapid Growth and Hesitant Reform, in: Cheung, Peter T.Y./ Chung, Jae Ho/ Lin, Zhimin (1998) [Hg.], S. 145-211.

Frey, René L. (1978): Bundesstaatliche Aufgabenverteilung und Finanzausgleich, in: Hesse, Joachim Jens (1978) [Hg.], S. 101-121.

Fuchs, Markus (1987): Das Instrument Finanzausgleich – dargestellt unter besonderer Berücksichtigung des indirekten Finanzausgleichs zwischen dem Kanton Luzern und seinen Einwohnergemeinden, Diss. Univ. Freiburg/Schweiz.

Gablers Wirtschaftslexikon (1988): 12. Aufl., Wiesbaden.

Gao, Qiang (1995): Problems in Chinese Intragovernmental Fiscal Relations, Tax-Sharing System, and Future Reform, in: Ahmad, Ehtisham/ Gao, Qiang/ Tanzi, Vito (1995) [Hg.], S. 15-24.

Genser, Bernd (1997): Auf der Suche nach einer föderativen Finanzverfassung für Europa, in: Vosgerau, Hans-Jürgen (1997) [Hg.], S. 101-127.

Goodman, David S.G./ *Segal*, Gerald (1994) [Hg.]: China Deconstructs: Politics, Trade and Regionalism, London.

Goodman, David S.G (1994): The politics of regionalism: economic development, conflict and negotiation, in: Goodman, David S.G./ Segal, Gerald (1994) [Hg.], S. 1-20.

—(1997) [Hg.]: China's Provinces in Reform, London, New York.

Gramlich, Edward M. (1993): A Policymaker's Guide to Fiscal Decentralization, in: National Tax Journal, Vol. XLVI, Nr. 2, S. 229-235.

Greer, Charles E. (1990) [Hg.]: China: Facts & Figures, Nr. 13, Academic International Press, Florida, USA.

Grießmayer, Simone (1999): Wohlfahrtsbetriebe (fuli qiye): Ein zum Absterben verurteilter Überrest des chinesischen Wohlfahrtsstaates oder eine gewinnbringende Idee zur Behebung von Finanzschwäche im sozialen Sektor, in: Weigelin-Schwiedrzik, Susanne/ Hauff, Dagmar (1999a) [Hg.], S. 195-214.

Guowuyuan yanjiushi nongcun jingji yanjiusi ketizu (1997): „Mi daizi" shengzhang fuzezhi yunxing de shizheng fenxi (Das Provinzgouverneur-Verantwortungssystem für die „Getreidesäcke"), in: Jingji yanjiu cankao, Nr. 119, 26.12.1997, S. 18-28.

HdF (Handbuch der Finanzwissenschaft) (1983): vgl. Neumark (1983).

Harrold, Peter/ *Lall*, Rajiv (1993): China: Reform and Development in 1992-93, Weltbank, Washington D.C..

Hauff, Dagmar (1996): Die öffentlichen Haushalte in der VR China unter besonderer Berücksichtigung der fiskalischen Beziehungen zwischen Zentrale und Provinzen, 1989-1994. Unveröffentl. Magisterarbeit, Universität Heidelberg.

— (1999): Die Rolle des Staates bei der ländlichen Industrialisierung, in: Weigelin-Schwiedrzik/ Hauff (1999) [Hg.], S. 79-112.

He, Wei/ *Wei* Jie (1992) [Hg.]: Zhongguo zhuming jingji xuejia lun gaige (Berühmte chinesische Ökonomen über die Reform), Beijing.

Hebel, Jutta/ *Schucher*, Günter (1999) [Hg.]: Der chinesische Arbeitsmarkt: Strukturen, Probleme, Perspektiven, Hamburg.

Heidelberger Round-Table-Gespräch mit Wei Jingsheng, Liu Binyan und Zheng Yi am 17.6.1999.

Herder-Dorneich, Philipp (1982) [Hg]: Der Sozialstaat in der Rationalitätenfalle: Grundfragen der sozialen Steuerung, Stuttgart.

Herrmann-Pillath, Carsten (1988): Systemwandel, Staatshaushalt und Steuerreform in der VR China, in: Vierteljahresberichte, Problems of International Cooperation, Nr. 112, S. 141-157.

—(1991a): Institutioneller Wandel, Macht und Inflation in China, Baden-Baden.

—(1991b): Transformation und Geschichte in China: Versuch einer theoretischen Interpretation, Sonderveröffentlichung des Bundesinstituts für ostwissenschaftliche und internationale Studien, Köln.

—(1995): Economic Development and Institutional Change in China: Still Vacillating in the Middle of the Crossroad, Duisburger Arbeitspapiere zur Ostasienwirtschaft, Nr. 17.

—(1995a): Wirtschaftliche Entwicklung in Chinas Provinzen und Regionen, 1978-1992, 1. Aufl, Baden-Baden.

—(1996b): Fiscal Federalism: The German Experience – Challenges to China, Duisburger Arbeitspapiere zur Ostasienwirtschaft Nr. 34.

—/*Zhu* Qiuxia (1998):Stille Föderalisierung oder kalte Desintegration? Zum institutionellen Wandel des chinesischen Steuerstaates, Wittener Diskussionspapiere, Nr. 16.

Herschler, Stephen B. (1995): The 1994 Tax Reforms: The Center Strikes Back, in: China Economic Review, Vol. 6, Nr. 2, S. 239-245.

Hesse, Joachim Jens (1978) [Hg.]: Politikverflechtung im föderativen Staat (Studien zum Planungs- und Finanzierungsverbund zwischen Bund, Ländern und Gemeinden), Baden-Baden.

Hirschmann, Albert O. (1992): Denken gegen die Zukunft: die Rhetorik der Reaktion, Darmstadt [Engl. Original: (1991): The Rhetoric of Reaction, Cambridge (MA)].

Hofmann, Bert/ *Yusuf*, Shahid (1995): Budget Policy in China, in: Ahmad, Ehtisham/ Gao, Qiang/ Tanzi, Vito (1995) [Hg.], S. 35-48.

Holbig, Heike (1997): Inflation in der Volksrepublik China 1987-1989: Strategien der Legitimation staatlicher Wirtschaftspolitik, unveröff. Diss. Uni Heidelberg.

Hsia Chang, Maria (1992): China's Future: Regionalism, Federation, or disintegration, in: Studies in Comparative Communism, Vol. XXV, Nr. 3, S. 211-227.

Hu, Angang (1996a): Fenshuizhi: Pingjia yu jianyi (Das Trennsteuersystem: Beurteilung und Vorschläge), autorisiertes Manuskript.

—(1996b): Fenshuizhi: Pingjia yu jianyi (Das Trennsteuersystem: Beurteilung und Vorschläge), in: Zhongguo ruan kexue, Nr. 8, S. 37-43.

—(1997): Jiannan de zhidu chuangxin – dui fenshuizhi gaige de chubu pingjia (Schwierige Erneuerung des Systems – Vorläufige Beurteilung des Trennsteuersystems), in: Dongya jikan (Taiwan), Vol. 28, Nr. 1, S. 29-53.

Hu, Angang/ *Wang*, Shaoguang/ *Kang*, Xiaoguang (1995): Zhongguo diqu chaju baogao (Regional Disparities in China), Liaoning.

Huang, Jen-teh/ *Cheng*, Wen-fa (1996): Mainland China's Tax Revenue and Extrabudgetary Funds, in: Issues and Studies, September, S. 69-86.

Huber, Erwin (1998): Länderfinanzausgleich: Grenzen der Solidarität, in: Wirtschaftsdienst, Nr. 2, S. 71-73.

Huber, Bernd (1998): Die Krise des deutschen Finanzausgleichs: Politischer und ökonomischer Reformbedarf, Volkswirtschaftliche Korrespondenz der Adolf-Weber-Stiftung, Nr. 10.

Huchet, Jean-François/ *Wang*, Wei (1995): Les enjeux de la réforme fiscale, in: Perspectives chinoises, Nr. 28, S. 14-18.

Hucker, Charles O. (1985): A Dictionary of Official Titles in Imperial China, Stanford.

Imai, Hiroyuki (1995): Is the Battle Against Inflation over?, in: China Review 1995, S. 181-207.

Inside Mainland China, 1999, Nr. 9: Statistical Figures and the Appraisal of Achievements in Office, S. 11-13.

Institut International de Finances Publiques (1964) [Hg.]: Centralisation et Decentralisation des Finances Publiques (Congrès de Istanbul), La Haye, Paris et Saarbrücken.

Jacobi, Georg (1930): Der Finanzausgleich: Eine begriffliche Untersuchung, Münster i.Westf.

Jacubowicz, Sibylle (1999): Das Außenhandelssystem der Volksrepublik China, Frankfurt am Main et al.

Jae Ho Chung (1994/95): Beijing Confronting the Provinces: The 1994 Tax-Sharing Reform and ist Implications for Central-Provincial Relations in China, in: China Information, Vol IX, Nr. 2/3, S. 1-23.

— (1995): Central-Provincial Relations, in: Lo, Pepper und Tsui (1995) [Hg.], Kapitel 3.

Chen, Ji/ *Thomas*, Stephen C. (1999), in: The China Business Review, November-December, S. 16-22

Dittmer, Lowell (1991): China's search for ist place in the world, in: Womack, Brantly (1991) [Hg.], S. 209-261.

Jiang, Wandi (1995): Über die Entwicklungsstrategie der Wirtschaft, in: Beijing Rundschau, Nr. 4, S. 23-26.

Jiang, Weizhuang/ *Mei*, Yang (1997): Zhongguo fenshuizhi de juece yu shijian (Chinas Entscheidung für das Trennsteuersystem und seine Praxis), Beijing.

Jiang, Yonghua (1997): Chongfen fahui caizheng zhineng zuoyong jin yi bu zuo hao caizheng fupin gongzuo (Die Funktion der öffentlichen Finanzen voll entfalten, die Arbeit der Armutsbekämpfung schrittweise verbessern), in: Difang Caizheng, Sondernummer Nr. 31, S. 20-22.

Jiang, Zemin (1989): Eine lang anhaltende, stetige und harmonische Wirtschaftsentwicklung, in: Beijing Rundschau vom 5.12.1989, Nr. 49, S. 15-22.

Joint Economic Committee, Congress of the United States (1997) [Hg.]: China's Economic Future: Challenges to U.S. Policy, New York, London.

Ka, Po Ng (1995): China Defence Budgeting: Structure and Dynamics, in: Lo, Chi Kin/ Pepper, Suzanne /Tsui, Kai Yuen (1995) [Hg.], Kapitel 9.

Katz, Alfred (1996): Staatsrecht, 13. Aufl., Heidelberg.

Kenyon, Daphne A./ *Kincaid*, John (1996): Fiscal Federalism in the United States: The Reluctance to Equalize Jurisdiction, in: Pommerehne, Werner W./ Ress, Georg (1996) [Hg.], S. 34-56.

King, David (1984): Fiscal Tiers: The Economics of Multi-Level Government, Boston, Sydney.

Kirby, William C. (1994): Traditions of Centrality, Authority, and Management in Modern China's Foreign Relations, in: Robinson, Thomas W./ Shambaugh, David (1994) [Hg.], S. 13-29.

Kojima, Reeitsu (1992): The Growing Fiscal Authority of Provincial-level Governments in China, in: The Developing Economies, Nr. XXX-4, Dezember, S. 315-346.

Kou, Tiejun (1995): Zhongyang yu difang caizheng guanxi yanjiu – jiquan, fenquan de duowei fenxi (Studie über die fiskalischen Beziehungen zwischen Zentrale und Lokalitäten– mehrdimensionale Analyse von Zentralisierung und Dezentralisierung), Diss. Zhongguo Renmin Daxue, Beijing.

Krug, Barbara (1993): Chinas Weg zur Marktwirtschaft: Eine politisch-ökonomische Analyse der Wirtschaftstransformation 1978-1988, Marburg.

Laffont, Jean-Jacques/ *Senik-Leygonie*, Claudia (1997): Price Controls and the Economics of Institutions in China, OECD Centre de Développement, Paris.

Lampton, David (1987a): Chinese Politics: The Bargaining Treadmill, in: Issues and Studies, März, S. 11-41.

— (1987b) [Hg.]: Policy Implementation in Post-Mao China, Berkeley, Los Angeles, London.

— (1987c): The Implementation Problem, in: Lampton, David (1987b) [Hg.], S. 3-24.

Lardy, Nicholas R. (1975a): Central Control and Redistribution in China: Central-Provincial Fiscal Relations since 1949, Diss. University of Michigan, Ann Arbor (Michigan).

— (1975b) Centralization and Decentralization in China's Fiscal Management, in: China quarterly, Nr. 61, S. 25-58.

Larsen, Kjeld Allan (1992): Rural Poverty in China, Copenhagen Discussion Papers Nr. 14, University of Copenhagen, Center for East and Southeast Asian Studies.

Lémoine, Françoise (1985): Les Finances Publiques en Chine: Le Coût des Réformes, in: Le Courrier des Pays de l'Est, Nr. 291, Januar, S. 43-52.

Lenk, Thomas (1993): Reformbedarf und Reformmöglichkeiten des deutschen Finanzausgleichs (eine Simulationsstudie), Baden-Baden.

Levine, Steven I. (1994): Perceptions and Ideology in Chinese Foreign Policy, in: *Robinson*, Thomas W./ *Shambaugh*, David (1994) [Hg.], S. 30-46.

Li, Linda Chelan (1995a): Shifting Central-Provincial Relations in China: the Politics of Fixed Asset Investment in Shanghai and Guangdong, 1978-1993, Diss. University of London.

—(1995b): Shifting Central-Provincial Relations in China: the Politics of Fixed Asset Investment in Shanghai and Guangdong, 1978-1993, Diss. University of London, Abstract in: The CEA (UK) Newsletter, vol 7/1, März 1995, S. 16.

—(1997a): Towards a Non-zero-sum Interactive Framework of Spatial Politics: The Case of Centre-Province in Contemporary China, in: Political Studies, Nr. XLV, S. 49-65.

—(1997b): Provincial Discretion and National Power: Investment Policy in Guangdong and Shanghai, 1978-93, in: China Quarterly, Nr. 152, S. 778-804.

Li, Damao (1994): Cong difang de jiaodu kan fenshuizhi (Aus Sicht der Lokalitäten die Trennsteuerreform betrachten), in: Caizheng, Nr. 2, S. 14-15. [Li Damao ist Finanzminister in Sichuan].

Li, Fangwang (1997a) 1994 nian yi lai shuizhi yunxing de shizheng fenxi yu duice jianyi (Empirische Analyse der Anwendung des Steuersystems seit 1994 und Vorschläge zur Verbesserung), in: Caizheng yanjiu, Nr. 10, S. 7-11, 55.

—(1997b): Jianli guifan de caizheng zhuanyi zhifu zhidu de duice jianyi (Vorschläge über Maßnahmen zur Errichtung eines standardisierten Finanztransfersystems), in: Zhang Youcai (1997) [Hg.]: Caishui gaige zonglun (Querschnitt über die Finanzreform), Beijing, S. 245-262.

Li, Kwok-sing (1995): A Glossary of Political Terms of the People's Republic of China, Hongkong.

Li, Peng (1990): Make Great Efforts to Adjust the Economic Structure and Improve Enterprises' Economic Results, Rede vor der Nationalen Planungskommission, in: FBIS vom 2.1.1991, S. 18-29.

— (1995): Erläuterungen zu dem Vorschlag des ZK der KPCh, in: Beijing Rundschau, Nr. 46, S. 20-24.

Li, Qiang (1993): Guojia nengli yu guojia quanli de beilun (Widersprüche zwischen staatlicher Leistungskapazität und staatlicher Macht), in: Zhongguo shuping (China Book Review), Nr. 11, S. 68-75.

Li, Xiannian (1950): Jianjue guanche zhixing zhengwuyuan „guanyu tongyi guojia caizheng jingji gongzuo de jueding“ (Entschlossen den „Beschluß des Staatsverwaltungsrats über die Vereinheitlichung der finanziellen und wirtschaftlichen Arbeit“ des Landes ausführen), in: Li Xiannian (1992), S. 1-8.

— (1957): Dui xin caizheng tizhi ying you zhengque renshi (Man muß das neue Haushaltssystem richtig verstehen), in: Li Xiannian (1992), S. 251-254.

— (1958): Gaijin caizheng guanli zhidu (Verbesserung des Haushaltsverwaltungssystems), in: Li Xiannian (1992), S.275-280.

— (1959a): Yi nian lai caimao gongzuo de chubu jingyan (Erste Erfahrungen über die finanz- und handelspolitische Arbeit im letzten Jahr), in: Li Xiannian (1992), S.328-338.

— (1959b): Caizheng jingrong gongzuo de jiben jingyan (Grundlegende Erfahrungen der haushalts- und finanzpolitischen Arbeit), in: Li Xiannian (1992), S.398-413.

— (1992): Li Xiannian lun caizheng jinrong maoyi, 1950-1991(Li Xiannian über die öffentlichen Finanzen, das Bankenwesen und den Handel, 1950-1991), 1. Band, Beijing.

Li, Yanling (1997): Renzhen guanche zhongyang fupin kaifa huiyi jingshen, nuli zuo hao caizheng fupin gongzuo (Den Geist des zentralen Kongresses zur Armutsbekämpfung gewissenhaft umsetzen, die fiskalische Arbeit zur Armutsbekämpfung eifrig umsetzen), in: Difang caizheng, Sondernummer Nr. 31, S. 11-14.

Lian, Younong (1996) [Hg.]: Bian xiang 2000 nian de Guangxi jingji, lilun tansuo guiji (Die Wirtschaft Guangxis auf ihrem Weg ins Jahr 2000, Forum für die Erörterung von Theorien), Nanning (Guangxi).

Liang, Ying (1996): Zhongguo neng yang huo ziji ma? (Kann sich China selbst ernähren?), Beijing.

Lieberthal, Kenneth (1995): Governing China: From Revolution through Reform, New York, London.

Lieberthal, Kenneth/ *Lampton*, David M. (1992): Bureaucracy, Politics and Decision Making in Post-Mao China, Berkeley, Los Angeles und Oxford.

Liebisch, Rainer (1995): Shanghais Neues Gebiet Pudong: Untersuchung der Rahmenbedingungen, Pläne und Fortschritte der Erschließung (1990-1993) im Hinblick auf eine Einschätzung des Investitionsklimas unter ergänzender Berücksichtigung von Rechtsgrundlagen zu zentralen Bereichen wirtschaftlichen Handelns in der Zollverschlußzone Waigaoqiao, unveröfftl. Magisterarbeit, Universität Heidelberg.

Lin, Zhimin (1998): Shanghai's Big Turnaround since 1985: Leadership, Reform Strategy, and Resource Mobilization, in: Cheung, Peter T.Y./ Chung, Jae Ho /Lin, Zhimin (1998) [Hg.], S. 49-89.

Liu, Guoguang (1993) [Hg.]: Caishui tizhi tupo yu liyi chongzu (Durchbruch bei den Steuer- und Finanzreform und Neuorientierung der Interessen), Beijing.

Liu, Rongrong (1999): Probleme und weitere Perspektiven der ländlichen Unternehmen, in: Weigelin-Schwiedrzik, Susanne/ Hauff, Dagmar (1999) [Hg.], S. 39-55.

Liu, Suinian/ *Wu*, Qungan (1986): China's Socialist Economy: An Outline History (1949-1984), Beijing.

Liu, Yunhua (1995): The Rural Economy of China, in: Lo, China Kin/ Pepper, Suzanne/ Tsui, Kai Yuen (1995) [Hg.], Kapitel 22.

Liu, Zhicheng/ *Han*, Yingjie (1994): Zhongguo xin shuizhi quan shu (Vollständiges Buch über Chinas neues Steuersystem), Beijing.

Liu, Zhonghua/ *Li*, Jianxing (1993): Chang hao caishui gaige de zhongtou xi (Ein schönes Lied im wichtigsten Teil des Dramas der Finanz- und Steuerreform singen), in: RMRB vom 23.11.1993, S. 2.

Lo, Chin Kin/ *Pepper*, Suzanne/ *Tsui*, Kai Yuen (1995) [Hg.]: China Review 1995, Hong Kong.

Luo Bing (1999): Zhu Rongji bu man xu bao chanzhi (Zhu Rongji ist unzufrieden mit falschen Meldungen über den Produktionswert), in: Zhengming, Nr. 1, S. 11-13.

Ma, Jun (1995a): Macroeconomic Management and Intergovernmental Relations in China, Januar, Policy Research Working Paper Nr. 1408, World Bank.

— (1995b): Modelling Central-Local Fiscal Relations in China, in: China Economic Review, Vol. 6, Nr. 1, S. 105-136.

— (1996): Intergovernmental Relations and Economic Management in China, England and New York.

— (1997a): China's Banking Sector: from administrative control to a regulatory framework, in: Journal of Contemporary China, 5 (12), S. 155-169.

— (1997b): Intergovernmental Fiscal Transfer: A Comparison of Nine Countries (Cases of the United States, Canada, the United Kingdom, Australia, Germany, Japan, Korea, India, and Indonesia), Mai, Policy Research Working Paper, Nr. 1822, World Bank, nach http://www.worldbank/org/html/dec/...ries/wps1822 vom 7.11.1998.

— (1997c): Zhongyang yu difang caizheng guanxi de gaige (Reform der Finanzbeziehungen zwischen Zentrale und Provinzen), Teil 1, in: difang caizheng, Nr. 12-15

— (1998a): Zhongyang yu difang caizheng guanxi de gaige (Reform der Finanzbeziehungen zwischen Zentrale und Provinzen), Teil 2, in: difang caizheng, Nr. 1, S. 17-20.

— (1998b): Lun zhuanyi zhifu: Zhengfu jian caizheng zhuanyi zhifu de guoji jingyan ji dui zhongguo de jiejin yiyi (engl. Untertitel: Intergovernmental Fiscal International Experience and Implications for China), Beijing.

Macfarquar, Roderick (1993): The Politics of China, 1949-1989, Cambridge (USA).

Mao Zedong xuanji (Die gesammelten Werke von Mao Zedong) (1977), 5. Band, Beijing.

Mao, Zedong (1956): Lun shi da guanxi (Über die zehn großen Beziehungen), in: Mao Zedong xuanji (1977), 5. Band, S. 267-288.

Matzner, Egon/ *Blaas*, Wolfgang/ *Rüsch*, Gerhard/ *Schönbäck*, Wilfried (1978) [Hg.]: Krise der Finanzen oder Krise der Methoden? (Eine Analyse aus Anlaß des österreichischen Finanzausgleichs), in: Hesse, Joachim Jens (1978) [Hg.], S. 123-146.

Maute, Johanna (1999): Lokaler – nationaler – internationaler Markt: Die außenwirtschaftliche Orientierung der ländlichen Unternehmen in der VR China, in: Weigelin-Schwiedrzik und Hauff (1999) [Hg.], S. 141-170.

Mei, Hongru (1998): Wei shenme quxiao caishui wujia da jiancha – caizhengbu jijian zuzhizhang jin lin shu da jizhe wen (Warum soll die Finanz-, Steuer- und Preiskontrolle abgeschafft werden – der Leiter Disziplin- und Überprüfungsorganisation Jin Lianshu beantwortet Fragen des Journalisten), in: Renmin Ribao, 13.10.1998, S. 2, gesehen in: http://www.peopledaily.com.cn/199810/13/col_981913991921_jryw.html. am 13.10.1998.

Merkle, Rita (1997): Regionale Entwicklungskonzepte der Volksrepublik China im Spannungsfeld zwischen Ökonomie und Politik: eine wirtschaftsgeographische und regionalpolitische Analyse, unveröffentl. Magisterarbeit, Universität Heidelberg.

Müller-Hofstede, Christoph (1998): Reich und mächtig: Chinas Zukunft als Nation, in: Herrmann-Pillath und Lackner, Michael (1998) [Hg.]: Länderbericht China: Politik, Wirtschaft und Gesellschaft im chinesischen Kulturraum, S. 534-566.

Musgrave, Richard A. (1959): The Theory of Public Finance, New York.

— (1965) [Hg.]: Essays in Fiscal Federalism, Westport, Connecticut.

Naughton, Barry (1997): Fiscal and Banking Reform: The 1994 Fiscal Reform Revisited, in: Brosseau, Maurice/ Hsin-chi, Kuan/ Kueh, Y.Y. (1997) [Hg.], S.251-276.

Neumark, Fritz (1983) [Hg.]: Handbuch der Finanzwissenschaft, Band IV, Tübingen.

Nicoll, Alexander (1993): Beijing Seizes Financial Controls, in: Financial Times vom 25.8.1993, S. 3.

Nohlen, Dieter (1991) [Hg.]: Wörterbuch Staat und Politik, München.

North, Douglass C. (1992): Institutionen, institutioneller Wandel und Wirtschaftsleistung, Tübingen.

— (1988): Theorie des institutionellen Wandels, Tübingen.

O.V. (1984): Jizhong caili, tigao guojia yusuan shouru zhan guomin shouru de bizhong (Zentralisierung der Finanzkraft, Erhöhung der Staatseinnahmenquote), [ursprünglich in Jingji Shuping, Nr. 2]: in: Geng, Hanbin (1993) [Hg.]: Caizheng, shuishou, caiwu yanjiu, Zhongguo shenji chubanshe, S. 95-102.

— (1989): Yuan Mu [Sprecher des chinesischen Staatsrats] über die Lage im Land und die Außenpolitik, in: Beijing Rundschau vom 4.7.1989, S. 21.

— (1991): Sulian jubianhou women de xianshi yingdui yu zhanlui xuanze (Realistische Reaktionen auf den Putsch in der Sowjetunion und strategische Alternativen), Internes Dokument der Ideologieabteilung der Qingnianbao (Jugendzeitung), September.

Oates, Wallace E. (1972): Fiscal Federalism, New York, Chicago, San Francisco, Atlanta.

— (1976a) [Hg.]: The Political Economy of Fiscal Federalism, Lexington (MA), Toronto.

— (1976b): An Economists Perspective on Fiscal Federalism, in: Oates, Wallace E. (1976a) [Hg.], S. 3-20.

— (1993): Fiscal Decentralization and Economic Development, in: National Tax Journal, Vol. XLVI, Nr. 2, S. 237-243.

Oi, Jean C. (1992): Fiscal Reform and the Economic Foundations of Local State Corporatism in China, in: World Politics, Vol. 45, Nr. 1, S. 99-126.

— (1999): Rural China Takes Off: Institutional Foundations of Economic Reform, Berkeley, Los Angeles, London.

Oksenberg, Michel/ *Tong*, James (1991): The Evolution of Central-Provincial Fiscal Relations in China, 1971-1984: The Formal System, in: China quarterly, Nr. 125, March, S. 1-32.

Pagenkopf, Hans (1981): Der Finanzausgleich im Bundesstaat, Stuttgart u.a.

Panizza, Ugo (1998): Decentralization as a Mechanism to Prevent Secession, in: Economic Notes by Banca Monte die Paschi di siena SpA, vol. 27, Nr. 2, S. 263-279.

Peffekoven, Rolf (1992): Öffentliche Finanzen, in: Vahlens Kompendium der Wirtschaftstheorie und Wirtschaftspolitik, S. 479-560.

Perry, Elizabeth J./ *Wong*, Christine (1986): The Political Economy of Reform in Post-Mao China, Cambridge (Mass.) und London, S. 31-61.

Petersen, Hans-Georg (1988): Finanzwissenschaft II, Stuttgart, Berlin, Köln, Mainz.

Petersen, Hans-Georg/ *Koch*, Walter A.S. (1983) [Hg.]: Staat, Steuern und Finanzausgleich: Probleme nationaler und internationaler Finanzwirtschaften im zeitlichen Wandel, Berlin.

Petzina, Dietmar (1989) [Hg.]: Probleme der Finanzgeschichte des 19. und 20. Jahrhunderts, Berlin.

Pommerehne, Werner W. /*Ress*, Georg (1996) [Hg.]: Finanzverfassung im Spannungsfeld zwischen Zentralstaat und Gliedstaaten, Baden-Baden.

Puchta, Dieter (28.6.1997): Mehr Autonomie für Länder und Gemeinden, in: FAZ, S: 15.

Qi, Shouyin/ *Li*, Guangchun (1997): Hebei sheng difang fenshuizhi caizheng tizhi yunzuo zhuangkuang yu wanshan duice de yanjiu (Die Implementierung des Trennsteuersystems in der Provinz Hebei: Erforschung der Situation und der Maßnahmen zur Vervollkommnung des Systems, in: Caizheng yanjiu ziliao, Nr. 13, S. 1-8.

Qian, Yingyi/ *Roland*, Gérard (1994): Regional Decentralization and the Soft Budget Constraint: The Case of China, Discussion Paper Nr. 1013, Centre for Economic Policy Research, London.

Raiser, Martin (1998): Subsidising Inequality: Economic Reforms, Fiscal Transfers and Convergence Across Chinese Provinces, in: Journal of Development Studies, Vol. 34, Nr. 3, Februar, S. 1-26.

Rao, Yuqing/ *Xiao,* Geng (1994): Zhongguo zhen jiang fenbeng lixi ma? (Is China really going to disintegrate?), in: Ershiyi shiji (21. Jahrhundert), Nr. 21, S. 22-23

Renmin Ribao vom 21.7.1993, abgedruckt in: Xinhua yuebao, 7, S. 81.

Renmin Ribao, 19.1.1994, S. 2

Renmin Ribao, 4.7.1994, S. 1

Renmin Ribao, overseas edition, 25.11.1994, S. 1.

Renmin Ribao, overseas edition, 6.12.1995, S. 1

Renzsch, Wolfgang (1991): Finanzverfassung und Finanzausgleich: Die Auseinandersetzungen um ihre politische Gestaltung in der Bundesrepublik Deutschland zwischen Währungsreform und deutscher Vereinigung (1948-1990), Bonn.

Reynolds, Bruce L. (1988) [Hg]: Chinese Economic Policy: Economic Reform at Midstream, New York.

Riskin, Carl (1988): China's Political Economy: the Quest for Development since 1949, New York.

Robinson, Thomas W./ *Shambaugh*, David (1994) [Hg.]: Chinese Foreign Policy, Oxford.

Rong, Zihe (1958): Gaijin caizheng guanli tizhi de jige wenti (Einige Probleme bei der Reform des Finanzverwaltungssystems), in: Caizheng, Nr. 1, S. 1-8.

Roth, Erwin (1984): Sozialwissenschaftliche Methoden, München, Wien.

Schetelig, Patricia (1999): Das System der sozialen Sicherung und seine Umsetzung in den ländlichen Unternehmen im Kreis Qingpu, in: Weigelin-Schwiedrzik, Susanne/ Hauff, Dagmar (1999a) [Hg.], S. 173-193.

Schröder, Jürgen (1990): Unternehmensbesteuerung in der Volksrepublik China, Hamburg.

Schüller, Margot (1997): Chongqing: Entwicklungsmotor für Südwestchina?, in: China aktuell, März 1997, S. 243-248).

Schurmann, Franz (1966): Ideology and Organization in Communist China, Berkeley und Los Angeles.

Shaw, Anwar (1994): The Reform of Intergovernmental Fiscal Relations in Developing and Emerging Market Economies, The World Bank, Policy and Research Series, Nr. 23.

Sheng, Zhigang (1997): Fazhan „cailanzi jingji" (die „Gemüsekorbwirtschaft" entwickeln), in: Jingji yanjiu cankao, Nr. 116, 17.11.1997, S. 19-21.

Shanghai shi caizhengju (1997): Shanghai shi caizhengju jianjie (Einführung in das Finanzamt der Stadt Shanghai), Shanghai, 1997.

Shi Chuan/ *Herrmann-Pillath*, Carsten (1992): Das Dilemma des chinesischen Steuerstaates: Probleme des Fiskus in Kreisen und Dörfern, Sonderveröffentlichung des Bundesinstitut für ostwissenschaftliche und internationale Studien, Köln.Shi, Bannuo/ Song, Lan (1994): 1994: Zhongguo shuizhi gaige (Chinas Steuerreform im Jahr 1994), Beijing.

Shi, Shuming/ *Xiang*, Dewei (1996): Xin caishui tizhi xia Hebei sheng caiyuan jianshe de jige wenti (Einige Probleme in der Provinz Hebei beim Aufbau von Finanzressourcen unter [den Bedingungen] des neuen Finanz- und Steuersystems), in: Jingji yanjiu cankao, Nr. 73, S. 28-34.

Shi, Xiaomin/ *Liu*, Jirui (1989): Jingji xuejia shouxian yao zunzhong lishi he shishi (Wirtschaftswissenschaftler müssen zuerst die Geschichte und die Tatsachen respektieren), in: Jingji yanjiu, Nr. 2, S. 11-33.

Shirk, Susan (1993): The Political Logic of Economic Reform in China, Berkeley, Los Angeles and Oxford.

Shuizhengsi (1996): vgl. Zhonghua Renmin Gongheguo Caizhengbu shuizhengsi (1996).

Solinger, Dorothy J. (1988): City, Province and Region: The Case of Wuhan, in: Reynolds, Bruce L. (1988) [Hg], S. 233-284.

— (1996): Despite Decentralization: Disadvantages, Dependence and Ongoing Central Power in the Inland – the Case of Wuhan, in: China Quarterly, März, Nr. 145, S. 1-34.

Steinbrunner, J.D. (1974): The Cynernetic Theory of Decision: New Dimensions of Political Analysis, Princeton.

Sun, Kai (1994): Zhengfu jian caizheng guanxi yanjiu (On Intergovernmental Fiscal Relations), Beijing.

Tanzi, Vito (1997): The Changing Role of the State in the Economy: A Historical Perspective, IMF Working Paper, WP/97/114.

Teiwes, Frederick (1966): The Purge of Provincial Leaders, 1957-58, in: China Quarterly, Nr. 27, S. 14-32.

— (1999): China's Road to Disaster: Mao, Central Politicians, and Provincial Leaders in the Unfolding of the Great Leap Forward, 1955-1959, Armonk, New York, London, England.

Terberger, Eva (1993): Neo-institutionalistische Ansätze, Wiesbaden.

Tian, Huiming (1994): 1994: Zhongguo gaige de sidu, sanxian, wu wending (1994: Vier Maße, drei Linien, fünf Stabilitäten der chinesischen Reformen), in: Tian, Huiming (1997) [Hg.], S. 79-82

— (1997) [Hg]: Zhongguo jingji redian toushi (Durchleuchtung der „heißen" Punkte der chinesischen Wirtschaft), Beijing.

Tidemann, Nicolaus T. (1996): Voting and the revelation of preferences for public activities, in: Mueller, Dennis C. (1996) [Hg.], S. 226-244.

Tiebout, C. (1956): A Pure Theory of Local Expenditures, in: Journal of Political Economy, Nr. 64, S. 416-242.

Tong, Ding (1993): Dalu caizheng xianzhuang (Die gegenwärtige Lage der Staatsfinanzen auf dem Festland), Xingzhengyuan dalu weiyuanhui (Komitee für das Festland im Legislativyuan), Taibei.

Tong, James (1989): Fiscal Reform, Elite Turnover and Central-Provincial Relations in Post-Mao China, in: Australian Journal of Chinese Affairs, Nr. 22, S. 1-28.

Tsang Shu-ki/ *Cheng* Yuk-shing (1994): China's Tax Reforms of 1994: Breakthrough or Compromise? in: Asian Survey, Vol. XXXIV, Nr.7, S. 769-789.

Tsang, Shu-ki (1995): Financial Restructuring, in: China Review 1995, Kapitel 21, S. 1-35.

Vahlens Kompendium der Wirtschaftstheorie und Wirtschaftspolitik, 2 Bände, München.

Vosgerau, Hans-Jürgen (1997) [Hg.]: Zentrum und Peripherie – Zur Entwicklung der Arbeitsteilung in Europa, Berlin.

Wallich, Christine I. (1992): Fiscal Decentralization: Intergovernmental Relations in Russia, The World Bank, Washington D.C.

Wang, Shaoguang/ *Hu*, Angang (1993a): Jiaqiang zhongyang zhengfu zai shichang jingji zhuanxing zhong de zhuyao zuoyong - guanyu zhongguo guojia nengli de yanjiu baogao (Verstärkung der Rolle der Zentralregierung im marktwirtschaftlichen Transformationsprozeß – Bericht über die staatliche Leistungsfähigkeit der VR China), Akademie der Wissenschaften, Beijing.

— (1993b): Guojia nengli baogao (Bericht über die staatliche Leistungskapazität), (von ihnen übersetzt als: China's State Capacity Report), Liaoning.

—(1994a): Zhongguo zhengfu xiqu nengli de xiajiang ji qi houguo (Die Abnahme der Extraktionskapazität der chinesischen Regierung und ihre Folgen), in: Ershiyi shiji (21. Jahrhundert), Nr. 21, S. 5-14.

—(1994b): Guanyu zhongguo guojia nengli de yanjiu baogao (Über den Bericht über die staatliche Leistungsfähigkeit der VR China), in: Dong Furen (1996) [Hg.], S. 12-42.

Wang, Shaoguang (1997a): Jianquan de zhidu sheji: zhengque culi zhongyang yu difang hezuo guanxi de guanjian (Vollständiger Entwurf eines Systems: Richtig die wichtige Frage der Beziehungen zwischen Zentrale und Lokalitäten regeln, in: Guoji jingji pinglun (International Economics Review), Nr. 1-2, S. 32-35.

—(1997b): Fenquan de dixian (Die untere Grenze der Dezentralisierung), Beijing.

—(1997c): China's 1994 Fiscal Reform: An Initial Assessment, in: Asian Survey, Vol. XXXVII, Nr. 9, S. 801-817.

Watson, Andrew/ *Findlay*, Christopher (1992): Challenges of Economic Reform and Industrial Growth: China's Wool War, Sydney.

Wei, Jie (1996): Zhengfu jingji zhineng ji zhongyang yu difang de jingji guanxi (die wirtschaftlichen Aufgaben der Regierung und die wirtschaftlichen Beziehungen zwischen Zentrale und Provinzen), in: Dong Furen (1996) [Hg.], S. 80-92.

Weigelin-Schwiedrzik, Susanne (1993): Politik und Ökonomie in der innerchinesischenh Debatte über die Zukunft der VR China, in: Aus Politik und Zeitgeschichte, B 51/93, 17. Dez. 1993, S. 14-26.

—(1999a): Ländliche Unternehmen in der VR China: Ein Beitrag zur Diskussion über das Verhältnis von Staat und Gesellschaft, in: Weigelin-Schwiedrzik, Susanne/ Hauff, Dagmar (1999) [Hg.], S. 59-77.

—(1999b): State and Society in the PRC: The View from the countryside, unveröffentl. Manuskript.

Weigelin-Schwiedrzik, Susanne/ *Hauff*, Dagmar (1999) [Hg.]: Ländliche Unternehmen in der Volksrepublik China, Berlin.

Weise, Herbert (1983): Zweckzuweisungen und gebundene Kredite im nationalen und internationalen Finanzausgleich, in: Petersen, Hans-Georg/ Koch, Walter A.S. (1983) [Hg.], S. 353-391.

Weltbank: siehe World Bank

Wen, Jing (1997): Jiaqiang caizeng fupin gongzuo, cujin minzu diqu shehui jingji fazhan (Die fiskalische Arbeit der Armutsbekämpfung verstärken, die sozioökonomische Entwicklung in Minderheitsgebieten fördern), in: difang caizheng, Sondernummer zur Armutsbekämpfung, Nr. 31, S.15-19.

West, Loraine A. (1999): Fiscal Autonomy and Local Initiatives: Unequal Capacity Across Regions in China, Paper prepared for presentation at the Association of Asian Studies annual meeting, Boston, March 11-14.

West, Loraine A. / *Wong*, Christine W. (1995): Fiscal Decentralization and Growing Regional Disparities in Rural China: Some Evidence in the Provision of Social Services, in: Oxford Review of Economic Policy, Vol. 11, Nr. 4, S. 70-84.

White III, Lynn T (1989): Shanghai Shanghaied? Uneven Taxes in Reform China, Centre of Asian Studies Occasional Papers and Monographs Nr. 84, University of Hong Kong.

Wiethoff, Bodo (1971): Grundzüge der älteren chinesischen Geschichte, Darmstadt.

Willms, Manfred (1992): Strukturpolitik, in: Vahlens Kompendium der Wirtschaftstheorie und Wirtschaftspolitik, Band 1, S. 371-403.

Wo-lap Lam, Willy (1994): Locking up the Floodgates: Striking a Balance between Reform and Repression, in: Brosseau, Maurice et al [Hg.], Kapitel 2.

—(1995): The Power Struggle in Beijing since Tiananmen, Singapore.

Womack, Brantly (1991) [Hg.]: Contemporary Chinese Politics in Historical Perspective, Cambridge u.a.

Wong/ Christine P.W./ *Heady*, Christopher/ *Woo*, Wing, T. (1995): Fiscal Management and Economic Reform in the People's Republic of China, An Asian Development Bank Publication, Hong Kong, Oxford, NewYork.

Wong, Christine (1990): Central-Local Relations in an Era of Fiscal Decline: The Paradox of Fiscal Decentralization in Post-Mao China, Working paper #210, University of California Santa Cruz.

— (1995): Fiscal Reforms in 1994, in: Lo Chi Kin; Pepper, Suzanne; Tsui, Kai Yuen (1995) [Hg.], Kapitel 20.

— (1997) [Hg.]: Financing Local Government in the People's Republic of China, published for the Asian Development Bank, Hongkong, Oxford, New York.

World Bank (1990a): China between Plan and Market, Washington D.C.

— (1990b): China: Revenue Mobilization and Tax Policy, Washington D.C.

— (1992): China: Strategies for Reducing Poverty in the 1990s, Washington D.C.

— (1995): China: Macroeconomic Stability in a Decentralized Economy, Washington D.C.

— (2000a): China Western Poverty Reduction Project, CNPE 46564, gesehen unter http://www.wordbank.org/html/extrdr/offrep/eap/projects/china/wprp/chindex.htm am 15.5.2000.

— (2000b): World Bank Support Projects in China by Fiscal Year, gesehen unter http://www.worldbank.org.cn am 15.5.2000.

Wysocki, Josef (1989): Politische und ökonomische Probleme des Finanzausgleichs in der Ersten Österreichischen Republik, in: Petzina, Dietmar (1989) [Hg.], S. 125-136.

Xiang, Huaicheng (1994): Zhongguo caizheng tizhi gaige (Reform des chinesischen Systems der öffentlichen Finanzen), Beijing.

Xiang, Xiuqin (1995) [Hg.]: Guojia shuishou (Die staatlichen Steuereinnahmen), Beijing.

Xiao Zhou, Kate (1995): How the Farmers changed China, Boulder Colorado.

Xing, Hua (1982a): Yi jiu wu ling nian shixing gaodu jizhong tongshou tongzhi de caizheng tizhi (Das 1950 eingeführte hochzentralisierte Haushaltssystem einheitlicher Einnahmen- und Ausgaben), in: Caizheng, Nr. 11, S. 37-39.

— (1982b): Yi jiu wu yi nian kaishi shixing chubu fenji guanli de caizheng tizhi (Das ab 1951 erstmals eingeführte stufenweise Finanzverwaltungssystem), in: Caizheng, Nr. 12, S. 32-34.

— (1983a): „Yi wu" shiqi shixing jizhong tongyi yu fenji guanli xiang jiehe, cezhong jizhong de caizheng tizhi (Die Durchführung der Verbindung zwischen zentralisierter, einheitlicher und stufenweiser Finanzverwaltung, Schwerpunkt auf zentralisiertem Finanzsystem während des ersten Fünfjahresplans), in: Caizheng, Nr. 2, S. 13-15.

— (1983b): 1958 nian caizheng tizhi jinxing le zhongda gaige de changshi (Im Jahr 1958 wurde für das Haushaltssystem der Versuch einer großen Reform durchgeführt), in: Caizheng, Nr. 4, S. 13-15.

— (1983c): 1959 nian kaishi shixing „zong 'e fencheng, yi nian yi bian" de caizheng tizhi (Im Jahr 1959 wurde das Finanzsystem „Aufteilung des Gesamtaufkommens mit jährlicher Änderung [der Quote] eingeführt), in: Caizheng, Nr. 5, S. 10-12.

— (1983d): 1961 nian kaishi shixing jiaqiang jizhong tongyi de caizheng guanli tizhi (1961 wurde ein Finanzverwaltungssystem mit verstärkter Zentralisierung und Vereinheitlichung eingeführt), in: Caizheng, Nr. 6, S. 19-21.

— (1983e): Shi nian dongluan shiqi caizheng tizhi biandong pinfan (1) (Häufige Änderungen in der fiskalischen Managementstruktur während des zehnjährigen Aufruhrs), in: Caizheng, Nr. 8, S. 22-24.

— (1983f): Shi nian dongluan shiqi caizheng tizhi biandong pinfan (2) (Häufige Änderungen in der fiskalischen Managementstruktur während des zehnjährigen Aufruhrs), in: Caizheng, Nr. 9, S. 8-10.

— (1983g): 1977-78 nian gaijin caizheng tizhi de xin tansuo (Neue Forschungen über eine Verbesserung des Haushaltssystems in den Jahren 1977-78), in: Caizheng, Nr. 11, S. 23-26.

— (1983h): 1980 nian kaishi de caizheng tizhi zhongda gaige (1) (Die große Reform des Haushaltssystems im Jahr 1980), in: Caizheng, Nr. 12, S. 8-10.

— (1984): 1980 nian kaishi de caizheng tizhi zhongda gaige (2) (Die große Reform des Haushaltssystems im Jahr 1980), in: Caizheng, Nr. 1, S. 13-15.

Xu, Hongcai/ *Cai*, Qiang (1997): Guanyu fenshuizhi hou sheng yi xia caizheng tizhi xianzhuang de baogao (Bericht über die Situation des subprovinziellen Finanzsystems nach der Einführung des Trennsteuersystems, in: Zhang, Youcai (1997) [Hg.], Band 1, S. 443-447.

Xue, Muqiao (1981): Zeyang kan dangqian jingji xingshi (wie man die gegenwärtige wirtschaftliche Lage sehen sollte), in: Xue Muqiao (1992), S. 5-14.

— (1982a): Guanyu caizheng guanli tizhi gaige de yixie yijian (Ansichten zur Strukturreform des Finanzverwaltungssystems, in: Xue Muqiao (1990), S. 413-419

— (1982b): Wancheng tiaozheng renwu, zhengqu guomin jingji de genben haozhuan (Die Anpassungsaufgabe beenden und für eine grundlegend gute Transformation der Volkswirtschaft kämpfen), in: Xue Muqiao (1992), S. 15-26.

— (1984): Huigu yu zhanwang (Rückblick und Perspektiven), in: Xue Muqiao (1992), S. 35-44.

— (1989a): Jianyi gaige caizheng chengbao zhidu (Vorschläge zur Verbesserung des fiskalischen Kontraktsystems), in: Xue Muqiao (1990), S. 420-424.

— (1989b): Zhili zhengdun shi wei shenhua gaige pu ping daolu (Die Durchführung einer Konsolidierung ist ein gleichgewichtsschaffender Weg für die Vertiefung der Reform), in: Xue Muqiao (1992), S. 79-85.

— (1990): Lun zhongguo jingji tizhi gaige (Über die die chinesischen Wirtschaftsstrukturreformen), Tianjin.

— (1992): Bashi niandai de zhongguo jingji (Die chinesische Wirtschaft in den 80er Jahren), Beijing.

Yabuki, Susumu (1995): China's New Political Economy, The Giant Awakes, Boulder, San Francisco, Oxford.

Yan, Ruizhen (1997) [Hg.]: Fan pinkun zhong de shichang yu zhengfu xingwei (Die Rolle von Markt und Staat bei der Armutsbekämpfung), Zhongguo renmin daxue nongcun fazhan yanjiusuo, Beijing.

Yang, Dali L. (1994): Reform and the restructuring of central-local relations, in: Goodman, David S.G./ Segal, Gerald (1994) [Hg.], S. 59-98.

Yang, Xiuqin (1995) [Hg.]: Guojia shuishou (Staatliche Steuererhebung), Beijing.

Zelin, Magdaleine (1984): The Magistrate's Tael: Rationalizing Fiscal Reform in Eighteenth-Century Ch'ing China, Berkeley, Los Angeles, London.

Zhang, Le-yin (1999): Chinese Central-provincial Fiscal Relationships, Budgetary Decline and the Impact of the 1994 Fiscal Reform: An Evaluation, in: The China Quarterly, Nr. 157, S. 115-141.

Zhang, Shuguang (1996): Guojia nengli yu zhidu biange he shehui zhuanxing (Staatliche Leistungskapazität, Systemtransformation und gesellschaftlicher Wandel), in: Dong Furen (1996) [Hg.], S. 52-71.

Zhang, Tong (1996): Shichang jingji tizhi yu caizheng gaige, Beijing.

Zhang, Youcai (1997) [Hg.]: Caishui gaige conglun, caishui gaige unwen ji diaoyan wenji (Erörterungen der Finanz- und Steuerreform, Artikel und Forschungsberichte über die Finanz- und Steuerreform, Band 1 und 2, Beijing.

Zhang, Yu (1996): Jiquan, fenquan yu shichanghua gaige (Zentralisierung und Dezentralisierung versus Marktreformen), in: Dong Furen (1996) [Hg.], S. 93-103.

Zhao, Shengyu (1995): „san bu" zhengce: qingli san jiaozhai de ji liang fang (die Politik der „drei Verneinungen": Eine gute Dosis Medizin für die Bereinigung der Dreiecksschulden), in: Tian, Huiming (1997) [Hg]: S. 270-71.

— (1996): Zhua hao qian jia da qiye, fang huo yi pi xiao qiye (Eintausend große Betriebe fest packen, eine Reihe kleiner Betriebe freilassen), in: Tian, Huiming (1997) [Hg], S. 275-76.

Zhonghua Renmin Gongheguo Caizhengbu shuizhengsi (1996): Zhongguo shuishou zhidu (Das chinesische Steuersystem), Beijing.

Zhu, Ling (1997): Zhuangui shiqi zhongyang yu difang zhi jian caizheng guanxi de tiaozheng (Anpassung der Finanzausgleichsbeziehungen zwischen Zentrale und Lokalitäten in der Übergangsphase), in: Guoji jingji pinglun, Nr. 1-2, S. 29-31.

Kolibri 360 GmbH
Ferdinand-Jühlke-Straße 7
99095 Erfurt, Deutschland
produktsicherheit@kolibri360.de

Druck:
CPI Druckdienstleistungen GmbH
im Auftrag der
Kolibri 360 GmbH
Ferdinand-Jühlke-Str. 7
99095 Erfurt